城市体育

——美国城市社会的变迁与体育的崛起

[美] 史蒂芬 · A. 瑞斯（Steven A. Riess） 著

冯婧 译

人民体育出版社

图书在版编目（CIP）数据

城市体育：美国城市社会的变迁与体育的崛起 /（美）史蒂芬·A. 瑞斯著；冯婧译 . -- 北京：人民体育出版社，2020（2024.1 重印）

书名原文：City Games The Evolution of American Urban Society and the Rise of Sports

ISBN 978-7-5009-5731-7

Ⅰ．①城… Ⅱ．①史… ②冯… Ⅲ．①城市—社会变迁—关系—体育事业—发展—研究—美国 Ⅳ．① K712.0 ② G817.12

中国版本图书馆 CIP 数据核字 (2020) 第 010303 号

图字：01-2015-6805

*

人 民 体 育 出 版 社 出 版 发 行

北京中献拓方科技发展有限公司印刷

新 华 书 店 经 销

*

710 × 1000　16 开本　19.75 印张　318 千字

2020 年 7 月第 1 版　2024 年 1 月第 4 次印刷

*

ISBN 978-7-5009-5731-7

定价：85.00 元

社址：北京市东城区体育馆路 8 号（天坛公园东门）

电话：67151482（发行部）　　邮编：100061

传真：67151483　　邮购：67118491

网址：www.psphpress.com

（购买本社图书，如遇有缺损页可与邮购部联系）

中文版序

城市体育

很荣幸我的书《城市体育——美国城市社会的变迁与体育的崛起》（*City Games*）在出版30年之后能够被翻译成中文。这本书是基于基础研究和对体育历史中二手文献的衍生阅读而完成的分析性研究。在本研究进行的时候，体育研究在学术界还是一个相对新的学科。在美国，只有很少一部分历史系讲授体育。本书出版的时候，《体育史期刊》（*The Journal of Sport History*）仅出版了15年，《国际体育史期刊》（*The International Journal of the History of Sport*）更是仅出版了6年。从那时候开始，在美国，对体育崛起以及随之而来的发展的研究开始呈现名副其实的爆发态势，尤其是在性别研究、种族和民族研究、外交以及商业化等方面。

早期对体育崛起的探索大部分集中在单一的因素，比如，国境地区崛起带来的影响、美国的英国文化遗产、积极的体育意识的产生、改良后的交通，尤其是工业革命的影响使运动商品的价格低廉，日益增长的财富孕育了支持业余主义的精英阶层。最终，越来越多的休闲时间以及可随意支配的收入都促进了体育的商业化。

《城市体育——美国城市社会的变迁与体育的崛起》这本书认为，城市化与体育之间的相互关系是有组织的休闲体育发展的最重要的影响因素。反过来，城市化的过程（城市建设）也由其跟体育以及相关体系的联系而塑造。城市是使体育变得现代化的地方，也就是说，是体育变得理性化、专业化、有组织、商业化和职业化的地方。城市是绝大多数体育参与者成长的地方。在这里，他们能够接受来自社会服务所、年轻人俱乐部和中学的指导，并作为业余爱好者甚至是作为职业选手在高级比赛中竞争。城市是体育设施的集合地，如保龄球馆、桌球馆、体操馆、运动俱乐部、田径场、公园和体育馆坐落的地方。

这本书还认为，城市化的要素，也就是说城市化的物质结构、社会组织、人口和价值体系在不断进化并相互交织在一起，并对体育的崛起和发展产生了直接的影响。随着这一原始过程的成熟以及与运动体系的互相联系，进一步塑造了美国体育的发展。反过来美国体育对城市化的重要影响一直延续到现在，但是，并非一直处于正向关系。

什么使体育成为“城市的（urban）”？这些体育项目在城市区域发明，并最初在城市区域进行，但是从历史观点上来说，一些乡村体育后来也开始在城市中进行，也可以把它们认为是“城市的”。因此，赛马日益被认为是“城市的”，因为赛马场位于城市。另一方面，19世纪早期在纽约街头兴起的自驾马车赛跑在世纪末期的时候被赛马取代，而只能在乡村存在。第二次世界大战以后，赛马成为城市工人阶级中非常流行的夜间观赏性体育，因为蓝领的受雇者此时有时间来赌博。乡村或者田园体育，比如狩猎、钓鱼和滑雪，因为其自然特质而依旧是比较粗糙的乡野活动，虽然，滑雪的流行导致了小城镇的发展。当然，在城市里发明的体育，比如棒球、篮球和排球也会在乡村地区进行。

我认为，城市化对体育的影响开始于殖民时期的美洲，虽然这时候只有5%的人口居住在城市里。城市，作为人口中心，提供了潜在的选手和早期的观众，他们经常在附近的酒馆里或者城市街道上进行体育运动。城市化对体育的影响在19世纪中期得到显著的发展。这个时期，城市很小，人们走着去工作、走着到开放的空间或者到休闲的地点。然而，城市人口集中居住在一起，卫生条件恶劣，犯罪盛行，男性单身亚文化还热衷于暴力体育和廉价的娱乐（包括赌博）。公共健康运动开始出现，这一运动由宗教领袖和世俗的改革者领导，旨在促进健康，抵制饮酒、赌博和嫖妓。这些改革者提倡利用全新的、积极的体育意识来促进道德发展，改善人们的健康状况，并通过纯净的体育（如棒球）来建立良好的品质。同时，德国移民、英格兰移民和苏格兰移民把他们的身体文化和体育传统带到美国，并以此来培养社区意识、提升种族自豪感、促进道德和健康发展。

《城市体育——美国城市社会的变迁与体育的崛起》这本书的核心集中描

写了工业化径向发展时期（1870—1960）的城市。这期间，大都市区集中了大量毫无技术的移民工人，城市经济建立在工业的基础之上，土地的使用也高度专业化。城市中心是中央商业区，同时也是休闲机构（包括博物馆、剧院和运动场地）的所在地。大型交通体系把中央商业区和小城镇以及郊区联系在一起。贫穷的移民和非洲裔美国居民几乎没有自由时间，他们住在闹市区包围下的贫民窟中，对他们来说，游戏空间弥足珍贵。因此，他们的运动选择受到限制，不得不选择廉价的娱乐场所，比如保龄球馆和桌球馆。拳击则成为他们在危险的街区自我保护的非常实用的技术。在20世纪初期，进步的改革者利用体育来同化内城的青年，通过在社区学校、当地的小型公共公园和社会服务所等地推广成人指导下的娱乐活动使年轻人接受社会的核心价值。

更多有技术的、薪资相对高的工人和早期从欧洲西部移民来的人则住在下一个居民区，即新崛起的区域。自置居所在他们的民族社区中价格昂贵。这些移民对体育总是很熟悉，也更容易被同化。他们支持体育来维持他们的民族感，但是也通过体育来获得自我价值并改进自身。这些特质在早期职业棒球选手身上表现尤其突出。近郊，坐落在城市的边缘地带，和郊区相连。这里的居民是从工业资本主义中获益的中产阶级白人，他们有更高的生活标准。他们居住在大房子中，送孩子们去更好的学校，搭乘地面有轨电车到城里的办公室去上班。他们被灌输的是积极的体育信条，拥有大量的机会在附近的大型球场中付费观看网球比赛或者棒球比赛，参加运动俱乐部，在高中时期就开始打橄榄球并成为职业联盟球手。

精英，那些拥有最多的财富、自由支配的时间和稳定的收入的人，则更具有运动观念。他们加入志愿性质的体育俱乐部，比如市中心的运动俱乐部，来把自己跟别的群体的人区分开，或者加入乡村俱乐部来远离城市。他们参加棒球，尤其是橄榄球等团体体育项目，以此来在某个时候（当社会批评家认为社会正变得女性化的时候）向人们展示他们的男子气概。

在这一时期，城市化直接促进了职业体育的发展以及闹市区体育场的建设。球场建设在居民区，赛马场则位于市郊或者更远的地方。观众们主要借助大型公共交通抵达比赛地点。体育企业家利用他们拥有的政治关系来保护他们的利益，并从当地政府那里得到优惠，利用跟有赌博性质的体育有关联的黑社会犯罪集团的关系来保护其非法的企业。

本书的第三部分审视1920—1980年这一阶段，包括第二次世界大战之后郊区化的影响。这部分强调空间因素对职业体育联盟的影响。这些体育组织跟随美国人的流动、也跟随“衰退地带”到“阳光地带”的转移而来到郊区（1970年大部分的美国人居住在这个区域）。很多俱乐部也从最开始的俱乐部所在地搬迁到拥有更好设施的地方甚至是新的城市中。这成了一个大型的公共政策问题，因为市政府会花费上百万美元来保住球队或者新的俱乐部，以此来证明这是促进经济发展、树立社区荣誉感以及提升城市形象的方式（Riess，2000）。

《城市体育——美国城市社会的变迁与体育的崛起》这本书出版之后受到了很多好评，虽然有些人认为我给予了纽约和东部太多关注，而对变化中的其他区域的关注不够，但这反映了本研究进行时的状况。也有些人批评我没有给予女性足够的关注。我同意，但是我讨论了一些重要的话题，比如骑自行车、打网球、高尔夫球以及女孩子们做的游戏。这些都反映了当时研究的状况。除此之外，我始终认为，城市化并不是塑造女性运动经历的核心要素。限制女性参与体育的核心因素应该是对于女性角色的传统态度，比如女性被认为应该抚养孩子、操持家务以及提高维多利亚时期的道德价值。评论家们则认为体育是男性的领域，且提倡女性不应有的价值（如竞争）。因此，女性参与体育会使女性变得男性化而缺少魅力。从19世纪80年代末期以来，学者们证明，女性通过打棒球或者参与其他竞技类体育或者参加建立在阶级、民族和种族基础上的她们自己的运动俱乐部来挑战流行的价值。在我们那个年代，促进女性体育发展的最重要的因素是Title IX，这一1971年颁布的联邦法保证了女性在学校和大学中使用运动设施时拥有和男性平等的权利，但是这个因素跟城市化毫无关系（Riess，1990）。

进入21世纪，席卷全球的体育成为国家维持和获得地区、国家认可的途径。当不同国家在大型体育赛事上竞争，当体育产业被看作是促进经济发展的一种方式，城市化依然在影响着体育，在将来也将继续影响。在中国，情况确实如此。中国举办了2008年北京奥运会，即将迎来2022年北京冬奥会。同时，中国政府在2014年还提出了一个重要的计划来促进全民健康、将观赏性体育发展为商业体育、继续扩大体育商品的生产来满足全世界的消费。这一变化与20世纪50年代中国政府所提倡的体育强身健体和为国防服务的观点完全不同。

在中国，体育曾经是传统乡村的消遣，消遣方式包括狩猎、赛龙舟、武术，但是历史学家们很少关注城市化的作用。虽然香港有很长的英国历史的传统，比如1841年板球的兴起以及1864年赛马的流行，但这主要是受英国殖民主义的影响。同样，像棒球和排球这种美国体育项目是由传教士传入中国的，目的是推广基督教、现代的文化和社会价值观。

城市化只是近些年才成为中国体育史学研究的一个重要因素。这是可以理解的，因为中国曾经是农业国家，曾经只有11%的人口也就是6000多万人居住在城市中。到1970年，中国绝大多数人口还不是城市人口。但是到了2018年，中国的城市人口已经接近总人口的59.2%，全世界的城市化率是55.3%，发达国家达到78.7%。因此，了解人口统计学因素在培养世界顶级运动员，尤其是运动员可以在面对面的竞争中受益的团体体育项目中是一件非常有趣的事情。

中国学者在研究女性体育参与的时候发现城市化确实从20世纪90年代以来发挥了重要的作用，尤其是在草根阶层中。城市发展明显导致政府支持女性的活动，并为女性提供了高度自由的选择权和大量的机会来使女性追随她们的体育权益，包括体操、跳舞和自由搏击等，同时也创造了一种文化信仰，通过体育来引导女性获得满足（Xiong，2014）。

促进发展的一个核心要素是1995年中国政府发布的《全民健身计划纲要》及之后出台的一系列政策。《全民健身计划纲要》号召要以市场为导向的产业项目，包括对一些项目的职业化。这一纲要提出了一个15年的计划来形成一个规范的体育产业体系，迫使地方政府为观赏性体育修建场馆，并通过日益增加的社区公园、操场、体育馆、体育协会以及健身俱乐部使城市中面向全民的体育发展成为可能，政策与整个国家的城市化紧密联系。

城市的崛起为体育用品行业提供了廉价的劳动力和市场。体育用品公司数量从90年代的1000多家增加到2005年的5000多家。体育用品产业在“十一五”期间的增加值从2006年的900亿元增加到2010年的780亿元，增长了117%。世界上大约65%的体育用品是中国制造的，中国的体育用品出口在全球市场上处于领先地位。20世纪90年代，大量的大城市成为职业团体体育俱乐部的所在地。在市场化发展方面，包括中国足球协会超级联赛、中国篮球协会CBA联赛以及乒乓球与排球等都开始发展，但是职业联盟收入微薄，在国际体育界的地位有限，他们的故事值得研究。

2008年北京奥运会成功举办使北京有信心扩大中国体育界的商业潜力。例如，马拉松的数量已经从2011年的22个增加到2017年的400多个。国家通过在主要城市（有10个人口超过1000万的城市）建设体育场馆，并继续扩大体育用品的生产来支持特别大型的赛事和职业体育联盟。据预测，到2025年，中国参加体育运动的人数将达到5亿人，届时体育产业的数字将跃升至5万亿元。然而，这种增长很可能被夸大了，因为2017年CSI体育指数下跌了20.9%（Ye，2019）。

城市化最显著的作用是大型活动的兴起带来了国际对中国体育的关注，提升了国家的外交地位，促进了民族主义，获得了尊重，影响了城市文化和经济发展。2008年北京奥运会的举办对中国来说是一个伟大的时刻，它表明中国是一个超级大国，能够出色地制造这样一个场面，并在体育竞赛和相应的文化产品中表现出色。2008年北京奥运会激发了巨大的民族自豪感和国际赞誉，象征着中国的技术和工业地位。中国在2008年北京奥运会上的投资达到了创纪录的3200亿人民币（约合520亿美元）。政府承诺，这笔巨额支出将有利于未来的经济增长和生活质量。北京利用2008年北京奥运会的到来，制订了一个全面的城市营销计划，并将几乎所有的资金用于建设新的体育设施和改善城市基础设施，主要是改善当地的交通。邻近的青岛举办了帆船比赛，利用这些活动宣传自己是“帆船之都”。其他遵循这一自我宣传路线的城市包括2010年亚运会的主办城市广州和2011年大运会的主办城市深圳（Zhang，2015）。

有研究强烈支持举办体育赛事在提升主办城市品牌的同时所带来的间接经济效益的价值。这些学者认为，品牌化是一种重要的无形资产，可以促进长期的可持续增长，使城市获得资源，为未来的发展积聚动力，尤其是在整合“体育赛事与主办城市之间存在的共同元素”以实现协同效应最大化的时候。理想的结果应该包括：更好的基础设施，更好的城市环境，相关产业的更大发展；宣传和推广城市品牌，提高知名度，旅游，投资以及城市体育文化的形成（Dong & Duysters，2015）。

“品牌化”的价值很难衡量，大多数社会科学家更感兴趣的是体育场馆建设对城市发展议程的具体影响，以及新设施的未来用途。经济学家对大型新场馆的经济影响尤其悲观，因为它们的成本似乎永远无法收回，而且周边社区从这些设施中获益的程度也有限。利用大型赛事或许可以促进城市化进程，但是研究城市体育的学者们应该关注更广泛的发展问题。

史蒂芬·A. 瑞斯

序言

城市体育

中国的城市与体育贴近，从一开始并没有清晰的思维和路向。近代体育的历史表明，一些西方体育项目传入中国首先是城市充当了平台。比如足球传入香港、篮球来到天津、排球进入北京、乒乓球首先在上海出现。然而，这是外来体育伴随外国人定居和传教、开办学校、经商等进入中国城市的范式，与中国城市政府主动引进和中国人有意开展体育运动不是一回事。1900年前后，留日的中国人逐步增加，带来了兵操存废的争议，1919年五四新文化运动带来了欧美文化的新风，土洋体育之争在1932—1933年占据中国体育舆论的主流。

正是在这样的背景下，现代体育在中国西方人积聚之地得以开启其现代化之路。建设体育场地、开设体育专业机构、创办体育报刊、举办体育赛事、印刷和出版体育书籍等是城市与体育结缘的具体标志。上海、天津、广州、北京、南京、成都这些各自区域的中心城市承载了中国体育的绝大部分现代化场地与设施、活动与制度、思想与观念，也书写了城市与体育关联的传奇故事。

工业化、商业化、现代化这些催生城市，同时也为城市发展不断提供助力的要素，有机地融入了城市化的滚滚洪流中，也在中国近现代化的城市中得以呈现，而在西方国家整体现代化进程中的体育职业化、商业化、产业化，则没有相应地在中国城市中呈现。1871年美国的职业棒球联盟成为世界上第一个职业体育联盟，1888年英国足球联赛开启，1900年前后欧洲和南美大量足球俱乐部成立，这些都是发生在波士顿、纽约、伦敦、曼彻斯特、伯明翰等城市的新鲜事件，成为人类历史上前所未有的城市景观和体育传奇。当然，殖民和移民是这一时期城市人口增长、社区融合、民主管理的重要背景，也为不同运动项目发展带来了种族、阶层、区域乃至性别、认同等诸多问题。

我在大学本科和硕士阶段主攻中国近现代史，一直对社会史、文化史乃至城市生活史、休闲史感兴趣，因此平时有意涉猎一些相关的文献。2012年9月—2013年9月在美国哥伦比亚大学访学期间，我检索、借阅和阅读了大量城市和体育关联的书籍和论文。在城市个性化发展路径和运动项目特色化发展方向的关系上，我始终思考着大量相关问题。

这些思考包括：

为什么棒球会成为美国的国球？该项目与英联邦国家的板球有何关联？

为什么美式橄榄球会成为美国职业体育的造富之王？超级碗的无与伦比的媒体关注程度和商业吸金能力是如何形成的？

为什么纽约和洛杉矶会成为拥有职业俱乐部最多的城市？仅仅是经济体量和人口规模决定的吗？

一个城市在某个职业体育项目上的优势与其经济规模、区位优势和体育人口存在怎样的关系？

美国的城市中体育与文艺在赞助和品牌等方面的竞争和合作一直存在，多数时候是体育略占上风，总体上基本平衡。这是城市中怎样的文化策略和治理机制导致的？

这是我作为一个中国体育学人的思考。瑞斯（Riess）的《城市体育——美国城市社会的变迁与体育的崛起》一书是我在美国期间反复阅读和做了大量笔记的少数几部著作之一，可惜我做了笔记的原书在2015年前后一次国内乘机时忘记在座位上。我走到行李大厅就发现了，委托在机场工作的学生赶紧查找，但一去不复返。因为我们一下飞机，立即有清洁工进入机舱清理，我那本黄皮的《城市体育——美国城市社会的变迁与体育的崛起》显然被第一时间当垃圾扔掉了。也许这就是书籍的命运，在需要它的人手里可以当宝贝，在清洁工看来就是垃圾。

《城市体育——美国城市社会的变迁与体育的崛起》一书给我留下最深刻印象的特点有以下几点。

一是史料翔实和内容丰富。作者占有了大量历史资料，包括图片和照片、成绩记录和俱乐部档案、协会文件、数据、图表等，这使整个研究建立在扎实的考据基础上，有效地支撑了作者的判断和结论。

二是思路清晰和逻辑严谨。作者按照历史阶段分析城市体育的演进，同时敏锐地抓住工业化、商业化、城市化和郊区化、移民和人口增长、城市政府治理等关键概念和种族、阶层、性别、公共利益等重要话语，构建了城市体育发展的严谨机制。

三是文风活泼和文笔优美。作者在美国城市社会演进和现代体育崛起的双向交互式阐述中，善于捕捉生动的人物形象和各种故事，并且善于运用小说等文学素材中关于冲突的描述，使读者读起来轻松愉快、趣味盎然。

该书的译者冯婧博士原来攻读英语语言文学，后来师从我国著名体育史家熊晓正先生学习体育史学，在从事一段时间的高校教学工作以后，投奔华裔体育史学者凡红女士攻读博士学位，具有跨学科、跨国学习的经历。这本书的英文原版我阅读了至少三遍，现在看摆在眼前的中文译文，基本消除了翻译的痕迹，做到了语义精当、明白畅晓的程度，很少有晦涩和艰深之感。

眼下，国际城市创设的很多话语乃至实践、标准已经逐步进入中国。世界体育城市、休闲城市、活力城市这些已经在欧美世界甚至有些没落的词汇开始在中国兴起，我们传统的健康城市、文明城市评比体系也在遭受这些来自域外的观念和标准的冲击。笔者十分推崇的美国运动医学会和基金会合作、2008 年开始颁布的美国 50 个大都市区的 Fitness Index，就起到了政府服务百姓健康和科学监控运动生活方式等功能，其中的很多做法和具体指标都有值得我们借鉴之处。通过运动促进健康，目前在中国已经得到越来越多人的认可，政府也在大力扶持和鼓励这方面的学术研究。然而，要实现“城市让生活更美好”“满足人民群众日益增长的美好生活需要”还需要城市政府、企业、社团、体育组织和百姓的齐心协力，也需要厘清价值追求和主要目的、政策支持和重要目标、方法手段和体制机制、空间布局和设施建设、市场责任和公益精神等的边界和权责，从而让城市通过体育使人们生活更美好。

从现实意义看，这本书勾勒了 1820—1980 年大约 160 年间美国城市生活的形成和体育崛起的光谱，为我们展示了城市自身发展进程中遭遇的各种苦难和挑战，以及体育因为逐步上升的地位和作用而在城市中立足进而体系化的征程。可以说，这是一部城市和体育爱恨情仇的故事集，也是一部城市因体育而与各种社会力量博弈的咏叹调，更是一部城市中体育与生存机遇、生活方式、生命质量有机融合的大乐谱。2018 年，中国 334 个地级以上城市中有 85.33%举办了路跑赛事，1581 场马拉松赛事吸引了 583 万人次跑者，这个数据还在迅猛增长。城市线下生活的最宏大场景由体育而兴、因体育而生，甚至成为规避旅游业留不住人、没有回头客、消费单一这三大病症的良方。2019 年 6 月 2 日，笔者参加 2019 年兰州国际马拉松赛事就体味了全城空巷的民众火热情感。城市和体育正以水乳交融的方式在中国上演一幕幕传奇大剧，成为新时代中国社会生活的嘉年华、狂欢节。

从学理意义上，这本书综合运用社会史、文化史、城市史、体育史乃至公园史、公共空间理论、民族志和种族研究等话语，为我们呈现出一幅波澜壮阔、惊心动魄、生动微妙的城市体育图景，在方法论层面上带给读者无尽的联想。这些年来，我们看到了营销学、传播学、管理学等维度的博士学位论文和国家级课题涉猎城市与体育的关联研究，然而多数成果体现不出宽广的学术视野和灵活的叙述手法，有些作品给人空洞、玄虚乃至干瘪之感。这是作者深厚学术功底的呈现，也是美国城市体育壮丽雄奇的实践使然。我在美国访学的一年间，有意识地读了纽约、芝加哥、洛杉矶、伦敦、鹿特丹、巴黎等城市的体育文化史学著作，每一个个性化的城市风骨、体育风格、体育人风范活灵活现地跃现眼前，唯有瑞斯（Riess）的这部作品，不仅生动有趣，还意蕴悠长，使我们在故事情境和逻辑框架里难以自拔。

眼下，中国的城市又兴起了举办大型赛事的热潮。县级市晋江承办世界中学生运动会，北京和杭州在筹办 2022 年的冬奥会和亚运会，武汉即将迎来世界军人运动会，成都则将世界大学生运动会、世界警察和消防员运动会、世界运动会悉数揽入怀中，深圳则将在 10 年里迎来世界最高水平的女子网球选手……

中国古代曾经“武以寺名，寺因武显”。城市和体育的关系又何尝不是如此。

笔者关心的是，我们的城市如何以人为本、坚持以人民为中心，把体育赛事办成百姓获得实惠和赢得快乐的好事，并在此基础上使体育永恒而有机地嵌入人们的日常生活中。城市之于体育，绝不仅仅是一两场赛事带来的关注，而应该是市民逐步成为体育的参与者，用自己的身体感知城市的微妙变化。这也是《城市体育》这本书里无数的故事、数字、图表、照片传达给我们的信息。

人生之追求无外乎健康、快乐、幸福。

体育让城市更健康，城市让生活更美好，城市体育让人们更快乐！

城市体育已经成为中国体育学术的一个时髦研究课题，冀望冯婧博士以及更多的学人继续深化这项研究，让我们用自己的学术努力激活我们的城市，让体育在城市更新过程中的作用、功能、价值得到更加全面的展示和普遍的认可，这个过程绝不会是一帆风顺、和风细雨的，势必需要学人们知识、情感和智慧的全情投入。

是为序。

易剑东

前言

城市体育

关于“城市”的研究不仅仅是研究城市本身，而是研究一个时代发展的社会过程。城市，是一个复杂的研究对象。城市发展又是一个复杂的过程，其中所涉及的城市建设、空间、文化、经济制度等各方面都影响着一个城市的宜居程度、发展方向以及人们的生活方式。体育作为城市生活中必不可少的一部分，作为一种生活方式，它与整个城市紧密联系在一起。同时，城市发展又是体育发展和变迁的基础。

体育是在历史发展过程中与社会各要素互动的结果。史蒂芬·A. 瑞斯教授是美国体育历史研究的权威，他的《城市体育——美国城市社会的变迁与体育的崛起》一书为我们展示了美国社会的变迁与体育的发展。虽然整本书的安排是从时代发展的纵轴来展现美国城市和体育的发展，但是在横轴上作者选取了不同的视角去看待体育与社会空间、种族、暴力和商业化等之间的关系。这为我国体育史学研究提供了一种借鉴，也是我翻译这本书的初衷。

为了便于读者理解，本译稿对原文中部分术语、专业用语等涉及历史背景的词进行了备注（见译注）。同时，为了行文方便，本译著在原著基础上增加了部分缩写词（具体可见文末的缩略词列表）。翻译的过程中避免不了出现失误，希望使用本书的读者能够批评指正。

这本译著在我的孩子还未出生时就开始启动翻译工作，孩子满月之后我每天早上5点钟起床工作，这样的日子持续了好几个月，译稿初稿才得以完成。在整个翻译的过程中，我得到了很多人的帮助，在这里，我要由衷地感谢以下的人：

感谢本书原作者史蒂芬·A. 瑞斯（Steven A. Riess）教授不厌其烦地为我解释书中我没看懂的术语和句子。

感谢易剑东老师为本书作序，也感谢他对我的教诲和帮助。

感谢我的硕士研究生马迎志和彭孝青为我录入参考文献，并感谢马迎志帮我校对译稿。

特别感谢我的父母，是他们始终如一的支持和帮助，才使我能够在休产假的时间里每天抽出几个小时来工作；感谢我的爱人给予我的鼓励，也感谢他对家庭的付出使我能专心工作。感谢我的宝贝，她的到来使我更深刻地体会到时间的宝贵和健康的无价，愿你茁壮成长，也愿体育能成为你生命中重要的一部分。

冯　婧

2018 年 2 月 3 日

目 录

城市体育

绪 论

相较于其他任何一个因素来讲，城市的进化，都大大地影响着美国有组织的体育（organized sport）和休闲体育娱乐活动（recreational athletic pastimes）。几乎当代所有的主要的体育项目都起源于或者发明于城市。城市是把体育变得休闲化、专业化、组织化、商业化和职业化的地方。城市区域（urban area）很久以来就是提供体育设施的重要场所，比如桌球厅、保龄球馆、体操馆、球场、田径场以及各种业余的或者职业的体育俱乐部。大部分顶级运动员都是在城市中长大并接受训练。①然而，在体育崛起的过程中，城市的角色并不是一个被动的、拥有庞大居住人群、可以提供潜在的选手和观众的地理单位。城市在经过了城市化的历程后得以进化，规模变得越来越大。越来越多的复合单位成为城市的一部分，它们都在城市的发展过程中发挥了积极的

①The first historian to consider the relationship between city and sport saw athletics as a safety valve that provide an escape oppressive industrialized urban life. See, e. g. , Fredrick L. Paxson, "The Rise of Sport," MVHR 4 (Sept. 1917): 142-168; Arthur M. Schlesinger, *The Rise of the City*, 1878—1898 (New York, 1938), 79; Foster Rhea Dulles, *A History of Recreation: America Learns to Play* (Englewood Cliffs, N. J. , 1965), 136; John Higham, "The Reorientation of American Culture in the 1890s," in *The Origins of Modern Consciousness*, ed. John Weiss (Detroit, 1965), 27: Fritz Redlich, " Leisure-Time Activities: A Historical, Sociological, and Economic Analysis," *Explorations in Entrepreneurial History*, 2nd series, 3 (1965): 3-23; Dale A. Somers, " The Leisure Revolution: Recreation in the American City, 1820—1920," Journal of Popular Culture 5 (Summer 1971): 125-147, and idem, *The Rise of Sports in New Orleans*, 1850—1900 (Baton Rouge, 1972), 275. Recent synthetic overviews of American industrialization and urbanization. These scholars were mainly interested in the development of sporting institutions and were concerned with the city mainly as a catalyst or as the site where these institutions changes occur. See, e. g. , John R. Betts, *America's Sporting Heritage*, 1850—1950 (Reading, Mass. , 1974); John A. Lucas and Ronald A. Smith, Saga of American Sport (Philadephia, 1978), and Benjamin G. Rader, *American Sports: From the Age of Folk Games to the Age of Spectators* (Englewood Cliffs, N. J. , 1983). For an excellent critique of the literature on sport and the city, see Stephen Hardy, "The City and the Rise of American Sport: 1820—1920," *Exercise and Sports Science Review* 9 (1981): 183-219.

作用。城市是一个有机体，其中包含着空间维度、政府和法律、社区、社会阶层、民族团体、志愿者组织、交通和信息交流系统、价值体系以及公共行为。随着时间的流逝，它们互相影响，并带来了各种变化。城市发展直接影响着城市居民的体育文化和体育机构，也在某种程度上影响着城市中的建筑，并反过来塑造了美国体育。①

美国体育历史在很大程度上是持续不断的城市化中各要素（包括物理结构、社会组织以及价值体系）之间交互作用以及这些要素与体育相互作用的结果。城市的物理结构包括空间、人口、经济、技术；社会结构则包括阶级、民族和种族团体、社会组织、法律和政治组织。城市价值体系由个人和团体的态度、意识形态、行为组成。从二元的角度，即体育场地和天然的环境的角度来看待城市，城市中变化的因素改变着体育，也受体育的影响。我们能够通过城市社会的动态变化和其中影响美国体育发展方向的组成要素，对城市机制得出一个全面和细致的了解。②

城市对于体育的巨大影响能够追溯到美国的殖民时期以及早期的共和时期。这个时期，有95%的人口居住在乡村。虽然，早期的运动乐趣是在城市聚集的地方产生，但是乡下人也很享受这种运动乐趣。对于崛起的有组织的商业化体育来讲，城市是其发展中心。相对数量较多的男性聚集在一个封闭空间——酒馆，这就为酒馆老板提供了潜在的市场。这些酒馆老板是最早期的体育发起人和赞助人，他们效仿英国贵族和伦敦的酒馆老板，创立并支持了志愿体育组织的形成。此外，在早期的美国，城市与体育之间的关系影响了后来两者关系模式（于19世纪20年代城市建筑急速增长的过程中所建立

①Louis Wirth, "Urbanism as a Way of Life," *American Journal of Sociology* 44 (July 1938): 3–24; Roy Lubove, "The Urbanization Process: An Approach to Historic Research," *Journal of the American Institute of Planners* 33 (Jan. 1967): 33; Eric E. Lampard, "American Historians and he Study of Urbanization," AHR67 (Oct. 1961): 60–61; idem, "The Dimensions of Urban History: A Footnote to the Urban Crisis", *Pacific Historical Review* 39 (Aug. 1970): 268–313; Theodore Hershberg, "The New Urban History: Towards an Interdisciplinary History of the City," in *Philadelphia: Work, Space, Family, and Group Experience in the 19th Century* (New York, 1981), 7; Michael Ebner, "Urban History: Retrospect and Prospect," *JAH* 68 (June 1981): 71–79.

②Sport history monographs that emphasize the dynamics interplay between urbanization and sport include Steven A. Riess, *Touching Base: Professional Baseball and American Culture in the Progressive Era* (Westport, Conn., 1980); Stephen Hardy, *How Boston Played: Sport Recreation, and Community*, 1865—1915 (Boston, 1982); and Melvin L. Adelman, *A Sporting Time: New York City and the Rise of Modern Athletics*, 1820—1870 (Urbana, Ⅲ., 1986).

的）的形成。因此，当人们对孱弱的殖民市政府来建立公共空间以促进体育发展（比如波士顿公园就被人们用来进行各种丰富的活动和训练）不抱希望的情况下，人们希望政府可以保护社区的规范和道德、维持秩序，以及杜绝因为少数人的快乐而影响商业和大部分人的权利。①城市化于19世纪30年代开始加速发展使已有的城市人口大量聚集，并产生了很多新的城市。城市的快速发展对体育和城市机构产生了广泛且关键的影响作用。这些城市机构超越了场地的限制，对殖民时期以及早期的美国小镇起到了基础性的重要作用。

此研究的目的在于确定和分析美国城市历史三个不同时期城市建筑对体育的影响。这三个时期分别为步行城市（1820—1870）、工业化径向发展时期（1870—1960）以及郊区化城市时期（1945—1980）。步行城市规模相对较小、结构紧密，步行是这一时期最基本的移动方式。居民区一般都在离城镇中心不超过2英里（1英里=1.6公里）的范围内。土地使用也没什么特别规划，空地和安静的街道比比皆是，距离郊区也很近。到19世纪中期的时候，这种模式开始在一些大城市中发生改变。很快，南北战争后工业化径向城市的发

①On urban colonial sport, see Nancy L. Struna, "Puritans and Sports: The Irretrievable Tide of Change," *JSpH*4 (Spring 1977): 1-21; idem, "The Cultural Significance of Sport in the Colonial Chesapeake and Massachusetts" (Ph. D. diss., University of Maryland, 1979), chaps. 1, 4; Hans-Peter Wagner, *Puritan Attitudes towards Recreation in Early Seventeenth Century New England, with Particular Consideration of Physical Recreation*, Mainzer Studies zur Amerikanistil, Ban 17 (Frankfort am Main, 1982), which is largely summarized in Peter Wagner, "Puritan Attitudes Towards Physical Recreation in 17th Century New England," *JSpH* 3 (Summer 1976): 139-151; Winton U. Solberg, *Redeem the Time: The Puritans Sabbath in Early America* (Cambridge, 1977), 86-87, 107-110, 170, 207, 214, 219; Carl Bridenbaugh, *Cities in the Wilderness: Urban Life in America*, 1625—1742 (1938; rep. New York, 1955), 119-120, 274-276, 278, 426-428, 435, 441; idem, *Cities in Revolt: Urban Like in America*, 1743—1776 (1955. rep., New York, 1964), 153, 167, 170, 363-366; Ruth E. Painter, " Tavern Amusements in Eighteenth Century America," American 2 (1916): 92-115; J. William Frost, *The Quaker Family in Colonial America* (New York, 1973), 207-210; J. Thomas Jable, "Pennsylvannia's Early Blue Law: A Quaker Experiment in the Suppression of Sport and Amusements, 1682—1740," *JSpH*1 (Fall 1974): 107-121; Rhys Issac, The Transformation of Virginia, 1740-1790 (Chapel Hill, N. C., 1982), 94-104, 118-119, 132, 247. Jane Carsonm *Colonial Virginians at Play* (Charlottesville, Va., 1965), 14-47. On the early Republica, see J. Thomas Table, "The Pennsylvania Sunday Blue Law, 1779: A View of Pennsylvania Society and Politics during the American Revolution," *Pennsylvania History* 38 (1976): 413-426; Jennie Holliman, American Sport 1785—1835 (Durham N. C., 1938), 108-117; Soren Steward Brynn, "Some Sports in Pittsburgh during the National Period, 1775—1860," *Western Pennsylvania Historical Magazine*, pt. 1, 51 (1968): 345-368, pt. 2, 62 (1969): 57-69.

展在很大范围内取代了这种模式。步行城市中那种毫无区分度的空间安排因为远郊社区的合并而发生了巨大的改变。人口迅速增长，房产价值快速增值，公共交通的发展，都提高了到达地理位置偏远的新城的便利性。这一发展的结果是，城市用地被高度用于商业、工业发展和居住。居住地并不仅仅是跟工作地分开，而是分解并融合进贫民区、新崛起的地区以及小康的（well-to-do）城市边缘地带。第二次世界大战后，径向城市并没有消失，而是随着下一个阶段的发展演化为城市化-郊区化。这一阶段的特征是中产阶层白人向郊区搬迁（自从 1970 年以来郊区的人口多于中等城市人口）、城市内部种族贫民窟的扩大、衰退地带的减少以及城市阳光带的急速发展。

虽然这种动态发展的过程一直随着时间和空间变化着，但是，在这三个时期，城市化在塑造体育方面发挥了非常重要的作用。在步行城市，日益增长的人口数量提供了潜在的观众和运动员，这些鼓励了有经济头脑的企业家建立体育方面的贸易来为运动员服务。虽然，对于空间的考虑非常显著，但是相对于后来的时期，这个时期的考量并没有那么显著，因为大多数的城市空间相对比较紧密，城市不是那么发达。在这个时期更重要的是建立一种积极的体育理念，一种对于城市发展的诸多特征的反应。这些城市发展的特征包括过度拥挤、犯罪、异化、疾病以及能感知到的生活质量的降低。这种特征制约了团队性的体育运动的发展，而非暴力的不包含赌博元素的体育则取而代之成为单身男性亚文化的低廉的娱乐活动。干净的体育能提升道德、建立个性、促进公众健康，也可以作为失落的美国小镇及其失落的价值的替代品。新的信条为美国人，尤其是那些久坐的工作辛苦的中产阶层，提供了强有力的支持和充分的理由参与到体育当中。新的体育信条还形成了以精英阶层和上层阶层的人作为领路人、以阶层为导向的体育俱乐部。这些俱乐部通过赞助赛事推广体育比赛，并确保比赛场地仅仅为会员所用。在都市村庄居住的新移民出于延续前人的文化遗产的目的成立了民族体育俱乐部。

当步行城市发展到径向城市后，对于空间的考量就变得很重要。城市土地的使用变得高度专业化，传统的运动场地疏于发展（尤其是与相对宽敞的外围空间相比），限制了拥挤的城市中心区的室内外体育运动空间。作为对休闲空间需求的一种响应，全国范围内兴起了城市公园运动。这一运动推动了南北战争后郊区公园的大量建设。一代人之后，又产生了小型公园和体育场运动。这两次运动保护了在内城社区的小型体育设施。另外一种对休闲空间需求的响应表现在体育运动私有场地的建立。在19世纪末期，精英志愿者体育组织在市区修建了奢侈的体操馆，在郊区修建了奢华的乡村俱乐部。民族体育俱乐部也修建了私人的设施，虽然这些设施很内敛，但是他们能够享受到隐私的乐趣以及欢乐的社会关系，还可以逃离城市，即便这种逃离是暂时的。

随着体育运动公共空间和私人空间的发展，半公共体育空间也开始蓬勃发展。通常，因为收费的缘故，对公众开放的私人所有的场地受到人们欢迎。规模比较小的、数量繁多的企业拥有体育参与所需的空间和器械。一般来讲，这些器械包括台球桌和保龄球器械。这些设施一般都位于城市贫民区或者应急区，主要的客户对象为工人阶级。但是，更多的投入花费在商业的观赏性体育赛事上。城市人口的巨大数量、改进后的城市交通系统、城乡之间的迁徙、城里人对付费娱乐的熟悉程度以及体育的流行，都鼓励了企业家对体育进行商业化处理。田径场和棒球场都被建在城市内靠近公共交通的廉价的土地上。最好的球场虽然建造费用昂贵，但是因为做工并不很精细，也不安全，因此球场使用寿命持续不了很长时间。世纪之交的时候，在全国的休闲娱乐活动经历了一次流行性的大发展之后，那些主要的联盟的所有者就发现要在他们可负担的范围内到尽可能多的地方去建设更大的、使用寿命相对更持久的建筑。当这些户外的设施需要更多空间时，对于室内运动场地的要求（推广更多体育项目）就变得更加合理。因此，这些室内的体育场地能够坐落在相对中心的位置。场地设施的质量和环境变化也极大，有坐落在贫穷社区的一般的拳击馆，也有位于市区的高大精致的多功能的运动场地，可以用来举行职业徒步、自行车、拳击、精彩赛马秀或者业余田径锦标赛。

美国南北战争后，城市化的进步拓宽了体育信条发展的视野和范围。在世纪转折的时候，体育信条作为一种普遍的智慧被大众接受。人们普遍认为体育具有积极的功能，而这种功能可以发挥重要的作用。首先，促进了中产阶层城市人口参与到体育运动当中；其次，鼓励了年轻的工人参与体育，尤其是团体类的项目。通过这种方式使城市中的男孩完成社会化的过渡，并使他们的行为转变为正确的美国人的行为。华丽的辞藻（Rhetoric）在为城市公园和操场运动辩护的过程中也发挥了至关重要的作用。

径向城市中城市社会组织的变化对体育有着很特殊的作用。这些变化很多都是城市变化了的物质结构以及其中所蕴含的价值模式和行为模式的产物。

工业化城市组织最重要的发展涉及社会结构、民族联盟和政治部门。不同的居住形式、生活标准以及社会阶级之间的价值都对他们的运动乐趣产生了重要的暗示。穷困的市中心居民仅有极少的时间、收入以及可用的运动空间。所以多年以来，他们都只能参与居住地附近廉价的体育活动（cheap sports），因此，很难在体育上获得精益的水平，因为后者需要很多昂贵的器械和足够的空间来支持。一直到公共交通变得廉价，这些人才得以观看在城市边缘地带举办的合法的观赏性体育比赛。另外，在19世纪末期，富裕的城里人被鼓励参与体育活动，以此来作为逃离拥挤的不健康的城市环境的方式。在这一时期，富裕的人变得越来越富裕，并能负担得起他们想参与的任何的运动，尤其是那些独有的优质项目。在南北战争后的市区，中产阶层也享受了体育的巨大繁荣，这首先是因为他们信奉体育的积极信条，这一信条将休闲作为一种远离工作场合并打发时间的绝好方式。中等收入的人们也开始有了足够的钱以及可供自由支配的时间来享受生活，而附近的公园或者棒球场也在搭乘有轨电车即可到达的范围之内。

不同的社会阶级之间的运动乐趣逐步得到融合。一直到20世纪20年代，不同阶级的人常常都不可能或者不能去参加同样的吸引很多观众的体育比赛。即便去，他们也只能坐在由门票价格决定的分隔区域。有组织的参与性体育则由带有阶层导向的志愿者体育组织来安排，这些志愿者组织通过建立合适的规则，赞助比赛以及确保比赛场地来推广体育。中等收入以及高收入的俱乐部有非常严格的会员制。市中心的运动员俱乐部以及郊区的体育俱乐部都各自组织他们的比赛。工人阶级的体育俱乐部通常建立在闹市区附近或者贫民窟中有相同民族背景的人群之上，这些人能够负担得起普通的俱乐部，在公共场地上比赛，并需要依靠外部的赞助（政治首领、工会或者雇主）。老移民的民族体育俱乐部产生于南北战争之前，并在民族村落中得以幸存下来。这些民族村寨是社区文化最主要的部分。虽然，第一代移民对美国体育非常不熟悉，但是，这些体育活动成为生活在城市贫民区中这些移民的后代生活的重要一部分。以成年人为导向的民族体育俱乐部试图通过他们的文化遗产去吸引年轻人加入，来降低文化渗透以及结构同化的步伐。但是年轻人组织了他们自己的俱乐部来进行美式的体育运动并进一步“美国化”，即便他们在“美国人”体育俱乐部中并不受欢迎。

最后，径向城市中的体育是地方政治领导和政府的产物。城市积极地为当地居民的娱乐需求服务，为公园、学校、娱乐码头等场所保证新的公共空间，建设新的公共场地和体育馆，赞助城市中的体育节目。城市的支持者（civic boosters）通过他们拥有的体育专营权和组织体育比赛来向全国宣传他们的城镇。政治领导人也是职业观赏性体育的重要推广者，工厂的工人则在具有赌博性质的体育中占据重要位置。这些具有赌博性质的体育往往又和有组织的犯罪联系在一起。政治上的联系为体育投资、内部信息以及优惠待遇提供了保护伞，这些行为成为规范公共场合的行为、延续传统道德的标准以及反对非法赌博的原因。一旦职业体育被很好地建立起来，加上赌博性体育的合法化，政客的地位就没有企业家重要了，因为他们的联系变得不那么重要。到 20 世纪 20 年代，帮派成员（gangsters）成为拳击运动中的主导力量，也成为赛马运动兴起的主要因素。

从第二次世界大战开始，城市化一直都是美国体育进化的关键因素。城市中心区生活的本质依旧影响着居民的体育选择，来自贫民窟的黑人青年主导拳击和篮球，城郊的男孩女孩擅长游泳、击剑以及网球。美国东北部工业化的衰落以及阳光地带的崛起衍生出众多职业体育联盟的分支，这些分支又扩展到美国东南、西南以及太平洋沿岸的众多发展中城市中。当城市之间互相竞争，为了保证球队留在自己的城市中而为球队提供最具有吸引力的诱惑时，职业体育中的政治参与就开始增多。那些没有失去体育俱乐部的老城市修建了昂贵的体育馆或者体育场来为他们的球队服务，以此来避免球队的出走。这些工程后来都证明是提高小城镇名声和地位的方式，也是推广商业的重要方式（这一目的之前在任何城市都没有被注意到）。

一些反复出现的紧张局势或动态在城市化的结构、组织以及意识领域发挥着作用，因为城市化塑造着体育历史的方向。人口变化和城市空间安排之间的动态关系已经成为城市中体育进化的核心问题。步行城市中蕴藏着安静的街道以及空旷的土地可以为体育所用，没有被污染的河流就在附近，可以用来游泳和钓鱼。即便是小树林，也是在不远的地方，可以用来打猎或者进行其他的体育项目。然而，在径向城市中，空间安排的变化非常激烈。接近市中心的空旷场地被填满，郊区变得难以让人们接近，新的户外观赏性体育运动的设施都在步行难以到达的地方，这些都使得城里人的体育选择由于他们的经济地位的不平等而变得不平等。这一变化对于贫民窟的居民来说产生了极大的负面作用。这些人居住在拥挤的地方，卫生条件也差，他们需要能够呼吸的户外运动空间。但是，他们要么只能依赖市政府为了重新塑造政府的优越性而建立的社区公园，要么放弃户外运动的乐趣。结果是，市中心的居民就被吸引到当地的资源上，比如住房、拳击馆、桌球房或者保龄球馆。当公共交通变得能被负担得起的时候，市中心的居民才开始有相对便利的时间去城郊的球场或者田径场。但是作为一个基本的原则，孩子们和年轻人依旧依赖于附近的体育设施来参与比赛。

第二个过程是社会改革者通过体育改善城市生活的质量的过程，从“杰克逊时代”一直延续到进步时期（Progressive Era）。从这个时期开始，体育运动被认作是对社会和个人都很有用的活动。体育能够改善公共健康、性格和道德，能够为社会流动提供可供选择的途径，增进社区团结、文化适应和结构同化。改革的动力成为推进体育发展的重要原因。改革开始于南北战争前的时期，以令人信服的理由为改善城市卫生状况以及以有道德的体育取代低俗的乐趣（evil pleasure）提供了充分的理由。改革者在明确表示公众对于运动空间的需求方面发挥了领导作用，并带领人们抗争以争取更多的公共公园园地。在世纪之交的时候，他们致力于为青年人提供有成年人指导的团队体育俱乐部，来促进社会秩序的完善及推广熔炉概念（年轻的工人能够继续在这一概念下经营俱乐部几十年）。体育运动意识对中产阶级的行为产生了巨大的影响，这些人被努力生活的价值观说服。勤奋工作的强大诉求导致了人们努力通过社会福利的资本化把不同的团体团结起来，促进了迁移的普遍化，以及通过团队体育这样一种理性且清晰的方式来教育孩子。但事实是，由于政治、意识以及空间力量推行分裂主义，因此，体育并没有成功地成为一种社会融合的机制。

对美国化的诉求和对社区的诉求（通过精英治理和民主世界的运动而产生的）在不同的群体间产生了重大分歧，这些群体不需要拒绝这些诉求，但是他们也有自己的日程表。从理论上来讲，体育运动能够把分裂的团体聚合在一起，并能够促进社会和谐，因为人们要么一起玩，要么和对方比赛，要么只是简单地坐在看台上。19 世纪时，志愿性质的体育俱乐部依据阶级、民族或者种族组织在一起。他们的会员要么想从别的社会团体中分离出去，要么想切断跟别人的联系，因此就只能跟有类似背景的运动员联系。这一现象的结果导致了地位或者小族群（建立在普遍共有的价值、文化遗产、社会经济地位以及种族外表基础上的自我选择的联盟）的形成。体育分裂的影响从私人俱乐部扩展到半公共的观众座位席，甚至扩展到公共空间，在这些地方，敌对的民族团体相互争斗来夺取对城市公园的控制权。

人口、空间、意识形态以及组织对体育的影响力与强大的市政府的崛起以及城市政治机器相联系。在19世纪早期的私人城市（private city）中，当地政府只能提供很少的城市公共服务，例如，防火或者安全保护。这些服务后来都由志愿组织或者私人公司来负责提供。然而，日益变化的城市卫生以及快速增长的城市人口迫使19世纪中期的市政府发挥更加积极的作用。与此同时，精英阶层、保守派的政治首领都为新的职业政治人让路。对于新的职业政治人来说，政治是事业，而不是公共义务。这些政客组成政治组织或者政治机器来争取选票或者维持权力。通过政客对公共空间的控制以及他们保护社区健康、福利、道德和安全的义务，城市影响着体育的崛起。这些政客为公共利益服务，比如修建公园、体育馆，促进公共交通的发展，打击体育赌博等，以此来提升所在城镇的名声以及人民的福祉。然而，对比大众福利来讲，政治首领们更关心个人的利益。人是最初的体育企业家的成员，他们运用自己的权力和社交关系来运作体育企业，就像运营他们的其他企业一样。此外，体育为政客和有组织的犯罪提供了重要的联系。在这种共生的关系中，政治机器为剥夺了公权的体育比赛以及非法的赌博提供了保护，以此作为交换来获得报酬和政治支持。改革者们则努力的挑战这种关系。改革者要求实施刑法典，并为政治大佬的贪赃枉法提供证据。这些贪赃枉法的政客的私人诉求常常不利于社区的发展。

从仅有几千人的小镇到人口达上百万的大都市，美国城市社区的形态、大小、形式都各有不同。本研究将集中研究大城市，因为这些主要的有组织的体育中心所建立的模式，可以为小城市所效仿。更因为这些城市区域已经被历史学家和其他的学者进行了广泛深入的研究。在大小不一的城市中，有组织的体育活动大多结构一致，而且有共同的潜在的显著功能。因为空间和人口变量，重要的差异很有可能发生在休闲体育领域，这是本研究在讨论部分试图提出的重要观点。出于对比的目的，如果可能的话，本研究的数据将尽可能取材自不同地区的大城市。但是，因为纽约是全国最大的城市，历来也是全美国有组织的体育运动的中心、全国媒体的中心，更是历史学家们研究的焦点，因此，本研究也难免会聚焦在纽约这座城市。

步行城市中的体育，1820—1870

[板球] 为一定程度上破除社会壁垒提供了一个适当的理由，也为允许不同领域的英国人（包括技工、小商贩和工匠）友好相聚提供了一个适当理由。这证明了他们能够科学地驾驭意志或者表现真实的性情（true blow）。

*New York Clipper*①16

（1868 年 10 月 17 日）：220

我认为，如果你承认一个人不履行自己的义务，而且可以任由自己不履行自己的义务是一种无赖行为的话，那么这个人在球类比赛中或者别的任何事情中都是不值得信任的。如果一个人没有钱，那他的时间最好用来去赚钱而不是打球——工作第一、娱乐次之。

弗朗西斯·皮吉昂（Francis Pidgeon）

造船专家，Eckford 俱乐部主席

*Spirit of the Times*② 6（1858 年 3 月 26 日）：52

当一场演出以斗狗开始，接下来是斗鸡，然后是诱鼠，之后是职业拳击赛（prize fight），随后又是斗雄山羊，紧接着是一场女士之间的拳击赛，她们除了一条运动短裤外什么都不穿……我想你这一晚上的娱乐已经富有足够的情趣……来满足最贪婪的需求。

弗雷德里克·范·维克（Frederick Van Wyck）

一个老纽约人的回忆（*Recollections of an Old New Yorker*）

（纽约，1932）：113-14

在城市中没有什么地方能供人们惬意的行走、骑行、驾驶或者漫步；没有地方滑冰；没有安全的水域供人们划船；没有打棒球或板球的地方；没有令人愉悦的花园供人们小憩或和朋友聊天、或看孩子们玩耍嬉戏……

克拉伦斯·C. 库克（Clarence C. Cook）

对纽约中央公园的描述（*A Description of the New York Central Park*）

（纽约，1869）：13

---

①译注：New York Clipper 是 1853—1924 年在纽约市发行的一份娱乐周报，内容涵盖杂技、舞蹈、音乐、户外、体育和戏剧等。

②译注：Spirit of the Times 是由 Porter 兄弟于 1831 年在纽约创立的一份美国新闻周报，其发行面向的主要读者为上层阶级中的体育爱好者。

第一章

城市化与步行城市中的体育

1820年，美国并没有多少体育运动文化。当时只有50%的人居住在城市里，主要的体育运动形式只有传统的狩猎和垂钓（field and stream sport）、力量和技术竞赛、非常少的赛马比赛以及更鲜为人知的团体体育运动，很多现代的体育项目还没有被发明。但是，在半个世纪之内，体育运动就成为人口密集的步行城市中最受居民欢迎的娱乐活动之一。商业化的观赏性体育运动，比如棒球、赛马和轻驾车赛马，发展成高度组织化和合理型的企业。竞技类参与性体育（如田径）变得组织化和专业化，还有槌球、滑冰、自行车等许多娱乐型的体育运动也受到了广泛的流行，即便有时候只是一时的潮流。1820—1870年，体育的发展作为一种城市制度（urban institution）深受这段时间内城市变革的影响。在这一时期，城市的居住人口增加了4倍，这是美国历史上人口增长最快速的时期。1830—1860年人口数量的增长最为繁荣和迅猛，每10年人口增长的比率分别为63.7%、92.1%和75.4%。1860年，全美国有101个城市的居民超过1万名，9个城市居民超过10万名，而在1820年时仅有23个城市居民超过1万名。①然而，以今天的标准来看，这些城市从地理意义上来讲都是小城市，通常来说，半径范围不超过2英里，人们步行就可以到达任意他们想去的地方。

在这个人口统计数据动态变化的时代，源于商业化和工业资本主义财富的上升、产生新的空间类型、日新月异的城市间交通和通信网络、新的志愿者阶层和种族组织、现代政治机构的壮大以及传统的、变化中的和新兴的现

①Howard P. Chudacoff, *The Evolution of American Urban Society*, 2nd ed.（Englewood Cliffs, N.J., 1981），32，62-63；David R. Goldfield and Blaine A. Brownell, *Urban American*: *From Downtown to No Town*（Boston, 1979），14.

代价值观念和行为方式的相互影响，相互作用，这些变化影响着体育，并生成了众多独特的城市体育亚文化。

本章集中讨论纽约的城市化与体育。纽约是全美国最大的城市，其人口在1830—1860年增长了4倍，达到了81.4万人。鉴于其区域范围、人口密度以及财富，纽约几乎称不上是一个典型的城市，但是城市中的变化又常常预示着其他方面的发展。南北战争前城市化所造就的纽约市跟其他地方没什么两样——拥挤、犯罪事件多、贫富差距极端、社区意识极其淡漠。城市中反常状态一方面促进了在快速的社会转型的过程；保护传统生活方式的体育兄弟会（Sporting fraternity）的出现，另一方面促进了旨在用道德的体育作为缓冲城市病的一种更主流的体育亚文化的崛起。在组织种族内和阶级内体育俱乐部的时候，拥有相同的价值观念和文化背景的人发现有些人和自己是不一样的。空间的变化也影响着有组织的体育的传播。对于步行城市来说，其自身较小的城市面积为人们接近和使用城市内以及城市边缘的体育场地提供了便利。在本章，我们将考察不同组织和个人用来进行团体的或者独立的体育活动时所使用的私人的、公共的以及半公共的城市空间。人们日益增长的对额外的公共空间的需求也会得到特别的关注。城市在处理空间问题时的角色以及企业家尝试通过对半公共空间的商业化来吸引更多附近的潜在客户来观赏精彩的体育比赛的意愿也将在本章得到解释和讨论。

一、体育和城市社区的形成

高度的个人主义与流动的城市人口都需要社会和文化纽带来帮助他们植根于所生存的地方，尤其是当生活在孤单的城市中，邻居彼此之间互不相识，甚至都没有意愿相识，周围的一切都与邻里关系密切的乡村不一样的时候。因此，在人们寻找喜欢交际、志同道合的朋友的时候，城市人成为结构良好的志愿组织的忠实参与者。有些不受人尊敬的城市社团的成员也成为一些非正式的组织松散的社团参与者，这些社团可能在街角遇到，或者是半公共的小酒馆。虽然在18世纪的殖民城市中也有这些正式或者非正式的社团，但是当时的城市面积狭小，同质性更大，对于社团的需求很小，因此社团的数量也很少。在美国南北战争前的城市中，体育成为城市社团形成的非常重要的因素，这些社团为拥有相同兴趣和价值取向的人们提供了现成的组织和设施来满足人们的需求。

（一）体育兄弟会

体育兄弟会是一些非正式的寻求欢乐的人组成的兄弟会，他们支持并参与传统的体育比赛，其成员不仅包含那些经济和社会精英，也包含城市中的政客、技工、屠夫、季节性的工人、犯罪分子、爱尔兰移民以及各种各样的社会底层男性。所有这些爱好运动的男性通过嫖妓、酗酒、赌博和打架来衡量男性气概，这些都是构成单身男性亚文化的一部分。在只有男性的场合中，他们才能寻找到友情和社交力，才能逃离了"温柔、居家及新经济要求的日常活动"。①在这种民主无序的环境下，不同背景的男性并肩同行，互相应酬，形成了一个流动群体。在这个群体中，他们互相开玩笑，互相买酒，在短时间内建立友情，但是这种友情只存在觥筹交错之间，不需要一定是一辈子的好朋友。

在这种单身男性亚文化中，精英参与人员经常是那些年轻放浪的人，他们逃避家庭的监管，躲到不知名的小酒馆、赌场或者妓院里寻找刺激。正如梅尔文·阿德尔曼（Melvin Adelman）所述，正是这些贫民窟的小混混和社会底层的城市流动人口构成了非法的拳击比赛、诱饵比赛（baiting contest）以及斗鸡的观众。不管是不是年轻人，不管有没有血缘关系，只要是加入兄弟互助会的年轻人，都要遵守当地的传统和行为准则。纯正的波士顿人或者费城人能够通过被社会排斥的威胁来阻止自己的孩子接受单身的亚文化。但是在纽约，这个方法就行不通，因为传统家庭在纽约并不占主导地位。在新奥尔良，大陆的传统和失衡的性别比例（1840 年男性、女性比例为 2:1）通常使社会制约没办法得以发展。在 19 世纪中期，纽约的精英运动员都熟知当地一些知名的运动场所，比如哈里·希尔（Harry Hill）的舞场。这个舞场是政客、拳击手以及其他体育兄弟会成员最喜欢光顾的地方。有一些贫民窟的优秀青年发现，参加血腥的体育比赛，比如斗鸡，是他们通往成年时代的一种仪式。这种血腥的禽类比赛影响范围甚广，从黝黑的小巷子里的比赛，到市议员长吉内特（Genet）和拳击手约翰·莫里西（John Morrisey）拥有的昂贵

---

①Benjamin G. Rader, American Sports: *From the Age of Folk Games to the age of Spectators* (Englewood Cliffs, N. J., 1983), 31.

的鸟儿之间的比赛，有报道把这一比赛称为“统治阶级的娱乐”。①

（二）工人阶级

工人阶级男性是体育兄弟会的主要成员，屠夫这一群体是其集中代表。屠夫既强壮又结实，他们保持着传统的生活方式，这些生活方式包括工作的时候喝酒、额外的休息日（比如圣礼拜一，是指因为懒散而犹如假日的工作日）以及在徒步赛、赛马、斗鸡、台球、掷骰子和玩牌等游戏上赌博。历史学家赫伯特·古特曼（Herbert Gutman）把这些英国技工和先前农场的工人们日常的工作习惯归结为他们之前的工作经历。这些新来的人对建立在准时上下班的工业体系基础上的工作节奏还不是很习惯，也并没有很好的融入到工业社会中去，因此他们对自己的工作地点和非工作时间的控制就很差。②

当城市变得过于拥挤并开始逐渐吞噬周边地区的时候，“快乐的男孩儿们”（boys of pleasure）不仅有足够的时间运动，而且还有足够的空间进行体育锻炼。美国南北战争前，费城的手摇纺织机工人们从工作中抽出一部分时间来，把临近的地方当作午后游戏的场所，或者离开城市前往斯古吉尔河垂钓或者去附近的森林狩猎。在工业化城市中，比如马萨诸塞州的林恩市，传统的娱乐活动依然是人们的生活娱乐方式。历史学家保罗·斐乐（Paul Faler）发现，制鞋的匠人对于花时间来度假、庆祝生日或者休闲并不存在任何的不安。体育兄弟会中工人阶级的成员一般都是志愿的消防队员，这为他们参加体育活动提供了更多的机会。消防队本来是由社会各阶层的成员组成的，但是到19世纪50年代的时候，其成员则主要由熟练工组成。这种成员资格赋予他们一种地位观念，以及在日趋冷漠的城市中居住的稳定性和对他们价值的肯定。消防队通常被一种吵闹的元素所主导，这种吵闹的元素以打架技巧

①Melvin L. Adelman, “The Development of Modern Athletics: Sport in New York City, 1820—1870” (Ph. D. diss., University of Illinois, 1980), 70, 572, 684; Rader, *American Sports*, 33-34, 53; Dale A. Somers, *The Rise of Sports in New Orleans*, 1850—1900 (Baton Rouge, 1972), 52-53; Patricia C. Click, “Leisure in the Upper South in the Nineteenth Century: A Study of Trends in Baltimore, Norfolk, and Richmond” (Ph. D. diss., University of Virginia, 1980), 93, 102, 112.

②Melvin L. Adelman, *A Sporting Time*: *New York City and the Rise of Modern Athletics*, 1820—1870 (Urbana, Ill., 1986), 59, 141-142, 237, 252-253; Click, “Leisure in the Upper South,” 101; Elliott J. Gorn, “‘Good-Bye Boys, I Die a True American’: Homicide, Nativism, and Working-Class Culture in Antebellum New York City,” JAH 74 (Sept. 1987): 388-410; Herbert Gutman, “Work, Culture and Society in Industrializing American, 1815—1919,” AHR 78 (June 1973): 531-588.

而闻名，当别的竞争对手与自己的同伴出现矛盾，并因为荣誉和利润而争吵的时候，这种技术就变得非常有用。这些志愿者团体也参加公共竞赛来展现他们的速度、力量和技术，就好像挑战他们救火时泼水的准确性一样。这些消防公司被一位历史学家解释为“兄弟俱乐部运动队”，因为他们是休闲和友情的核心。①

体育兄弟会中最大的一个组成部分是爱尔兰人。在19世纪中期，爱尔兰人是美国最大的移民团体。这些人主要是来自农村的罗马天主教信徒，对于城市生活他们一点儿准备都没有，因此遭受了很多的歧视，度过了异常艰难的适应期。由于这些爱尔兰移民既没有技术也没有足够的资金离开他们入境的港口，因此他们生活在纽约或者波士顿，从事那些没有任何人愿意从事的工作，住在最糟糕不堪的贫民窟。凯尔特后裔带来了他们男性单身亚文化的传统，他们喝酒、赌博、参与体育活动尤其是像拳击那样暴力的项目。正如本杰明·雷德（Benjamin Rader）所说，“单身汉的比例很高，他们结婚很晚，有各种各样的婚前贞洁观念和性别差异的传统使得爱尔兰裔美国人这一团体比其他全部都是男性的团体更重要，也比其他任何的种族团体都重要。不管是结了婚的还是没有结婚的，在一个大型的爱尔兰社团中，男性的地位取决于他在单身这一亚文化中的成员资格以及参与活动的积极性。这种亚文化终结了爱尔兰移民的孤独感，这是他们在婚姻生活之外的补充，同时也是增强社会凝聚力的重要纽带”。②新来的爱尔兰人则很愿意被这种男性单身亚文化吸引，并成为工人阶级男性聚集的小酒吧的常客。在这里，他们能够结交到有类似背景、价值观以及需要的朋友，能够缓和他们所受到的社会疏远，也能够改善他们的自我形象，获得社会地位。

小酒馆是体育兄弟会聚集的主要场所。这是因为，在过去，酒店老板们意识到了体育的重要性以及在吸引热情的观众方面的价值，因此，他们是体

①Bruce Laurie, *Working People of Philadelphia*, 1800—1850 (Philadelphia, 1980), 54-60; Paul Faler, "Cultural Aspects of the Industrial Revolution: Lynn, Massachusetts, Shoemakers and Industrial Morality, 1826—1860," Labor History 15 (Summer 1974): 381, 383, 393-394; Alvin F. Harlow, *Old Bowery Days: The Chronicle of a Famous Street* (New York, 1931), 193, 202-203; Richard B. Calhoun, "From Community to Metropolis: Fire Protection in New York City, 1790—1875" (Ph. D. diss., Columbia University, 1973), 133.

②Rader, *American Sports*, 97-98. On Irish-American sport, see Carl Wittke, The *Irish in American* (Baton Rouge, 1956), ch. 24; William V. Shannon, *The American Irish* (New York, 1963), 95-102.

育最重要的提倡者和辅助者。最晚到19世纪20年代的时候，只有位于偏远道路上的小酒馆才有足够的空间让人们观看射击比赛或者是赛马比赛。然而，大部分的酒馆都在工人阶级居住的小区、工作的地方周围或者是这些地方的附近。这里没有足够的空间供人们观赏体育，因此，大部分的活动都是在室内进行的。附近的小酒馆特色大多相同，大厅里都放有四边围了海绵的台球桌。在19世纪20年代早期，纽约有超过12个桌球室，迎合了一大批顾客的需求。但是，阿德尔曼认为，到19世纪40年代晚期的时候，公众谴责这些男性聚集场所已经成为人们赌博甚至发生更糟糕的事情的滋生地，这些稳定的顾客也因此开始慢慢散去。从那以后，环境较好的桌球室一般就在富裕城市的男性俱乐部里或者在家里，而那些公共桌球室就留给了中层以下或者底层的顾客，收费低廉。一般一桌一局比赛收费25美分（1.6元），费用由所有玩家均摊。①

其他的体育项目就没有像桌球这样受城市里的工人阶级的欢迎。除了在家或者工作的地方附近的小酒馆，镇中心也有一些桌球室。这些地方一般距离都很近，人们从上班的地方或者家里走路就可以到。在底特律，主要的桌球中心是1859年第一届美国锦标赛的举办地，其他的桌球室都在闹市区周围，离市里的沙龙和妓院很近。很多互不相识的、过客一般的男性居住在这附近，这些男性单身亚文化的代表成员成为桌球室很重要的玩家。这时候的体育拥有着头脑聪慧、技术精湛的参与者，他们通过比赛来表现自我，也通过赌博来赢得金钱。②

除了鼓励人们参与体育，城市里小酒馆的老板们也安排各种观赏性的活动，比如拳击比赛、徒步比赛、耐力比赛（比如走跳板）还有诱捕动物比赛。这些都无一例外地催生了人们对赌博的狂热。③在体育兄弟会中尤为流行的是

①Adelman, *Sporting Time*, 220－221, 225－226. On the sporting functions of the min－nineteenth century tavern, see Herbert Asbury, *Sucker's Progress: An Informal History of Gambling in American from the Colonies to Canfield* (New York, 1938), 178-181; Harlow, Old Bowery Days, 296-301; H. A. Christie, "The Functions of the Tavern in Toronto, 1834—1875, with Special Reference to Sport" (MPE thesis, University of Windsor, 1973).

②Adelman, *Sporting Time*, 222, 228; John C. Schneider, *Detroit and the Problems of Order*, 1830—1880: *A Geography of Crime, Riot and Policing* (Lincoln, 1980), 42-43, 94.

③A plank was three feet wide and fifteen to sixty feet long. Men or women would walk the plank for a period of time, such as 100 hours, to win a bet. On plank walking, see John Cumming, *Runners & Walkers: A Nineteenth-Century Sports Chronicle* (Chicago, 1981), 48-49.

血腥体育（Blood sport，涉及杀生的体育），酒馆老板们会在附近的小屋子里或者小型的竞技场里安排一些斗鸡之类的比赛。最声名狼藉的地方是基特·伯恩（Kit Burns）的运动员大厅，这是一个能容纳400个最粗野的小混混的纽约酒馆，里面有斗老鼠比赛、斗狗比赛，还有难以模仿的老鼠杰克（Jack the Rat）①，他咬下一只家鼠的头可得1角，咬下一只老鼠的头可得1.6元。这种地方鼓励此类罪孽深重的行为，而这些都是有教养的城里人所憎恶的。体育类的酒馆里聚集的大量狂野的人群是潜在的暴力行为高发人群，这些暴力行为可能会远远超出警察所能控制的范围。②

美国南北战争前备受城市男性推崇的反主流文化的观赏性体育运动是拳击。拳击也是一种暴力血腥的运动，需要极大的勇气、体力以及运动技能。拳击明显不同于gouging。③ Gouging产生于美国边远地区尚未开化的人群中。住在这些边远地区的人们更喜欢无穷尽的乱作一团的搏斗。搏斗的目标就是通过挖掉对手眼睛或者咬掉对手鼻子等损伤对手容貌的手段来展示勇气、维护个人的荣耀。相比起来，拳击就是一种极为高雅的上流社会的运动。拳击有明确的规则，禁止戳眼睛以及击打已经倒下的对手，比赛时还会有裁判计时和维护场上秩序。虽然这个阶段拳击在很多地方还是被禁止的，但是相对来说它已经文明了很多，更易于被感情相对敏感的城里人所接受，而且，即便人们被个人、民族或者政治仇恨驱使，也不能轻易进行拳击比赛，尤其是在1840年以后，参加拳击比赛的都是专业选手，这些人以此来谋求超过一般赌注的附加利益。这种行为和gouging一样非法，但是相比起来却拥有更大的商业潜力。④

拳击手在纽约、费城、波士顿、巴尔的摩以及新奥尔良等城市快速成长

①译注：the Rat是Jack的外号（Jack的全名未查到），他以用牙齿咬死老鼠来谋生。人们会对他在一定时间内能咬死多少只老鼠来下注。

②Adelman, Sporting Time, 241-242; Herbert Asbury, *The Gangs of New York: An Informal History of the Underworld* (New York, 1970), 49-51; Martin and Herbert J. Kaufman, "Henry Bergh, Kit Burns, and the Sportsmen of New York," New York Folklore Quarterly 28 (1972): 15-20.

③译注：Gouging是美国18世纪、19世纪时边远地区流行的一种搏斗方式，一般以挖出对手的眼睛为目标，主要用于解决争端。

④For a perceptive analysis of gouging and honor on the frontier, see Elliott J. Gorn, "'Gouge and Bite, Pull Hair and Scratch': The Social Significance of Fighting in the Southern Backcountry," *AHR* 90 (February 1985): 18-43. For an excellent survey of antebellum fighting, see Elliott J. Gorn, *The Manly Art: Bare-Knuckle Prize Fighting in America* (Ithaca, 1986), chaps. 1-4. See also Adelman, Sporting Time, 229-235.

起来，这些城市里都有大型的以传统为导向的社区，低收入阶层的移民构成了拳击手以及观众的主要来源。1840—1860年，纽约超过一半的（56.3%）拳击手是出生在爱尔兰的移民，15.6%的拳击手为爱尔兰二代移民（爱尔兰移民的后裔），18.8%的是出生在英国的移民。许多出生在国外的拳击手在移民到美国之前就参加过职业的拳击比赛，美国出生的拳击手都是曾经从事非技术型的或者半技术型的工种，而且美国出生的拳击手通常不是街区的小混混就是在消防公司工作，这些男性年轻人出生于同样的民族，拥有同样的宗教信仰、职业或者政治倾向。社会团体之间的竞争往往以一场街边打斗或者小规模的骚乱结束。一般而言，他们会为了保护各自占有的领地（比如说酒馆、桌球室、消防车车库或者废弃的楼房）进行类似的打斗。最粗暴最危险的年轻人会被招录到声名狼藉的成人团伙里去，比如说 Bowery Boys。[①] 这个团伙由当地的美国人组成，成员主要有屠夫以及活跃在各个消防公司的技术工学徒。非技术型的或者半技术型的由爱尔兰二代移民组成的街头混混则被吸收到另外的团伙，比如以赛亚·莱德斯（Isaiah Rynders）[②] 为组织的帝国俱乐部。这个俱乐部成立于1843年，附属于坦穆尼协会（Tammany Hall）。[③]

街边小混混团体的成员一般被政治团体或者派系招募去在竞选时充当打手（原文为 shoulder hitter，恃强凌弱的人、流氓）来威胁投票的人。雇佣这些恐吓者的城里的政客是拳击比赛的主要顾客，经常经营或者与主要的体育沙龙保持紧密的联系，这些体育沙龙就是安排并组织拳击比赛的地方。19世纪40年代之前，几乎没有正式的比赛是事先安排好的，但是在这之前的10年中，每周日的比赛一般都在纽约举行，通常在酒吧里，由政客组织，兼有沙龙的所有者、赌徒或者体育兄弟会的领导成员。19世纪50年代，赤手空拳的比赛能够吸引很多观众，因此，比赛也就迁往像剧场这样场地更大的地方举行。这些地方入场费是3.2元，然而绝大多数的拳击手依然无法依靠拳击维系生存，他们依赖于政治赞助者的帮助来找到能确保薪酬的工作，

---

①译注：Bowery Boys 是美国本土反天主教、反爱尔兰人的团伙，成立于19世纪中期，以曼哈顿酒徒充斥的街区为基础。

②译注：Isaiah Rynders（1804—1885），美国商人、运动家、黑社会人物以及 Tammany Hall（坦穆尼协会）的组织人。他成立的帝国俱乐部在19世纪的纽约是一个非常有影响力的政治组织。

③Adelman, *Sporting Time*, 235-237; Edward K. Spann, *The New Metropolis*: *New York City*, 1840—1857 (New York, 1981), 346.

一般是警察局，或者移民推销员（emigrant runner），① 或者酒馆经理，或者保镖。②

拳击的社会和政治规模是约翰·莫里斯（John Morrissey）的职业缩影。约翰·莫里斯③是一对爱尔兰移民夫妇的儿子，他好斗的名声远扬，是帝国俱乐部的打手之一。1853 年，在没有多少正式比赛经验的基础上，他和扬基·苏利文为争夺空缺的美国拳击锦标赛冠军进行了一场比赛。最终，莫里斯在第 37 回合把对手击打出局。这一战绩使得莫里斯在爱尔兰族裔以及很多体育兄弟会的成员眼中被视为英雄。19 世纪 50 年代中期，莫里斯和他的追随者打败了本土主义者，包括屠夫比尔·普尔（Bill Poole）和 Bowery Boys，为爱尔兰社区赢得了荣誉。1858 年，莫里斯打败了詹姆斯·卡梅尔，并以冠军身份退役，继而充分利用其名声及魅力，最终成为坦穆尼协会的主要领导人。他依靠赌博业致富，并把他的赌博业务拓展到了城市精英阶层。在南北战争时期，他领导了萨拉托加（美国纽约州东部一个村落）的发展，在这里修建了赌场和赛马场，从而把这里变成了豪华度假村。他还和富人以及出生优良但是从没获得社会威望的人做生意。他尤其受普通大众的欢迎。1866 年，莫里斯成为第一个在美国国会连任的议员。最终，他和纽约市民主党的领导人特维德分道扬镳，转而加入了民主党翼的莫扎特协会，④ 并且没有在特维德翼面临审查时被控告。1875 年，莫里斯当选为州参议员，3 年后在其办公室去世。⑤

（三）民族社区

爱尔兰移民带着他们的体育传统来到美国，这些传统使他们紧紧地和体育兄弟会联系在一起。其他的移民也带着他们的运动遗产，这些遗产成为拥

---

①译注：Emimgrant runner 是由商人雇佣来为招募新到美国的移民人。被招募到的新移民（主要是爱尔兰人）将为这些商人工作。新移民往往没有任何技术，他们寻找任何能接受他们的工作。

②Adelman, *Sporting Time*, 235-237; Gorn, *Manly Art*, chap. 4; Spann, *New Metropolis*, 346.

③译注：John Morrissey（1831—1878），也被称为老烟枪（Old Smoke），爱尔兰裔美国人，19 世纪 50 年代美国黑社会成员以及拳击手，后成为美国民主党州议员以及美国国会议员。

④译注：莫扎特协会，也被称为坎特伯雷协会（Canterbury Hall），19 世纪坐落于曼哈顿百老汇大街 663 号，被用于娱乐以及政治会议，也是纽约反坦穆尼协会的政治力量聚集的场所。

⑤Gorn, *Manly Art*, 108-127; Adelman, *Sporting Time*, 80, 223, 237; Nat Fleischer, *The Heavyweight Champion: An Informal History of Heavyweight Boxing from* 1719 *to the Present Day* (New York, 1961), 55-62; NYT, 2 May 1878; Adelman, "Modern Athletics," 572-575.

挤的美国城市中民族社区形成的关键。然而，来自英国、苏格兰和德国的新移民所带来的体育传统远比爱尔兰血腥的体育项目更易被维多利亚时代的道德领袖所接受。

在美国城市中，英国移民所受到的文化冲击比较少，因为他们说英语，能识字，也有技术，经济状况也不错，相比起别的移民来说所遭受到的歧视也少。来自英国的移民中喜好体育的人很快就组成了民族体育组织，跟其他的民族体育组织一样，延续着他们自己的文化，并借此提升他们的社区意识。最有声望的英国体育俱乐部赞助了板球这项特殊的英国体育项目，这项运动非常适合男性，因为规则复杂、竞技性强，需要非常考究的技术。到了19世纪30年代，费城纺织工厂里的纺线工和织布工已经组织起了自己的队伍，还跟纺织厂的经营者一起打球，就像英国的农场佃户和雇工跟当地贵族们一起打保龄球一样。在接下来的20年里，美国东北部沿线城市（比如波士顿、布鲁克林、劳伦斯、洛厄尔、纽约和纽瓦克等）中的英国商人都组织起了板球队。虽然在之后的数十年里，周六休息半天才成为美国蓝领工人的惯例，但是就像英国的传统一样，板球比赛大多还是被安排在周六，比周六休息半天的美国蓝领的传统早几十年。①

第一个也是最重要的一个英国板球组织——圣乔治板球俱乐部（St. George Cricket Club，简称SGCC）于1840年成立于美国纽约。大多数的成员是商人，四分之一的成员属于圣乔治社团的成员，这一社团是大都市里最具有领导性的英国志愿者社团。圣乔治板球俱乐部提倡保持成员的民族身份，促进有价值的社会网络的形成，以及进行有效益的商业行为。这一组织为最好的球员安排高水平的比赛，以此来使球员获得附属的利益，甚至有些比赛都不在城里举行。②

板球这一运动从盎格鲁社区开始传播出去，成为最重要的球类运动项目，

①Roland T. Berthoff, *British Immigrants in Industrial America*, 1793—1850 (New York, 1958), 149; Daniel J. Walkowitz, *Worker City*, *Company Town*: *Iron and Cotton Worker Protest in Troy and Cohoes*, *New York*, 1855—1884 (Urbana, Ⅲ., 1978), 178-235; Adelman, "Modern Atlantics," 263-264; Rader, American Sports, 90-91. On the Anglo-American trans-Atlantic sporting fraternity, see Rader, American Sports, 35, 52, 149-150; John R. Betts, *America's Sporting Heritage*, 1850—1950 (Reading, Mass., 1974), 19-20, 47, 195; John A. Lucas and Ronald A. Smith, *Saga of American Sports* (Philadelphia, 1978), 96, 109, 111, 137-139.

②Adelman, "Modern Athletics," 265-270, 286, 300-301.

并举行在城市之间甚至国际级的比赛。到19世纪50年代，包括布鲁克林、杨克斯这些地方，甚至是费城的美国本土人都开始参与到这项英国体育项目中，使得该项目的民族特征不再那么明显。在纽瓦克，英国板球队员和美国板球队员的数量是平等的，均为45.3%，但是英国板球队员的比例远远超过其所占人口的比例，剩余的则为爱尔兰板球队员。在纽约，英国人的主导地位很明显，以至于他们几乎彻底地扼杀了在纽约的美国本土人对板球的热情，从而使他们被迫选择棒球。①

苏格兰移民也把他们的运动传统当作民族协会的发展基础。1836年，在纽约，高地社团举行了第一次聚会来“复兴故土的体育”。各种各样的高地组织定期赞助田径类的比赛，这些高地组织中最有声望的当属苏格兰人俱乐部，这个俱乐部于1853年在美国波士顿成立。最终有100多个类似的俱乐部，但凡有大型的苏格兰人社区，就会有这样的俱乐部。苏格兰人俱乐部也赞助了一些传统的苏格兰体育的职业比赛，比如掷棒②和投掷沉重的石头，甚至还包括提供食物、舞蹈和苏格兰风笛演奏。苏格兰人俱乐部的目标是给人们提供一种社区的归属感，使人们能够“延续行为方式、风俗、文化、高地的服饰以及苏格兰的运动比赛”。随着比赛日益增长的知名度以及盈利能力日益超出了苏格兰社区的范围，到1870年，整个观众人数达到了两万人。因此，苏格兰人俱乐部也成为除赛马俱乐部之外第一家把观赏性体育作为商业运营的体育组织，而他们组织的纽约运动会则成为美国顶级的田径赛事。③

当英格兰和苏格兰移民相对容易的融入美国城市生活的时候，德国的移民却不得不花更多的努力来接受文化上的变迁。德国移民一般都有教育背景、技术，也有积蓄，在获得经济上的成功方面是有准备的。大多数的德国移民都住在城市中。19世纪50年代，路易斯维尔三分之一的人口都是德国移民，在芝加哥、密尔沃基和纽约等大城市中也有大型的德国移民新区，为了减轻

①George B. Kirsch, “American Cricket: Players and Clubs before the Civil War,” JSpH 11 (Spring 1984): 28-29, 32-34, 41; idem, “The Rise of Modern Sports: New Jersey Cricketeers, Baseball Players, and Clubs, 1845-1860,” *New Jersey History* 101 (Spring-Summer 1983): 57, 60-62.

②译注：thrwing the caber 苏格兰等地的人们测试臂力的一种活动。

③Berthoff, *British Immigrants*, 151 (quote); Gerald Redmond, *The Caledonian Games in Nineteenth-Century America* (Rutherford, N.J., 1971) 36-41, 49-56, 112-115; Rader, American Sports, 90; Adelman, “Modern Athletics,” 538-40; Boston Daily Globe, 29 Aug. 1879 (quote), in Redmond, Caledonian Games, 39.

移民所遭受的文化冲击，减少适应新社会的风俗及行为方式，德国人选择在已有的移民聚居比例比较高的社区生活。例如，在密尔沃基，83%的德国移民家庭坐落于德国人聚居的地方，这些新来的移民创造出了一个完全具有德国风格环境的城市，并保持着他们引以为豪的文化传统。因为生活在德国移民聚居的地方，所以商业活动是用德语进行的，报纸是用德语印刷的，学校、剧院以及志愿者组织中也都是德国人，因此这些移民觉得没有必要去从结构或者文化上屈从于他们所认为的“劣等文化”。①

体音协会（turnverein），或者说体操协会是德国移民带来的文化纽带中的重要组成部分，在德国人聚居的地方生根发芽繁荣发展起来，正如德国的剧院和合唱团一样。19 世纪 20 年代以来，费雷德里希·约翰（Friedrich John）的学生就把体操项目介绍到美国的一些学校，并获得了广泛的关注。因此，美国的运动改革者对罗曼蒂克的民族主义组织已经很熟悉了。1848 年，美国的第一个体操协会在路易斯维尔和辛辛那提成立。这两座城市拥有最多的移民人口，之后扩展到巴尔的摩、布鲁克林、芝加哥、密尔沃基、新奥尔良、纽约、纽沃克、费城、圣路易斯以及其他德国移民区居多的城市。新社团的领导通常曾经是体操运动员，也包括很多政治难民。这些人寻求促进体操、自由思想、自由政治（liberal politics）、劳动者的利益和德国文化发展的机会，以及为德国人居住的地方提供社区中心的机会。1860 年，据《美国教育期刊》中记载，体操运动员被有体育运动意识的人认为是“有修养、善良、单纯、活跃、朴素、仁义、勇敢、真诚却好战”。为了强调他们的民族身份，他们强迫自己的体操馆举行会议时使用德语并进行记录。因此，毫无疑问，体操协会帮助德国移民减轻了在远离家乡上千公里之外的城市生活中所面临的疏离感。②

大多数的体操运动员曾是技工，靠技术赚钱养家，事实上，他们当中都

①Goldfield and Brownell, *Urban America*, 153-155; Chudacoff, *Urban Society*, 52, 54, 104, 105; Kathleen Neils Conzen, *Immigrant Milwaukee*, 1836—1860 (Cambridge, 1976).

②Henry Metzner, *A Brief History of American Turnerbund* (Pittsburgh, 1924), 8-9; Horst Ueberhorst, *Turner Unterm Sternenbanner: Der Kampf der Deutsch-Amerikanischen für Einheit, Freiheit, und sociale Gerechtigkeit*, 1848—1918 (Munich, 1978); Susan Hirsch, *Roots of the American Working Class: The Industrialization of Crafts in Newark* (1800—1860) (Philadelphia, 1978), 100; Carl Wkttke, *Refugees Revolution: The German 48ers in American* (Philadelphia, 1952), 147-148; R. Von Raumer, “Physical Education,” American Journal of Education 8 (1860): 203.

没有半技术工人或者非技术工人。蓝领工人的数量比白领工人多出 1 倍，这反映了当时城市里的德国人的职业类型。体操运动员强大的工人阶级特色在公开的社会主义社团的成立过程中体现出来，1849 年，这些组织先是在费城成立，接着又在巴尔的摩、布鲁克林和纽约成立，这些组织强调政治胜过体操。在芝加哥和密尔沃基的快速发展时期，中产阶级在体育运动中发挥了核心作用，密尔沃基的第一个体操协会就是由商业领袖建立的，大部分的成员是白领。芝加哥的体操协会成立于1852 年，会员成分繁杂，主要是白领（占 56.7%），还有制造和修理厂的工人、铁匠以及其他技工，他们之间相处都很融洽。会员形式说明体操协会并不是德国社区的象征或者是有社会地位的社团，而是“受人尊敬的”德国男性亚文化的民主堡垒，这些社团场地既是社区的中心又是政治论坛中心，同时也是供人们学习和练习传统技艺和表演的体操馆。①

（四）富人和出身名门的人

城市化对占城市 5%人口的最富裕人群的余暇时光的影响是非常有限的。他们的财富、自由时间以及使用体育设施的便利性使他们随时都能享受到参加他们钟爱的体育运动的乐趣。17 岁的爱德华·泰勒（Edward Tailer）是纽约最富有的、穿梭于上层社交圈的商人的儿子，他和伙伴们一起分享着快乐。1847—1848 年秋冬季，泰勒既可以悠闲地散步，又可以在金布里奇（Kingbridge）或者格林珀尔特（Greenpoint）享受钓鱼的乐趣，也可以在霍博肯野餐，参加跳舞课程、玩雪橇和滑冰。他一度流连于剧院、聚会甚至是戒酒会。两年以后，他得到了一份职员的工作，但又开始担忧自己的安全，因此，他和别人一起学习拳击。这些人帮助他在所选择的事业中获得了成功。②

---

①Conzen, *Immigrant City*, 79-80; Hirsch, *American Working Class*, 99. Data on national turner memberships was computed from Hugo Gollmer, *Namensliste der Pioniere des Nord-Amerik Turnerbundes der Jahre* 1848—1862 (St. Louis, 1885), and on Chicago turners from Theodor Jannsen, *Geschichte der Chicago Turn-Gemeinde* (*Chicago*, 1894), 9-13, *used in conjunction with the Chicago City Directory*, 1854—1860 (Chicago, 1854—1860).

②Allan Stanley Horlick, *Country Boys and Merchant Princes: The Social Control of Young Men in New York* (Lewisburg, Penn., 1975), 122, 125-126, 131, 136-137. For discussions of American elites see E. Digby Baltzell, *Philadelphia Gentleman: The Making of a National Upper Class* (New York, 1958); and Frederick C. Jaher, *The Urban Establishment: Upper Strata in Baston, New York, Charleston, Chicago, and Los Angeles* (Urbana, Ⅲ., 1982).

城市化鼓励了富裕的和出身背景良好的人把体育运动当作一种定义阶级边界的工具，尤其是在大城市里，城市太大，富人太多，彼此不可能都认识。通过房地产、银行、交通等致富的人，或是通过传统的商业模式致富的人，都在寻找进入都市男人俱乐部的入场券，借此来证明他们优越的社会地位。帆船运动，一般被定义为精英体育，由于参与这类项目往往需要担负巨额的支出，且入会条件相对苛刻，因而被视为界定社区地位的标准。

赛马这项最具盛名的殖民地体育运动在革命时期（revolutionary era）被广泛禁止，因为共和党反对这一具有贵族地位并且还跟赌博有关联的项目。1803—1821 年，纽约市也禁止了赛马运动，之后当地的精英人士开始复兴这项运动。这些精英拥有赛马场，组成了赛马俱乐部，并组织半公开的赛马比赛。他们替赛马项目辩护，认为赛马这项运动是能够用于国防和交通的唯一方式。促进这项运动发展的机缘发生于 1823 年的纽约。运动员约翰·考克斯·史蒂文斯（John Cox Stevens）是霍博肯一个富商的儿子，他组织了一个地方性企业联盟来支持“日蚀”（赛马马匹的名字，这匹马被认为是当时美国最优良的马匹），并与来自弗吉尼亚的威廉·约翰逊（William Johnson）对垒，后者下赌注 2 万美元。约翰逊号称他能够找到一匹更优良的南方马匹，史蒂文斯也信心满满。最终，“日蚀”打败了南方的马，轻松维护了北方马匹的荣誉。来自长岛的亨利先生（Sir Henry）在一群观众面前宣称下了 6 万美元赌注，据说其中包含镇上人们的 2 万美元，这次大赛不仅使当地的商人和旅馆主大赚一笔，更重要的是复兴了赛马业，并使之成为一项全国性的赛事。①

在接下来的很多年里，赛马运动在纽约取得了一些成功，但是在 1837 年的经济大衰退之后，赛马运动也开始走下坡路。这场经济大衰退使很多富有的赛马骑手损失惨重，最终导致 1845 年赛马业的彻底崩塌。从此，培育赛马的产业开始向西部转移。公理会的人和假装虔诚的精英长久以来就对带有赌博性质的赛马项目不满，因此也不觉得带有赌博性质的体育项目消亡是一种遗憾。体育的中心也开始转移到更开放的大城市新奥尔良，这个城市曾一度主办赛马这一项目，并一直持续到南北战争前夕。这里的居民并不觉得赌博是令人不安的行为，因此，赛马场便成为富有的棉农和甘蔗种植主谋取名声、

①Adelman, *Sporting Time*, 31-38. On Stevens's Sporting interests, see Rader, *American Sports*, 37-39; John Dizikes, *Sportsmen and Gamesmen* (Boston, 1981), 91-120.

地位和利润的地方。①

纽约市的赛马活动在美国赛马俱乐部（American Jockey Club，AJC）的赞助下又重新开始了。这个俱乐部于1865年由资本家里昂纳德·杰洛米（Leonard Jerome）、奥古斯特·贝尔蒙特（August Belmont）、威廉·R. 特拉弗斯（William R. Travers）和詹姆斯·R. 亨特（James R. Hunter）组织成立。1863年以来，赛马在帕特森、新泽西和萨拉托加（萨拉托加的赛马业由莫里斯领导）的领导下取得了巨大的成功，因此他们决定复兴纽约的赛马业。1866年，美国赛马俱乐部在纽约市北部约230英里的地方修建了杰洛米公园。开幕当天成为当时的一大社会事件，并在之后的若干年里一直吸引着大批的游客。②

美国赛马俱乐部的会员均有一定的社会地位，但是地位远不及纽约帆船俱乐部、联合俱乐部（1836）和世纪俱乐部（1847）的会员。③美国赛马俱乐部更像是一个融合了爱好骑马和赌博的人的团体，而非区分社会精英的志愿者协会，美国赛马俱乐部欢迎任何有意愿花钱买门票入场观看比赛并下注的人。1866—1867年，这一俱乐部的会员名单上就增加了包括政治大佬威廉·M. 特威德（William M. Tweed）和皮特·斯威尼（Peter Sweeney）等在内的政客。862名会员中绝大多数为纽约及其附近地区的中年人，而且大多数从事的是商业或者金融行业，其中有83.3%的会员人均收入位于纽约市排名前1%，80%的会员居住在全市最富有的3个小区，六分之一的人居住在第五大道。④

如果美国赛马俱乐部会员身份不能证明一个会员是否是社会精英，那么成为理事会委员会成员可以证明。俱乐部中有50个人来自最上等的家庭，收入为59700美元，远比普通会员富有。普通会员纯收入只有25500美元，这

①Adelman, *Sporting Time*, 38-45, 50-51; Somers, *Sport in New Orleans*, 24-35.

②Adelman, *Sporting Time*, 77-83; George B. Kirsch, "New Jersey and the Rise of American Sports, 1820—1870," *Journal of Regional Cultures* 4-5 (1984—1985): 45; NYT, 5 June 1870.

③译注：Union Club成立于1836年，是纽约市一个私人专属的社会俱乐部，也是纽约市最老的私人俱乐部。Century Club是纽约市著名的私人俱乐部，由诗人威廉·库伦·布莱恩特（William Cullen Bryant）成立于1847年，以促进人们在艺术和文学方面的兴趣。

④Adelman, "Modern Athletics," 149-151, 181-182, 188-193; idem, "Quantification and Sport: The American Jockey Club, 1866—1876, A Collective Biography," *in Sport in America: New Historical Perspectives*, ed. Donald Spivey (Westport, Conn., 1985), 51-65.

50 人还极有可能拥有自己的马匹（只用于竞赛或者炫耀）。这些人通常也是联合俱乐部（61.1%）和纽约帆船俱乐部（16%）的会员。①

帆船这项运动为人们提供了更多的社会威望，约翰·考克斯·史蒂文斯（John Cox Stevens）就成为了第一个优秀的帆船驾驶者。1830 年，他带着他的单桅帆船一起参加了有记载以来第一次美国帆船大赛，9 年之后他组织成立了纽约帆船俱乐部并担任主席。俱乐部最初的成员均来自精英家庭。他们借此寻求乐趣，建立兄弟情谊、促进体魄健康，以及发展美国水上考古。在 1851 年，人们对于这项运动的乐趣有了进一步提升。这一年，史蒂文斯的“美国号”在比赛中击败了与水晶宫展览会②有关的 17 艘英国帆船，获得冠军。这一战绩提升了美国民族的自豪感，同时也标志着美国造船业的成熟。1850—1860 年，纽约帆船俱乐部的规模扩大了 3 倍，更多新兴的有钱人开始寻求会员身份来确认并稳固他们的社会地位，并从中寻求获得老一辈精英人士的认可。纽约帆船俱乐部成为美国代表性的体育俱乐部，建立了一种可供其他俱乐部模仿复制的模式。在所有纽约的都市俱乐部中，纽约帆船俱乐部只是联合俱乐部和世纪俱乐部下面小的俱乐部而已。③

二、作为理性休闲的体育——城市体育的思想基础

在美国南北战争时期，社会改革者们制定了积极的体育运动信条来应对伴随着城市发展而产生的城市病。一些观察者发现，像沃特·威廉（Walt William）这样的诗人兼记者就很享受城市生活的节奏和乐趣，并拥有良好的生活品质。但是对于大多数人来说，城市的物质主义、虚假、田园生活价值的缺失以及城市生活中存在的危险依旧是让人们无法轻易安心的因素。人们害怕自己的城市像曼彻斯特一样的人口拥挤、生活质量处于极贫状态的工业城市那样发展，并最终威胁到传统道德价值以及国家特征。④

---

①Adelman, “Modern Athletics,” 182, 188, 192-193, 221-223, 234, 236-239; idem, “American Jockey Club,” 54, 56-62.

②译注：水晶宫展览会（Crystal Palace Fair）。水晶宫是 1851 年为世界博览会而修建在伦敦海德公园的一处建筑。

③Adelman, “Modern Athletics,” 494-502; Dizikes, *Sportsmen and Gamesmen*, 105-120; Rader *American Sports*, 53-54.

④Thomas Bender, *Towards an Urban Vision: Ideas and Institutions in Nineteenth-Century American* (Lexington, 1975), 21.

实际上，美国的城市在日益变得不健康、危险、道德低下。城市的人口也变得多样化（19世纪50年代，波士顿一半以上的人口是二代移民，城市居民缺乏共同的文化及其他的社会关系，而这些变化在镇上或农村里却是常见的）。随着贫富差距的拉大，阶级分化也变得越来越严重。最穷的城里人居住在棚户区（贫民窟）或地下室里，四周建筑拥挤不堪，卫生条件极其恶劣，也没有干净的饮用水，这些都是容易引发传染病的因素。大量无人监管的、贫穷的年轻男性则开始慢慢参与到犯罪活动中。①

杰克逊的拥护者（Jacksonian）认为解决城市病最好的办法就是由市政府来管理供水、垃圾处理以及治安，并借助一些公共场合（诸如公园）或者社会自发组织的活动来支持戒酒、强制教育及健康改革的行为。威廉·艾乐瑞·查宁（William Ellery Channing）、科学家莱缪尔·沙特克（Lemuel Shattuck）博士，健康达人西尔维斯特·格拉哈姆（Sylvester Graham）和其他改革者都认为相比起更自由、更充满活力的美国农村人来说，城市的风俗是不健康的，这是因为城市居民的工作是久坐的，身体没有适量运动，而且太恪守时间规定。大型城市已经缺少用于散步、骑行、划船或玩游戏的空间了。这些活动实际上都有可能为城市居民提供乡下人认为理所当然就拥有的精力充沛的练习。身体文化运动希望把更多农村社会的优良品质带入城市，并借此保护传统的道德价值。②

（一）体育和城市的健康改革

在物理学家、社会批评家及体育记者的领导下，健康改革者强烈倡议所有的城市居民参与到道德体育中，因为他们认为这些行为会使人们受益，不

---

①Chudacoff, *Urban Society*, 41-42, 51, 53-54; Goldfield and Brownell, *Urban America*, 65, 134-165, 172-173.

②Stephen Hardy and Jack W. Berryman, " 'Public Amusements and Public Morality': Sport and Social Reform in the American City, 1800—1860" (paper presented at the annual meeting of the Organization of American Historians, 2 April 1981, Detroit), 6-8, 10-21; Jack W. Berryman, "Sport, Health, and the Rural-Urban Conflict: Baltimore and John Stuart Skinner's American Farmer, 1819—1829," *Conspectus of History* 1, no. 8 (1982): 47; Paul S. Boyer, *Urban Masses and Moral Order in America*, 1820—1920 (Cambridge, 1978); Alice Felt Tyler, *Freedom's Ferment: Phases of American Social History from the Colonial Period to the Outbreak of the Civil War* (1944; rep. New York, 1962); Ronald G. Walters, *American Reformers*, 1815—1860 (New York, 1978); John R. Betts, "Mind and Body in Early American Thought," *JAH* 54 (March 1968): 787-805.

管这些人是什么性别，来自社会什么阶层，都会使整个社区受益。早在1829年，费城的健康专家就曾建议为蓝领工人建设公共的体育馆。对于动用公共经费为体力工人修建体育馆一事的主要争议集中在雇佣者，他们认为只有体力和精神都健康才能更好地劳动。一份体育周刊估计，每年由于工人生病或不健康而请假导致的损失费用在2400万美元左右。因此体育锻炼应该是改善这一状况的良方。要求工人1天能劳动10小时的“劳工领导”（Labour Leader）也认可体育的价值。当工人在工作上花费了太多的精力时，这些人就需要用体育运动来焕发一下精神活力。正如《时代的精神》①所说：“繁重的煤矿工生活也许就像投球一样可以得到练习，或者像赛舟会上划船一样，但是挖煤这样的活儿毕竟没有那么鼓舞人心，因此，也就绝对没有那么健康了。”②

大部分已经出版的关于体育与个人健康的讨论，都主要集中在久坐的白领工人上。到19世纪50年代中期，奥利弗·温德尔·霍尔姆斯（Oliver Wendell Holme）博士发现，相对比英国上流人士健康的生活，需要对美国人毫无生机的生活提出批评。他预言了美国民族的衰退，认为：“我们所夸耀的穿黑色衣服、手无缚鸡之力、面色苍白的年轻人在盎格鲁-萨克逊的血统中从来没有出现过。”中产阶级健康问题最重要的发言人是霍尔姆斯的好友波士顿婆罗托马斯·温特沃斯·希金斯（Thomas Wentworth Higginson）。他是一个成功商人的儿子，毕业于哈佛大学，是著名的社会改革家及有社会地位的牧师。在1858年，发表于《亚特兰大月刊》上的一系列文章中，希金斯认为白领阶层中的高患病率说明户外运动的必要性。他鼓励商人们少担心赚钱的事，多关心一下自己的身心健康，并建议他们离开办公室，多到体育馆运动。希金斯致力于减轻公众对体育兄弟会参与体育的恐惧感，认为“身体的活动与精神

①译注：在纽约出版的一份美国周报，1831年开始发行，创始人是William T. Porter兄弟，客户群体为上层阶级的读者，尤其是爱好运动的人。

②Betts, “Mind and Body,” 797-798, 802, 804-805; John R. Betts, “Public Recreation, Public Parks and Public Health before the Civil War,” *in The History of Physical Education and Sports*, ed. Bruce L. Bennett (Chicago, 1972), 45-46. Quote is from Spirit 30 (10 March 1860): 54, cited in Adelman, “Modern Athletics,” 666.

的圣洁是互不相容的”。①

把体育运动作为治愈城市病的一剂良药并加以推广是19世纪40年代美国公共健康运动的一个组成部分。这一运动在之前的几十年已经开始在英格兰推广，议会甚至还对工厂进行了调查。英国城市的主要问题还在于人口过多和卫生条件落后所导致的身体上和精神上的退化，甚至死亡。其中唯一让人们关心的当属传染病，尤其是霍乱。霍乱曾经在1832年、1833年和1849年爆发过。为了阻止未来发生更大的灾难，医生们建议每个城市改善供水质量，指导居民健康饮食，更多地呼吸新鲜空气，尤其是贫民窟的居民，更应每天进行适量的运动来增强抵抗力。公共健康运动极大地促进了民众对政府处理此类问题上的觉悟，同时也表达了世纪中期人们对市属公园日益强烈的需求，这些空间都将成为所有城市居民锻炼和呼吸新鲜空气的场所。②

（二）体育和秩序的推行

日益发展的城市中心对新的社会控制机构的广泛需求为鼓励理性的城市体育提供了第二次理由。公共健康改革者，比如约翰·H. 格里斯科姆（John H. Griscom）博士认为，堕落的身体状况将导致不文明行为的产生，因此，如果城市居民参与到文明的娱乐活动中，将变得更加健康。除此之外，进行健康的体育活动的人将借此学习到良好的道德价值，这将使他们受益并具有良好的品格。因此，所有想开心、满足、正直的居民都应该远离那些低廉肮脏

①Oliver Wendell Holmes, “The Autocart of the Breakfast Table,” *Atlantic Monthly* 1 (May 1858): 881; Thomas Wentworth Higgioson, “Saints and Their Bodies,” ibid. 1 (March 1858): 582-595. For other comments comparing Americans unfavorably to their British cousins, see “Thoughts on Manly Education,” *Knickerbocker Magazine* 30 (Nov. 1847): 417, quoted in Robert M. Lewis, “Cricket and the Beginnings of Organized Baseball in New York,” *IJHS* 4 (Dec. 1987): 320; and A. A. Livermore, “Gymnastics,” *North American Review* 81 (1855): 51-52. On Higginson see also John A. Lucas, “Thomas Wentworth Higginson: Early Apostle of Health and Fitness,” *JOHPER* 42 (Feb. 1971): 30-33; and Stephen Hardy, *How Boston Played: Sports, Recreation and Community*, 1865—1915 (Boston, 1982): 52-53. On the positive influence of sport on the health of urban women, see Betts, “Mind and Body,” 798-799; Adelman, “Modern Athletics,” 655, 662-663; Lucas and Smith, *Saga of American Sports*, 73-75, 83, 91; Roberta J. Park, “ ‘Embodied Selves’: The Rise and Development of Concern for Physical Education, Active Games and Recreation for American Women, 1776—1865,” *JSpH* 5 (Summer 1978): 5-41; and Linda J. Borish, “Thomas Higginson, and Their Vision of American Society, Health and Physical Activities,” *IJHS* 4 (September 1987): 139-153.

②Betts, “Public Recreation,” 46-48.

的娱乐，成为社区的坚实支柱。①

社会评论家认识到娱乐是城市生活不可或缺的一部分。年轻人需要一些场所来释放他们的压力，但是对他们所选择的娱乐方式或质量并没有过多的要求。社会批判家告诫人们，他们认为这些搬到城市居住的农场年轻青年虽然脱离了家长的监管及传统社会的控制机制的监督，但也需要得到保护。新的城市环境为人们提供了很多可以在商业性的娱乐活动（如剧院、音乐厅、舞厅、沙龙、妓院、赌场以及观赏性体育）上随意浪费时间的机会。这些有害且不文明的消遣，受到单身男性亚文化的欢迎，但是并不处于上升势态，也没有吸引更多参与者的途径。②

有史以来，美国人对娱乐和休闲就作出了明确的区分。正如史蒂夫·哈代（Stephen Hardy）所描述的，休闲使人们变得更加充满活力，因此也能更有活力地面对新的挑战，但是娱乐仅仅能让人们得到暂时的个人压力释放。新体育信条的宣扬者强烈反对动物之间的血腥角斗，认为这中间夹杂了赌博、不良行为及负面情绪的影响。上帝一位论派（Unitarian）大臣威廉·艾勒里·查宁（William Ellery Channing）和其他的改革者认为，要想解决这一问题，必须促进具有正面影响力的、有道德的体育活动及休闲活动的发展。19世纪30年代，通过对剧院以及作为不道德娱乐补充的身体文化等方面进行立法和规范化，查宁为理性的娱乐运动提供了平台。1847年，乐观主义者弗雷德里克·桑格（Frederick Sanger）在《对娱乐的诉求》（*A Plea for Amusement*）中争论道“健康的体育机构在所有的城镇中建立起来，人们能够自由、免费使用，我们应该看到，我们已经有足够健康的休闲资源来取代赌场、酒馆和妓院”。纽约的媒体强烈支持这一观点，甚至通过了一项在国内允许进行理性休闲活动的决议，虽然这有违安息日的习俗。但是自从老板们不需要再给手下的工人放周六的半天假之后，圣周日的活动就成了吸引更多社会底层的人远离那些每日开放的色情场所的最佳选择。③

理性休闲的首要提倡者、著名的城市改革家、波士顿一位论派大臣爱德

①Adelman, “Modern Athletics,” 669. For an excellent discussion of the use of wholesome sport to improve decadent urban society, see Hardy, How Boston Played, 45-53.

②Boyer, *Urban Masses*, 3-120; Hardy, How Boston Played, 40-41, 45-49; Rader, American Sports, 30-35; Adelman, “Modern Athletics,” 581-586, 661.

③Hardy, *How Boston Played*, 48; Sawyer, *A Plea for Amusements* (New York, 1857), 291, cited in ibid., 50.

华·埃弗雷特·哈勒（Edward Everett Hale）认为，城市居民，尤其是每天工作很长时间的体力劳动者的最大需求就是休闲。哈勒深知城市里的人相对于乡下人来讲面临各种各样娱乐方面的问题。乡下人可以随时去钓鱼或者打猎，来享受传统的淳朴乐趣。哈勒还发现一些可替代的、有可能会流行的健康的娱乐方式。牧师在商业性的娱乐活动面前则没有任何的自信，商业性的娱乐活动一般来讲都会尽力迎合人们最基本的需求以求获得最多的观众。哈勒还认为教会和国家应该合作推进健康的娱乐活动。他催促牧师去推广板球、足球等品行端正的体育项目，因为这些项目可以促进人们的身体健康，改善性格，提升勇气。①

哈勒、希金斯和霍尔姆斯 3 人是基督教精神运动的倡导者。作为一种以英国为基础的哲学，基督教精神运动寻求人的精神、意识和身体的和谐。哈勒和其他的改革者把娱乐的问题看作是他们关注的广义的城市生活病理特征的一部分。和其他具有维多利亚王朝中期思想的人一起，他们的目标在于创造基督教的绅士，这些人应该是“有节操的运动员，不是行为放浪的，能够在不断克己（self-denial）的过程中检验他们的男性气概”。强健的基督徒通过引导年轻的男性进入“基督耶稣的户外空间，在这里能够获得健康、力量和男子气概”来支持体育运动去应对日益增长的美国文化的女性化。强健的基督徒对于体育的社会功能的理解并不新颖，他们只是简单地把人们熟悉的体育减少城市问题这一理念重新包装了一下。1851 年，从英格兰传入的基督教青年会（简称 YMCA）则体现了新体育的信条，从而帮助农场上的年轻人适应城市的生活环境。②

体育信条在相当一部分中等收入的城市人群中发挥了巨大的使体育合理化（legitimating）的作用。这些体育信条在南北战争前开始发展起来，并最终在 19 世纪末期体育兴盛的时候普及开来。体育信条的主要内容是批判那些在现代化之前残存的城市体育传统，鼓励文明参与体育。它有效地帮助并减少

---

①Hardy, *How Boston Played*, 50-51.

②Lucas and Smith, *American Sports*, 108-109, 137, 139; Adelman, “Modern Athletics,” 674-675; Hardy, *How Boston Played*, 50-51; Charles E. Rosenberg, “Sexuality, Class and Role in Nineteenth Century American,” AQ 25 (May 1973): 129, NYT, 21 June 1854 (quote), cited in Adelman, “Modern Athletics,” 686. See also Benjamin G. Rader, “Muscular Christianity, the Biological Theory of Play, and the Adult-Managed Boys’ Sports Movement, 1890—1920” (paper presented at the annual meeting of NASSH, 30 May 1979, Austin, Tex.), 3.

了由工业资本主义和城市化带来的问题，像狩猎、垂钓等殖民地体育曾经非常具有功能性，因为这些体育形式和收集食物、抵御等紧密联系在一起。这些美国南北战争前“干净的”体育形式为农村社会粗糙的生活提供了理性的选择，同时也教会了人们个人主义，并促进了男性气概（比如自律、勇气和克己），使人们更多地参与户外活动，并且为人们提供了粗鄙的娱乐方式之外的另一种选择。这些理念使勤劳工作的基督教徒增加了花在体育上的时间，而不是一味地劳作赚钱。同时，这些理念也支持了公园建设，来自社会所有阶级的人们能够在此享受体育带来的乐趣。然而，19 世纪末期当大部分的新公园建成的时候，真正从中受益的只是中产阶级。

（三）中产阶级和上层劳动力

直到 19 世纪中期，勤劳的、有远见的、忠于宗教信念的、有中等收入的城里人在体育和身体文化方面并没有多少兴趣。中产阶级的人，比如店主、专业人士、代理商和职员仅有一点儿可自由支配的宝贵时间用来休息一下，但却不会花资金去参与久负盛名的精英体育。但是其中职员是个例外，因为这些人大多是正在学习商业经营知识的青年人，他们也希望在此过程中为未来建立一些合作伙伴关系，甚至是想着能够自己开公司。中产阶级的人则是富有竞争力的工人，他们就是自己的老板。他们憎恶那些流行的大众体育，把大众体育认为是浪费时间的、不合法的、虚弱的，需要计较成本去参与的。现代化之前的生活方式以及体育兄弟会的价值观所代表的社会道德则与维多利亚早期的中产阶级思想截然相反。这个时期的人们主要通过工作而非休闲来获得富有男性气概的身份。他们通过工作来赚取薪资，而不是赌博，同时他们又是富有责任心的养家的人。他们不会因为台球场或者消防站而削弱对家庭的挚爱，相反，家庭是他们生活的中心。然而，日益发展的体育信条鼓励人们参与到纯净的室外运动中。这些体育形式不仅仅有趣，同时也会塑造性格、改变人们的观念、促进个人和社区的健康，因此迅速地改变了中产阶级的态度和行为。英格兰、苏格兰和德国的体育文化的正面榜样证明体育能够为勾腰驼背的办公室文员提供跟自耕农的健康工作习惯相类似的道德上的等价物。相当一部分城里的年轻人热衷于参与很多新兴的体育运动，尤其是团体项目，因为他们能够从中享受同志般的友情、激情以及团队之间的竞争。虽然，这些体育形式与南北战争前中产阶级独立的本质并不相宜，但是却体现了新运动理念的精神。①

很多被历史学家定义为“拥护者”或者“自由分子”的蓝领工人也同样受到了新体育信条的影响。这些人以未来为指引，深受工业资本主义的影响，认识到在个人的生活中也需要自律。这些工人接受了维多利亚时期道德观中关于自制节欲、努力工作、守时、先工作后享受的理念。支持资本主义的人认为在财务部门工作的人需要先行体验这种理念，一边辛勤的工作，一边努力成为独立的人。激进的工人认为维多利亚时期的行为能够帮助他们通过复兴自己的文化（强调兄弟之情和互相合作）和旧体系做斗争。所有这些爱好运动的人的文化和行为都与传统的蓝领工人大相径庭。蓝领工人们依旧保持着现代化之前的生活方式，他们拒绝虔诚、节制、节欲以及稳定的工作。他们是单身汉亚文化的组成部分，热衷于血腥并具有赌博性质的体育形式。②

如果说城市工人所选择的体育形式能够反映他们在文化上的偏好的话，他们参与体育运动的机会则依赖于空闲时间、可自由支配的薪水以及使用体育设施的便利性。一般来说，这意味着工人贵族（薪资相对高且能对工作有一定管理权）或者像在食品行业工作的轮班不规律的人是健康的体育活动以及反主流体育文化的参与者。除了新奥尔良，大部分的城市中都遵守大陆式安息时间，严守星期日为安息日的人阻止工人阶级的娱乐方式。工厂体系的缓慢扩张使得半熟练的机器操作工取代了像制鞋工一样的工匠。这些半熟练工能够在机器前一连工作几十个小时，对工人阶级的休闲理念产生了负面的影响。工作日的减少对于马萨诸塞州的工业城，比如林恩和福尔里弗，都产生了很大的影响。但是一直到全面工业化之前，经济更加多样化的城市对休

---

①On the formation of the urban middle class see Cindy Sondik Aron, *Ladies and Gentlemen of the Civil Service: Middle-Class Workers in Victorian America* (New York, 1987), 1-5; John S. Gilkeson, Jr., *Middle-Class Providence*, 1820—1940 (Princeton, 1986); Burton J. Bledstein, *The Culture of Professionalism: The Middle Class and the Development of Higher Education in America* (New York, 1976); and Stuart Blumin, “The Hypothesis of Middle-Class Formation in Nineteenth-Century America: A Critique and Some Proposals,” *AHR* 90 (April 1985): 299-338. On middle-class manliness, see E. Anthony Rotundo, “Body and Soul: Changing Ideals of American Middle-Class Manhood, 1770—1920,” *JSH* 16 (Fall 1983): 23-38; Peter Stearns, *Be a Man! Males in Modern Society* (New York, 1979); and Joe L. Dubbert, *A Man's Place: Masculinity in Transition* (Englewood Cliffs, N.J., 1979).

②Faler, “Cultural Aspects of the Industrial Revolution,” 381, 383, 393-394; Laurie, Working People, 54-60. For a detailed discussion of antebellum working-class sport, see Steven A. Riess, “Working-Class Sports in America, 1820—1920” (paper read at the annual meeting of the American Historical Association, Pacific Coast Branch, 12 Aug. 1982, San Francisco), 1-25.

闲时间的影响并不大。①

三、中等收入人群的运动生活

历史学家通常把中产阶级体育的崛起看作是19世纪末期的一种现象，但是近来修正主义的研究表明，在美国南北战争前，对体育信条日益增长的接受程度促使了相当一部分中产阶级的人参与到有益健康的体育运动中去。②参与体育运动能令人感到愉快、能使人振奋，并能为人们提供一种获得认可的方式。同时，它也为城里人和那些从乡下来到城市的人找到一个社团，让它们从中找到志同道合的朋友，这种形式可以使他们寻找到友谊、身份，在陌生和失范的城市中寻找到一丝安定。

讽刺的是，由于城市中产阶级强烈并虔诚的爱好，他们首选的体育是赛马这种广泛依赖于赌博的体育形式。赛马运动起源于城市，接着在城市社区中形成了自己的现代特色。19世纪20年代快步马赛开始变得流行，因为参与这种比赛的马相对便宜，更重要的是对于中产阶级者来说，这种马很实用，不像那些受过严格训练的贵族马匹。快步马就是“民主的美国人的赛马”，它在美国出生，供它的主人外出或者拉货车。快步马萨福克马（Lady Suffolk）赢了超过35000美元，但是人们却发现它拉的是肉贩的运货车。③

快步马赛（Trotting）是一种非常有趣的消遣方式，借此，马的主人可以展示他们的财富、下赌注以及展示个人的超凡驾车技术，因为他们本来就亲自驾驶他们的马匹。大部分的纽约快步马赛都源于自发的比赛，这些比赛都

---

①On the impact of factory system, see Alan Dawley, *Class and Community*: *The Industrial Revolution in Lynn* (Cambridge, 1977); Paul G. Faler, *Mechanics and Manufacturers in the Early Revolution*: *Lynn*, *Massachusetts*, 1780—1860 (Albany, 1981); Hirsch, *American Working Class*, esp. 99-100; Gutman, “Work, Culture and Society,” 531-588; Chudacoff, *Urban Society*, 55-57. Artisans had dominated the urban labor force in the colonial era, but by 1850 most workers in the largest cities were either unskilled or semiskilled. Goldfield and Brownell, *Urban American*, 150.

②The traditional historiography is exemplified by Betts, *American's Sporting Heritage*, Lucas and Smith, *Saga of American Sports*, and to a lesser degree, Rader, *American Sports*. The Leading revisionist is Adelman, who in Sporting Time identified twenty-one leisure sports enjoyed by New Yorkers between 1820 and 1870, including ice skating and croquet, which were popular with the middle classes. See Adelman, *Sporting Time*, 186-187.

③Melvin L. Adelman, “The First Modern Sport in America: Harness Racing in New York City, 1825—1870,” JSpH 8 (Spring 1981): 5-32. See also Dizikes, *Sportsmen and Gamesmen*, 237-264; and Dwight Akers, *Drivers Up*! *The Story of American Harness Racing* (New York, 1938).

被安排在碎石铺成的第三街区旁的街道上，能够为比赛提供五英里长的笔直赛道。这个赛道处于城市居民区的外围，因此比赛不会妨碍人们的生活。最终，伴随着城市人口的向北迁移，鹅卵石铺成的路面、公共汽车以及其他永久性大型交通系统的使用，使得第三街区没办法继续举办快步马比赛。19世纪60年代，流浪者们被迫转移到上曼哈顿的黑人住宅区。到19世纪70年代早期，流浪者们甚至不得不放弃使用黑人住宅区，因为城市已经没办法再继续扩张，于是这些区域更多的被用作公共用途。①

1825年，中等阶级和上中等阶级的赛马者成立了纽约快步马赛协会，协会的目标跟赛马会一样。纽约快步马赛协会每半年定期举行比赛来替换 the brushes。② 1826年，该协会在长岛的森特维尔修建了一个赛道。1831年，该协会又在临近哈勒姆区的红房子酒馆附近修建一个半英里长的私人赛道。这些赛道都被俱乐部用来举行定期的集会。比赛距离通常是5英里。19世纪40年代的时候一英里的比赛成为热点，因为这样的比赛距离短，人们不用在马背上待太久，还可以腾出时间参加更多的比赛。纽约快步马赛协会像其他的赛马俱乐部一样，提升了同一社会阶级拥有相同爱好的人们的社区归属感。③

19世纪50年代，康内留斯·范德比尔特（Cornelius Vanderbilt）和罗伯特·邦纳（Robert Bonner）等富人开始对体育感兴趣并迅速成为主要的拥有赛马的人。邦纳和范德比尔特希望通过在比赛中取胜这种自我营销的活动模式来赢得社会精英的欢迎。他们开始购买最优良的马匹，并将赛马业变得合理化，这使得那些没有太多财富的人很难参与大型的快步马赛。邦纳花费了15万美元来购买马匹，但是因为他反对赌博和为了赌注去赛马，因此他的马从来没能有机会在公共场合比赛过。邦纳将一丝尊严注入到体育中，这是其他人没有做到的。他的努力也帮助快步马赛成为上层人士中一种体面的、负有盛名的消遣方式，同时也把这一在中产阶级中流行的体育方式带到了精英阶层。④

---

①Adelman, "Harness Racing," 8-9, 19-20; Harlow, *Bowery Days*, 199-201; Akers, *Drivers Up*! 59, 91, 237-238.

②译注：Brush是一个术语，用来指代两个驾驶轻驾马车的年轻人在大街上随机的或者自发进行的比赛。这种比赛在时间上早于在正式的赛道上进行的正式的比赛。

③Adelman, "Harness Racing," 9-10; Akers, Drivers Up! 239, 247-248. On the Red House Tavern, see Abram C. Dayton, *Last Days of Knickerbocker Life in New York* (New York, 1897), 335-336.

④Adelman, "Harness Racing," 20-22.

很多南北战争前中产阶级维多利亚时代的运动员发现，团体性的球类项目，比如传统的英国体育项目板球和时尚的美式项目棒球，都为具有类似背景和职业的人们的社交提供了很好的载体。除了印度项目长曲棍球，板球是美国第一大团体运动项目，也是美国最早的有组织的团体运动项目。殖民时期，人们就开始打板球，但是真正的比赛直到19世纪40年代才开始举办，这一时期板球忽然变得非常流行。到1860年发展到有400个左右的板球俱乐部，10000多名运动员。①

在纽约、波士顿和费城这些城市里存在多种经济形式，人口主要以中产阶级为主，比如商人、经理人、专业人员。以圣乔治板球俱乐部为例，1848年，77.1%的会员是非体力劳动者，到了1865年这一数字上升到94.3%，并且，这些俱乐部逐渐从不同种族成员组成的俱乐部变为一种象征地位的组织。那些体面的从事商业和金融的人加入到板球俱乐部中，并且利用俱乐部的平台展示他们的社会地位，团结商业伙伴以及确立他们在盎格鲁-撒克逊美国人社区中日渐增强的重要性。然而，同一时间，在纽瓦克这样的工业城市中，这项运动的主力则是来自于工人阶级的英国移民。在19世纪50年代末期，参与板球运动的人大约有85%是工人，其中大部分的人（77.4%）是手工艺人、初级制衣工或者是铁匠，只有7%是半熟练或者不熟练的工人。纽瓦克的工人阶级板球参与者远比大部分的城市居民要富有，很多人都能负担得起那些中产阶级的人们居住的房子附近以及外围的房子。他们没有时间参与一局完整的板球比赛，所以一般都是在固定的时间段内参与一下，有时候他们会在午饭休息时或者下班后玩一玩。为了提高对板球运动的忠诚度，有些老板还会给员工放假去专门练习板球，尤其是那些有赞助球队的公司。一般练习都是一周两次，比赛大多在周六举行，对于大部分的美国人来说，周六是工作日。②

19世纪50年代，棒球动摇了板球的领导地位。棒球从一种简单的非正式的儿童休闲运动发展为一种包含着一定复杂度的团体体育运动。起初，棒球

①Harlow, *Old Bowery Days*, 75; Adelman, *Sporting Time*. 101-107, 282; Lewis, "Cricket and the Beginning of Organized Baseball," 323; Kirsch, "American Cricket," 28-29.

②Berthoff, British Immigrants, 149; Adelman, "Modern Athletics," 263, 289, 298-301, 308-326; Kirsch, "American Cricket," 42; idem, "Rise of Modern Sports," 63-66, 76; Walkowitz Company Town, 178-235.

只是一项在城市颇为流行的体育项目，在南北战争前，有很多不同形式的球类运动项目，最终成为人们熟知的纽约游戏，也就是我们现在参加的形式。棒球运动的推广有赖于最初到纽约的荷兰移民后代组成的俱乐部。该俱乐部成立于1845年，是一个由社会上中层阶级组成的俱乐部。该俱乐部的社会声望低于SGCC以及纽约帆船俱乐部和各种的赛马俱乐部。早在1842年，该俱乐部的成员就开始玩一种持球拍的球类项目，参与的地点在纽约第四街区第27号大街的莫里希尔区。当俱乐部成立的时候就拥有了游戏的规则，并制定了规范的章程，俱乐部也搬到了霍博肯（Hoboken）的艾立笙广场（Elysian Field）。亚历山大·J. 卡特赖特（Alexander J. Cartwright）在这里开辟出了一块距离场边90英尺（1英尺=30.48厘米）的菱形场地。①

在纽约的荷兰人后裔并没有积极地去推广棒球，但是该项目的迅速发展依旧赢得了城市中体育爱好者的关注，并以荷兰后裔的棒球俱乐部为模板组建了他们自己的俱乐部。年轻人参与这项运动是因为刺激，美式棒球和板球类似，但是又比板球简单，比赛的时间更少，而且不需要很完美的板球场地。除此之外，因为棒球的特征符合新的体育信条，因此很快就被看作是能够提升道德价值和健康以及男性气概的一种极有价值的休闲方式，但是在1864年高飞球的规则制定之后，比赛变得更难。棒球为人们提供了一种逃离或者是治愈19世纪中期城市生活中那些糟糕方面的途径。②

1855年，在纽约和布鲁克林大约有12家棒球俱乐部。3年以后，这一数量激增到96家，而且大部分俱乐部位于闹市区。俱乐部成员主要是中产阶级白领人士。阿德尔曼（Adelman）发现，19世纪50年代早期，四分之三的布鲁克林和纽约的棒球俱乐部成员是白领工人，大致为37.2%的高级白领、39.4%的低级白领、23.4%的技术工。1855年以后，随着体育变得越来越流行，俱乐部成员的地位随之下降，只有三分之二的俱乐部成员是白领，低级的非体力劳动者高出高级的体力劳动者2倍，这一比例至少维持了将近15年。蓝领参与者大多为半熟练或者不熟练的技工，但是这些参与者没有人来

---

①Harold Seymour, Baseball, vol. 1, The Early Years (New York, 1960), 15-23; David Q. Voigt, *American Baseball*, vol. 1, From Gentleman's Sport to the Commissioner System (Norman, Okla., 1966), 8; Adelman, "Modern Athletics," 319-325.

②Adelman, "Modern Athletics," 329-300, 333, 340-342, 349-352; Lewis, "Cricket and the Beginnings of Organized Baseball," 323; Adelman, *Sporting Time*, 127, 129-131, 173.

自布鲁克林、纽约和芝加哥。19世纪60年代末期，芝加哥有30.1%的棒球参与者为蓝领。在纽瓦克，44.5%的棒球参与者是体力工人，不容忽视的是，其中有6.5%的人从事的是最底层的工作。因为缺乏时间、金钱、兴趣、球场以及参与这些俱乐部所需的社会地位，所以在棒球场上往往看不到这些人。①

最早的棒球队往往由不同的职业、公司、政党或者社区组织组成，由社区组织的队伍大多由学生、学徒或者是店员组成。不同的职业组成的队伍包括医生、老师、警察。最重要的队伍一般都附属于政党。在纽约，坦穆尼协会赞助着著名的互助会，互助会最初是一个志愿者组成的救火队。在布鲁克林，当地的民主党组织就跟亚特兰蒂斯队联系在一起。这支球队在1864和1865年连续两年取得了全国比赛冠军。球队的支持者主要来自政客，他们是体育兄弟会的成员，同时也希望通过棒球来提升形象、赢得选票。最杰出的球队会成为城市振兴主义的载体，于是城市之间的竞争开始出现。正如1860年布鲁克林鹰队掀起的热潮，“如果我们没办法在其他方面打败大城市，起码我们还有棒球”。南北战争之后，城市振兴者形成了各自专门的特色，比如著名的辛辛那提红袜队（Red Stockings），其宣传目的就在于展示其激进的特色。②

很多俱乐部成为地位的象征。最初白领俱乐部并不愿意同蓝领俱乐部一起比赛，专业人士和商业人士不想同消防员比赛，工厂的队伍通常是跟其他工厂的俱乐部比赛。最早的工人阶级队伍——布鲁克林爱克福兹队（Brooklyn Eckfords）成立于1855年。有很长一段时间，这支队伍都苦于找不到一支愿意跟他们比赛的队伍，一方面是因为顶级俱乐部的势力，另一方面源于实力的不平衡。爱克福兹队的成员主要是造船工人和机械师，他们每周只有一次练习时间。但是这些人在经济上属于中产阶级，他们的平均财富超过3000美元，这个数额是当时记事员的两倍。爱克福兹以美国当时最富有的造船工程师命名。有人认为这意味着以辛苦的劳作和其他中产阶级价值为象征。球队的主席是一名非常富有的修建码头的人，致力于“工作第一、休闲次之”。当这支球队得到证明自己的机会的时候，他开始定期和其他顶级球队比赛，并

①Adelman, “Modern Athletics,” 330-332, 356-361, 397-403, 443-451; Stephen Freedman, “The Baseball Fad in Chicago, 1865—1870: An Exploration of the Role of Sport in the Nineteenth-Century City,” *JSpH* 5 (Summer 1978): 56; Kirsch, “American Cricket,” 32.

②Seymour, *Baseball*, 1:23, 24; Ted Vincent, *Mudville's Revenge: The Rise and Fall of American Sport* (New York, 1981), 88-95, 101-104; Brooklyn Eagle, 10 May 1860, quoted in George B. Kirsch, The Creation of American Team Sports: Baseball and Cricket, 1838—1872 (Urbana, Ⅲ., 1989), 60.

在 1862 年和 1863 年赢得了城市冠军。①

与板球和其他精英体育运动相比，棒球中不同阶级的融合相对更普遍。这项运动非常民主，接纳了英国移民之外的手工艺人，尤其是来自食品行业的人。爱克福兹俱乐部曾一度被认为是一个工人阶级的俱乐部，只有五分之一的成员是非体力劳动者。一个针对纽瓦克五支队伍的研究发现，白领和蓝领工人是平均的。另外两支队伍则主要由手工或者非手工工人组成。历史学家乔治·吉尔斯认为对于这些纽瓦克的参与者来说，“共同的经济基础和住房条件远胜过他们的职业差别”。到 19 世纪 50 年代末期，棒球队成为不太排外的社团。对于大部分的选手来说，这项运动为人们提供了改善社交生活的重要平台。这些志愿协会都由很严谨的公务员来管理，这些人希望他们的选手能够高度自制、刻苦训练。②

四、体育与城市空间

城市化通过对城市空间的影响来实现对体育的影响。虽然这种影响在步行城市时期的效果不及之后工业化时期引人关注，但是依旧非常重要。大部分的体育活动发生在户外的公共空间，比如街道、空地、公园、湖泊及河流。到 19 世纪 50 年代，当城市开始变得拥挤，约束人们在公共场所运动行为的法律也应运而生。这些法律限制人们裸泳、不允许在街道以及步行道上骑车或者打球。因此，对于城市中工人阶级的体育运动者来说，在公共空间寻找运动的乐趣开始变得艰难。在纽约，球类运动爱好者主要依靠霍博肯的艾立笙广场。这个地方距离纽约南部坐船仅需 15 分钟，因此，在 19 世纪 30 年代和 40 年代艾立笙广场成为广受欢迎的运动场地。1840 年，纽约板球俱乐部没办法保护他们在曼哈顿的训练场地，因此开始在艾立笙广场训练，随后又使用了约翰·史蒂文家一部分空余的赛马场。5 年之后，城市的扩张使得他们不得不再搬回艾立笙广场去，在这里，他们用 75 美元的价格租用了 1 块训练场

---

①Adelman, “Modern Athletics,” 329-330 (quote), 378, 382; Seymour, *Baseball*, 1: 23-24; Vincent, *Mudville's Revenge*, 88-93; Steven Gelber, “Working at Playing: The Culture of the Workplace and the Rise of Baseball,” JSH 16 (Summer 1982): 3-22.

②Adelman, *Sporting Time*, 125; Kirsch, “Rise of Modern Sports,” 69-70, 74; Bryan D. Palmer, *A Culture in Conflict: Skilled Workers and Industrial Capitalism in Hamilton, Ontario*, 1860—1918 (Montreal, 1979), 53-54.

和1个更衣室。同样，SGCC也不得从临近百老汇的地方搬到了第五大道北部黑人聚居区的红房子酒馆。之后，在1854年又搬到了交通更便利的艾立笙广场。1858年，城市中心区八块受欢迎的场地只剩两块。随着城市的扩张，在新泽西，原本有空地训练的队伍也相继失去了他们的土地。新泽西城市的队伍先是因为改善街道的游行失去了位于第四街区的训练场，接着又因为铁轨的铺设失去了第二块场地。因为顶级的板球联赛对场地条件要求很高，所以，对于工人阶级的板球爱好者来说找到一块合适的训练场就变得更难。纽瓦克板球俱乐部通过不停地搬家，试图寻找到一块像样的场地，但是一直没能如愿。对于在艾立笙广场训练的纽约上层和中层阶级的板球手，或者是在卡姆登的费城精英运动选手，抑或是在俱乐部成员远郊的住所空地训练的人来说，他们都不太担心场地问题。①

体育公共空间长期缩减的情况促成了市政公园的建设，但是在南北战争之前，兴建市政公园的努力收效甚微。最著名的成果当属纽约中央公园，这里先被用作普通的休闲活动，后来又被志愿者组织开辟成私人空间用来参与体育运动，尤其是那些象征地位和代表不同种族的组织希望在他们和城里人之间建立一定的空间。在芝加哥，德国体育协会会员兴建了他们自己的室内体操馆。1867年，德国射击协会开放了位于城市西北部夏普射击手公园(Sharp-shooters Park）作为公共的靶场。②最重要的举措是向公众开放私人拥有的室内以及室外的半公共场所收取一定的费用。很多半公共场所迎合了人们的口味，体育酒吧适合单身汉的亚文化，骑行适合体面的、爱好运动的女性，好赌的人喜欢聚集在赛马场，球场上聚集的是棒球爱好者。半公共空间不仅被用于参与性体育（轮滑、滑冰、板球、台球），也被用于观赏性体育(赛马、拳击和棒球)。

（一）半公共空间的观赏性体育

城市中数量众多的男性体育迷为观赏性体育的兴起提供了潜在的市场。

①Kirsch, "American Cricket," 42; Harry B. Weiss and Grace M. Weiss, *Early Sports and Pastimes in New Jersey* (Trenton, N.J., 1960), 93-97, 139-140; Brian J. Danforth, "Hoboken and the Affluent New Yorker's Search for Recreation, 1820—1860," *New Jersey History* 91 (Autumn 1977): 133-138; *Jersey City Sentinel*, 9 Sept. 1856, quoted in Kirsch, "Rise of Modern Sports," 76.

②Perry Duis, "Whose City? Public and Private Places in Nineteenth-Century Chicago," *Chicago History* 12 (Spring 1983): 2-27.

南北战争期间的繁荣为休闲娱乐提供了大量收入可观的城市参与者，他们开始习惯在娱乐消遣上花钱。大量的观众被吸引到专门的半公共娱乐空间，比如，巴纳姆的美国博物馆、阿斯特剧场、联盟赛马场（Union Race Course）和联盟体育场（Union Grounds）。这些场所经常呈现出生机勃勃的景象。室内观赏性体育包括动物竞技（Animal Sports）、拳击和台球。主要的室外运动包括赛马、板球和棒球。血腥类的体育主要吸引的是下层和中下层阶级。酒馆里的拳击比赛一场只需要 50 美分，每次都能吸引上百名观众，隔壁剧院的比赛却要花费双倍的钱。台球比赛的门票一般是一美元。1859 年，迈克尔·费兰（Michael Phelan）和约翰·石瑞特（John Seereiter）之间的冠军赛的 500 个座位都以 5 美元的价格卖出。高价格不仅带来了收益，也把乌合之众挡在了赛场之外。①

越来越多的民众出现在户外体育场，尤其是赛马场。在南北战争期间，所有纽约的赛马场，包括 1821 年开放的最著名的联盟赛马场，都位于长岛。这里拥有悠久的赛马历史，土地也很廉价。赛马俱乐部是最早的有组织地试图通过一定的商业原则来吸引观众的体育项目。封闭的赛道以及门票销售许可都使得这一想法得以实现。1829 年，卡德瓦拉德·R. 科尔登（Cadwallader R. Colden）——纽约一个古老的家族的后代，试图通过管理联盟赛马场来盈利。联盟赛马场总共有 5000 个坐席和站席，但是由于门票策略制定不当导致了失败。联盟赛马场距离纽约有 6 英里的路程，不管是走路还是乘车都是一段不短的路程。19 世纪 30 年代，从纽约乘船或者搭火车到联盟赛马场都需要花费 1 美元。门票至少要 25 美分，有时甚至翻倍。当时，门票的平均价格都多于 1 美元，包厢价格甚至要花费 3 美元，因此每场比赛的观众人数最多维持在平均 2000 ~ 3000 人，但是体育确实具有商业冒险的价值。媒体估计，1821—1845 年，纽约有超过 5 万人观看了“跨区域赛马”比赛（Great Intersectional Races）。这些赛事为纽约城带来了荣誉，也带来了平均每个游客 20 美元的收益。联盟赛马场上举行的比赛吸引了来自各个阶级的观众。大部分的观众花 40 美分乘坐 40 分钟的火车从布鲁克林来到这里。他们很享受比赛时的嘉年华气氛，从小摊贩那里购买小吃和饮料。赛道周长一英里，马车、

---

①Neil Harris, *Humbug! The Life of P. T. Barnum* (Boston, 1973); Adelman, *Sporting Time*, 222, 227-228, 232, 241-242.

骑手和观众都聚集在此。一个赛季的门票要花费 10 美元。1845 年，风行（Fashion）和裴通那（Pytona）之间的比赛吸引了 3 万名观众。大量的人潮导致场内出现了一些安全问题（火车客流量大导致的拥挤，冲到赛马场地内的人群，混进比赛场内的无票观众），最终 20~30 名治安员被雇用来维持秩序。跨区域赛马促使联盟赛马场的管理人员投入了 6 万美元在附近的霍博肯修建贝肯赛道，但是由于当年经济萧条，门票价格太高，再加上当年赛马业整体不景气，比赛被中断。①

把赛马成功带上盈利轨道的是新奥尔良。1846 年，纽约赛马衰落之后，当地的一个政客在市郊修建了宾格曼赛道。赛马场的经理理查德·腾·布洛克（Richard Ten Broeck）把这里变成了“人民的赛马场”，并把门票价格降到了 50 美分，女士可以免费观赛，同时还允许举行比如斗牛等比赛来承担支出费用。1851 年，腾·布洛克接手了有 10 年历史之久的梅泰里赛马场，光顾这里的都是上层阶级。他花费了大量的金钱来买上乘的赛马，翻新马厩，还专门设置了客厅和女士洗手间专区。比赛主要在工作日举行，门票 1 美元，这样能保证工人阶级的入场率。在其他上层阶级光顾的赛场，普通大众仅可以购买到内场或者公共区域的站票，而来自赛马俱乐部的成员和他们的客人则可以坐在会员区。这种方式维持了社会分化。②

19 世纪 30 年代，快步马赛的流行促使企业家把这项运动商业化。在 10 年之内，这项运动成功取代了赛马而成为新奥尔良最著名的观赏性体育项目。到 19 世纪 50 年代，快步马赛场遍布了全国各地。纽约的大都市区拥有 7 块赛场，是全国所有赛马场的十分之一。纽约的赛马比赛有最优良的马匹，观众数量也最多，一般重要的比赛观众都有 6000~8000 人。19 世纪 50 年代末期，如果比赛时有著名的马匹来参赛，那么观众人数会翻倍。③

大型的郊区赛场不仅仅被用来举行轻驾车赛马，还被用来举行其他流行

①Adelman, *Sporting Time*, 33, 39-45, 49-51; William H. P. Robertson, *The History of Thoroughbred Racing in America* (New York, 1964), 62; “The Great Contest: Fashion v. Peytona,” New York Herald, 5 May 1845, in *The American Sporting Experience: A Historical Anthology of Sport in America*, ed. Steven A. Riess (West Point, 1984), 91-103. On the intersectional series, see Nancy L. Struna, “The North-South Races: American Thoroughbred Racing in Transition, 1823—1850,” *JSpH* 8 (Summer 1981): 5-32; Allan Nevins, ed., The Diary of *Philip Hone* (New York, 1936), 601; Kirsch, “New Jersey and the Rise of American Sports,” 44.

②Somers, *Sports in New Orleans*, 24-35; Dizikes, *Sportsmen and Gamesmen*, 123-157.

③Adelman, “Harness Racing,” 10-14, 20-22; idem, *Sporting Time*, 57-58, 63-64.

的观赏性体育，如徒步和棒球。1835 年，约翰·C. 史蒂文斯在联盟赛马场组织了一场比赛，要求参赛者一小时内跑完 10 英里。他为比赛提供 1000 美元的奖励，按要求完成比赛的人将获得这笔奖金，另外，第一名还另有奖励，因为他带了其他 9 名参赛者来参赛，并且吸引了两万名观众来见证这一挑战能否成功。最终，来自康涅狄格州的农民亨利·斯丹那德（Henry Stannard）比要求时间提前 12 秒抵达终点，他因此获得 1000 美元的奖励以及门票收入获得的收益。史蒂文斯打赌赢了，并且经常可以从门票销售中获利。他是个很厉害的运动家，并且很聪明。他总是尝试各种能赚钱的方法，就算赚不了钱起码能不赔不赚。①

"伟大的徒步赛"（Great Footrace）使徒步成为轻驾车赛马之后第二个处于领先位置的观赏性体育。培根赛马场，原本主要用于慢步马赛，后来也成为最主要的徒步场所。霍博肯体育场举行了一系列由英美两国专业徒步选手参加的国际比赛，使这项运动得以推广。在 1844 年，徒步达到顶峰，一场比赛就能吸引 3 万名观众，但是观众的热情很快就在比赛结果被操纵的消息中变得暗淡。1845 年，发起人把他们的注意力投向更让人尊敬的体育项目，并关闭了霍博肯体育场。②

棒球比赛的观众规模取决于场地所在地的人口数量、比赛的质量以及门票价格。在纽瓦克和新泽西这样的地方，观众的人数一般都有好几百。在布鲁克林的比赛一般都会吸引好几千名观众，冠军比赛则会有 5000~15000 名观众。路途较远地方的大型比赛的观众主要是中层和上中层阶级，因为路途问题需要花费一定的交通费用。工人阶级的球迷一般都会去当地或者走路就可以到的地方观看比赛。蓝领观众也受到门票的影响，这已经成为战后举行重要比赛时很司空见惯的事情。在 1858 年，棒球比赛的观众第一次被收取门票费，当时布鲁克林和纽约全明星球队在长岛的风行体育场（Fashion Race Course）连着打了 3 场比赛，每位观众花费 10 美分，另外，每个单马力车收取 20 美分，双马力车收取 40 美分，这个费用用来维护场地。4 年之后，威廉·H. 坎默耶（William H. Cammeyer）把这项运动商业化。他先是花费 1200 美元

①Rader, *American Sports*, 38–40; Adelman, *Sporting Times*, 212–213; George Moss, "The Long-Distance Runners of Ante-Bellum America," *Journal of Popular Culture* 8 (Fall 1973): 370–382.

②Adelman, *Sporting Time*, 41–42, 213–215; Cumming, Runners & Walkers, 19–28; Rader, *American Sports*, 40; Lucas and Smith, *Saga of American Sports*, 97.

重新改造了位于布鲁克林东区的滑冰场（这个滑冰场在距离市中心3~4英里的地方），把它变成了一个四周被围起来的棒球场，然后又把场地交给3支优秀的球队免费使用。作为交换，他获得了向每位观众收取10美分门票的权利。联盟体育场的成功案例也提醒了城市西区的企业家把一块溜冰场改造成卡皮托尔体育场，专门用于球类比赛。到这个时候，亚特兰蒂斯球队已经开始有门票收入。1867年，门票价格涨到了25美分，3年之后类似于亚特兰蒂斯（Atlantics）和辛辛那提红人队（Cincinnati Reds）之间的比赛门票价格则翻了倍。这些门票收入不仅用于推广比赛的人和球队队员，也用来改善观赛的女性观众以及其他观众的住宿条件，同时高票价也会用来减少和阻止下层阶级观众。①

到19世纪50年代末期，群体行为成为问题。大型比赛的嘉年华气氛也招来了骗子、小偷和发育过快的男孩子。这些人对在开放的场地举行的比赛起着破坏性的影响作用。这些比赛通常只是用绳子来隔开观众，对比赛的干扰大多发生在这些地方，尤其是那些优秀的球队之间的比赛。这些球队的球迷一般都把球队视为他们阶级和种族的象征。1860年，亚特兰蒂斯和埃克塞尔西奥队（Excelsiors）之间的冠军赛就因为亚特兰蒂斯来自工人阶级的球迷对对方球迷的谩骂而不得不终止。不幸的是，兴建围栏和收取门票并没有有效地减少这些粗鲁的行为。有票的人在看台外被骚扰，下层阶级的流氓买了票或者偷偷溜近场内并进行干扰。赛场上除了警察和绝大多数举止礼貌的观众之外，依然存在着打架、干扰比赛、言语谩骂、饮酒、赌博等行为。②

（二）公共空间的保护：公园运动和中央公园

适合健康的户外运动的公共空间日益减少，这一问题在南北战争前随着城市化的到来而渐趋严重。这种窘境大多出现在相对老的城市，比如东北部城市，其虽发展迅速，但依旧存在人口拥挤、卫生状况糟糕的现象。到19世纪60年代，在新兴的大城市，比如芝加哥这一问题也同样显著。在南部，保护公共空间的需求并没那么迫切，因为城市化发展的速度相对较慢，而且在查尔斯顿、新奥尔良和萨凡纳，很早以前就有公共广场、小型的公园以及私

①Seymour, Baseball, 1: 25, 48-49; Adelman, *Sporting Time*, 132-134, 148-151, 159-160, 328-345; George B. Kirsch, "Baseball Spectators, 1855—1870," *Baseball History* 3 (Fall 1987): 5-7, 13.

②Kirsch, "Baseball Spectators," 4, 6, 9, 10, 12, 14-18.

人的花园，这些地方都可以供人们消暑以及减少周期性的流行疫病。在北部，最好的市政公园是波士顿公园。1841 年，莉迪亚·玛利亚·查尔德（Lydia Maria Child）将其描述为“比其他任何城市都令人感到幸福的、无与伦比的地方”。波士顿公园位于城市中心，一直保持着乡村的气息，是孩子们游戏的花园也是年轻的体育爱好者锻炼的地方。在 1830—1870 年，波士顿的人口和郊区面积整整扩张了 4 倍，随着城市发展，波士顿公园开始无法满足公共需求。①

19 世纪 30 年代，为了给城市居民提供新鲜的空气以及理想的生活环境，尤其是那些不可能搬到乡下去住的人，东部的一些城市便开始在农村修建墓地，比如 1831 年在剑桥修建的奥本山公墓、1836 年费城的月桂山公墓以及 1838 年布鲁克林的格林伍德公墓。这些公墓都被设计成浪漫的风格，园林式的花园、绿树成荫、曲径通幽、湖波荡漾，再加上雕刻精致的墓碑以及纪念碑，这些都跟忙碌的城市生活形成了鲜明的对比。公墓全天开放，每天都有大量的城里人来此呼吸新鲜的空气，寻找片刻的安宁，或者享受野餐。最终，奥尔本公墓受欢迎的程度导致出现了拥挤和吵闹的状况。②

19 世纪 40 年代，公共健康的改革者提议用另外一种方法来满足城市居民的健康、社交和娱乐需求，这种方法就是城市公园运动。公园能够为不同社会背景的人提供既能呼吸新鲜空气又能锻炼的空间，是理性娱乐最理想的场所。正如公共健康的倡导者赖米尔·沙特克博士（Lemuel Shattuck）在其“公共及个人健康的倡议书”（Plan for the Promotion of Public and Personal Health）（1850）中所写“知识吸引了太多的关注，而身体的锻炼却常遭忽视”。他建议应该“投入适当的公共资金，这样公共空间就可以为工匠和贫穷阶级的人提供呼吸新鲜空气和锻炼的地方”。按照惯例，市政府管理码头、市场、街道等公共空间，这些地方都是商业区域。因此，很多下层阶级的街头游戏和体育项目被禁止在这里进行。19 世纪四五十年代，当地政府拓展了对

①David R. Goldfield, *Cotton Fields and Skyscrapers: Southern City and Region*, 1607—1980 (Baton Rouge, 1982), 29; Goldfield and Brownell, *Urban America*, 16-17, 185; Hardy, How Boston Played, 28, 31; Betts, “Public Recreation,” 36-37. Quote is from Samuel Barber, Boston Common (Boston, 1916), 188, in ibid., 37.

②Goldfield and Brownell, Urban America, 185-186; Cynthia Zaitzevsky, Frederick Law Olmsted and Boston Park System (Cambridge, 1982), 17; John W. Reps, *The Making of Urban America: A History of City Planning in the United States* (Princeton, 1965), 325-330.

活动的定义，提供消防和警卫等基本的服务，新的公共公园的发展也成为市政责任的一种自然的拓展。①

城市公园运动的中心在纽约市，这里对于公园这样的公共空间的需求非常大。早在1785年，当地的一位居民就曾写信给市长请愿，要求改善室外活动设施"这仅仅是小小的抱怨，在这么一座大城市里没有一块像样的地方可以供人们休闲和娱乐"。1849年的一份调查发现，纽约市仅有170英亩公共空间，这些空间被分割成很多小公园，不适合进行类似板球这样的流行性体育项目。正如一位纽约人回忆的，"在城市里没有一块地方可以供人们愉悦的行走、骑车、驾驶或者漫步；没有地方滑冰；没有安全的水域来划船；没有场地打棒球或者板球"。②

纽约城市公园运动的领导人是威廉·库伦·布莱恩特（William Cullen Bryant，诗人，《每晚邮报》的编辑）和杰克逊·唐宁（Jackson Downing，著名的景观建筑师）。早在1836年，布莱恩特就建议保护失去的一处森林用作将来公园的建设，以满足那些无法承担到郊区旅行的费用的人。唐宁建议公园的建设应该建立在欧洲模式的基础上，因为这样可以使不同社会背景的人聚集在同样欢乐的环境里，有利于改善社会秩序。公园应该是一个和谐的处所，"能够减轻并且教化粗鲁的行为、教育并启发傲慢的人，并最终带给这些人永久的欢乐。"③

①Quoted in Betts, "Public Recreation," 47. On banning street games, see, e. g., Click, "Leisure in the Upper South," 193-194. Public demands for municipalities to protect traffic and trade from inconsiderate sportsmen who disrupted commerce or made it dangerous to walk in the street dates back to mid-seventeenth-century Boston. See Nanvy Struna, "Puritans and Sport: The Irretrievable Tide of Change," *JSpH* 4 (Spring 1977): 6-14, 17-19; Carl Briden-baugh, *Cities in the Wilderness: Urban Life in America*, 1625—1742 (1938; rep. New York, 1955), 276; Hans-Peter Wagner, Puritan Attitudes towards Recreation in Early Seventeenth-Century New England, with Particular Consideration of Physical Recreation, Mainzer Studies zue Amerikanistik, Ban 17 (Frankfort Am Main, 1982), 34-35.

②*New York Packet*, 15 Aug. 1785, quoted in Ian R. Stewart, "Central Park, 1851—1871: Urban and Environmental Planning in New York City" (Ph. D. diss., Cornell University, 1973), 68; Clarence C. Cook, *A Description of the New York Central Park* (New York, 1869), 13, quoted in Ian R. Stewart, "Politics and the Park: The Fight for Central Park," *New York Historical Society Quarterly* 61 (July/Oct. 1977): 126.

③Stewart, "Politics and the Park," 125-129, 131-134; Betts, "Public Recreation," 38-41, 43; Andrew Jackson Downing, *Rural Essay* (New York, 1869), 139-142, quoted in Stewart, "Politics and the Park," 132. Brooklyn's foremost park advocate was *Brooklyn Eagle* editor Walt Whitman, who sought a breathing space in East Brooklyn, the most densely populated section of his city, inhabited mainly by "mechanics and artificers." See Donald E. Simon, "The Public Park Movement in Brooklyn, 1824—1873" (Ph. D. diss., New York University, 1972), 114, 116, 130, 136-137.

布莱恩特和唐宁的倡议帮助人们建立了一种广泛基础上的联合，这一联合包括了社会改革者、物理学家、工人领袖、商人、城市宣扬者（支持者）以及政客。倡议主张城市公园应促进公共健康、减少阶级矛盾、改善经济和提升城市荣誉，应该通过为人们提供可以锻炼的地方以及为贫民区的人提供能够呼吸新鲜空气、玩耍、并能暂时逃离疾病泛滥的邻里的地方来促进健康。公园能够通过促进阶级的融合来改善社会秩序，能够为大众提供学习别人优秀经验的机会，也能够提高人们彼此之间的社区意识，使人们感受到他们是社会的一分子，彼此之间需要互相关爱。倡议者希望这些感情能够化解社会压力、消除城市中生活不幸的居民暴力和无序的状态。公园也能够间接的为社会经济做贡献，还能为工人提供一个再造自我的地方，降低旷工率，老板们可以从他的雇佣者那里得到最卖力的劳动，减少花在警察和监狱上面的钱，因为犯罪率将会下降。文化的发展也会改善城市的名誉，从而吸引更多的人和商业机会，且直接的经济效益也会提高附近地区的地产价值。①

1850 年，纽约城市公园的概念第一次成为重要的政治议题，并得到了当时的市长凯尔・S. 伍德哈尔（Cale S. Woodhull）的大力支持。伍德哈尔倡议城市公园的目的应该是美化环境、改善劳苦大众的健康。1 年之后，市政厅开始考虑在第 68~77 街之间的东河边上一块名叫琼斯・伍德的地方建设公园。在 1844 年，布莱恩特就曾建议过这个地方。对公园的选址、价格以及土地使用问题的讨论持续了 5 年，直到坦募尼派的市长费尔南多・伍德成功地通过市政厅募集到一笔款项，最终成功在曼哈顿中部选到了 1 块更大更贵的 780 英亩的土地作为中央公园的地址。这个位置最初是由唐宁在 1851 年提议的，地理上来讲非常不适合用于私人开发，只有一些流浪者居于此处，而另外一个主要的选址则具有重要的商业和居住潜力。当然，伍德市长的支持并不是完全无私的，他在建设中央公园的过程中获得了贪污和赞助的先机。②

---

①Stewart, "Politics and the Park," 132, 134-135, 137-139, 141-142, 146-147; Betts, "Public Recreation," 39, 41, 44-49; Mary V. Frye, "The History and Development of Municipal Parks in the United States: Concepts and Their Applications" (Ph. D. diss., University of Illinois, 1964), 34; Adelman, *Sporting Time*, 274-276. Outside of New York, the largest city in the country, securing recognition as a first-class progressive city depended even more on cultural than on economic and demographic development. When Bostonians debated the need for a municipal park, one councilman argued, "If Boston cannot afford such expenditure ... it must be because she has entered the ranks of cities like Newburyport and Salem, which have ceased to grow." Quoted in Betts, "Public Recreation," 41.

②Betts, "Public Recreation," 47; Stewart, "Politics and the Park," 134-155.

新公园的建设由弗兰德里克·L. 奥姆斯特德（Frederick L. Olmsted）负责，他的搭档是获得中央公园景观建设计划大奖的卡尔沃特·沃克斯（Calvert Vaux）。工程建设始于1857年，耗资1500万美元。共和党主导的州政府取代了市政府的权力，亲自接管工程的建设，并委派了一名公园监事人，同时美国政府还接管了纽约的警察局。此举的目的在于避免民主党人利用这些机构来赞助公园建设。尽管如此，负责人奥姆斯特德依然时不时地被来自市议员和其他政客要求安排工作的事情困扰，尤其是在1857—1858年经济大萧条时期，奥姆斯特德拒绝了所有的请求，之后时报赞扬称："不管之前人们多么不相信在负责这样大的工程的时候能够不受半点政治的影响，奥姆斯特德证明了这种可能性。工人们发现，他们不需要以投票和劳动作为交换就可以在公共服务中赚到钱，人们也发现能够把大量的金钱用于公共目的且不存在假公济私或者贪污腐败。"①

1870年，民主党重新获得了州政府的控制权，并迅速通过了新的城市宪章，把公园委员会替换成了附属于市政府的部门。彼得·思威尼（Peter Sweeney）掌管的公园部迅速成为为获益而支持政党的人垂涎的中心，奥姆斯特德被排挤出局。为了给上千名民主党人提供就业机会，公园设置了很多闲职，因而也导致许多公园的美景被破坏。幸运的是，特威德圈（Tweed Ring）② 在一年之后宣告解散，与之一起消失的是公园部最肆无忌惮的贪污行为。③

奥姆斯特德对于市政公园的愿景反映了他认识到城市化带来的严重问题，城里人不得不忍受松散的社会环境所带来的弊端，人们失去了很多自省和休息的机会，并变得麻木不仁。那种曾经把人们和人们家乡哈特福德紧密联系

①Stewart, "Central Park," 148-150, 155-156, 225-227, 235, 242-243, 255, 324-325; Adelman, "Modern Athletics," 624-625, 627-628; Frye, "Municipal Parks," 55-57, 66; Laura Wood Roper, *FLO: A Biography of Frederick Law Olmsted* (Baltimore, 1973), 131-139; Elizabeth Stevenson, Park Maker: *A Life of Frederick Law Olmsted* (New York, 1977), 174, 175; Frederick Law Olmsted, Jr., and Theodora Kimball, eds., *Frederick Law Olmsted, Landscape Architect*, 1822—1903 (1922-1928; rep. New York, 1970), 126-127, 131, 139-140, 424; NYT, 13 March 1870.

②译注：William Tweed［威廉·特威德（1823.04.03—1878.04.12）］，美国政治家，坦募尼协会的老板。特威德圈是指威廉·特威德在主政纽约期间，集结了社会政、经、商届要人，进行贪污腐败等行为的圈子。

③Stewart, "Central Park," 347-348; Olmsted and Kimball, Olmsted, 90-91; Stevenson, *Park Maker*, 296; Roper, FLO, 348-351.

在一起的纽带在现代大型城市中不复存在。奥姆斯特德认为当时最紧要的是保护城市，来自和他相同社会阶级的人应该促进城市化让全社会受益，而不是破坏社会。这一切通过城市道德和社会生活的本质应该能够得以消减。他理想中的公园应该是释放大自然的魅力，并成为“令人压抑的城市生活状态”的鲜明对比。奥姆斯特德把公园内的健身场地设计成公园内的休闲中心，这样来到公园的人们不仅可以观看那些宁静的景致、潺潺的溪流和茵茵绿草，也可以得到快乐。健身场地还有助于培养人们的自律、节制和社区意识，并能消除阶级矛盾。奥姆斯特德希望中央公园能够成为工人阶级的避难所，是“寻找不健康的、堕落的、毁灭性的娱乐方式和习惯”的转移。但是，因为缺少从下曼哈顿区到公园的票价低廉的公共交通，所以 3~4 英里的距离使人们不方便去公园，尤其是在工作日，这里就成了中产阶级常去的地方。①

根据公园委员会的要求，奥姆斯特德对中央公园的设计还包括体育场和一块 55 英亩的可供田径和棒球比赛的场地。一些公园的拥护者认为拥有棒球场地是很有必要的，因为整个城市都没有一块棒球场地。1858 年，棒球选手们组织了一个委员会来游说公园委员会，希望他们也能够得到同等的待遇。在之后的很多年里，几十支棒球队请愿，提出需要使用公共空间，但是一直到 1865 年才有一个棒球俱乐部被同意使用公园来进行训练。随着奥姆斯特德被排挤，成人的球类运动就几乎再没有被允许过在公园进行，原因是这些成人的球类运动造成了财政问题、吸引了赌博的人和粗暴的人，也破坏了草地。奥姆斯特德不赞同任何的体育项目都只属于一个单一阶级的观点。没人反对他的意见，但是人们认为中央公园就是被用来进行体育锻炼的地方。他有意设计了弯曲的道路来避开快步马赛（虽然会举行即兴的比赛），但是允许安静的骑马漫步者通过公园，因为时尚的女士和绅士喜欢骑马和驾驶马车。②

---

①Bender, Urban Vision, 176; Roy Rosenzweig, *Eight Hours for What We Will: Workers and Leisure in an Industrial City*, 1870—1920 (Cambridge, 1983), 128. See also Hardy, How Boston Played, 80; Stewart, “Central Park,” 214.

②Betts, “Public Recreation,” 41-42; Olmsted and Kimball, *Olmsted*, 223, 239, 276-277, 421-422, 424-425, 427, 430, 526-527; *New York Clipper* 13 (13 May 1865): 34; *Wilkes Spirit of the Times* 12 (8 April 1865): 85, in Kirsch, *Creation of American Team Sports*, 96; Stewart, “Central Park,” 239, 303-304, 315-316; Frye, “Municipal Parks,” 57. Quote is from Charles E. Beveridge and David Schuyler, eds., *The Papers of Frederick L. Olmsted*, vol. 3, *Creating Central Park*, 1857—1861 (Baltimore, 1984), 213. Olmsted believed that if the park commissioners had wanted athletic fields they should have purchased them in sections of the city located closer to the homes of intebded users. See Olmsted and Kimball, *Olmsted*, 196-197.

滑冰是当时中央公园最重要的体育项目。冬季冰封池塘，滑冰的人不会破坏公园的自然美。在同样的地方，等到春天冰雪消融之后则用来划船。1858—1859年，中央公园的小池塘向公众开放，滑冰迅速成为中产阶级中受人欢迎并风行一时的体育项目。滑冰的人当中有十分之一是女性。她们最初只是在另外的池塘上滑冰，但是在1860年的时候，一个胆大的女人离开了女士滑冰场，去只有男士们滑冰的地方滑，其他的女性随之跟着去滑，男女同场滑冰的景象随即形成热潮。这也给了女性一个练习和展示运动技巧的机会，也给她们提供了与男士社交的正式场所。滑冰和骑马被认为是维多利亚时代中期最适合女性的体育项目。到1866年，每天滑冰的人数达到两万人，甚至开始流行夜滑。①

中央公园的建造成功对当时的城市公园运动产生了巨大的影响，为其他城市提供了模仿的样本。在奥姆斯特德的领导下，波士顿、布鲁克林、芝加哥、费城、旧金山以及其他一些城市都相继计划着建造大型的郊区公园或者公园体系。之后，中央公园的例子促使市政府更多地关心城市规划，为后世子孙保护有价值的自然资源。②

小结：体育、城市化和步行城市

城市化对19世纪中期体育的发展具有重大的、多方面的影响。这时，美国城市正经历着快速的发展，由此带来了社会、人口、经济和文化状况的变化，同时引导着一些独特的体育文化的发展，这些体育文化又不同程度地满足了社会精英、民族团体、男性单身汉亚文化以及中产阶级的需求和兴趣。

①Adelman, *Sporting Time*, 257-259; Olmsted and Kimabll, *Olmsted*, 424; Stewart, "Central Park," 92, 324-325; Frye, "Municipal Parks," 55-57, 66; Stevenson, *Park Maker*, 174, 175; NYT, 29 Nov. 1873.

②The best option for city folk was to flee to the countryside, "where the streams and ponds have not been 'fished to death' " according to Robert Bonner, publisher of the New *York Ledger*, or else to head for the fresh air of the mountains. But this was impossible for most urbanites in 1860, and instead the *Ledger* recommended astute planning for the future, when cities would become more congested. Other cities were urged to copy New York and go even further to secure open-air bathing facilities to promote cleanliness. Other papers and magazines echoed these sentiments. *See Ledger*, 26 May, 4 Aug 1860, quoted in Betts, "Public Recreation," 48-49. On the impact of Central Park, see Goldfield and Brownell, *Urban America*, 188; Glen E. Holt, "Private Plans for Public Places: The Origins of ChicagO's Park System, 1850—1875" *Chicago History* 8 (Fall 1979): 173-184; Harold M. Mayer and Richard C. Wade, Chicago. *Growth of a Metropolis* (Chicago, 1969), 100-110; Zaitzevsky, *Olmsted*, 28-32.

体育为精英和老移民提供了发展社交生活的重要机缘，使他们能够从社会中脱离出来。体育兄弟会的体育发展和随之带来的不受欢迎的亚文化通常都发生在远离公共安全的、在警察管辖之外的、最肮脏不堪的地方。在这里，人们享受着血腥及赌博带来的乐趣。这种运动的乐趣是他们传统的生活方式中的一部分。中产阶级体育文化的发展是对日益增长的城市病的回应，以男性单身亚文化的卑劣行为为代表。社会改革者提出了体育的信条，建议把身体文化作为治愈城市生活失范的良药。纯净的体育运动为工人们提供了一种可以通过促进健康、道德以及性格的理想生活方式。赞成这种理念的人是运动的绅士，一般都是受人尊敬的、眼光长远的人。这些人相信要辛苦的工作，为未来计划，过基督教徒的生活。他们最钟爱的体育运动是棒球，因为棒球有着提升个人道德和社会道德的功能。

日益增长的中产阶级对体育的兴趣是城市财富的产物，由理性娱乐的理念来证明。人口的增加、收入的不足、休闲时间的缺乏。积极的英国、苏格兰和德国的运动爱好者、中产阶级志愿者协会的崛起、体育商业的发展以及各种技术的创新，都促进了城市交通的发展，也扩大了社交的网络。虽然随着城市的发展以及组约中央公园的建造，事态开始变得不一样，但是市政府并没有为减轻人们的娱乐需求做太多努力。[①]对于大部分的城市来说，他们变得更关心管理公共空间而不是增加公共空间。

城市的发展也对19世纪中期体育的发展发挥了关键作用。城市日益增长的人口为体育俱乐部的成立提供了充足的会员，这些人具有相同的兴趣、民族或者阶级背景。志愿者团体保护运动设施、组织比赛、为居民提供加入社会活动的机会。大部分的人还鼓励企业家进入到体育商业或者相关的领域。在新的半公共商业（如溜冰场、桌球室、棒球场、赛马场）开始兴起之前，小酒馆依然利用体育来吸引顾客。

城市面积的扩大和城市中旧的公共空间的快速发展对体育的发展起到了负面的作用。乡村是提供运动场地最重要的场所，但是因为交通不便，费用较高，所以无法使用。同时，城市中日益紧张的用地导致公共休闲场所的快

---

①Ralph Wilcox has found rare evidence of municipally sponsored athletics in Boston. In 1826 a public gymnasium was established on a municipally owned site, and then in 1854 the city organized an annual Fourth of July regatta, with pures awarded to the winners. Ralph C. Wilcox, "Sport in Bristol (U. K.) and Boston (U. S. A.): A Cross-National Comparison, 1870—1900" (Ph. D. diss., University of Alberta, 1982), 249, 729.

速流失。工人阶级中爱好运动的人更难找到合适的场地来锻炼，尤其是户外的场地。他们开始越来越依赖半公共的设施，比如小酒馆、桌球室等。同时，紧张的城市用地和逃离城市的欲望使人们变得不同于以往，他们鼓励俱乐部和个人寻找新的体育设施，不管是路途遥远的私人场所还是不超过步行范围的场地。城市发展的压力留给纽约市（城市化的前沿城市）的是棒球场的缺失和公共马道的消失。赛马者和棒球迷不得不旅行很远的距离到那些土地便宜的场地上去参加他们钟爱的项目。公共交通虽然便利，但是价格依然超过大部分城里人可以承受的范围，除非他们提前为比赛存了钱。这些早期的半公共空间在19世纪末期才显示出它们的重要性，它们促进了体育的大发展，同时也很明显地推动了更多城里人到路途遥远的半公共体育场所进行锻炼。

“冬天的中央公园滑冰场”来自查尔斯·帕森斯（Charles Parsons）为 Currier & Ives 创作的画作。19世纪60年代，滑冰是很流行的社交活动。

“艾立笙球场举行的冠军赛——美国全国棒球比赛”来自 Currier & Ives 1866 年的画作。在这场 1865 年 8 月 3 日举行的布鲁克林亚特兰蒂斯和纽约互助队之间的比赛中，轮到 Dickey Pearce 击球，他准备触及位于三垒的跑手。这是 Currier & Ives 唯一一幅棒球印刷品。来自国会图书馆。

美国桌球锦标赛第一次比赛，1863 年 6 月在纽约举行。达德利·卡凡诺（Dudley Kavanaugh）打败了七个对手。弗兰克·莱斯利画报周刊（Frank Leslie's Illustrated Weekly）16（1863 年 6 月 27 日）：221。

“位于兰德尔岛的纽约苏格兰人俱乐部”哈珀周刊（Harper's Weekly）11（1867年11月2日）：692。

“裴通那和风行在联合赛马场的比赛，冠军奖金为 2 万美元，长岛，1845 年 5 月 13 日。”来自查尔斯·谢韦林（Charles Severin）为 Currier & Ives 的画作。

纽约哈勒姆路上的快步马车赛，1870 年，由 J. 卡梅隆为 Currier & Ives 所作。

工业化径向城市中的体育，1870—1960

对身份的追求和城市体育的分离动力

为什么在体育中需要有不断地冲突来把社会上两个具有分歧的、不可能相遇的因素集合在一起？这些加在一起，就是所有运动的痛苦的原因……工人阶级的方式始终是对的，就让他们安安静静的走自己的路吧，不管是什么样的运动礼仪，只要适合他们就好……而我们拥有我们自己的包含更高雅因素的体育就行，而且要保护好它，不要让任何不和谐的精神渗入。

卡斯帕·A. 惠特尼，《运动朝圣》①
（纽约，1895）：164，167

如果一个绅士让一个扫烟囱的扫把蹭到了，那扫把就不会干净，而绅士则会变得更脏。如果你白天打开栅栏让业余体育爱好者和职业运动员在同一场地比赛训练，那么晚上就没办法把他们分开，有一些甚至会“被赶到错的马厩中”。

威廉·B. 柯提斯，*Spirit of the Times*
104（1882. 10. 28）：367

对于贫民区的虔诚的人来说，一个棒球手就是那些游手好闲之人的王。

艾迪·坎特，我的生活在你们手中②
（纽约，1928）：50

①译注：运动朝圣，A Sporting Pilgrimage，书名全称为 *A sporting pilgrimage: riding to hounds, golf, rowing, football, club and university athletics. Studies in English sport, past and present.*

②译注：我的生活在你们手中（*My Life is in Your Hands*）是艾迪·坎特（Eddie Canter）的自传。艾迪·坎特（1892—1964），美国著名演员、喜剧大师、舞蹈家、歌唱家、歌曲作家。

第二章
体育和城市社会结构

工业化径向城市的发展对所有城市社会阶级的运动乐趣起到了至关重要的作用，最主要体现在经济方面。工业资本主义的崛起使一部分人富起来，改善了中产阶级中非体力劳动者的生活条件，弱化了工匠阶级的地位，同时也产生了大批收入微薄、工作时间长但节奏快的半技术工人或者无技术的工人。随着收入差距的扩大，可自由支配的时间不一致，多样化的社会价值导致不同社会阶级选择不同的休闲活动，体育成为标记社会壁垒及定义社团地位的标志。空间和人口的变化也影响着城市体育在不同阶级之间的发展。城市的扩张，伴随着人口的急剧增加，对历来已久的土地使用形式也产生了巨大的影响。这些都反过来影响着不同阶级参与运动的机会。在步行城市时期，很多城里人开始来到乡下，参与各种户外的体育运动项目，但是 19 世纪 70 年代以后，人们越来越难找到空地、丛林以及没有被污染的河流，尤其是对于下层阶级中那些无法负担昂贵交通费用的人来说。除此之外，位于老城中心的传统的运动场和体育中心都腾出地方来为更有价值的城市发展让路。最终，工人阶级丧失了很多传统的休闲场所，但是变化的空间形式对于中等和上等收入的人群来说并不是问题。这些人更喜欢住在距离体育设施近的地方，并且能负担得起到最喜欢的运动场所的交通费用。

一、体育和城市上层阶级

在镀金时代，一部分城市精英组成了阔佬俱乐部。这些人修建了昂贵的房屋，举行了奢华的酒会，钟情于奢侈的体育项目。正如索尔斯坦·维布伦(Thorstein Veblen) 认为的，社会精英们观看和参与体育不仅仅是为了取乐，也是为了引领风潮，同时获取跟赛马、帆船、马球等运动相联系的特权。竞技体育（elite sports）中的暴发户尤其突出，这些人通过体育来证明社会精英对他们的接受程度，因为社会精英的生活方式是这些暴发户欣赏并尝试模仿的。①

社会精英们发现众多的运动场上都有体育的身影。他们喜欢赛马和足球等半公共空间的观赏性体育运动，还有门球（槌球）和滑冰等在公园里进行的参与性体育运动。在布恩（Boone）俱乐部和克罗克特（Crockett）俱乐部等志愿协会的支持下，精英猎手（elite hunter）② 沉迷于在远郊的一些公共场所举行的各种富有男子气概的体育项目。这些俱乐部的会员当中就包括西奥多·罗斯福。俱乐部会员能够负担得起昂贵的旅行费用，全程都有专业的向导引导他们以城市的风格亲近大自然。③ 社会精英阶层使用的体育场大多数是类似于运动俱乐部或者乡村俱乐部一类的私人用地，培养了一种高度的社会排斥意识。

“国王的运动”由社会精英主宰。这些人组织成立社会上层人士赛马俱乐部、购买昂贵的马匹、经营赛道以及管理赛马场。最好的马场和马厩都是由非常富有的运动人士所有，虽然有极少数地位略低的富人参与，但是主要还是精英居多，比如坦募尼协会的老板理查德·克洛克（Richard Croker）。克洛克的马在 1907 年赢得了英国叶森德比赛（Epsom Derby），但他寻求受尊敬的社会地位的诉求却以失败告终。这些人参与赛马的原因是要维护他们的社会地位。类似这样有目的的参与赛马比赛的人还有很多，比如贝尔蒙特家族、基恩家族和惠特尼家族。这些家族在世纪之交花费了大约 4 万美元来购买上等的赛马。这些马在著名的比赛中一直雄踞榜首，所以毫无疑问他们也是经常拿大奖的人。④

---

①Thorstein Veblen, *The Theory of the Leisure Class* (1899; rep. New York, 1967), chap. 10. On the historic study of urban elites see E. Digby Baltzell, *Philadelphia Gentlemen: The Making of a National Upper Class* (New York, 1958); Frederick C. Jaher, The Urban Establishment: Upper Strata in Boston, New York, Charleston, Chicago, and Los Angeles (Urbana, Ⅲ., 1982).

②译注：Elite hunter 指的是有钱的猎手，尤其是西部山区中大角羊比赛中的猎手。他们通常是喜欢狩猎的有钱人组织的精英俱乐部（比如布恩俱乐部或者克罗克特俱乐部）的成员。

③John F. Reiger, *American Sportsmen and the Origins of Conservation* (New York, 1975), 88-91, 118-123.

④William H. P. Robertson, *The History of Thoroughbred Racing in America* (New York, 1964), 176-180, 225, 260; *National Cyclopedia of American Biography*, s. v., "Belmont, August (II)"; Mark D. Hirsch, *William C. Whitney: Modern Warwick* (New York, 1948), 585-592; Albert S. Crockett, *Peacocks on Parade: A Narrative of a Unique Period in American Social History and Its Most Colorful Figures* (New York, 1931), 136-141; Harold Zink, *City Bosses in the United States: A Study of Twenty Municipal Bosses* (Durham, 1930), 138-141; NYT, 5 Jan., 6 June 1907.

精英赛马俱乐部拥有非常严格的会员制度，组织赛马比赛，管理上乘赛道，比如蒙莫斯公园（Monmouth Park）、杰里米公园（Jerome Park）、皮米里科（Pimlico）、丘吉尔园马场（Churchill Downs）以及华盛顿公园。位于芝加哥的华盛顿公园是1884年在以菲利普·谢里丹（Philip Sheridan）将军担任主席的精英组织领导下建立的，是美国西部的上等赛马场。这个赛马场的目标是改善马匹、提升会员之间的友谊。为了达到这个目的，俱乐部特意提供了一栋房子和游乐场供会员使用。华盛顿公园的开放日成为春季社交日历上最重要的日期，它吸引着各色乘坐精致马车前来观赛的衣着时尚的精英。大量的男男女女骑着马沿着城市宽阔的林荫大道去往城市南部的赛马场，这种景象在大型的比赛日经常出现。一旦进入赛场，这些人会按照社会阶级被分到不同的俱乐部房间，在这里他们会和跟他们处于同一社会阶级的人一起享受欢乐的午后时光。类似的情景也发生在全国其他的赛马比赛中。例如，纽约的杰里米公园很多年以来一直是精英们聚会的场所，但是在1889年，当这里的赛道因为城市建设以满足日益提高的对纯净水源的需求而关闭的时候，莫里斯公园就取代了杰里米公园。莫里斯公园由新的维斯切斯特赛马协会修建，拥有美国最长的赛道和面积最大的看台。新的赛马场立刻就成为受城市精英们欢迎的休闲中心。①

精英们不仅加入赛马俱乐部，管理上乘的赛道、参与赛马比赛，而且管理着这一“国王的运动”。1894年，一些主要的纽约赛马者和赛道经营者，包括金融家奥古斯特·贝尔蒙特二世（August Belmont Ⅱ）、电机大佬威廉·惠特尼（William Whitney）和酿酒师雅各布·鲁伯特（Jacob Ruppert，Jr.）一起创建了赛马俱乐部。这是一个志愿性质的组织，目标是规范美国的赛马运动。这个俱乐部承担了类似政府的职责，包括为赛马和训练师发放执照、制定裁判和管理人员制度、制定比赛规则以及确立东部比赛的日期。赛马手如果要按照赛马俱乐部的规程比赛，就会被禁止参加其他不适用这些规则的比赛。赛马俱乐部在成立1年之后，被授予半官方的地位，作为纽约州赛马委员会（职责是监督纽约的赛马比赛）的附属机构存在。此举规范化了赛马俱

①A. T. Andreas, A History of Chicago, 3 vols (Chicago, 1886), 3: 674 (quote); C. B. Parmer, *For Gold and Glory: The History of Thoroughbred Racing in America* (New York, 1939), 124-125, 128; Robertson, *Thoroughbred Racing*, 90-92, 148-151.

乐部作为美国赛马比赛统治机构的地位。①

除了赛马，使精英感兴趣的另外一项观赏性体育运动是大学橄榄球（College Football）。大学校际的体育起源于美国东部的精英大学，这些精英的后代在19世纪末期也成为最优秀的运动选手。大学生享受着体育运动带来的乐趣，因为它使人兴奋，并能提高学生的集体归属感。比赛在成人的监督下独立进行。除此之外，他们期望运动训练和生活及学习各科知识交融在一起，可以为他们毕业之后进入商界做好准备。②

橄榄球相比其他大学体育项目来说最能满足上层和中上层城市青年的运动需求。这个时候的美国体育充斥着暴力和荷尔蒙，与镀金时代的腐败、贪婪以及物质至上形成鲜明的对比。这项绅士们乐于参与的富有男子气概的运动恰好代表了罗斯福艰苦生活的理念，因为不健康的生活方式导致年轻人缺乏锻炼，女权主义文化的影响，还有对自己性能力的不确定都导致年轻人担心他们不够强壮，从而更关心他们是否可以跟父辈、叔辈以及兄长等热衷于拳击的人相比，因此他们开始转向橄榄球。橄榄球选手通过展示他们的尚武生活（忍耐、勇气和力气）来证明他们的男子气概。19世纪末期大部分的精英意见制定者，比如伍德罗·威尔逊（Woodrow Wilson）、西奥多·罗斯福（Theodroe Roosevelt）、卡斯帕·惠特尼（Casper Whitney）等都非常推崇这项运动，这体现了社会达尔文主义，也教育了那些使盎格鲁-撒克逊民族在历史的长河中闪光的人（威斯康星大学校长婆罗门·查理斯·K. 亚当斯之语）。③

1878年，第一场校外橄榄球比赛在耶鲁大学和普林斯顿大学之间进行，目标是争夺大学橄榄球协会（Intercollegiate Football Association，简称IFA）锦

---

①*NYT*, 9 Dec. 1894, 12, 15, 22 Feb., 1, 22 Mar., 1, 3 Apr., 3, 10 May 1895.

②John A. Lucas and Ronald A. Smith, *Saga of American Sport* (Philadelphia, 1978), 72, 191–203; Guy M. Lewis, "America's First Intercollegiate Sport: The Regattas from 1852 to 1875," *Research Quarterly* 38 (Dec. 1967): 637–648; idem, "The Beginnings of Organized Collegiate Sport," AQ 22 (Summer 1970): 222–229; Joseph R. DeMartini, "Student Culture as a Change Agent in American Higher Education," *JSH* 9 (June 1976): 526–541.

③John Higham, "The Reorientation of American Culture in the 1890s," in *The Origins of Modern Consciousness*, ed. John Weiss (Detroit, 1965), 25–48; Joseph Doubert, *A Man's place: Masculinity in Transition* (Englewood Cliffs, N. J., 1979), 175–182; Lucas and Smith, *Saga of American Sport*, chap 17; Gerald F. Roberts, "The Strenuous Life: The Cult of Manliness in the Era of Theodore Roosevelt" (Ph. D. diss., Michigan State University, 1970), 84–144; William James, *The Moral Equivalent of War and Other Essays* (New York, 1971), 6–7, 12; Charles K. Adams, "Moral Aspect of College Life," *Forum* 8 (Feb. 1890): 672–674.

标赛冠军。比赛在霍博肯的圣乔治体育场进行，吸引了两千名观众。比赛的日趋流行促使比赛主办地最终转移到纽约。比赛在感恩节举行，这样能让更多的人观看比赛，也可以赞助学生运动俱乐部来赢得更多的钱。1881 年，1 万名观众在老保罗球场见证了耶鲁大学打败普林斯顿大学。这场在感恩节举行的比赛成为假日里最重要的一部分。1885 年，大学橄榄球协会的冠军锦标赛转移到纽黑文市举行，这座城市的社会环境很令人失望，因此，两年之后，大学橄榄球协会的冠军赛改回到纽约市举办，哈佛大学和耶鲁大学之间的比赛吸引了 2.3 万名观众，每张门票的价格是 1 美元。①

19 世纪 90 年代的感恩节比赛在不同的城市上演，但是主要场地是在 155 大街的曼哈顿体育场，紧邻新的保罗场地。大学橄榄球协会的冠军赛和赛马比赛一起标志着冬季社交季的开始。比赛开始前两周，包厢就在拍卖会上拍出了高达 100 美元的价格。比赛当天，黄牛票被炒到 40 美元 1 张。耶鲁、哈佛或者普林斯顿的条幅挤满了第五大道，精英们带着孩子乘着马车，像游行一样接二连三地赶到比赛场地。上层阶级的观众多数是为了宴乐，比赛前的午饭会喝香槟酒，会在尽情玩乐之后才回家。②

虽然精英们并没有完全的回避公共的或者半公共的运动设施，但是，如果他们想要享受自己的私密空间，大部分的体育活动还是在私人的场地上进行，这些场地都被有地位的社团所有或管理。在城市空间萎缩、房地产价格

①Guy M. Lewis, "The American Intercollegiate Football Spectacle, 1865—1917" (Ph. D. diss., University of Maryland, 1963), 30-55. The first time that spectators were charged admission to attend a game was in 1873, when 500 spectators paid an entrance fee for the Yale-Rutgers game. Their student athletic associations divided $180 from the gate to defray expenses. Football was originally surpassed as a money-making sport by baseball and crew. In 1888 Yale grossed $2, 800 from football and $5, 000 from each of the other sports. But in the 1890s football profits reached over $50, 000 a year, and in 1903, $106, 000-one-eighth of the college's total budget. See, on the commercialization of football, John Hammond Moore, "Football's Ugly Decades, 1893—1913," *Smithsonian Journal of History* 2 (Fall 1967): 49-59; David L. Westby and Allen Sack, "The Commercialization and Functional Rationalization of College Football: Its Origins," *Journal of Higher Education* 47 (Nov./Dec. 1976): 625-647; Clarence Deming, "The Money Power in College Athletics," *Outlook* 80 (July 1905): 570; Smith and Lucas, Saga of American Sport, 235-257; Edward S. Jordan, "Buying Football Victories," Collier's 36 (2 Dec. 1905): 19, chastised the University of Minnesota for allying with Minneapolis commercial interests to advertise the good name of the city in return for special railroad rates. On the business of football at another major urban university, see Robin D. Lester, "The Rise, Decline and Fall of Intercollegiate Football at the University of Chicago, 1892—1939" (Ph. D. diss., University of Chicago, 1974), 32-46.

②Lewis, "Intercollegiate Football," 77-78, 90-100; Lucas and Smith, *Saga of American Sport*, 236-239; NYT, 28 Nov. 1891.

上涨的时候，那些志愿的运动协会修建了体操馆、船库、跑道还有其他的设施。体育俱乐部安排比赛（包括冠军赛）、制定比赛规则以及保证参赛者的质量。俱乐部对会员要求非常严格，申请人有可能没有任何原因就被拒绝。高额的入会费和年费使很多人都没有意愿加入，一旦被这样严格的俱乐部接受就证明了申请者的社会地位。①

运动俱乐部成为美国内战后成立的最早的受约束的体育社团之一。这些俱乐部倡导田径类项目的参与。田径类项目的比赛曾经一直由专业的练习者和苏格兰人主导。第一个赢得广泛关注的俱乐部是纽约田径俱乐部，其成立于 1868 年，由上中层体育爱好者模仿伦敦田径俱乐部而成立。这些爱好者希望能够跟同一个社会阶层的人同场竞技。在纽约田径俱乐部的帮助下，田径作为一项业余爱好者的运动而得到发展。

1876 年，纽约田径俱乐部修建了第一条煤渣路面的跑道，并赞助了第一届美国业余爱好者锦标赛。除此之外，纽约田径俱乐部还吸引了纽约及其他地方的优秀运动员。到了 19 世纪 80 年代，所有主要的城市中至少有一个上中层的田径俱乐部。②

1882 年，纽约田径俱乐部由新的领导管理。他们致力于使俱乐部成为城市精英男性俱乐部，而不是一个体育社团，他们起草了新的招募政策来吸引有钱的、知名的纽约人来作为会员，不管他们的运动能力是否优秀，比如说威廉 · R. 特拉维斯（William R. Travers）。这个人是赛马俱乐部和纽约帆船俱乐部的成员，同时也是 1875 年成立的网拍式墙球俱乐部创始人。1885 年，纽约田径俱乐部的会员数量达到了它设定的 1500 名的上限，这时候入会费是

①Stephen Hardy, *How Boston Played*: *Sport*, *Recreation and Community*, 1865—1915 (Boston, 1982), 127-129, 139-141; Benjamin G. Rader, *American Sports*: *Form the Age of Folk Games to the Age of Spectators* (Englewood Cliffs, N. J., 1983), 50-52; Richard G. Wettan and Joe D. Willis, "Effect of New York Athletic Club on America's Athletic Governance," *Research Quarterly* 47 (Oct. 1976): 499-505; idem, "Social Stratification in the New York Athletic Club: A Preliminary Analysis of the Impact of the Club on Amateur Sport in Late Nineteenth-Century America," *Canadian Journal of History of Sport and Physical Education* 7 (May 1976): 41-53; Joe D. Willis and Richard G. Wettan, "Social Stratification in New York's Athletic Clubs, 1865—1915," *JSpH* 3 (Spring 1975): 45-64. *On voluntarism*, see, e. g., Jack C. Ross, An *Assembly of Good Fellows*: *Voluntary Association in History* (Westport, Conn., 1976); and Don H. Doyle, "The Social Functions of Voluntary Associations in a Nineteenth Century Town," *Social Science History* 1 (Spring 1977): 333-355.

②Malcolm W. Ford, "The New York Athletic Club," Outing 33 (Dec. 1898): 251; Rader, *American Sports*, 55-56.

100美元，年费50美元。俱乐部迅速由一个年轻运动员居多的俱乐部变成一个会员年纪更大、更关注社会效益的俱乐部。在纽约，至少还有两个田径俱乐部比纽约田径俱乐部的要求更严格，一个是大学田径俱乐部，一个是曼哈顿田径俱乐部。①

19世纪80年代和90年代早期是运动俱乐部的辉煌时期，当会员身份成为联系社会网络的重要纽带时，俱乐部会花费巨额的金钱为会员提供奢华的设施。1885年，纽约田径俱乐部耗费15万美元修建了一个俱乐部会所，其中包括体操馆、游泳池、保龄球馆、桌球厅、餐厅、酒窖以及休息室，是一个奢华的休闲中心。在社交日，俱乐部就成为会员和家属举办舞会的地方。3年之后，纽约田径俱乐部担保并购买了乡下的一块土地，在这里建造了船屋、跑道、网球场和俱乐部会所。1892年，当会员人数增加到2500名时，纽约田径俱乐部投入更多的钱修建了俱乐部会所。相比之大，纽约其他的俱乐部建设的更精致，就好比一些纽约城外的俱乐部一样，比如芝加哥田径俱乐部。②

田径俱乐部强调他们的社会功能的同时也给予了竞技运动员更多关注。比赛取得好成绩会得到高额的奖金，因为好成绩体现着俱乐部的名誉。同时，像纽约俱乐部、曼哈顿俱乐部这样的俱乐部还招募顶级的运动员，即便这些人的社会背景跟俱乐部并不匹配。俱乐部为顶级的运动员免入会费，提供免费的房间、工作，甚至入会还会给钱，即使这样做有悖于业余精神。例如，曼哈顿俱乐部招募了隆·迈尔斯（Lon Myers，犹太人，19世纪最著名的中等距离田径选手），并聘请他做俱乐部秘书。对于胜利的渴求导致了职业化，这也是1888年纽约田径俱乐部领导成立业余田径联合会，借此来保留严格的业余选手规则，从而保护田径俱乐部作为有生活能力的俱乐部的原因之一。1893年大萧条时期，很多有声望的俱乐部由于过度修建场馆而破产。③

除了田径俱乐部，精英体育运动员还利用私人空间成立了其他的参与性的体育组织。板球是费城很重要的精英体育项目，这里有5家俱乐部，每个

①Rader, *American Sports*, 56-57.

②Ibid.; Bob Considine and Fred B Jarvis, *The First Hundred Years: A Portrait of the NYAC* (London, 1969), 18-20, 43.

③John Cumming, *Runners & Walkers: A Nineteenth-Century Chronicle* (Chicago, 1981), 129-161; Joe D. Willis and Richard G. Wettan, "L. E. Myers, 'World's Greatest Runner,'" JSpH 2 (Fall 1975): 93-111; Rader, *American Sports*, 58-61.

俱乐部有 500~1300 名会员，会所都坐落在大型的奢华的主城住宅区。新的马球俱乐部是坐落于中央公园北部的私人马球场。1876 年，维斯切斯特马球俱乐部成立的时候，比赛在杰罗姆公园举行。在马球比赛赛季，这个地方被认为是一处私人用地，而不是半私人的空间。①

利用私人空间的最重要的体育组织是坐落于郊区的乡村俱乐部。这些地方为人们提供了英国乡村生活的味道。第一个乡村俱乐部于 1882 年在马萨诸塞州的布鲁克莱恩市成立。这个俱乐部成为后来乡村俱乐部的模板，其会员名单是波士顿名人录的翻版，上面有诸如卡波特（Cabot）、福布斯（Forbes）、厄洛尔（Lowell）和索顿斯托尔（Saltonstall）。最初的 403 名会员中有一半是哈佛校友，30.5%的会员同时也是赛马俱乐部会员，67.2%的会员同时也是萨莫斯特俱乐部——这座城市中最有声望的俱乐部。波士顿的历史学家史蒂夫·哈代认为，“俱乐部是相互联系着的金融、文化和工业机构的一部分”，清晰地标志着一个人是不是正宗的波士顿人。②

最好的乡村俱乐部拥有华丽的会所和精美的场地。例如，1885 年，在纽约郊区由皮埃尔·洛里亚尔（Pierre Lorillard）修建的塔科士多公园（Tuxedo Park）就拥有一个巨大的俱乐部会所，里面包含一个四面都是玻璃的阳台，还有舞厅。会所主要用于高尔夫、赛马障碍赛、飞碟射击和平底雪橇。在世纪之交时，高尔夫成为乡村俱乐部最著名的体育项目。此时，距离美国最早的高尔夫球场（位于扬克斯）的兴建只有 13 年之久。高尔夫虽然不是一项费力的项目，但是需要全身心地集中精神和手脚的配合，同时，高尔夫也成为城市里的老男人逃离城市、追求户外活动和与情人约会的借口。虽然高尔夫球场不能用于别的用途，只能成为昂贵的私人用地，但 1900 年，仅芝加哥就拥有 6 块高尔夫球场地。所有的场地都在城里或是城郊，这样便于有钱人来锻炼。除此之外，最主要的俱乐部是网球俱乐部。相比起高尔夫球，网球场地更贵，但是场地面积没有高尔夫球场大。最早的网球场主要用于乡村俱乐

---

①John A. Lester, ed., *A Century of Philadelphia Cricket* (Philadelphia, 1951), 42-267; Charles Blancke, “Cricket in America,” Harper's Weekly 35 (26 Sept. 1891): 732; George S. Patterson, “Cricket in the United States,” *Lippincott's Magazine* 50 (Nov. 1892): 650; *Hardy*, *How Boston Played*, 131, 135, 138; *Brooklyn Eagle*, 18 June 1894; NYT, 2 May 1893; *Chicago Times*, 24 Nov. 1889. On polo, see Willard Roby, “The Beginnings of American Polo,” *Outing* 40 (June 1902): 318-321; Lucas and Smith, Saga of American Sport, 165-166; NYT, 14, 18 May 1876.

②Hardy, *How Boston Played*, 140-142, 144-146.

部的女性，这些人往往是双打，比赛时都着长裙。但是，这些女性确实是在竞技的基础上打网球，并且，她们的第一届全国性的网球锦标赛早在1887年就已举行，这项赛事比女子高尔夫球比赛早了8年。男子网球锦标赛是1881—1915年间，在纽波特娱乐城举办的重要赛事，每年一届。1915年之后，比赛转到位于福利斯特山的西部网球俱乐部举行。①

乡村俱乐部对体育的推广仅次于其对社会地位的推广。他把拥有相同品味的人们聚集在一起，为他们提供逃避运营大型公司和城市生活焦虑的地方。俱乐部一般位于远离城市喧嚣的美丽宁静的地方、火车站附近或者是距离不远且方便停车的地方。19世纪末期，体育评论员卡斯帕·惠特尼（Casper Whitney）认为乡村俱乐部是提升精英人士社团意识的工具，是城里人享受淳朴生活的圣地，也是保留传统文化价值、学习社交技巧的地方。这些地方能够保护和隔离有钱人家的孩子远离社会变化或者跟有钱人交往。这里淳朴和宁静的氛围与城市拥挤吵闹混乱的氛围形成鲜明的对比。会员在这里得到的不仅是心灵的放松，还有归属感和安宁。②

把体育和运动协会当作逃离城市生活和因城市化引起社会变迁的城市精英主要是志愿性质的体育组织，这些组织拥有自己的空间，能够避免形形色色的人使用这些设施。当半公共空间被体育利用的时候，一般都处于被高度控制的状态。在这里，精英阶层能够以很高的价格享受专属的座位区。体育参与发生在没有威胁的同等社会阶层之中，因此也为加强阶级联系提供了场所，尤其是为出身良好的富人寻求社会接纳提供了潜在的方法。精英运动组织也为上层阶级的年轻人参与合适的体育项目提供了方法，能够使这些人融入不同的社会群体中：学前人群、常青藤大学毕业的人群、时尚人群，以及有家庭的人群。

1870—1920年，城市面积急剧扩大，人口剧增。城市精英数量的增加和高度的个性化，使城市精英不再只是认识他们同一阶层的人。俱乐部会员制

---

①Caspar W. Whitney, "Evolution of the Country Club," *Harper's* 90 (Dec. 1894): 16-33; H. W. Wind, "Golfing In and Around Chicago," *Chicago History* 4 (Winter 1975—1976): 44-51; Gustave Kobbé, "The Country Club and Its Influence on American Social Life," Outlook 68 (1 June 1901): 301-321; Janet Ann Northam, "Sport and Urban Boosterism: Seattle, 1890—1910" (M. S. thesis, University of Washington, 1978), 56-59; Rader, *American Sports*, 65-68.

②Robert Dunn, "The Country Club: A National Expression," *Outing* 57 (Nov. 1905): 165; Hardy, *How Boston Played*, 139-145; Whitney, "Country Club," 30; Baltzell, *Philadelphia Gentlemen*, 123-124.

为他们提供了一个舒适安全的地方，帮助他们远离工业城市的种种问题，分辨可以进行社交的人。对于新人来讲，加入体育俱乐部变得尤为重要，因为这将证明他们的社会地位，并借此加入要求更严格的城市俱乐部。等级制不仅存在于不同的体育项目中，也存在于同一体育项目在不同城市的不同俱乐部之中。虽然体育社团中会员身份的地位比那些强调财富、背景、文化、政治的城市俱乐部所代表的社会地位较低，但是他们使一部分社会精英摈弃自卑的社会心理，提升了一种独一无二的社会生活方式，并将他们的家庭融入精英亚文化中。①

二、城市中产阶级

在南北战争时期，积极的体育理念的发展证明并鼓励着人们参与体面的体育项目，参与其中的日益增加的中产阶级人数为战后中产阶层体育的繁荣铺平了道路。维多利亚时期的资产阶级依然反对赌博以及血腥的体育项目，这些人加入了ASPCA（1866）和安东尼·康斯托克（Anthony Comstock）的道德社团（Society for the Suppression of Vice）②（1874）这样的组织，同时又热衷于参与那些能够帮助他们逃离生意场上的苦痛以及城市病，或者可以通过改善每个人的精神、公众健康和社会道德来促进城市生活的有用的体育项目。③中产阶级的运动家有足够的、能任意支配的薪资和自由时间，而且心理上也准备好了借助城市化带来的社会变迁来改善他们的运动前景。到19世纪

①For a valuable discussion of the social functions of elite athletic clubs, see Hardy, *How Boston Played*, 144-46. On metropolitan men's clubs, see David Hammack, *Power and Society: Greater New York at the Turn of the Century* (New York, 1982), 65-73; and for comparisons of athletic clubs, see Baltzell, *Philadelphia's Gentlemen*, 335-363; Rader, *American Sports*, 56-57; and Willis and Wettan, "New York's Athletic Clubs," 45-64.

②译注：Society for the Suppression of Vice是19世纪致力于提升公众道德的英国社团，此处社团是在美国的英国移民成立的类似的社团。

③Martin Kaufman and Herbert J. Kaufman, "Henry Bergh, Kit Burns and the Sportsmen of New York," *New York Folklore Quarterly* 28 (Mar. 1972): 15-29; *Anthony Comstock*, "Pool Rooms and Pool Selling," *The North American Review* 157 (Nov. 1893): 601-610; Melvin L. Adelman, *A Sporting Time: New York City and the Rise of Modern Athletics*, 1820—1870 (Urbana, Ⅲ., 1986), 242-243, 248-249.

White-collar workers had little time during the work week for athletics, but a 1913 survey of 806 New York workers found that on Saturday afternoons 10.9 percent of professionals engaged in athletic pastimes or exercises-nearly double the next occupational category (metal trades). On Sunday professionals were still the most likely (5.1 percent), followed by clerks and metal workers (4.6 percent). On holidays, clerks were the most active. See George Esdras Bevans, *How Workingmen Spend Their Spare Time* (New York, 1913), 51.

末期，办公室工作人员一周工作44小时，包括周六上午的半天。虽然他们负担不起昂贵的参加精英体育运动的费用，但是他们能利用新的交通设施到著名的半公共体育场地或者位于城郊的新建的公共公园参加体育运动。这些都促使他们从身体上跟低等的社会秩序分离。

习惯久坐的工人通过展示体力和男子气概来体现日益增长的中产阶级在参加体育运动方面的兴趣，并获得官僚职业不曾提供的认知。城市化、工业化和大型商业贸易带来了巨大变迁，同时也被诟病缺乏个性。战后政府的扩张和19世纪80年代商业的崛起都伴随着工作环境的官僚化。此时，白领工人处于附属地位，而不是独立的个体。他们没有像之前中产阶级的人一样具有创新意识或者享受成功带来的激动。中产阶级的男性往往关注自身的勇气，关注如何变得更加文明，关注他们的性别身份，关注女权主义文化。新的术语，比如娘娘腔（sissy）、道貌岸然（stuffed shirt）、懦夫（mollycoddle）进入到英语语言中。男子气概不再是孩子气的反义词，而更多是女性气质的反义词。热闹的体力活动被看作是有可能解决男性气概缺失的一剂解药。紧张的生活和回归自然都能够使人精力充沛、精神饱满。很多新的中产阶级和中上层阶级的杂志也聚焦狩猎运动（field sports）[①]，这些杂志推崇和赞美狩猎运动，竞技体育成为当时中产阶级中流行的、所有主流新闻和期刊的主要话题。[②]

中产阶级参与的体育项目范围涵盖了从非竞技性教育类休闲项目到志愿性运动组织支持的在公共空间进行的高度竞技的团队项目。中产阶级运动协会在保护私人空间、购买器械、组织比赛以及为相同背景和具有相同价值观的人提供交流的机会等方面与精英体育俱乐部发挥的功能是一样的。工业化径向城市中这些组织的成员和其他中产阶级的人并不需要去离家很远的地方参加体育运动，因为他们居住的社区是发展最慢的地方，很有可能依然拥有空地，而且新的市政公园一般都建在城郊。在自行车发明之后，这些基本的

---

①比如，*Field and Stream*、*Sports Afield* 以及 *Outing*，这是美国户外运动杂志巨头，杂志以报道美国的垂钓、狩猎和户外运动为特色。

②Lucas and Smith, *Saga of American Sport*, 288-291; Adelman, *Sporting Time*, 281-286; Rader, *American Sports*, 150-151; Dubbert, *Man's Place*, chap. 6; Roberts, "Strenuous Life," 84-140; Stephanie Twin, "Jock and Jill: Aspects of Women's Sports History in America, 1870—1940" (Ph. D. diss., Rutgers University), 44-65.

公共空间（比如街道）就成为中产阶级运动乐趣的核心。①

住在城郊的中产阶级居民是最早的一批在公园进行体育锻炼的人。在全国上下都修建或者购买公共公园时，附近的居民夏天在这里划船或者打槌球，冬天在这里滑雪橇、滑冰。这些都是社交性的体育项目，男女老少都喜欢，也不会破坏公园宁静的氛围和美丽的景色。19 世纪 80 年代，城市中开始在郊区公园兴建网球场，这使得中产阶级也能接触和参与到这项相对新的精英体育运动中。到 1885 年，中央公园拥有 30 块网球场地，随着需求量不断增加，网球场的数量在接下来的 7 年间翻了 3 倍。到 1905 年，芝加哥的南方公园拥有 100 块网球场，10 年之后，这里的网球场数量达到 300 块。②

由于高尔夫球场地花费太高、占用的空间太大，参与的人主要是精英，因此，公共的高尔夫球场直到世纪之交的时候才成功修建。最早的高尔夫球场于 1898 年兴建于波士顿富兰克林公园，在这里打一回合球需要花费 25 美分。纽约的第一块高尔夫球场于两年之后开放，位于城市最北边的范·柯特兰公园（Van Cortland Park）。当时去这里的交通很不方便，一直到 1904 年地铁修建完成才得以改善，但是延伸到公园的地铁线一直到 9 年之后才得以完成。会员需要花费两美元，不再加收日常维护费。到 1910 年，整个国家也只有 24 个市政高尔夫球场，但公共绿地的数量在这 10 年间翻了一番。这些市政设施主要使中产阶级得到了实惠。这些人能够负担得起门票的费用，一般是 5 美元~10 美元，再加上每天 1 美元。如此高昂的费用，目的在于阻止普通人进入。③

直到 20 世纪 20 年代，公共球场和半公共球场中付费的中产阶级高尔夫球手依然有限。但是，在郊区兴起了一阵修建私人高尔夫球场的热潮，很多雄心勃勃的上中层和中产阶级的商人非常急迫的想加入最负有盛名的高尔夫

---

①Hardy, *How Boston Played*, 142. Adelman points out that in 1869 more middle-income athletes belonged to target-shooting companies than to any other sports organizations. They were popular, in part, because the competition provided a substitute for traditional field sports that urbanization had made more difficult to enjoy. See Adelman, *Sporting Time*, 250-252.

②Hardy, *How Boston Played*, 81; Mary V. Frye, "Historical Development of Municipal Parks in the United States: Concepts and Their Applications" (Ph. D. diss., University of Illinois, 1964), 161; Elizabeth Halsey, *The Development of Public Recreation in Metropolitan Chicago* (Chicago, 1940), 21; Max Robertson, The *Encyclopedia of Tennis* (New York, 1974), 53; Jesse F. Steiner, *Americans at Play: Recent Trends in Recreation and Leisure Time Activities* (1933; rep. New York, 1970), 65-68.

③*NYT*, 11 Mar. 1900, 13 Apr. 1913, 4 Jan. 1920.

球俱乐部中，就算花费500美元的入会费也在所不惜。他们把高尔夫球看作逃离繁忙的商业业务和严酷的城市生活的方式。在远离城市的私人场地锻炼，良好的管理服务、精心修剪的草坪和新鲜的空气都让他们非常享受。但是参与这些乡村俱乐部的真实目的是扩大业务联系、取悦客户，证明他们的先进性以及扩大家族的社交圈。①

（一）城市中的机器：自行车和逃离城市现实

自行车成为19世纪90年代中产阶级运动的热潮，上百万中产阶级的男性女性把工业城市的烦恼抛在脑后，骑车去乡间放松。自行车的进步本身已成为技术进步的产品。19世纪90年代的骑行热潮是继1868—1869年的老爷车热潮和1876年的高脚车热潮之后又一大热潮。老爷车既笨拙又不舒服，因此被禁止在福尔河和哈特福特以及纽约中央公园的人行道上骑行，因为会妨碍到步行交通。高脚车引进于英国，在1876年的费城百年庆典博览会上首次亮相。其形状怪异，前脚巨大，直径有60英寸，后轮小巧，能够减轻重量并增加速度。高脚车很危险，骑行起来也不舒服且价格昂贵，大约需100美元。骑高脚车的人大部分是胆大的运动型中产阶级以及上中层阶级年轻人，这些人能够掌握高难度的上坡、骑行和刹车技术。②

高脚车的骑行者组织成立了志愿者组织，比如，波士顿自行车俱乐部（1878）和芝加哥骑行俱乐部（1879）。波士顿自行车俱乐部是美国第一家自行车社团，会员人数在4年之间从10人增加到100人。这些俱乐部通过组织俱乐部集会、远足以及比赛来提高骑行的乐趣，同时也通过充当压力集团（pressure group）的角色来推广这项运动，为自行车能使用公共道路争取权利，并互相为“离经叛道的行为给予必要的情感上的支持”。③

1880年，美国脚踏车骑手联盟（League of American Wheelmen，简称

①Chicago Recreational Commission, *Chicago Recreation Survey*, 1937, vol. 3, *Private Recreation* (Chicago, 1938), 126; Steiner, *Americans at Play*, 70, 73-74; John R. Betts, *America's Sporting Heritage*, 1850—1950 (Reading, Mass., 1974), 160-162; Rader, *America's Sports*, 224-228.

②Norman L. Dunham, "The Bicycle Era in American History" (Ph. D. diss., Harvard University, 1956), 57-113, 142-146; Hardy, *How Boston Played*, 148-152. For a general survey of cycling history, see Robert A. Smith, A Social History of the Bicycle (New York, 1972).

③Hardy, How Boston Played, 153-161; George D. Bushnell, "When Chicago Was Wheel Crazy," *Chicago History* 4 (Fall 1975): 172-173, 175.

LAW）成立，分支机构遍布全国。美国脚踏车骑手联盟促进了竞技性自行车运动以及远足的发展，并且为改善道路质量以及拥有和马匹平等地进入到市政道路的权利。美国脚踏车骑手联盟的新闻简报是美国85种自行车期刊之一，在世纪之交时已经印刷了接近10万册。1883年，美国脚踏车骑手联盟取得了重要的政治胜利，纽约的中央公园和河滨大道一天中有一部分时间对自行车骑行者开放。在接下来的几年中，一些城市街道和公园道路也慢慢放开了对自行车骑行者的限制。①

随着安全性能高的自行车的发明，19世纪90年代掀起了自行车热潮。这种自行车两个轮胎尺寸一样，由链子带动轮胎，拥有钻石型的框架，倒刹车也非常灵敏。早期中产阶级的自行车一般花费50美元，这是较为便宜的价格，中等质量的自行车需要100美元。分期付款和二手自行车的销售使自行车的价格降了下来，这样一般的文员和手工匠人也可以负担得起。但是，对于没有技术的工人来说，价格依旧昂贵。不富裕的邻居嫉妒中产阶级的人在街上骑车，这样扰乱了他们的街区生活，而且对孩子玩耍和行人都不安全。19世纪90年代末，华尔街工人会骑自行车穿过下东区去上班。正如一个商人所言，“街上有好多孩子，但是没办法完全避开。我已经在路上撞到几个孩子了，事故真的是无法避免”。专注于市井生活编年史的历史学家凯瑞·古德曼（Cary Good Man）证明，“贫民区的居民把酒瓶、菜叶、石头扔的街上到处都是，他们朝骑自行车的人身上丢鸡蛋和蔬菜，还用小推车挡路”。1896年，无政府主义者和社会主义者带领社区反对给犹太人的社区道路铺沥青，因为这会使超速骑自行车的人更容易受伤。②

自19世纪90年代起，自行车作为观赏性体育项目受到了极大的关注，一些有名的公路赛（最著名的是在阵亡将士纪念日举行的从芝加哥到普尔曼的赛事），通常会吸引200~400名参赛者。19世纪70年代末期到20世纪20年代之间流行的赛事是职业室内自行车赛，观众人数达到10万名。自行车热潮的核心是数量庞大的自行车业余爱好者，他们为了休闲而选择这项运动。

①Betts, *America's Sporting Heritage*, 61; Dunham, “Bicycle Era,” 271-297; Sporting Life 1 (6 May 1883): 6, 1 (28 Nov. 1883): 6; Sporting and Theatrical Journal 3 (8 Mar. 1884): 277.

②Richard Harmond, “Progress and Flight: An Interpretation of the American Cycle Craze of the 1890s,” *JSH* 5 (Winter 1971): 238-240; NYT, 29 Apr. 1896, quoted in Cary Goodman, *Choosing Sides: Playground and Street Life on the Lower East Side* (New York, 1979), 4-6.

到1893年，在美国有上百万名自行车骑手，这一数字在3年之内翻了4倍。[①] 到1895年，美国有超过500家自行车俱乐部，每一个俱乐部成员远足的时候，比如从家里骑行到公园或郊区或者骑行超过100英里（1英里=1.6公里）以上的距离时都会穿专门的制服。自行车骑手们组成了一个重要的亚社区。美国脚踏车骑手联盟和当地的俱乐部成为很鲜明的投票集团，他们愿意代表政客出面去倡导改善道路质量和促进平等的进入街道和公园的权利。1897年，当卡特·H. 哈里森二世第一次竞选芝加哥市长的时候，他便成为一个积极的自行车手，为了赢得自行车爱好者的支持他甚至参加了一个100英里的比赛。[②]

医生和健康倡导者都强烈支持自行车成为久坐的城市工人和女性的运动选择。受男子气概和艰苦生活理念影响的中产阶级城市人口热衷于自行车运动，就好像雅痞们爱好慢跑。骑自行车能呼吸到新鲜的空气，他们可以独自享受或者跟朋友一起。自行车运动是费力的运动，因此维多利亚时代后期的女性很少选择这项运动，传统上她们都避免参与这类不女性化的项目。女性骑手们选择的理性的体育服装以及自行车提供的独立和自由成为维多利亚时期女性对应该依附于男性等社会标准的标志性挑战。[③]

自行车运动的最大好处或许是能够作为令人心情愉悦的、能离开日常琐碎生活环境的工具。当自行车成为文明进程的缩影，则标志着技术的胜利，但又自相矛盾地为人们提供了远离技术、工业化和城市化影响的途径。自行车运动历史学家理查德·哈蒙德认为，“自行车作为一个机器，能够成为人们减轻机器社会压力的工具，这是很大的成就”。骑行给人们带来了速度和激

---

①Smith, *Bicycle*, 134-137, 144-147; Bushnell, “When Chicago Was Wheel Crazy,” 174. Sprint racing enjoyed a vogue at the turn of the century-see Marshall W. “Major” Taylor, *The Fastest Bicycle Rider in the World* (1928; rep. Battleboro, Vt., 1972) but long-distance marathon racing was generally more popular. See NPG 69 (26 Dec. 1896): 3, 87 (30 Dec. 1905): 10, 111 (1 Dec. 1917): 6; *Brooklyn Eagle*, 10, 11, Dec. 1897; NYT, 16 Dec. 1900, 18 Nov. 1904, 12, 13 16 Dec. 1912, 27 Nov., 9, 11, 13 Dec. 1920. See also Dunham, “Bicycle Era,” 395, 457-459; and Fred Hawthorne, “Six-Day Bicycle Racing,” in *Sport's Golden Age: A Close-Up of the Fabulous Twenties*, ed. Allison Danzig and Peter Brandwein (New York, 1948), 294-296.

②Harmond, “Progress and Flight,” 240; Bushnell, “When Chicago Was-Wheel Crazy,” 172, 174-175; Carter H. Harrison II, *Stormy Years: The Autobiography of Carter H. Harrison, Five Times Mayor of Chicago* (Indianapolis, 1935), 104-106 et seg., photographs.

③Harmond, “Progress and Flight,” 243-244; Hardy, *How Boston Played*, 161-162; Lucas and Smith, *Saga of American Sport*, 258-261.

情，冲下山坡时微风拂面，令人精神愉悦。自行车为人们提供了便利的交通工具，使人们变得更容易接近自然，城市里的人可以轻松地离开城市来到乡野。有轨电车的车道为自行车手提供了特殊的骑行道路。自行车成为最完美的休闲体育，尤其是对生意人来说，他们需要离开办公室出去锻炼，呼吸一下新鲜空气，看看自然美景，享受片刻精神上的宁静。而 1 个小时的自行车骑行将令他们精神百倍地应对第二天繁忙的工作。①

在美国脚踏车骑手联盟的赞助下，公路自行车手能够享受到组织良好的休闲体验。城市里的旅行者并不想外出骑行，因为会有危险或使他们享受不到旅途中的美好景色，所以骑行最好就在家附近或者是远处的国家公园，不过最好是在计划好的路线上骑行。人们表面上是为逃离城市的喧嚣，实际上是希望享受到城市生活的所有便利和舒适。他们从 LAW 拿到详细的地图，或者从报纸上、体育杂志上剪下地图，住在 LAW 制定的符合中产阶级标准的酒店或者小旅馆。自行车历史学家凯瑞·托比（Gary Tobin）总结到“旅行的人能够以最大限度的舒适性来把握和自然的亲近程度……也能够不受任何苦楚就和自然融入在一起”。这种把艰苦降到最低的想法应该被摒弃，否则就会发展成城市病。②

到世纪之交的时候，美国有 1000 万辆自行车，但是自行车运动热潮已经消逝，自行车市场已经饱和，富有创新精神的生产商开始转向更精致的交通工具——汽车。这种交通工具能够使人们“看得更远、走得更快、同时兼有尘世生活的舒适性，也能够把自己与社会隔离起来”。此时，在世界上其他地方，自行车依然是最主要的交通工具和运动方式，但美国人却觉得自行车是孩子们的玩具，慢慢用汽车取代了自行车，汽车成为让美国人感到兴奋也更能体现身份的工具。③

（二）全国性的消遣活动

1870—1920 年，棒球是美国中产阶级参与的最多体育项目。棒球是一项

①Harmond, “Progress and Flight,” 248.

②Gary Allan Tobin, “The Bicycle Boom of the 1890’s: The Development of Private Transportation and the Birth of the Modern Tourist,” *Journal of Popular Culture* 7 (Spring 1974); 841-845 (quote on 845).

③Ibid., 845 (quote); Hardy, *How Boston Played*, 165-167; Harmond, “Progress and Flight,” 252; John B. Rae, *The American Automobile: A Brief History* (*Chicago*, 1965), 6, 7, 9-10, 28.

城市运动项目，尽管它具有田园特征。棒球首先在城市里开展起来，最优秀的棒球手也主要是城里人。棒球是美国团体运动中第一个完全现代化的项目，它在城市中变得理性化和官僚化，因为城市中蕴含着国家主义、集体主义的精神，富含激情同时又充满戏剧性，这些特点使棒球成为美国全国性的消遣运动项目。这项运动与工业化城市社会格格不入的一点是，棒球并不受严格的时间限制，比赛的时长并不是由固定的时间或者距离来决定，而是以局数来决定。比赛一般会耗时两个小时或者更少，其中一个重要的影响因素是城市中时间就是金钱。①

南北战争之后，棒球成为一项具有民主特征的项目，失去了其社会威望，但是其中蕴含的理念与中产阶级的价值体系以及社会经历完美契合。棒球的信条是美国南北战争时期针对现代化和城市化所形成的积极的体育信条的延伸。这些信条完全以美国中产阶层的信仰、价值观和社会需求为基础，使那些老派的人确信他们传统的小城镇价值观依旧与日益增长的无格化、官僚化和城市化的社会相关。正如史蒂夫·弗里德曼（Stephen Freedman）指出的，“棒球运动在美国小城镇神话时期开始流行并非巧合，这一时期，基层的协会把邻里之间的关系联系起来，而这种景象在城市里已经很少看到。农村背景下的运动协会和美国的乡村价值强调反对城市流浪者成为固定的小城镇世界的一部分”。②

虽然几乎没有证据证明棒球能够帮助人们塑造性格或者提供社会宣泄的途径，但是棒球的信条对当代人的思想和行为都有深刻的影响，因为人们认为这种信条是准确的。他们把棒球当作是在宽敞的空地上进行的乡村游戏，通过打棒球来确定原始古朴的世界价值。人们认为棒球运动能够提供一种避免或者削减城市社会问题的途径，尤其是影响那些刚移民来的住在贫民区的孩子和住在附近较富裕的地方的年轻人。棒球的信条使中产阶级的美国人相信，无论他们住在哪里，观看棒球比赛都能使他们成为更好的公民。但是在

①On the pastoral mythology, see Allen Guttmann, *Form Ritual to Record: The Nature of Modern Sports* (New York, 1978), 100-106; Bruce Catton, “The Great American Game,” *American Heritage* 10 (Apr. 1959): 16-25. On the modernization of the sport, see Adelman, *Sporting Time*, 116, 121, 142, 145, 183; Steven Gelber, “Working at Playing: The Culture of the Workplace and the Rise of Baseball,” *JSH* 16 (June 1983): 10.

②Steven A. Riess, *Touching Base: Professional Baseball and American Culture in the Progressive Era* (Westport, Conn., 1980), 20-27, 221-227; Steven Freedman, “The Baseball Fad in Chicago: An Exploration of the Role of Sport in the Nineteenth-Century City,” JSpH 5 (Summer 1978): 48.

镀金时代和进步时代，[①] 城里人看起来更需要社会化。中产阶级主流期刊的体育作家和其他期刊的编辑，比如《美国杂志》（*American Magazine*）、《科勒报》（*Collier's*）、《哈勃周报》（*Harper's Weekly*）、《独立报》（*The Independent*）、《斯克里布纳杂志》（*Scribner's*）等，都接受文化小说。这些小说认为棒球是促进社会融合的一种有益的体育项目，它通过逐渐灌输家乡的荣耀感，为各行各业的人提供了一个聚集在一起的机会，也促使辛勤劳作的城里人能够在社会不认可的情况下通过打棒球来释放他们的感情。打棒球被看作是非常好的锻炼方式，因为它可以改善精神和健康，即便是单纯的看比赛都可以使城市里的人改善健康，因为他们会到户外呼吸新鲜空气，比赛时会兴奋的振臂欢呼。棒球的信条进一步证明，体育是具有教育功能的，体育能够教给人们团队合作等现代价值和诚实、勤劳、忍耐、尊重等传统价值。这些价值可以使城市人成为更好的公民和更自律的工人，棒球手也许会通过个人的努力取得成功，但是最终他们会明白这是团队合作的结果，正因为团队中每个人的努力，才会取得最后的成功。[②]

棒球早早就从商业人士那里获得了广泛的支持，这些人原本是批判棒球的。在南北战争前，商人们惩罚打棒球的员工，认为他们忽视了自己的本职工作。但是，当他们自己把棒球看作是一项有益的能够改善道德、促进身体健康以及提高生产力的项目时，他们转而开始支持这项运动。芝加哥的百货公司巨头 J. V. 法威尔（J. V. Farwell）和玛莎·菲尔德（Marshall Field）接受了棒球是一项理性的休闲活动的观点。到 1870 年，芝加哥商业领袖们组织成立了超过 50 支球队，还经常给白领员工放假去练习打棒球，因为这样做可以使他的员工更值得信赖、更具有合作精神、更健康、对公司更忠诚，同时也能够通过当地的新闻报道得到良好的广告效应。芝加哥的办公人员对流行的棒球运动的兴趣很浓厚，以至于 19 世纪 70 年代他们成立了一个商业联盟，这个联盟为日后巴尔的摩、波士顿还有纽约成立类似的联盟提供了模型。[③]

白领工人不单单打棒球，他们还有时间、金钱、兴趣以及渠道观看并欣赏高质量的专业比赛。他们能够负担得起到郊区球场的交通费，也能够买得

---

①译注：进步时代（Progressive Era），1890—1920 年间美国社会激进主义和政治改革流行的阶段。

②Riess, *Touching Base*, 225-228.

③Freedman, "Baseball Fad," 53-61; Steven M. Gelber, "'Their Hands Are All Out Playing': Business and Amateur Baseball, 1845—1917," *JSpH* 11 (Spring 1984): 5-27; idem, "Working at Playing," 8, 10-12.

起门票（最低价格要25美分，一般来说联盟的比赛都需要50美分）。全国联盟中较大的队伍为迎合中产阶级球迷的需求，建立了不同的价格体系，把那些体面的人和其他人分开，还雇佣警察来维持秩序。除此之外，还设立了女士日，以此来鼓励人们注重礼仪。比赛开始的时间尽可能地方便当地的办公室工作人员。在芝加哥，贸易委员会下班比较早，因此芝加哥白袜队（White Stockings）的比赛就在下午两点半开始，但是纽约的比赛则在1小时以后，这是为了方便华尔街的工作人员在下午3点股市收盘之后能够有足够的时间赶往保罗体育场（Polo Grounds）。[①] 比赛开始时间最晚的是华盛顿，政府工作人员下午4点半下班后比赛才会开始。[②]

球迷是社区的一部分，他们是为了家乡的荣誉而支持球队的志同道合的一群人。棒球比赛成为城市之间比赛的象征，一旦取胜，则意味着球队所在的城镇比别的城镇优越。一个人出现在球场，尤其是开幕的时候，成为他们展示其公民意识的方式。20世纪第一个10年，住在亚特兰大的居民就尽最大的努力参加了赛季第一场比赛。因此，Crackers队[③]才能比新奥尔良鹈鹕队（Pelicans）更吸引人，同时，亚特兰大队也借此向外界传达了这样的讯息：虽然亚特兰大不大，但是比新奥尔良更积极。自从开始从别的地方雇佣职业选手们，当地球队的荣誉就很难使球迷理性。比如，勇士队战胜巨人队的比赛不能证明波士顿比纽约先进，正如东德的短跑选手在奥运会上战胜美国人并不能说明共产主义比资本主义优越一样。然而，记者们相信，只要一个缺乏自信的城市因为棒球而产生了积极正面的精神，那么地方主义就是正确的。[④]

三、蓝领运动员

在19世纪末期，当住在工业化径向城市中的中产阶级白领男性开始热衷于体育的时候，一部分体力劳动者却因为工业化和城市化的影响，仅有有限的休闲时间。直到20世纪20年代，工人阶级的运动员主要来自工人贵族或

①译注：Polo Grounds是纽约上曼哈顿区3个体育场的名字，在1880—1963年之间主要用于职业棒球和美式橄榄球的比赛。

②Riess, *Touching Base*, 31-33, 29.

③译注：Atlantic Crackers是1901—1965年间以亚特兰大为主场的美国棒球次级联盟的球队。

④On boosterism, see Daniel Boorstin, *The Americans: The National Experience* (New York, 1965), 113-168. On baseball and civic pride, see Riess, *Touching Base*, 18-23; Harold Seymour, Baseball, vol. 1, *The Early Years* (New York, 1960), 355-356.

者市政服务工人，在这些团体中比在别的地方赚钱多，工作的时间短，而且有参与体育和身体文化的传统。当时，大部分的工人阶级男性都只能负担得起简单廉价的娱乐活动。这些人主要是没有技术的新移民工厂里的工人，他们工作时间长，假期少，薪水少。他们对体育机构完全不熟悉，通常只能聚集在贫民区窄小的空间里，也无力承担去城市里的户外运动场锻炼的昂贵的交通费。就像彼得·谢尔高德（Peter Shergold）指出的，没有技术的劳动力“他们的休闲就是睡觉，娱乐就是玩半个小时的5分钱娱乐场，或者下班后去沙龙喝一杯。最令他们满足的就是抽满管的烟丝或者在周日的下午玩牌赌博。”①

世纪之交的工业工人每周工作时间很长（普通劳动力60小时，技工54小时）。到1907年，他们的工作时间每天减少了1个小时，但是对于他们来说依然是漫长的一天，且每周要工作六天。低工资（1915年时没有技术的工人每周工资低于10美元）、未充分就业甚至无业意味着在20世纪第一个10年的初期有大约40%的劳动力生活在贫困线以下（每年500美元），除非家里有妻儿补贴家用。低收入使已婚的没有技术的工人很难负担得起到体育场的交通费用和门票费用。长时间的工作也使受雇佣的蓝领工人很难有时间参加周六下午的体育比赛，除非他们平时加班，或者旷工，或者是周六只工作半天。②

工人阶级的城里人的休闲选择还受严守安息日的习俗限制，且不同地域的习俗不同。19世纪末期，在港口城市，比如孟菲斯、莫比尔，尤其是新奥尔良，都有大量的天主教徒。在得克萨斯州的城市里还有墨西哥人和德国人，这些人又以大陆安息日为准则。但是，南北战争前的美国南部城市因为共同的信仰和来自虔诚的居民的压力都恪守着美国安息日的准则；在东部，严守安息日主义的思想根深蒂固，这里由农村人主导的州立法机构通过了一系列严格的法律（禁止星期日营业、饮酒、娱乐等的规定）来维持传统的美国安息日，目的在于对移民主导的城市进行社会控制。执行这些不近人情的法律

---

①Peter R. Shergold, *Working-Class Life: The "American Standard" in Comparative Perspective*, 1889—1913 (Pittsburgh, 1982), 49.

②Ibid., 225; Alan Trachtenberg, *The Incorporation of America: Culture and Society in the Gilded Age* (New York, 1982), 90-91; Clarence D. Long, *Wages and Earnings in the United States* (Princeton, 1960), 4; Albert Rees, *Real Wages in Manufacturing*, 1890-1914 (Princeton, 1961), chap. 3.

规定的重任落在了当地警察和检察官的身上，这些人一般都尝试去适应社区的准则，避免跟人制造妨害公众安宁和利益。小孩还有业余的运动员起冲突，在纽约，社会福音运动的激进，领导人认为工人应该有机会享受理性的休闲活动，即便他们周日不上班。慷慨的牧师也希望能通过主张参与体育活动以及在教堂修建体育馆使那些异化的工人合群。但是社会福音派的人和很多社区领导人通常把职业体育看作是不适合安息日的体育活动。①

（一）工人阶级的观赏性体育

工人阶级参与观赏性体育受时间、收入及门票的限制。在拥有廉价的大众交通之前，最近的体育场就是位于贫民区的室内体操馆或者中央商务区的体育场，能吸引众多工人阶级去观看的拳击比赛通常在附近的体操馆举行，所谓的体操馆，其实就是人们熟知的运动俱乐部。体操馆木板凳堆到房顶小阁楼之外，其他什么都没有。有时候，一些门票价格比较高的比赛会在军械库或者多用途的场地（比如麦迪逊广场花园）举行。这些半公共设施同样也吸引着能负担25美分门票的工人阶级来观看6天的马拉松比赛（19世纪80年代），或者6天的自行车比赛（19世纪90年代）。推广比赛的人下午5点会清场，但也是表面上清一下而已，实际上是不让拿1张票在场内待太久。②

户外的体育运动，比如赛马和棒球，对于工人阶级来说会因为费用和时间的问题而导致不太容易去现场观看。这些赛事都在较远的地方举行，需要乘坐公共交通才能去。职业棒球在城市穷人中并不像在中产阶级中那样发展迅速，比赛时间一般都安排在蓝领工人工作的时间，门票要75美分，体育场离得又远。因此，城市里的底层阶级一直到20世纪20年代才开始在现场观看比赛，去现场看比赛的体力工人主要是技工，这些人周六只需要工作半天，或者是城市工人，或者像卖肉的或烤面包的这样的人，因为他们工作时间不固定，下午会有空闲时间。③

---

①*Riess*, *Touching Base*, 121, 140-142, 125-128. On the Social Gospel perspective, see, e. g., *New York Tribune*, 22 Mar. 1989; *NYT*, 10, 17 June 1901. Boys playing in the street were far more likely to be interrupted than wealthy golfers at their private clubs.

②Gene Tunney, *A Man Must Fight* (Boston, 1932), 33; Ted Vincent, *Mud-ville's Revenge*: *The Rise and Fall of American Sport* (New York, 1981), 45-53.

③Riess, *Touching Base*, 28, 30-37. On racetracks that catered to the working class, see *ChiTrib*, 21 July 1893; NYT, 23 Oct. 1893, and above, 213-215.

与全国联盟（National League）不同的是，第二大联盟美国协会（American Association）确实尝试着去迎合工人阶级球迷的需求。美国协会成立于1882年，门票价格为25美分，场内售含酒精的饮料，不管比赛有没有可能成功举行，比赛时间都会被安排在周日。当两大联盟在1892年合并的时候，新的全国联盟采纳了美国联盟在周日比赛的政策，还给予每支球队销售露天看台票季票的权利来增加上座率。后来，这一价格政策在1901年被新的美国联盟采纳了一个赛季。工人阶级观众人数最多的恐怕要数芝加哥白袜队，这是唯一一支比赛场地与工人阶级为邻的球队。比赛设在周日，季票观赛人数达到7千人。相比之下，新的保罗体育场的季票上座率只有200个，匹兹堡海盗队故意在假期人多的时候把廉价座位票的价格上调了1倍。①新的球场建成之后，廉价座位票就成为历史。

球队的经营者强烈建议对星期日禁止营业、饮酒、娱乐等法律进行改革，因为他们认为周日的比赛将吸引大量在平时无法观看比赛的观众，他们还利用他们的政治关系来确保实现目标。20世纪初期，纽约的大资本家尝试通过销售或者取得“赞助”来规避州刑法，而不是通过销售周日比赛的门票。当地的警察和地方法官支持球队俱乐部，但是这些“阴谋诡计”又被高等法院识破。1900年的纽约，严守安息日的教徒还在很辛苦地为维持地位而努力，因为作为全国最大的城市，其中有76.9%的人是外国人，主要是犹太人和反对严格的安息日的天主教徒，因此，严守传统价值具有象征性的重要意义。一直到1919年纽约才取消周日不比赛的禁令。这时，有很多劳工、政治家、激进主义者、老兵联盟、妇女团体等组织联合起来要求州立法机构允许地方有权利自己决定是否在周日比赛。他们认为，在海外为赢得自由而战的士兵有权利在一周内选择任何时间进行娱乐活动。周日举行棒球比赛是伟大的成功之举，尤其是对从来没有看过一场比赛的蓝领球迷来说。法案通过之后，每个星期天都有超过两万人聚集在保罗体育场或者是埃贝茨球场。除了纽约之外，波士顿直到1929年、费城和匹兹堡直到1934年才开始在周日举行比赛。②

---

①Riess, *Touching Base*, 31-34. On the American Association, see Seymour, *Baseball*, 1: chap. 13; David Q. Voigt, *American Baseball: Form Gentleman's Sport to the Commissioner System* (Norman, Okla., 1966), 121-130.

②Riess, *Touching Base*, 125-137.

严守安息日的传统观念在美国西部和中西部城市最薄弱。在这里，有浓厚的地方自治和社会民主氛围。周日禁令对辛辛那提、芝加哥、密尔沃克和圣路易斯这些大城市来说一点儿影响都没有，因为这里有政治上非常强大的德国人社团，他们有足够的势力来逃避当地法令的执行。出于对中产阶级的尊重，全国联盟禁止了周日的比赛，但辛辛那提的俱乐部拒绝服从这些规定，因此，它们的专营权在1880年被取消。两年之后，当美国联盟成立时，中西部的球队就把周日比赛安排在了任何可能比赛的时间成功举行，哪怕俱乐部需要去郊区比赛来躲避法律的触手。到1892年美国联盟和全国联盟合并的时候，周日舞会已经在中西部地区广泛流行，甚至在印第安纳的曼西（Muncie），周日的比赛往往会伴随着宗教音乐进行。1年之后，面对强大的公共阻力，芝加哥在世界贸易博览会的组织者依旧决定周日开馆，之后芝加哥拥有了周日的比赛。然而，在另外一些城市，改革花费了很长的时间，尤其是底特律和克利夫兰，因为这里众多的政治问题，使得周日比赛一直到20世纪初期才被允许。①

没办法观看最喜欢的体育赛事的工人阶级体育迷通过媒体了解比赛的进展情况和球队英雄人物的故事。在南北战争前，技术的创新和销售渠道的改进使大众报②成为人们能够负担且广泛传播的一份报纸。随后，报纸发行量开始增加，发行量最高的是《纽约世界》的晨报和晚报，1892年的发行量达到了37.4万份。这些报纸以小道消息为主，强调体育、犯罪和性，报道最新的甚至有别的国家发生的事情。除此之外，专门的《体育周刊》（*New York Clipper*）也吸引了众多的城市观众。这份报纸是最早流行的关于棒球的杂志。《全国警察报》（*National Police Gazette*）则主要关注拳击。《全国警察报》创立于1845年，但是直到1877年理查德·福克斯成为出版商之后才取得成功。这份报纸印刷在很鲜艳的红纸上，内容充斥着淫荡的故事还有对年轻裸体女性的描写。福克斯把这份报纸办成了拳击比赛的圣经。19世纪末期，平均每周发行量在15万份。1880年，报道帕蒂·瑞恩（Paddy Ryan）和乔·高斯（Joe Goss）的冠军争夺赛的那期卖到了40万份。福克斯在推销他的产品方面

①Seymour, Baseball, 1: 91, 92, 135, 139; Riess, Touching Base, 121–125. Minor-league teams in the Deep South generally did not play on Sundays until the 1910s, and frequently much later. Atlanta did not get Sunday ball until 1934. See ibid., 138–142, 149, 81, 82.

②译注：19世纪售价一便士一张的报纸。

确实很在行，他把打折的报纸卖到沙龙、理发店、旅馆和消防站，还有主要的男性单身亚文化聚集的地方，这些人构成了报纸的主要读者群，因此每一期都销售得非常快。①

（二）工人阶级的参与性体育

19世纪末期，低收入蓝领工人的运动选择进一步受到户外运动空间便利性降低的影响。城市的扩张减少了适合球类项目运动的户外空地，污染了河流、还导致原本就在附近的树林萎缩。正如弗朗西斯·库弗莱斯指出的，直到19世纪80年代，匹兹堡的内城人“依然很容易就能靠步行或者乘短途的列车或者乘船到达游泳、滑雪橇、钓鱼、捕鸽子、野餐以及进行其他休闲活动的地方”。但是日益增长的人口对住房的需求，再加上工业的发展，使越来越多传统活动渐渐消失。例如，1887年，匹兹堡还有工人阶级的划船俱乐部，但是当商业发展的需求占用了河边的建筑以及当地的技术工人的经济状况出现衰落的时候，这些俱乐部便消失了。②

市中心区的运动员们在他们附近任何能利用的空间进行体育活动。住在河边或者湖边的年轻人常常裸身游泳，结果引来了公众愤怒的声音。体面的居民向市政府请愿要求严格限制此类公共游泳场所（Public Swimming baths）的地点和开放时间，还要求参与的人着装。反对者则声明需要此类公共游泳场所是出于休闲和健康原因。19世纪80年代，一些城市开始为相对贫困的住户修建公共的游泳场所。城市里的年轻人也利用街道作为锻炼的场所。他们玩棍子球游戏、橄榄球、手球还有其他一些项目。当地的商人要求警察来维持街道和行人道畅通，因为他们要来回运货，担心年轻人到处游走会吓到客

---

①Bernard A. Weisberger, *The American Newspaperman* (Chicago, 1961), 90, 93-100; John R. Betts, "Sporting Journalism in Nineteenth-Century America," AQ 5 (Spring 1953): 39-56; idem, *America's Sporting Heritage*, 53-55, 57-61, 63-67, 376-377; William Henry Nugent, "The Sports Section," *The American Mercury* 16 (Mar. 1929): 334-338; Gunther Barth, *City People: The Rise of Modern City Culture in Nineteenth-Century America* (New York, 1980), chap. 3; Rader, *American Sports*, 99-102; Alexander Saxton, "George Wilkes: The Transformation of a Radical Ideology," AQ 33 (Fall 1981): 437-458; Norris W. Yates, *William T. Porter and the Spirit of the Times* (Baton Rouge, 1957).

②Francis G. Couvares, "The Triumph of Commerce: Class Culture and Mass Culture in Pittsburgh," in *Working-Class America: Essays on Lobor, Community and American Society*, ed. Michael H. Frisch and Daniel J. Walkowitz (Urbana, Ⅲ., 1983), 131 (quote), 144.

人，所以年轻人的体育运动因为商业而不得已停掉。①

为了避开城市拥挤的人群以及中产阶级的抗议，大部分贫民区的居民不得不依靠半公共场所，比如酒馆、桌球房来获得运动的乐趣。酒馆也被称作“工人阶级男性俱乐部”，这算是他们的游戏厅或类似体操房的地方，这里能为他们提供很多运动服务，包括拳击和斗鸡这样的观赏性体育比赛。19 世纪 80 年代，酒吧也是赌博中心，人们可以在这里看到赌马的人，他们跟那些负担不起或者没有时间到赛马场的人一起赌博。②

酒吧（Saloons）还提供各种各样参与性体育运动需要的器材，这样能使顾客在等待的时候不那么无聊，同时也是获得额外收入的来源。一些大型的酒吧拥有标准的手球场地，几乎所有的酒吧都有各种桌上游戏的器材，尤其是桌球。到 19 世纪末期，城市里有接近 7600 家酒吧 ，其中接近一半都提供游戏场地。正如历史学家佩里 · 杜伊斯总结的：“桌球几乎成了每个酒吧的标配。”③

桌球游戏是城市男性中最流行的活动，因为它价格低廉，还能为人们提供展示技术、管闲事、赌博和交友的机会。每个选手一局比赛只需要花 5 分钱，因此人人都能负担得起。当然，总会有老输球的人，按照惯例，他就要为对手支付每局比赛的钱，这样一天下来，总共能花掉 60 分。在世纪之交的时候，大约有 30000 家桌球室，在 20 世纪 20 年代中期达到顶峰，总共有 42000 家，其中 90%是半公共场所。仅在纽约，桌球室的数量就从 1850 年的 60 家增加到 1900 年的 300 家以及 20 世纪 20 年代的 4000 家。④

桌球室的公众形象很糟糕，虽然桌球运动本身并不是魔鬼。1913 年，在

---

①David Nasaw, *Children of the City*: *At Work and at Play* (New York, 1985), 20, 34-35; Goodman, *Choosing Sides*, chap. 1, esp. 4-7; Freedman, “Baseball Fad,” 49.

②Jon Kingsdale, “The ‘Poor Man's Club’: Social Functions of the Working - Class Saloon,” AQ 25 (Oct. 1973): 472-489; Mark Haller, “Organizeed Crime in Urban Society: Chicago in the Twentieth Century,” JSH 5 (Winter 1971-1972): 214-216; Perry R. Duis, *The Saloon*: *Public Drinking in Chicago and Boston*, 1880-1920 (Urbana, Ill., 1983), 247-248; Elliott West, *The Saloon on the Rockey Mountain Mining Frontier* (Lincoln, Neb., 1979), 85-87.

③Duis, *Saloon*, 72; idem, “The Saloon and the Public City: Chicago and Boston, 1880—1920” (Ph. D. diss., University of Chicago, 1975), 706.

④Ned Polsky, Hustlers, Beats and Others (Chicago, 1967), 35-36; John Grissim, Billiards: Hustlers & Heroes, Legends & Lies, and the Search for Higher Truth on the Green Felt (New York, 1979), 64; The Survey Committee of the Cleveland Foundation, Cleveland Recreation Survey, vol. 5, Commercial Recreation (Cleveland, 1920), 59 (hereafter cited as Cleveland Recreation).

托莱多市的一项调查中发现，超过一半的高中桌球选手在家或者通过基督教青年会学习打桌球。随着丹佛市青少年法庭的法官本·林赛（Ben Lindsey）的认可，桌球桌生产商的领导者鼓励中产阶级的父亲们为他们的家庭购买球桌来促进家庭团结。一般来说，桌球厅是城里无所事事的小青年和移民赌博、犯罪、宿醉及腐败的地方，这些地方应该被关掉。正如一位前布朗斯维尔的居民所回忆，他经常喜欢出入的雷贝尔桌球室不仅是会见朋友的地方，也是“打破别人的头、把某个家伙暴揍一顿、购买毒品、放火、计划抢劫或者跟小贩耀武扬威的地方”。市政府的问卷和社会学调查的结果都显示大概有15%~25%的城市桌球室（堪萨斯城的研究称一半以上）是对公共的威胁。①

1913年，一项对纽约市806名工人的问卷调查发现，经常光顾桌球室的人以17~24岁出生在美国或者英国的单身青年为主。他们主要是交通运输工人、志愿者或者从事家政服务的人。这些工作时间段的人最有可能光顾桌球室，但是对于那些每天工作11个小时甚至更长时间的人，去桌球室会占用太多业余时间。另外，每周收入低于35美元的工人与桌球室的使用时间也有非常紧密的关系。②

桌球室的生意很不稳定。相对较小的桌球室开张、倒闭都很平常。在19世纪末期的芝加哥，市中心的一间配备豪华的桌球室有可能十年后生意都很好。1910年，芝加哥有1169家有执照的桌球室，1918年只有900家。1年之后，这一数字又上升到2156家。1920年，桌球室的数量上升到2244家，两年之后又降到861家。战后桌球室数量的增长主要是因为禁酒令的颁布，酒馆老板们引入桌球的目的是维持生意。桌球室的执照依然很容易就可以拿到，即便是有犯罪记录的人，管理桌球室的花费也不高。1个质量上乘的新球桌大概需要500美元，3个用过的球桌需要700美元，但是桌球市场很快就饱和了。在20世纪20年代初期，桌球室的执照就很难拿到了，因为1920年成立

①John A. Phelan, *Pool, Billiards and Bowling Alleys as a Phase of Commercialized Amusements in Toledo, Ohio* (Toledo, 1919), 15, 58, 61; Grissim, *Billiards*, 76-79; Henry C. Alley, “Moral Problems of Modern Pool Rooms,” (M. A. thesis, University of Chicago, 1915), 5, 9-10; Albert B. Wolfe, *The Lodging House Problem* (Cambridge, 1913), 29; Jenna W. Joselit, Our Gang: Jewish Crime and the New York Jewish Community, 1900—1940 (Bloomington, 1983), 151 (quote).

②Bevans, *How Workingmen Spend Their Spare Time*, 19-21, 23-24, 26-31, 33-35, 37-39, 41-43.

的桌球委员会颁布了严格的规定来规范和清理这项运动。[①]

20世纪初期，桌球设备的质量和特点变化幅度很大。最好的桌球室是位于中央商务区的职业桌球室，这里要么是市中心商人的府邸，要么是城市单身男性亚文化聚集的中心。桌球室一般都会有多达50张甚至更多的球桌，球桌被放在高于街面的地方，保护的也相对较好。最繁忙的营业时间一般是下班后。当时最大的桌球室位于底特律，有142张球桌。最著名的是旧金山的格莱恩家的桌球室，由一个跟市政厅有紧密联系的前优秀拳击手所有。1910年，格莱恩就在运动爱好者中享誉盛名，尤其是在当地的政客还有那些下至游民上至有钱人的客户当中。[②]

拥有6张甚至更多球桌的大型的、装备齐全的桌球室只占城市桌球设备中的小部分（1913年，辛辛那提13.8%）。更多的桌球室只有1~3张球桌，大多位于贫民区，紧挨着酒馆。球桌多的桌球室不怎么盈利，除非同时做着跟单身男性亚文化相关的其他生意或者店主允许在店里进行犯罪活动，一般在雪茄店、糖果店、理发店、咖啡店还有沙龙都会看到桌球桌。19世纪时，主要在爱尔兰和德国工人阶级社区能看到桌球，后来在波兰人、希腊人、意大利人、犹太人和黑人社区都开始流行起来。信仰新教的盎格鲁-撒克逊裔美国城市改革者被民族桌球室（ethnic poolroom）吓到，因为这里是他们的旧世界文化的聚集地。1913年，辛辛那提通过法律禁止外国人拥有桌球室。[③]

桌球室被看作是对公共福利的最大威胁，因为它们都藏身在贫民区的小房子里，经常充斥着“粗糙”的元素，窗户也被遮起来，外面看不到里面到底发生了什么。1919年，芝加哥青少年保护组织资助的一项研究发现，400间桌球室中大约有四分之一存在上述的情况。反复发生的小事件、不道德和无序的行为，还有赌博，在这里都不是秘密。在所有的桌球室中，有80%的顾客是观众，但是总体的感觉是，在这些逼仄的房间里，他们总是图谋不轨。桌球室都是由在警察局有记录的人管理着，警察很少会来干涉，因为大家都

---

①*Chicago Recreation Commission*, The Chicago Recreation Survey, 1937, vol. 2, *Commercial Recreation* (Chicago, 1938), 53-54 (hereafter cited as Chicago Recreation); *Cleveland Recreation*, 56; Frederick Thrasher, *The Gang*: *A Study of* 1, 313 *Gangs in Chicago*, abr. ed. (Chicago, 1963), 78, 80, 278.

②Phelan, *Amusements in Toledo*, 16, 33-34; *Cleveland Recreation*. 53; *Grissim*, *Billiards*, 67, 69, 71.

③Eighty-five percent of Cleveland's poolrooms had five or fewer tables; most, just two. *Cleveland Recreation*, 51, 57. On the private businesses that provided pool tables for their clients and the ethnicity of their proprietors, see Phelan, *Amusements in Toledo*, 15, 25.

知道里面发生着什么。①

桌球室也许是除了电影院以外分布最广的商业化娱乐活动场所。在19世纪，球桌很难在桌球室、雪茄店和沙龙等以外的地方看到，大部分都在中央商务区。在19世纪80年代中期的芝加哥，城市名录簿上41.6%的桌球室在中央商务区。1900年，这一比例下降到了30%，在接下来的10年中又急剧下降到9.1%。1936年，5.3%的桌球室在中央商务区。在中央商务区的球桌比芝加哥其余75个区的任何一个区都多。所有的桌球室的房子都是市区最大最豪华的房子、加上相邻的两个市中心区域，芝加哥27.1%的桌球室都集中在了市区。市区之外剩余的75个区中，有65个区有桌球室，其余的10个区通过分区制和严格的执照管理禁止桌球室在这里营业。市区中只有近北区、近西区（都是意大利人）、西部小镇（波兰人）和林荫道区（黑人）这4个住宅区有超过100张球桌。②

桌球室不仅聚集在市中心附近，而且在很多重要的交通繁忙的商业街上都有桌球室，这样可以吸引散客。在世纪之交的时候，芝加哥四分之一的桌球室不是在曼德逊大街就是在国家大街③上，再加上克拉克大街和霍尔斯特德大街上的那些桌球室，总共占去了全市三分之一的桌球室。后来，随着中央商务区的商业设施变得分散，这些大街上的桌球室数量也开始减少（1910年为23.5%，1936年下降到15.3%），但是桌球室的数量依然很高，而且意义重大。④

在经济大萧条时期，桌球室和其他小商业的生意也都不太景气。但是，他们为城里的穷小子提供了一个廉价的聚集和娱乐的地方。禁酒令的颁发预示着桌球室的衰落。当小酒馆重新开张的时候，他们经常会为顾客准备球桌，并从桌球室那里抢顾客。到1936年，芝加哥有580家有执照的小酒馆，平均

①Phelan, *Amusements in Toledo*, 25, 31-32; Alley, "Pool Rooms," 9.

②The location of poolrooms was taken from the *Chicago City Directory*, 1890—1900, 1910 (Chicago, 1890—1910). The very high concentration of pool-rooms in the late nineteenth century may have reflected the vigorousness of the city's entertainment district or merely an under accounting of small businesses by the directory. The poolroom business had a very high turnover. On the location of rooms during the Depression, see *Chicago Recreation*, 2: 54, 58ff. On the city's neighborhoods, see Louis Wirth and Margaret Furez, eds, *Local Community Fact Book*, 1938 (Chicago, 1938).

③译注：国家大街（State Streets），20世纪初期成为芝加哥的商业街。

④*Chicago Recreation*, 2: 54.

每家有4.7张球桌，每五个桌球室就有一个是新的，营业额一直很高。八分之一的桌球室有销售酒的执照或者是保龄球道，但是光有这些还不够。市中心和附近地区桌球室营业额降低的情况以纽约市为缩影。在这座城市，曾经有超过4000家桌球室，但是到1961年，仅剩257家。这是体育社会地位低的结果，也是单身男性亚文化的衰落。第二次世界大战后郊区的崛起使城里的年轻人除了有旧式的桌球室以外，还有了新的玩乐的地方，尤其是小酒馆和保龄球馆，这些地方提供投币式的小型球桌，易于人们操作且每局比赛的时间也减少了。①

作为商业化的城市娱乐活动，保龄球的流行跟桌球很相似，都很廉价，都便于工人阶级参与，且从历史上来讲都和沙龙、赌博、男性单身亚文化有相当多的联系。因为跟赌博等有关联，保龄球实际上在一些城市中（比如纽约）被禁止了很多年。在19世纪80年代，保龄球又开始在德裔美国人志愿者协会的成员中得以复兴，比如特纳之家（the Turners）和射击俱乐部②。周日，人们到户外公园打保龄球，然后醉倒在俱乐部会所的酒窖里。在世纪之交的时候，保龄球馆大多设在饭店里或者酒馆的地下室里，在这些地方，人们经常会赌博，也因此，对于女性来讲，保龄球被看作是一项并不体面的体育项目。在20世纪早期，芝加哥大部分的（80%）保龄球馆经营者在接管球馆之前都有白领工作，但是只有三分之一的经营者跟男性单身亚文化（从酒馆、沙龙到职业体育以及理发店）的职业有联系。体育有着优于桌球的社会地位，很多当地的联赛都是由代表地方的职业队或商业公司代表队参加。③

城市中保龄球馆的数量比桌球室的数量要少得多。桌球室并不需要太大的场地空间，相对也不需要花费大量的钱。一间小的雪茄店都有可能有地方容纳1~2张球桌，但是却根本没办法容纳一条保龄球道。1910年，在芝加哥有230家有执照的保龄球馆，但是却有1179家桌球室。在20世纪早期，保龄球馆的营业额很高。1901年，芝加哥有15家保龄球馆，但是9年以后才被收

①Ibid; Polsky, *Hustlers*, 36-42.

②译注：Tuners是德裔美国人体操俱乐部成员。射击俱乐部（德语Davenport Sheutzenverein，Davenport Shooting Club），1854年，移民到美国的德国人依照原有的传统成立的可以练习来福枪射击的俱乐部（http://www.dsaiowa.com/History.htm）。

③Herman Weiskopf, *The Perfect Game: The World of Bowling* (Englewood Cliffs, N.J., 1978), 36-37. Data on social origins bowling alley proprietors is based on biographical sketches in John G. Hemmer and W. J. Kenna, eds., *The Western Bowler's Journal Bowling Encyclopedia* (Chicago, 1904).

录在芝加哥城市目录册上。到 1918 年，芝加哥有 139 个有执照的保龄球馆，比起 8 年前数量下降了 39.6%。①

禁酒令的颁布对保龄球馆的生意产生了重要的影响，设在酒吧里的保龄球道要么没生意，要么比起卖酒更重视比赛，很多之前经营酒馆的人都跑去做保龄球生意。在禁酒令的影响下，芝加哥的保龄球馆到 1919 年增加了 41%。保龄球开始脱离和社会地位低下的体育兄弟会的联系，而成为需要眼手配合默契并能为人们提供社交环境、增进情谊的干净有趣的活动。20 世纪 20 年代修建起来的新的保龄球馆大多是专门为保龄球设计的大型建筑，隔音效果良好，并配备非常好的照明设施和空调，以及方便顾客休息的椅子。1 条保龄球道的成本是 1500 美元，是 1 个上等桌球桌 3 倍的价格。高级的新保龄球馆的建设使很多小的保龄球馆入不敷出。1926 年，芝加哥有 168 个保龄球馆，平均每个球馆有 6.5 条球道（6 条球道是维持盈利的最低要求）。但是 10 年之后，保龄球馆的数量为 123 家，平均的球道数增加到了 10.6 条。只有五分之二的球馆营业超过 10 年。②

20 世纪 30 年代，保龄球馆数量的降低从比例上来讲不及桌球室。在经济大萧条时期，保龄球广受人们欢迎，不管是男性还是女性都喜欢这项运动，因为这项运动既便宜又有趣。芝加哥有三分之二的保龄球馆有吧台和球桌，但是主要吸引顾客的还是保龄球和社交。到 20 世纪 30 年代后期，芝加哥有大约 50 万名保龄球手，其中大部分来自教堂组织、民族社团、民间团体、工厂或者公司。虽然之前保龄球被认为是不适合女性的运动，但是此时，它成为最受女性欢迎的项目，大约有超过 1 万名女性参加每年举行的“夜间美国人”（Evening-American）比赛。③

保龄球馆的地理分布没有桌球室广，但是数量更多。1931 年，在芝加哥只有 10 个社区没有桌球室，但是有 31 个社区没有保龄球馆。保龄球馆需要更多的钱来修建和维护，这就要求地理位置需要选择在繁忙的闹市区，因为这里有大量的潜在可能性的客户。因为分区法，④ 中产阶级生活的社区也没有

①*Chicago Recreation*，2：57；*Chicago City Directory*，1901，1910.

②*Chicago Recreation*，2：57.

③Ibid 2：61.

④译注：分区（zoning）是把大都市的土地分成不同区域（比如工业区、住宅区）的过程。从法律上讲，分区计划由法律的形式确保执行。1916 年，纽约成为美国第一个采用分区法规的城市。

保龄球馆。1900 年，芝加哥的保龄球馆大部分都在中央商务区，但是 1910 年数量下降到只有 5%，一些蓝领工人生活地方的保龄球馆数量逐渐超过了中央商务区。然而，到 1936 年，绝大多数的球道依然在中央商务区的大型设施里。其他地方，比如辛辛那提，大部分的球馆（1913 年，38.1%）也在中央商务区。比起桌球室，保龄球馆更有可能开在中央商务区（辛辛那提闹市区的保龄球馆比桌球室多 3 倍）。但是在芝加哥，只有一半的保龄球馆在闹市区，这也许是因为闹市区横跨旧城区，这些地方的娱乐活动中桌球室更流行一些。保龄球馆不止建在城市中心区域，在繁忙的街道上也聚集了大量的保龄球馆，可以吸引大量的潜在顾客，这些人可能一时兴起去玩一两局。1936 年，芝加哥将近一半的保龄球馆都在主要的商业区（米尔沃克、克拉克、霍尔斯特德和百老汇），而闹市区桌球室的数量仅为总数的七分之一。①

保龄球对工人阶级中爱好运动的人有非常强烈的吸引力。比如，1900 年早期，芝加哥三分之一的保龄球馆业主是出生在国外的（基本上是德国人），他们为民族客户服务。之后，在南北战争时期，所有城市中贫穷但体面的白人社区有了保龄球馆，这种现象在五大湖区非常典型。在芝加哥，拥有保龄球馆数量最多的居民区是德国人居住的莱科威尔，意大利人聚集的近西区，以及捷克和波兰人居住的郎代尔。波兰人对保龄球的兴趣是众所周知的。早在 1906 年，在波兰人聚集的韦斯特镇上就有 1 家波兰人经营的保龄球馆。20 年之后，在南郎代尔（South Lawndale）有 14 家保龄球馆，韦斯特镇上有 8 家。保龄球联盟是由比如波兰国家联盟这样的兄弟会社团赞助的。在全都是波兰人生活的环境中，体育为他们提供了廉价乐趣、自我展示和社会交往的条件，这种条件帮助他们延续着民族性。除此之外，波兰人在全国锦标赛中的胜利也使他们名扬美国人社区，但是这种情况在芝加哥的黑人身上却完全不同。20 世纪 20 年代，在芝加哥只有很少的黑人居住区有保龄球馆，20 世纪 30 年代时则一家保龄球馆都没有。每条球道白天收费价格是 20 美分，晚上是 25 美分。这一收费标准可能超过了芝加哥黑人的预算标准，尤其是在经济大萧条时期，他们的失业率超过了 50%。即便是在 20 世纪 20 年代对于黑人企业家来说依然很难支付得起购买保龄球馆的费用或者是建设一个新的球

①Ibid.，2：57-58，60；*Chicago City Directory* 1900，1910；*Recreation Sur-vey of Cincinnati*（Cincinnati，1913），29-30.

馆，20 世纪 30 年代可支配的资金缺乏使得已有的保龄球馆经营者破产。①

保龄球馆就像桌球室，是南北战争时期街角生活重要的附属物。它为年轻人提供了一个闲逛的地方，可以交友也可以展示个人的技术，而且比桌球室更体面。威廉·F. 怀特（William F. Whyte）在 20 世纪 30 年代末期所做的关于年轻的意大利南部波丝塔尼亚人的研究就很明显地讨论了保龄球的话题，这比其他任何的话题都多。在团队中每个成员的地位都跟他们的保龄球技术息息相关。在冬季，他们主要的社会活动就是周六晚上打保龄球。保龄球也帮助他们跟女性交往，因为球馆经常会提供公共的、很休闲的氛围，这样街角男孩就可以遇到年轻的女性，同时又会避免相亲带来的尴尬。②

在经济大萧条时期末期，全国有 1200 万名保龄球手，与桌球不同的是，这项运动成为之后 10 年中最流行的体育项目。到 1948 年，全国有 2000 万名保龄球手。保龄球跟城市化和逆城市化都融合得很好。在 1945—1955 年，保龄球馆的数量增加了 62%，大部分增加的保龄球馆地处郊区。企业家们在位于购物中心的大型多功能保龄球馆身上投资很大，因为购物中心特别吸引那些白天有大把空余时间的家庭主妇们。他们占去了 40% 的郊区客户。在两代人的时间里，保龄球馆由不那么体面的工人阶级体育变成家庭娱乐项目，虽然主要的客户群体依然是工人阶级，虽然参与的地点主要是在城市周边或者郊区的购物中心。③

（三）蓝领社区中得到赞助的有组织的体育运动

尽管工人阶级有参与长跑、短跑等职业田径项目和苏格兰运动的传统，但顶尖的运动员中却很少有体力工人，训练方法也远不如现在丰富，运动员们可能不需要占用太多的时间，但是他们依然缺乏足够的时间来练习，还缺乏合适的器械、正确的教练方法以及赞助。只有那些最有天赋的运动员有可能被大型的运动俱乐部招募，也有零星的几家工人俱乐部为蓝领运动员组织比赛。有时候，私人的公司、贸易联合会、慈善社团或者政治团体也会为蓝

---

①*Chicago Recreation*, 2: 66ff.; Casimir J. B. Wronski, "Early Days Sport among Polish-Americans of Chicagoland," in Poles of Chicago, 1837-1937 (Chi-cago, 1937), 1946—1947.

②William Foote Whyte, *Street Corner Society: The Social Structure of an Italian Slum* (Chicago, 1943), 14-15, 26-27, 30-31, 37-38, 45-46, 256.

③Weiskopf, *Perfect Game*, 62-75.

领运动员们组织比赛，这些组织都有各自赞助工人阶级体育的理由。

19 世纪末期，工人阶级业余运动员最重要的来源是每年由商人、工会以及依附政客的人组织的野餐会。公共的野餐会始于 19 世纪 50 年代，主要是中产阶级为了慈善的目的来募集资金的娱乐活动。到 1891 年，蒙特利尔 78% 的此类活动都由非工人阶级团体赞助。野餐会一般在春夏季节的周日或者假期举办，地点常选择在组织者租赁的私家公园。19 世纪 80 年代，典型的公司野餐则由零售或者商业公司为行政员工组织，其他的公司，比如交通公司等则会带着蓝领的员工郊游。野餐当天主要的看点就是田径比赛、保龄球还有射击，晚上还会有舞会。大部分的比赛是开放性的，如果比赛的奖金足够丰厚的话还可以吸引职业运动员来参加，也有一些比赛严格限制有赞助商的运动员来参加。如果有著名的运动员来参赛，将会吸引来大量的观众，并为野餐的组织者赢得额外的公共宣传效应。①

公司赞助的郊游改善了雇佣关系，政治团体组织的野餐会则是为了募集资金和为选民服务。坦募尼赞助了棒球联盟和比赛，选区代表组织比赛的队伍，参赛的队员经常成为之后选举的工作人员。坦募尼赞助的郊游吸引了很多喜欢观看并参加田径、棒球、橄榄球、保龄球以及盖尔足球的爱尔兰人。世纪之交最有名的郊游是由提姆·苏利文赞助的下东区野餐会。例如，1900 年的野餐会，就吸引了 6000 人参加，每张门票是 5 美元，举办费用由那些想和坦募尼二号人物保持良好关系的当地酒馆老板和其他商人提供。赴宴的人会乘船抵达长岛，在这里打棒球、看拳击比赛、赌博，然后再返回接着喝酒，这是每次野餐会后的传统。②

技工兄弟会组织和联合会赞助的体育培育了有相同工作经历、相同社会阶级和经济问题的人们的社区意识。约翰·卡博乐（John Cumbler）认为，工会寻找建立“单个的工人可以依靠的机构网，不只是为了高薪水和工作的稳定性，还包括工作本身、社会生活及家庭安全等因素”。工会大楼是工人们的

---

①Alan Metcalfe, *Working-Class Physical Recreation in Montreal*, 1860—1895, Working Papers in the Sociological Study of Sports and Leisure, 1: 22, Sports Studies Research Group, School of physical and Health Education, Queen's University (Kingston, Ont., 1978), 17-21; Vincent, *Mudville's Revenge*, 31, 40, 54-59, 66, 72, 80; *Spirit* 101 (24 Sept, 1881): 211; 114 (1 Oct. 1887): 342; 116 (25 Aug. 1888): 160; *NYT*, 12 June, 7, 8 Aug. 1880, 10 July 1892; Sporting Life 2 (8 Oct. 1883): 7.

②*Brooklyn Eagle*, 29 Sept. 1891, 10 Aug. 1893, 28 Aug., 4, 27 Sept. 1894; *NYT*, 2 Aug. 1892, 11 Sept. 1900.

私家空间，在这里人们可以打桌球。作为社交的中心，这些空间增长了两倍。19 世纪 80 年代，纽约的印刷工人、管道工、石匠和砖匠都是野餐会赞助的对象。10 年之后，最大型的郊游当属在劳动节举行的体育比赛和其他的展示活动。工会和其他工人组织也赞助棒球队，19 世纪 80—90 年代，这些队伍参与当地的业余联盟比赛，目的在于募集资金、增加联盟的人数以及吸引对手的注意。①工人历史学家布莱恩·帕尔曼（Bryan Palmer）把这些队伍看作是工人们发展他们自身文化价值独立性以及寻求财政支持的途径。但是这些队员们并不会反对主流的核心价值，比如节俭、勤劳和自力更生。他们为了欢乐而比赛，而不是为了赢球，因此，那些不可预料的享乐行为是不允许的。②

在世纪之交后，工业公司通过福利资本主义（welfare capitalism）的方式在赞助工人阶级体育方面发挥了重要的作用，目的是为了提高人们对公司的忠诚度，并吸收有技术的工人，提前在工人中培养社团意识，增加收益以及改善公司的公共形象。运动设施、俱乐部用地以及野餐的财务情况都在工业关系部门的监管下，很多尝试性的工作由公司赞助的基督教青年会来试行。首次尝试是在 1877 年铁路工人运动之后，目的是为了改善工人们的生活条件。但是，城市工人，尤其是新来的移民发现，参加基督教青年会太昂贵，其新教的特点太突出，中产阶级的意识太浓厚，因此非常憎恶强加在他们头上的价值观念。1902 年，基督教青年会经历了一次重要的重新定位，成立了工业部。到 1910 年，基督教青年会有五分之一的成员是工业工人。基督教青年会提供健康讲座和娱乐活动，包括保龄球、棒球等在厂子里就可以进行的体育项目。对于基督教青年会来讲，还有很长的路要走，因为在主要的城区

①John T. Cumbler, *Working-Class Community in Industrial America: Work, Leisure, and Struggle in Two Industrial Cities*, 1880—1930 (Westport, Conn., 1979), 37, 40-41; *NYT*, 6 Sept. 1891; *Brooklyn Eagle*, 8 Sept. 1891; Spirit 121 (12 Sept. 1891): 296-297; *Chicago Times*, 16 Aug, 1886, 27 May 1888, 2 Aug. 1891; *The Carpenter* 3 (Sept. 1883): 2; *Cigar Makers Journal* 9 (July 1884): 1, 9 (Sept. 1884): 12.

②Bryan D. Palmer, *A Conflict in Culture: Skilled Workers and Industrial Capitalism in Hamilton, Ontario*, 1860—1914 (Montreal, 1970), 60, 241; *Adel-man, Sporting Time*, 152-153; Metcalfe, "Recreation in Montreal," 42. While pleasure seeking was a major goal of premodern workers, the labor aristocracy which led in the development of a working-class culture has many of the same ascetic goals and values as the middle class. See E. P. Thompson, *The Making of the English Working Class* (New York, 1964); Herbert G. Gutman, *Work, Cul-ture, and Society in Industrializing America: Essays in American Working-Class and Social History* (New York, 1978), esp. chaps. 1, 2; Eric Hobsbawm, *Workers Worlds of Labor* (New York, 1984), 194-272.

有75%的男性工人，但基督教青年会只接触到其中很少一部分。①

第一家致力于改善其蓝领工人体育运动的美国公司是普尔曼汽车公司。1881年，乔治·普尔曼在芝加哥城南12英里（1英里=1.6公里）的地方修建了一个小镇。在这里，他能够对技术工人进行社会控制，来确保他们工作勤奋、稳定且对公司忠诚。最开始公共空间是为运动而留的，包括水上运动需要的湖以及户外比赛需要的运动岛。普尔曼相信，这些设施，再加上1个体育馆，能够吸引人们，给他们提供一种理性的消费活动，还能为他的公司带来好名誉。这些可利用的资源鼓励了住在小镇上的居民参与到娱乐性的体育活动中、工厂里的工人参与到赛艇和棒球等竞技比赛中，以及高水平的运动员参与到职业锦标赛中。普尔曼还赞助了业余爱好者参加赛艇全国锦标赛，职业赛艇手们吸引了超过1500名观众，除此之外还有每年一度的普尔曼公路自行车赛。1881年，普尔曼运动协会（PAA）的成立是体育规划的奠基石，目标是参与高水平竞技性运动。组织的领导人是公司的经理，但是成员来自公司各个部门，超过一半的成员是蓝领工人，以手工匠为主，其余的是白领员工、工头，还有当地的商人。实际上很多优秀的英式足球选手以及划桨能手都被承诺会提供一份工作给他们才被招募进来，因为他们是很优秀的运动员。划桨选手由职业赛艇手汉克·沃德（Hank Ward）指导，水平高到足以参加全国锦标赛。与此同时，大型的英式板球俱乐部也成为中西部地区最优秀的俱乐部之一。②

福利资本主义在1910—1920年间达到顶峰。大城市的公司并不像偏僻的煤矿小镇那样强调运动和休闲，因为小镇上工人们很少有机会参加体育和其

①Daniel T. Rodgers, *The Work Ethic in Industrial America*, 1850-1920 (Chicago, 1978), esp, 154-156; Stuart Brandes, *American Welfare Capitalism Education* (Chicago, 1970) 16, 20; Elmer L. Johnson one the YMCA *physical Education* (Chicago, 1979), 126-127, 228. On the YMCA and middle-class youth, see Cumbler, *Working-Class Community*, 50; David Macleod, "A Live Vaccine: The YMCA and Male Adolescence in the United States and Canada, 1870—1920," *Histoire Sociale/Social History* 11 (May 1978): 5-25.

②Stanley Buder, *Pullman: An Experiment in Industrial Order and Commu-nity Planning*, 1880—1930 (New York, 1977); Almont Lindsey, *The Pullman Strike: The Story of a Unique Experiment and of a Great Labor Upheaval* (Chi-cago, 1964), chaps. 3, 4; idem, "The Town of Pullman as a Social Experiment" (Ph. D. diss., University of Illinois, 1936), 191-193; Wilma Pesavento, "Sport and Recreation in the Pullman Experiment, 1880—1990," JSpH 9 (Summer 1982): 38 - 62; Wilma J. Pesavento and Lisa C. Raymond, "'Men Must Play: Men Will Play': Occupations of Pullman Athletes, 1880 to 1900," JSpH 11 (Summer 1982): 233-251.

他娱乐项目。然而，运动计划是那些超过 500 人的工业公司里福利资本主义的最重要的一部分。在闹市区，工人们如果回家吃饭，就没有时间返回工厂参加体育活动，因此像 NCR 公司和匹兹堡的亨氏食品公司就会在午餐时间组织集体体育活动。大部分的活动都强调大众的参与，并且提供了类似于体育馆、游泳馆之类的室内场所以及棒球场之类的户外场地。大约三分之一工厂里的体育计划都有体育馆、保龄球馆、桌球室，十分之七的工厂有球场。20 世纪 20 年代，棒球是工厂里最流行的户外运动项目，参与其中被认为是提升“美国精神”的途径，其中美国精神的含义是指优秀的品质和对公司忠诚。①

20 世纪 20 年代，重工业城市的市政府经常支持当地的工厂和社区服务组织促进工人体育的发展。工业城市联盟在大型生产中心，比如帕特森、新泽西、奥克兰和巴尔的摩这些城市成立起来。帕特森的工业体育协会由 125 家主要的工厂组成，是康乐委员会在成年人休闲工作方面的副产物。巴尔的摩工业联盟有所不同，他们强调非工业的联系，依靠邻里、教堂和旅馆作为成立队伍的基础。纽瓦克市拥有全美国最小的人均公园占地面积，市中心有 3 平方英里面积，40 家壁垒包围的公司，但是却领导建立了大量的娱乐设施，包括俱乐部会所、体育馆、游戏房和保龄球馆，这些设施后来由市政府接管和管理。②

当大部分的运动计划强调大众体育参与的时候，许多公司也赞助那些高质量的在成百上千观众面前比赛过的棒球、足球和橄榄球队，其目的在于锻炼他们在工厂大门之外的社会控制能力，通过提供理性的娱乐资源扭转工人们的不安情绪，并为公司做广告。很多早期的职业橄榄球队，比如哥伦布市潘汉德尔队（Panhandles）就聚集了很多为工厂工作的蓝领工人。这些人是锅炉制造修理工，他们一周工作六天，周日打橄榄球。公司棒球队的球员则可能包括前职业球员，他们很轻松就能找到工作，领着工资训练，还有旅行补

①Daniel Nelson, *Managers and Workers: Origins of the New Factory System in the United States*, 1880—1920 (Madison, 1975), 115-116; Brandes, *Welfare Capitalism*, 76-80; U. S. Department of Labor, Bureau of Labor Standards, *Wel-fare Work for Employees in Industrial Establishments*, Bulletin #250 (Washing-Industrial Establishments, 1926, Bulletin #458 (Washington, D. C., 1928), 46, 58; John R. Schleppi, " 'It Pays': *John* H. Patterson and Industrial Recreation at the National Cash Register Company" *JSpH* 6 (Winter 1979): 20-28.

②Brandes, *Welfare Capitalism*, chap. 8; U. S. Department of Labor, *Welfare Work*, 90-93; idem, *Health and Recreational Activities*, 32, 45-48, 55-58; Tam-ara Hareven and Randolph Langenbach, *Amokeag: Life and Work in an American Factory-City* (New York, 1979), 179.

助。很多早期的 NFL 专营权，比如狄卡特·斯坦利（芝加哥熊队），就是工业关系部门的产品。这个部门保证提供必需的球场，为比赛安排时间，雇佣教练以及给队员发工资。①

公司的报告和政府的调查发现，工业体育计划取得了巨大的成功。1919 年联邦调查发现，工业运动员促进了雇佣员工之间形成紧密的关系以及工人、领班和管理人员之间形成更亲密、更友好的关系。体育计划也激起了年轻工人们的运动兴趣，提升了良好的情操。1926 年，劳工标准局的一份报告鼓励扩大体育计划，作为对超专业的无趣的工业工作的一种应答。经济型体育为工人们提供了自我释放的机会。但是运动服务对较老的、在国外出生的雇员的影响很小。这些人对美式体育不太感兴趣，对家庭却相当负责。②

经济大萧条对福利资本主义产生了影响，四分之一的工业体育计划被削减，其余的也只是勉强进行。1937 年，休闲委员会的一项调查显示，在芝加哥，几乎一半的工厂都保留休闲计划，大多数是体育活动（85%），每家至少保留一支棒球队或者橄榄球队。3 年之后，针对全国的一项调查显示，639 家工厂中有三分之二拥有休闲计划，最流行的男性体育项目是赛艇（87%）、垒球（74%）和篮球（54%），只有三分之一的工厂还有棒球项目，这个项目需要的场地空间和技术要求都比垒球高，最流行的女性体育项目是保龄球（35%）、垒球（11%）和网球（10%）。③

第二次世界大战期间，工厂里的体育得到了极大的复兴。在大部分的老工业城市，比如底特律和洛杉矶，紧张情绪达到了峰值，严重影响着国防工厂的工人以及居住条件差的人。1943 年，这两座城市都发生了种族暴乱。工厂的管理人员选择用体育来安抚员工情绪，以此来展示他们对新工人以及邻居们的关心。国防承包商，比如通用公司和洛克希德公司在高质量的运动计划方面尤其著名。洛克希德的 8 家工厂赞助了超过 300 支保龄球队和 82 个垒

①Tom Bennett, et al., *The NFL's Official Encyclopedic History of Profes-sional Football* (New York, 1977), 14-16, 18, 21; Vincent, *Mudville's Revenge*, 8-10; idem, "Breaking Strikes with Sports Teams" (unpublished paper in au-thor's possession), 2, 42-43, 49-50; Harry A. March, *Pro Football: Its Ups and Downs* (New York, 1934), 65; George Halas with Gwen Moran and Arthur Veysey, *Halas by Halas* (New York, 1979), 53-77.

②Betts, *America's Sporting Heritage*, 318 (quote), 314; U. S. Department of Labor, *Health and Recreational Activities*, 58.

③Chicago Recreation Commission, *Chicago Recreation Survey*, vol. 3, *Pri-vate Recreation* (Chicago, 1938), 149ff; Betts, *America's Sporting Heritage*, 316; Leonard Diehl and Floyd R. Eastwood, *Industrial Recreation* (Lafayette, Ind., 1940), 1-41.

球俱乐部，还为高尔夫选手和网球运动员提供场地和设施。①

（四）体育和社会流动：以棒球为例

顶尖的职业运动员鼓励城市里那些缺乏传统的运动场地但是有天赋的下层阶级年轻人成为职业的体育选手。1879 年，阿什利·贝尔特赛马决赛的获胜选手赢得了 19500 美元和赌金。世纪之交时顶尖的赛马手能赚一万多美元。杰克·约翰逊（Jack Johnson）和吉米·杰弗瑞（Jim Jeffries）一起夺得了重量级拳击比赛的第一、二名，奖金共 75000 美元。但只是很少一部分人拿到了这样的收入，大部分的参赛选手在退役之前拿不到这么多薪水。②

职业体育中的参与和成功是阶级、民族、城市大小及城市空间的共同作用。比如，职业拳击手大部分都来自城市贫民区，在这里，他们学会了通过打架来保护自己以及同伴不受来自对立民族群体的攻击。拳击也很容易就能够在街上或者附近的体育馆里学到。拳击手们都是没有其他可能成功的途径而选择参与的年轻小伙子，因为他们本应该选择别的道路，而不是走上那个会把他们的脑袋打开花的拳击台。另一方面，对于那些生活在富裕社区的年轻人，棒球是个合适的选择。因为居住的社区就有充足的户外空间，可以进行常规性的练习，使用效率很高。

在全国联合会（National Association，第一个大型联盟，1871—1875）中，美国出生的选手主要来自于城市，五分之二的选手来自费城、布鲁克林、巴尔的摩和纽约，这些地方都是最重要的商业城市。阿德尔曼发现，19 世纪 60 年代活跃的布鲁克林和纽约的业余选手中五分之三是手工匠，其余的是白领工人。他们被平均 1300 美元~1600 美元的高薪水所吸引，有时薪资甚至是工人工资的 3 倍。尽管薪资丰厚，但是职业的社会声望很低。棒球选手的社会地位跟演员和拳击手一样，再加上缺乏教育、适合市场的技能不多，积蓄也少，很多选手发现他们在离开球场之后很难找到不错的职位。③

19 世纪末期，大部分的联盟球员是蓝领背景，但是世纪之交之后这一情

---

①Frederick W. Cozens and Florence S. Stumpf, *Sports in American Life* (Chicago, 1953), 210-214.

②John A. Lucas, "Pedestrianism and the Struggle for the Sir John Astley Belt, 1878—1879," *Research Quarterly* 39 (Oct. 1968): 58; Cumming, *Runners & Walkers*, 85-94, 100-103; Lucas and Smith, Saga of American Sports, 279; Randy Roberts, *Papa Jack: Jack Johnson and the Era of White Hopes* (New York, 1983), 90.

③Riess, *Touching Base*, 153, 157-160; Adelman, *Sporting Times*, 154-156, 174-182; *The Baseball Encyclopedia* (New York, 1969) for birthplaces.

况改变了体育的地位，尤其是球员薪资和声望上很大程度得到了改善。中产阶级的态度、信仰、价值观念触动了休闲体育的基础，因此，在全国范围内，休闲体育的地位从来没有如此之高，休闲体育也开始在品格塑造方面受到大家的欢迎，并吸引了大量的中产阶级观众，同时运动员联盟和管理者都鼓励在运动场内外保持良好的教养和行为，这样才能保证人们对运动员的尊重和接受。1901—1903 年，由于全国棒球联盟和美国联盟之间的比赛，球员薪水上涨幅度很大，240 个球员空位得以填补。到 1910 年，薪水涨到了 3000 美元，吸引了那些社会背景和教育背景都高于全国平均水平的年轻人。1900—1919 年，全国性主要联盟中活跃的运动员有四分之一上过大学，同年龄段上大学的比例为二十分之一。1910 年，超过五分之二的球手（44.6%）父亲是白领，全国的白领工人比例为 20.2%；三分之一的球手（34.4%）父亲是蓝领，大约占去了全国蓝领工人（45.9%）的四分之三；剩余五分之一的球手父亲是农民，当时农民依旧是美国社会主要的劳动力组成部分，占比 33.9%；最显著的是，几乎没有来自城市贫民区的运动员，在整个大联盟中仅有 3.3% 的球手的父亲是完全没有任何技术的（见表 1）。①

表 1　职业棒球联盟棒球手父亲的职业（1900—1958）　（%）

职业	1900—1919 N=117	1920—1940 N=100	1941—1950 N=90	1941—1958 N=170	1951—1958 N=80
白领	44.6	48.0	35.5	40.6	46.25
蓝领	34.4	30.0	38.9	38.8	38.75
农民	20.9	22.0	25.6	20.6	15.00
总计	99.9	100.0	100.0	100.0	100.0

来源：Steven . Riess, Touching Base: Professional Baseball and American Culture in the Progressive Era (Westport, Conn., 1980), 172；未出版的问卷数据由 Rudolph Haerle, Jr 录入，获得允许后使用。

注：表中数据保留小数点后 1~2 位小数。

随着棒球在全国范围内的流行，在美国东北部，1900—1919年之间，有58.4%的球手来自城市，这一比例远远超过全国球手中来自城市的球手比例

①Riess, *Touching Base*, 161-165, 171-180, 237-238. See my review of David A. Porter, ed., *Biographical Dictionary of American Sport*, vol., *Baseball* (Westport, Conn., 1987), in *IJHS* 5 (May 1988): 152-153, for a brief discussion of the social origins of star baseball players who are biographed in that reference work.

(1920 年这一比例低于 50%)。来自大型城市的球手们数量不一，源源不断。1900—1919 年，活跃的球手中有四分之一（24.4%）来自拥有超过 10 万居民的大城市。因为空间变化，来自大城市的选手分布也不均匀。纽约和曼哈顿人口最密集，但是来自这里的球手最少。相比起辛辛那提、克利夫兰和圣路易斯，来自纽约和曼哈顿的球手只占它们应摊份额的一半，前述三座城市超份额 300%，芝加哥超份额 150%。芝加哥之前贡献的份额要多一些，但是 19 世纪末随着城市变得越来越拥挤，运动空间越来越少，正如《圣路易邮报》所说："芝加哥选手的流失完全是因为建筑商的活跃。几年前，大量的空间都是空着的，即便是芝加哥最拥挤的地段。在这些空地上，无数的年轻人投球、接球、击球。随着城市的扩张，这些空地一个接着一个被占用。现在（1905 年），芝加哥的孩子们要想打球，都不得不到很远的地方才能找到一块球场。芝加哥青少年打球的抱负就在这长长的路途中被消磨和动摇。"靠近郊区的球员是优质球员的潜在来源地（剑桥比波士顿多出 250 个百分点），因为空间充足，人口众多，而且社区也支持孩子们在学校或者公共空间打球。①

在之后的 40 年中，出生在城市的美国球手比例下降。1920—1939 年，有 53.7%的球手来自城市，低于 1940 年全美城市人口比例（56.5%）。1940—1959 年，出生在城市的活跃的球手数量增加到 62.4%，但是始终低于全国 70.6%的城市人口比例。这些趋势进一步反映了棒球的全国化以及持续增加的空间作为成为顶尖球手准备条件的重要性。来自大城市的球手的比例在 20 世纪早期和在战时一样，52 座城市提供了 19%的球手，这个比例高于这些城市中人口占白色人种的比例。在拥有大量空间以及练习时间较长的气候温和的城市中，生产力显著提升。相反在寒冷的东部和中西部城市中，生产力则显著降低。1920—1939 年，纽瓦克没能为联盟提供一名选手，而奥克兰则提供了比它的人口份额占比高 6.2 倍的球手，紧随其后的是旧金山（4.5 倍）和洛杉矶（3.9 倍）。这个趋势一直延续了 20 年，有三分之一的联盟球手来自大城市，而大城市中的竞争使得高中队伍的比赛变得异常激烈。②

---

①Riess, *Touching Base*, 180-184; *St. Louis Post-Dispatch*, 4 June 1905.

②Study data consisted of 353 and 243 major leaguers who played in Chicago and New York between 1920 and 1939 and 1940 and 1959, respectively. On the geographic origins of players in the interwar era, see Harvey Lehman, "The Geographic Origin of Professional Baseball Players," *Journal of Educational Research* 34 (Oct. 1940): 131-134.

在20世纪20—30年代，职业联盟比赛拥有400个场地，只有一小部分位于贫穷的内陆城市。这个时期，几乎一半（48%）活跃的球手的父亲是白领，十分之三的球手父亲是白领。但是，这一模式在20世纪40年代发生了改变，白领球手的数量（35.5%）被蓝领球手（38.9%）超越，这是因为经济大萧条使得自由流动的路线减少，而职业棒球中来自内陆民族的年轻人增多。20世纪50年代，虽然一项针对1920—1939年的球星的调查发现他们的背景主要是蓝领（62.5%），但是大部分的球员还是拥有白领背景的，这也许是棒球融合的结果。①

虽然社会底层的运动员占大多数，但他们的聘用期很短，平均是四年。这种情况造成的结果是球员不得不同时拥有其他工作，此时，大部分的人都拥有终生职业。最初的职业运动员（1871—1882年活跃的球员）在寻找棒球之后的白领职位时经历了很困难的一段时间。大约三分之一的人直接成了蓝领工人，这种不寻常的代际间的衰落反映了球员们较低的社会地位以及在教育背景、积蓄和适应市场能力方面的缺乏。将近一半的（48.4%）球员的职业生涯以社会底层白领工作告终，比如消耗资源、销售员、店主或者棒球队经理（见表2）。这些工作都是为了利用他们的声望或者专业技术。八分之一的球手最后在酒吧、桌球室工作或者赌博，这些工作都处于社会底层，与当地的政治和男性单身亚文化紧密联系。除此之外，也不乏一些“成功”的案例，比如，店员A. G. 斯伯丁（A. G. Spalding）利用他的投球天赋成为芝加哥白袜队的主任和全国领先的体育用品公司的老总。斯伯丁是在体育还未流行的时候进入这一领域的，他的成功很少有球员能够复制。②

---

①Computed from raw data generously provided by Prof. Rudolph K. Haerle, Jr., based on a 1958 questionnaire sent to 876 former major leaguers (335 re-sponded). See Rudolph K. Haerle, Jr., "Career Pattern and Career Contingen-cies of Professional Baseball Players: An Occupational Analysis," *in sport and Social order: Contributions to the Sociology of Sport*, ed. Donald W. Ball and John W. Loy (Reading, Mass., 1975), 510n4, Data on social origins of star players was drawn from the biographies in Porter, *Biographical Dictionary*. The sample of players born between 1920 and 1930 included men who played in the 1940s when players were drawn from more modest backgrounds, but separating out the players by race indicated the connection between race and social origins.

②Players in the early 1900s lasted an average of three years. This is some-what misleading because so many athletes played less than one season. If we discount players who did not last beyond their rookie year, the average rises to eight years. See Riess, *Touching Base*, 198. In my survey of players active between 1920 and 1939 and 1940 and 1959, the average was slightly over six for both cohorts which included men who played less than one season. A study of recent baseball history places the average tenure at under five years. See David Q. Voigt, American Baseball, vol. 3, *From Postwar Expansion to the Electronic Age* (University Park, Penn., 1983), 58. On the occupations of early players, see Riess, *Touching Base*, 157-160.

世纪之交之后那些活跃的球手拿到的薪资都相当不错。早期在联盟中打球的运动员中有三分之一的退役球员最终成为蓝领工人。在 1900—1919 年，这一比例是七分之一，南北战争中的比例为 18.3%，20 世纪 50 年代的比例是 11.8%。（见表 2）20 世纪 50 年代球手最终主要从事白领工作，特别是在体育领域中或者那些需要直接和客户联系的工作，例如销售、房地产、保险等，这些职业都促使他们利用自己的名声去工作。①

最后，退役运动员的成功大部分是源于他们的教育和社会背景。名声在决定一个球员退役后的第一份工作时至关重要，但是名声之后就是背景的问题了。20 世纪早期活跃的球员中，几乎所有读过大学的球手最后都从事着白领工作（93%），而没读过大学的球手从事白领工作的比例为（67.5%）。在那个年代，父亲是非劳动工人的大多数球员最后都找到了白领工作（85%），也有大部分父亲是体力工人的球员最后找到了白领工作（58%）。社会背景非常重要，因为它与教育价值和文化价值相关联。中产阶级人们的儿子被鼓励拥有强壮的自我形象、远大的志向以及传统的节俭和延迟享乐等中产阶级价值。来自蓝领家庭的球手在年少时并没有得到相同的正面鼓励，也不像中产阶级的球员那样提前计划自己的未来。底层阶级的球员在积蓄方面缺乏经验，且缺乏安全感。这些人经常挥霍摆阔，以这种方式来向他们的朋友、队友以及他们自己展示成功。当退役的时候，他们没有任何技能，没有社交联系，在银行里也没有存款。②

表 2　职业棒球运动员退役后的工作（1871—1959）　（%）

职业	1871—1882 *N*=219	1900—1919 *N*=478	1920—1939 *N*=321	1940—1949 *N*=216	1950—1959 *N*=790
高级白领、专业人士	1.8	5.9	10.3	7.4	7.8

①Riess, *Touching Base*, 199-207. The source of occupations of players active in the periods 1920—1939 and 1940—1959 was the Vertical Files, National Baseball Library, Cooperstown, New York. Disaggregation by place of birth found that urban players did just marginally better than rural athletes. Source of data for the sample of players active in the 1950s was Rich Marazzi and Len Fiorito, *Aaron to Zuverink: A Nostalgic Look at the Baseball Players of the Fifties* (Briarcliff, N. Y., 1982).

②Riess, *Touching Base*, 206-208.

续表

职业	1871—1882 $N=219$	1900—1919 $N=478$	1920—1939 $N=321$	1940—1949 $N=216$	1950—1959 $N=790$
经理、高级文员、大老板和个体业主	12.8	19.0	10.0	8.8	14.1
小计	**14.6**	**24.9**	**20.3**	**16.2**	**21.9**
低级白领秘书、营业员和同类的工人	18.3	10.0	20.2	28.0	24.5
半专业人士	13.2	33.5	24.3	26.9	29.9
个体业主，经理和低级文员	16.9	14.0	12.1	11.6	10.9
小计	**48.4**	**57.5**	**56.6**	**66.7**	**65.3**
白领总人数	63.0	82.4	76.9	82.9	87.3
农民	1.4	3.6	4.5	1.9	0.9
蓝领（熟练）	11.9	3.8	4.7	7.4	4.7
蓝领（半熟练和服务业）	21.0	8.8	13.1	6.9	6.5
蓝领（不熟练）	2.7	1.5	0.9	0.9	0.6
小计	**35.6**	**14.0**	**18.6**	**15.2**	**11.8**
总计	**100.0**	**100.0**	**100.0**	**100.0**	**100.0**

来源：Steven. Riess，*Touching Base：Professional Baseball and American Culture in the Progressive Era*（Westport，Conn.，1980），159，201；对353名1920到1939年间活跃的运动员以及243名在1940年到1959年间活跃的运动员的研究；电脑数据来源于Rich Marazzi和Len Fiorito，*Aaron to Zuverink：A Nostalgic Look at the Baseball Players of the Fifties*（Briacliff，N.J.，1982）。

注：表中数据保留小数点后1位小数。

小结：体育和城市社会结构

在工业化径向城市中，城市社会结构的本质以及它与城市化的组成要素（比如空间、人口、经济发展、社会制度、政治结构以及意识）之间的动态联系对体育以及体育制度的发展具有很重要的影响。由于经济情况、社会和文化环境、邻居和价值体系不同，来自社会不同阶级的成员并没有相同的机会或者选择去参与体育。随着时间的推移，尤其是在20世纪20—30年代，当基本的生活标准得到了改善，市政和私人的机构增加了对大众体育的赞助之后，人们对于运动的选择变得更加民主。

19世纪末期，工业化、商业以及城市土地价值的飙升使资本家还有旧的社会经济精英变得富有，他们利用体育把自己跟暴发户区分开。他们居住在第五大道、贝肯山和诺布山等有声望的社区，同时又可以在家参与体育。他们躲在自己奢华的城市运动俱乐部或者郊外会所里来快速逃离最糟糕的工业城市的城市病。这些精英体育俱乐部的成立鼓励和支持着高水平的业余运动，同时，也把一些地位高的人跟城市生活负面特征以及底层阶级的人隔离开。

城市化对其他社会阶级的休闲活动产生了更多直接的影响。这些社会阶级无力承担轻易就可以逃离城市的成本。中产阶级运动有一个巨大的繁荣发展阶段，这种繁荣最初是源于体育意识。这种体育意识赞美理性的体育对于促进健康和改善城市人久坐的习惯具有改善作用。中产阶级城市的男性成为户外半公共空间（尤其是棒球场，大众交通为往返球场提供了便利）的热心观众，因为他们有足够的空余时间和薪资来享受体育。这些人也成为公共空间体育的积极参与者，比如他们在街上骑自行车，或者在家附近的公园滑冰、划船、打高尔夫或者打网球和棒球。到世纪之交的时候，他们开始模仿精英们的生活成立自己私有的游戏空间，最初是小规模的运动俱乐部，到20世纪20年代时成立了乡村俱乐部，在这些俱乐部中他们可以获得对他们社会地位的认证，疏通商业往来的关系，并把自己和他们的家庭跟他们自认为的社会底层人士区分开。

城市化对工人阶级体育具有负面作用，尤其是那些居住在拥挤不堪的市中心区的穷人。城市的增长和发展使传统的游戏和游泳的场所缩减，这是不可替代的。居住在新崛起的地区的居民可以利用新的大型郊外公园，但是贫民区的居民，那些最需要新鲜空气的人，却无法负担得起步行远远无法抵达的位于城市郊区的公园。有限的可支配时间也被严格的周日禁令限制，再加上资金短缺，这些人除了喝杯啤酒很少有其他乐趣。然而，体育是工人阶级男性中流行文化的重要组成部分，这些人大部分都依靠附近的运动娱乐设施，主要是酒馆，在世纪之交之后去桌球室和保龄球馆来获取运动的乐趣。当地的政治机器、工会以及实业家争夺着那些被赞助了一些野餐会或者其他运动机会的蓝领工人的忠心。到20世纪20年代，那些被美国化了的人几乎参与或者观看所有的体育项目。但是，空间和经济状况的限制大大制约着大部分市中心的居民参与跟他们生活的环境相契合的体育，比如桌球、保龄球、篮球和拳击，这些项目被广泛地认为是控制城市贫民区的不同民族群体而参与的项目。

第三章

体育、种族和民族

除了社会阶级，民族人口和文化也极大地影响着城市体育，因为这些因素跟城市化的相关因素，比如空间形式、种族主义和偏见相关联。不信仰新教的盎格鲁-撒克逊裔美国城市人口的运动经历跟那些主流文化成员的运动经历截然不同。这种不同反映了移民的遗产（规范、习俗、价值）、收入水平、同化程度以及在大型的人口密集的城市中的聚集程度。主要城市中不成比例的新到移民的出现给美国人以及他们的文化带来了严重的威胁。在世纪之交时，超过四分之三的纽约人和芝加哥人拥有外国血统，在东部工业城镇比如福尔河，这一比例甚至更高。1920 年，仅有一半的美国人住在城市里，其中超过 80%是新来的移民，84%是爱尔兰人，67%是德国人，这些人主要居住在城市里，尤其是主要的城市。1900 年，城市人口中黑人的比例最低，但是当他们迁移到北部生活之后，70%的人在城市落脚，居住在拥挤不堪的贫民社区。①

本章将审视白人民族和城市里黑人的运动参与是如何被他们与生俱来的文化传统、抵达美国的时间、社会阶级、文化适应、所居住的贫民区或者接近运动设施的新兴地区的空间关系所影响。本章也将审视为了维持传统的乐趣或者新移民介绍美国体育项目的志愿机构，并对二代移民的运动兴趣给予特别的关注。他们的父母对体育的兴趣和参与都很少，但二代移民在追求美

①Raymond A. Mohl, *The New City: Urban America in the Industrial Age*, 1860—1920 (Arlington Heights, Ill., 1985), 24. In 1900 nearly half of the foreign born (49.5 percent) lived in cities with over 25, 000 including three-fourths of Russians, two-thirds of Irish, Italians, and Poles, and half of Germans, U.S. Census Office, *Twelfth Census of the United States Taken in the Year* 1900: *Population*, *vol.* 1, part 1 (Washington, D.C., 1901), cle. Second-generation second immigrants are usually about as burden as their parent. Neils Carpenter, *immigrants and Their Children* (1927; rep. New York, 1969), 21.

国化的过程中成为忠实的体育迷。

一、体育和民族志愿机构

自从体育跟民族剧院、音乐社团、酒吧和宗教节日一起成为众多休闲活动的一部分之后，它可以帮助移民及他们的子女来适应美国人的生活，因此体育有必要作为民族村镇亚文化的一部分而提出来。①民族志愿协会的一个重要的特征（尤其是在老的移民当中以及那些带来运动传统的人们当中）是维持旧世界的运动组织或者是创造了新的强调“古代的高尚的运动”的组织。除此之外，这些古老的体育协会和由新老移民在美国建立起来的新的协会，在民族休闲领袖的指导和带领下培养了第二代移民参与到美国体育中，希望借此来维护在美国出生和长大的移民的民族身份。

（一）老移民

1. 美籍爱尔兰裔社团

在南北战争期间建立起来的爱尔兰人在城市体育方面的突出表现在战后得到了延续。在爱尔兰人居住的社区，传统的男性单身亚文化继续为他们的社交生活提供了焦点。体育除了可以提升男子气概以及互相之间的团结之外，还可以像之前那样为人们提供鼓励和展示其爱尔兰民族性以及加强社会流动的途径。在19世纪70年代和80年代，爱尔兰的独立领袖复兴了被人们遗忘的爱尔兰体育，比如曲棍球和盖尔足球，并把它们作为提高爱尔兰民族性的方式。这些运动项目展示了爱尔兰的团结、革命的精神，并提升了民族自豪感。居住在美国的爱尔兰人迅速接纳了这些运动，组成了民族社团，提高了成员们的自尊心，并增强了民族意识。最初成立并进行爱尔兰运动的团体是1879年在波士顿成立的爱尔兰运动俱乐部。俱乐部第一次聚会就体现了传统体育的特色，比如 goaling，射球戏（trapball）和丢石头（stone throwing）。5年之后，盖尔运动协会（GAA）在爱尔兰成立，目的是促进传统的爱尔兰体

---

①See, e. g. , Maxine Seller, *To Seek America: A History of Ethnic Life in the United States* (Englewood, N. J. , 1977), 164-165, 180-188, 278-279; Perry Duis, *The Saloon: Public Drinking in Chicago and Boston, 1880—1920* (Urbana, Ill. , 1983), chap. 5; and the essays in Peter d' A. Jones and Melvin G. Holli, eds. , Ethnic Chicago (Grand Rapids, 1981).

育的发展，并通过他们强化自我意识和民族荣誉。GAA 的分支机构很快就在美国的城市中成立。这些城市在周日的田径聚会方面很有名，比如在芝加哥南部爱尔兰社区的盖尔公园的田径场地上的集会。这里的政治力量在周日禁令的反对中保护着这些运动。爱尔兰体育通过政治社团的公开支持得以推广，其中最有名的是 Clan-Na-Gael（联合兄弟会）①。这是一个秘密的革命性质的社团，主要安排集体运动集会来赢得一定的社会关注，吸引新的追随者并推广爱尔兰民族主义。②

传统的爱尔兰游戏在 19 世纪末期的爱尔兰出版物中占据了很大的篇幅并得到了一定的社团支持。曲棍球在第二代和第三代爱尔兰裔波士顿人中尤其流行，这些人属于爱尔兰运动俱乐部、南波士顿运动俱乐部或三叶草曲棍球俱乐部的成员。在纽约，有许多当地的爱尔兰人参加爱尔兰足球，这些人为以爱尔兰民族领袖沃勒福·托恩（Wolfe Tone）命名的球队加油欢呼。比赛一般在长岛的凯尔特公园举行，因此球迷们不得不搭乘公共交通从位于市中心的贫穷的爱尔兰人聚居区赶往比赛地。③

虽然传统的爱尔兰休闲游戏一直在爱尔兰人聚居的地方延续到今天，但它们远没有美国体育重要。棒球、拳击和篮球等体育项目为居住在贫民区或者新开发的地区的爱尔兰人组织他们的社会活动以及维护自尊提供了主要的焦点。绝大多数年轻的爱尔兰裔美国运动员在他们附近组织起来的球队中打球，一般是以街区来组织球队，隔壁街区之间或者邻近的街区之间的男孩子们会一起比赛。这些组织一般都以年轻的帮派为基础，随着帮派成员年纪的增长，他们会加入社会运动俱乐部（Social and Athletic Club，SAC）。这个组

①译注：Clan-Na-Gael，古爱尔兰语，联合兄弟会，19 世纪末期 20 世纪初期在美国成立的爱尔兰共和组织，继承了芬尼亚兄弟会（Fenian Brotherhood）和其姐妹组织爱尔兰共和兄弟会（Irish Republican Brotherhood）。

②Stephen Hardy, *How Boston Played*: *Sport*, *Recreation and Community*, 1865—1915 (Boston, 1982), 137-138; *New York Clipper* 24 (26 Aug. 1876): 173; *Brooklyn Eagle*, 5 July 1891; *Spirit* 116 (29 Sept. 1888): 376, 116 (6 Oct. 1888): 416-417, 116 (20 Oct. 1888): 492, 116 (27 Oct. 1888): 518, 116 (3 Nov. 1888): 561; *ChiTrib*, 26, 28 Sept. 1892. On the history of the GAA, see W. F. Mandle, "The IRB and the Origins of the Gaelic Athletic Association," *Irish Historical Studies* 20 (Sept. 1977): 418-438; idem, "Sport as Polities: The Gaelic Athletic Association, 1884—1916," in *Sport in History*: *The Making of Modern Sporting History*, ed. Richard Cashman and Michael McKernan (St. Lucia, Queensland, 1979), 180-204.

③Hardy, *How Boston Played*, 137-138; Carl Wittke, *The Irish in America* (Baston Rouge, 1956), 264-265; *Brooklyn Eagle*, 24 Sept. 1894; NYT, 29 July 1892. 28 Oct, 1901, 30 Oct. 1905; ChiTrib, 26, 28 Sept. 1892.

织的成员年龄在16~18岁，组织会为他们提供认同和从属意识，以及不仅仅停留在跟同伴在街角闲逛的地位。社会和运动俱乐部最初在一些城市中（比如芝加哥）主要的爱尔兰人聚集区流行，之后其他的民族团体也开始参与。最开始组织一个俱乐部往往是外部的一些机构带头，比如政治家、酒吧老板或者年轻的工人。典型的社会和运动俱乐部是斯巴达式的会所，一般临街或者是在商店的密室，成员们在这里打桌球、掷骰子或者玩牌来消磨空余时间。一般俱乐部都拥有100名左右的会员，会员之间有着由俱乐部和俱乐部赞助的赛马、舞蹈和运动等带来的兄弟般的情谊。社会与运动俱乐部还赞助棒球、橄榄球和其他团体运动，获得制服、安排跟其他的俱乐部的比赛。社会与运动俱乐部有可能成为破坏性的反社会机构或积极的整合力量，以团队运动传授的合作价值观来代替街头朋克失控、好斗的行为。①

社会和运动俱乐部最主要的一个方面是他们的政治性。他们仅仅依附于政治的帮助来组织、制定章程，出名并成功。正如社会学家弗雷德里克·思拉舍（Frederick Thrasher）在1926年所说：

> 小团伙变成运动俱乐部的趋势很大程度上受到城市里政客的支持。在芝加哥这已经成为一种传统，最早且最有可能的财政支持由当地有声望的人或者其他政客来提供……那些小随从，或者说依附政客的人经常把小团伙分子关起来，就好像蜂农早就准备好方法料理他的蜜蜂一样。老板来支付租金，并且对小团伙经营的企业出手赞助很大方。对于团伙分子来说，老板就是“圣人”，经常担任舞会时带领宾客绕场一周，或者在舞会上发表演说的那个人。作为回报，他的“门徒”千方百计为他服务。每一个在他的“蜂巢”里的团伙分子都希望在选举日为他效力。如果俱乐部不得不单一地依附于其成员的经济支持之上，那么这种形式的运动俱乐部是否能长久地生存下来就值得怀疑。

前社会和运动俱乐部成员一般都成为共和党的机器，包括市参议员、警察队长或者投机商人。最有名的来自社会与运动俱乐部的政客是理查德·戴

①Frederick M. Thrasher, *The Gang*: *A Study of* 1, 313 *Gangs in Chicago*, abr. Ed. （Chicago, 1963）, 13, 48, 52, 60, 124, 315-318.

利（Richard Daley），他以汉堡运动俱乐部老板的身份开始他的政治生涯。①

最著名的芝加哥社会和运动俱乐部是雷根小马俱乐部（Ragen Colts）。俱乐部领地是芝加哥南区贫穷的“后场区”，甚至在那时还包括后场附近西边的一片区域。这一俱乐部在1908年由政客弗兰克·雷根（Frank Ragen）成立。他后来成为县长（county commissioner）。弗兰克·雷根为小马俱乐部租赁了会所，并为他们购买了制服和运动装备，很快，小马俱乐部因其运动能力而声名鹊起，但同时也因低劣的作风以及使用政治威胁而声名狼藉。以其中一位成员的话来说：“当我们来到投票站，其他所有人都得退出。”这个团伙占据了西南区较好的爱尔兰人聚居区以及华盛顿公园东部的黑人社区，他们变得目无法纪、臭名昭著。1919年7月的芝加哥种族暴乱期间，小马俱乐部在攻击芝加哥黑人方面充当了主角。一位历史学家把小马俱乐部的暴力行为归咎于，对观众席上日益增加的黑人工人的反感、对共和党市长威廉·H. 汤姆逊（William H. Thompson）给予黑人公民权支持的反感以及对华盛顿公园里日益增加的黑人球手和投手的身影的反感。在这个时候，小马俱乐部被准确地描述为“只是用他们的拳头、指节铜环还有枪来运动”。社会和体育俱乐部逐渐变得不为人们提供社会和运动的环境，而越来越成为那些粗暴的黑帮年轻人的聚会场所。②

2. 德裔美国人的体育协会

德裔美国人社区的民族运动以体育协会（Turnverein）为中心。体育协会作为融合德国文化的一部分，跟露天的啤酒店、德语剧院、德国合唱社团一起，成为重要的社区中心。1859年，体育协会的全国会员人数为5000人，到1880年达到13387人。1890年，会员人数几乎翻了3倍，达到35912人。会员主要是中下层或者中层阶级的第一代和第二代移民。19世纪80年代，大部

---

①Ibid., 175, 316 (quote), 318. See also Mike Royko, *Boss*: *Richard J. Daley of Chicago* (New York, 1971), 37, 38.

②Thrasher, Gang, 318; William M. Tuttle, Jr., Race Riot: *Chicago in the Red Summer of* 1919 (New York, 1974), 32-33, 54-55, 156, 199-200 (1uote), 236-238; Allan H. Spear, *Black Chicago*: *The Making of a Negro Ghetto*, 1890—1920 (Chicago, 1967), 201, 206, 213, 216; Chicago Commission on Race Relations, *The Negro in Chicago* (Chicago, 1922), 237 (quote). On Italian-American SACs in Chicago in the early 1960s, see Gerald D. Suttles, *The Social Order of the Slum*: *Ethnicity and Territory in the Inner City* (Chicago, 1968), 89, 107-112, 142, 147, 226-227.

分的高级会员是蓝领工人（55.5%），事实上几乎所有余下的会员（44.2%）都是白领工人，主要是中产阶级的人。所有的体力工人都是手工匠人，主要是印刷员、酿酒师和雪茄烟制作工。这些都是德国人从事的典型的职业（见表3）。总之，会员资格由辛苦工作和受人尊敬等因素组成，这些会员都聚居在德国人城市村落（urban village）中。①

表3　德裔美国人特纳先锋（Turner Pioneers）（1848—1862）

职业	数量（人）	百分比（%）
高级白领	114	14.6
低级白领	231	29.6
白领人数总数	**345**	**44.2**
农民	3	0.4
技术工人	408	52.4
半技术工	21	2.7
无技能	3	0.4
蓝领人数总数	**435**	**55.5**
总计	**780**	**100.1**

数据来源：Hugo Gollmer 的电子数据“*Namensliste der Pioniere des Nord-Amerik Turner-bunds der Jahre* 1848—1862（St. Louis, 1885）”。

注：表中数据保留小数点后1位。

最古老的社团，也被人们认为是最有名的社团中的会员的社会背景在每个城市都不一样。波士顿和威廉斯堡（布鲁克林）的体育协会中将近90%的会员是蓝领工人，这一数据是辛辛那提和费城的蓝领工人会员的三分之二。然而，在密尔沃基和芝加哥，以及中西部城市中新式的大型富裕德国人社区

①Henry Metzner, *A Brief History of the American Turnerbund* (Pittsburgh, 1924), 17-24, 29-30; Benjjanmin G. Rader, "Quest for Subcommunities and the Rise of American Sport," AQ 29 (Fall 1977): 360. Statistics are based on a list of 791, for whom the occupations of 780 were reported. See Hugo Gollmer, *Namensliste der Pioniere des Nord-Amerik Turnerbundes der Jahre* 1848—1862 (St. Louis, 1885). The societies included were apparently the oldest and most prestigious ones and contained a smattering of names from socialist branches. My categorization of occupations is based on Stephen Thernstrom, *The Other Bos-toinans: Poverty and Progress in the American Metropolis*, 1880—1970 (Boston, 1973), 290-292.

中会员比例则完全不同。密尔沃基体育协会中五分之四是白领，三分之一的高级会员（34.6%）拥有高级白领工作。芝加哥的体育协会是成立最古老最有声望的体育协会，其中70.6%是白领工人，这一比例在世纪之交时上升到82%。芝加哥大型的重要的德国人社团会支持各种独立的体育分支机构。1890年，这些分支机构中的会员人数加起来总共有5000人左右，比其他任何城市都多。其中有一个分支，奥罗拉（Aurora）体育协会中则很明显的由工人阶级组成。尽管如此，相比其他组织来说，特纳体育协会也许是最不以阶级为基础的协会。纽约和圣路易斯的一些机构在大多数德裔美国人是蓝领工人时便会把白领和蓝领工人区分开。来自不同社会阶级的受人尊敬的、勤劳的德国移民能够在友善的氛围中进行练习和社交，因为他们的文化和价值观相同。与南北战争前的板球俱乐部不同的是，体育协会并没有发展成为一个纯粹的凭社会地位来参加的社团。①位于德国人居住地中心的体育馆不仅能为人们提供锻炼的场地，更是社交中心。在芝加哥，一个主要的体操馆位于城市北部德国人社区的中心，设施齐备，并设有桌球室、图书馆、俱乐部办公室、餐厅以及全市最大的舞厅之一。德语戏剧作品也在这里上演，这里还是公共辩论的场地。②

特纳体操协会的目标是维护德国社区的特点，鼓励人们参与身体锻炼，改善工人阶级的身体状况。在政治上，这一组织非常积极，对民族文化方面的问题，比如保护周日禁令以及对使用德语作为附近公立学校的基础语言等方面施加了很多压力。他们尝试通过在所有学校里修建体操馆，并由有经验的教练指导公立学校的学生进行体育锻炼和上体操课，以及发展市政公园等方式来改善城市生活的质量。特纳协会还极力倡导工会制度和社会主义。19世纪70年代，随着工人掌握了生产方式和一般的社会改革（比如义务教育入学率、垄断方面的条款规定、政府对工厂的监管、禁止雇佣童工以及一天8小时工作制），特纳协会的全国组织支持传统的社会主义需求，特纳体育馆经

---

①*Metener*, *American Turnerbund*, 17-24, 29-30; study data computed from Gollmer, *Namenslste*. For the occupations of the Chicago Turngemeinde in 1900, I took a sample of the 409 members listed in *Harmonie* 2 (1902): 270-271 (copy at the Chicago Historical Society). The sample consisted of the 153 names ap-pearing on the left-hand column of each page. Occupational data was found for 122 men in the Chicago City Directory. None were unskilled and just nine were semiskilled. I am indebted to John Jentz for information on the Aurora Turnverein.

②*Illinois Staats-Zeitung*, 26 Aug. 1861, 3 Oct, 1881; *Chicago Times*, 20 Jan. 1973, in CFLPS.

常被用来作为会议和公开辩论的场所。到 19 世纪 80 年代，在公开的社会主义体育协会中，有影响力的少数派，比如芝加哥的奥古斯特·斯派斯（August Spies），开始公开宣称无政府主义。1891 年，他曾短期掌控过美国体操协会运动的部分工作。①

到世纪之交的时候，体操协会运动开始日益变得资产阶级化，这反映了当时德裔美国人城市社区中普遍的经济水平。中产阶级的人倾向于把政治和运动分离开，并把所有努力专注于促进体育教育的发展而不是左翼政治。然而，当体操协会不再是一个鲜明的德国工人的机构时，它依然支持社会主义的观点，并一直支持尤金·V. 德布斯（Eugene V. Debs）竞选总统。密尔沃基的社会主义思潮最强烈。这个城市中的老德国精英主导了早期的特纳运动，当地的会员帮助选举产生了一位社会主义市长和国会议员。第一次世界大战期间，因为反德国人的思潮以及在体操方面的兴趣下降，潜在的会员减少，导致重建特纳协会作为德裔美国人第一社区的努力失败，之后特纳运动开始萎缩。②

（二）新移民

虽然民族体育能帮助老移民适应城市村落中的生活，但是对来自欧洲东部和南部那些一点儿体育传统都没有也不想成为热衷体育的新移民来说，民族体育一点儿都不重要。一般来说，新移民把体育看作是幼稚的追求，并取笑那些对体育感兴趣的同伴，那些冒险加入运动协会（比如基督教青年会）

①*Metzner*, *American Turnerbund*, 23－29, 31－39; *Illinois StaatsZeitung*, 21 Mar. 1871, 3 Oct. 1881, 4 Jan. 1890, in CFLPS; Rudolph A. Hofmeister, *Ger-mans of Chicago* (Champaign, 1976—1977; Wilma Pesavento, "A Historical Study of the Development of Physical Education in the Chicago Public Schools, 1860 to 1965" (Ph. D. diss., Northwestern University, 1966), 21-27, 46. On left-wing politics, see Metzner, *American turnerbund*, 25-27; *Chicago Arbeiter-Zeitung*, 5 Jan. 1883, 4 Feb. 1888; *Illinois Staats-Zeitung*, 5 May 1890, in CFLPS; Carl Wittke, *Refugees of Revolution: The German 48ers in America* (Philadelphia, 1952), 156-157; Horst Ueberhorst, *Turner Unterm Sternenbanner: Der Kampf der Deutsch Amerikanischen Turner fur Einheit, Freiheit und Sociale Gerechtigkeit*, 1848 *bis* 1918 (Munich, 1978), 99-114, 127-135.

②ChiTrib, 20 Feb, 1891; *Illinois Staats-Zeitung*, 7 May 1900, CFLPS; *New York Call*, 6 July 1908. On Milwaukee, see Horst Ueberhorst, "Turner und Sozialdemokraten in Milwaukee: Funf Jabrzehnte der Kooperation (1900—1960)," *Gesprachskreis Politik und Wissenschaft* (Bonn, 1980). The Turner movement in Chicago flourished even after World War I, with sixteen units as late as 1926. However, by 1938 the number had dropped to six, one of which was mainly of recent arrivals who comprised 30 percent of its membership. *Chicago Recreation* (Chicago, 1938), 135-150 (hereafter cited as Chicago Recreation).

的人很快就被取笑他们的美国人赶出去。相反，那些辛苦工作的男性新移民，很厌烦让人喘不过气来的工作，更愿意通过身体的锻炼来获得放松，并享受会馆、俱乐部或者咖啡屋以及家庭聚会或者宗教节日。①

1. 波西米亚人

波西米亚人是少数几个带着体育传统文化到美国的新移民团体之一。他们住在捷克人聚居的芝加哥近西南区的皮尔森以及其他中西部工业区。1862年，作为浪漫抵抗运动奥地利人的一部分，波西米亚民族主义者组织了索科尔运动（sokol movement），其理念模仿了德国体操协会，寻求为民族主义的发展以及未来革命强化身体和心智。1865 年，索科尔的分支在圣路易斯建立，但是其传统在美国远远落后于在波西米亚。美国索科尔的基本目标是促进身体文化、鼓励新移民和他们的同胞一起认同他们的语言和文化。到 1900 年，在全美国有 184 个索科尔分支，成员主要是工人阶级或者是拥有自由思想的小商人。自由思想家和虔诚的天主教徒之间的对立最终导致后者成立了属于自己的索科尔。后来索科尔还鼓励其他斯拉夫人为了相同的目标组织他们自己的运动协会，比如成立于 1867 年的波兰猎鹰（Polish Falcons），成立 20 年后才进入美国，在芝加哥建立第一个分支。②

索科尔大厦一般是波西米亚人聚集的地方中最大型的建筑，是其文化和社会生活的中心，通常也是社区主要的休闲组织聚集地，比如捷克剧院和合唱团。索科尔赞助每年一度的体操大赛，以及包含索科尔操和民间舞蹈的家庭假日出游等。身体文化项目则强调健美体操，但是第二代移民不喜欢。在

---

①Abraham Cahan, *Yekl and the Imported Bridegroom and Other Stories of the New York Ghetto* (1896; rep New York, 1970), 6; U. S. *Immigration Com-mission*, *Reports of the United States Immigration Commission*: *Immigrants in Industries*, Part 2, *Iron and Steel*, 2 vols., Senate Doc. 633, 66th Cong., 2nd Sess., Serial 5669 (Washington, D. C., 1911), 1: 713, quoted in John Bodner, *Immigration and Industrialization*: *Ethnicity in an American Mill Town* (Pitts-burgh, 1972), 92.

②Vaclad Vesta, ed., *Panorama*: *A Historical Review of Czechs and Slovaks in the U. S. A.* (Cicero, Ill., 1970), 22-26, 133-136, 145-146; *Svornost*, 12 Aug., 6 Sept., 25 Nov. 1878, 8 Apr. 1890, CFLPS; Jakub Horak, "The Assimilation of Czechs in Chicago" (Ph. D. diss., University of Chicago, 1920), 92. On the Polish experience, see Arthur L. Waldo, "The Origins and Goals of the Falcons," *in Polish Flacons in American Sixty Years Of District IV*, 1904—1964 (Pittsburgerh, 1965), 5-7. On the paramilitarism of the sokols, falcons, and the Ukrainian *Sich* an anti-Communist organization complete with air corps, established to fight 1917; *Dziennik Zwiazkowy*, 15 Sept. 1915, in CFLPS; Myron B. Kuropas, "Ukrainian Chicago: The Making of a Nationality Group in America," in Jones and Holli, Ethnic Chicago, 165-173.

皮尔森，索科尔的领袖在组织周日波西米亚棒球比赛来吸引在美国出生的二代移民时遇到了挑战。波西米亚棒球比赛能够使年轻人参与到索科尔中，并鼓励他们保持自己的民族身份，比赛的质量很高。到1910年，一些芝加哥的波西米亚人组织了职业联盟。他们的成功是社区骄傲的重要来源，即使在非棒球迷中也是如此。①

2. 犹太人

1880—1914年，有200万东欧犹太人为了逃避大屠杀和反犹太主义而移民到美国。这些犹太人一概被认为不健康、孱弱以及不适合做一定的体力劳工。著名的社会学家E. A. 罗斯（E. A. Ross）把他们描述为跟我们的先驱完全相反，不仅身材瘦小、肌肉无力，而且回避身体活动、对疼痛极为敏感。这些装束奇怪的、留着大胡子、说着意第绪语的正统犹太人使德裔美国人觉得羞愧，并引发了反犹太主义的浪潮，最终导致被限制进入大学、有地位的男性俱乐部和有名的运动俱乐部。直到那时，富裕的德国犹太人依然在德国体操协会中担任领导，在赛马和棒球等主流体育运动中作为参与者和赞助者，并获得关注，因此很难从德裔美国人的社会和运动活动中区分开来。结果是德国犹太人，比如本纳德·巴鲁克（Bernard Baruch），组织了他们自己的运动组织，比如1906在纽约成立的城市俱乐部。②

1854年，德国犹太人成立了青年友谊会（Young Men's Hebrew Association，简称YMHA），一个与基督教青年会类似的组织。青年友谊会促进社会化、身体健康和精神性，以“强健的犹太人”取代“强健的基督徒”。世纪之交的

①*Chicago Times*, 1 June 1887; *Svornost*, 8 Apr. 1890; *Denni Hlasatel*, 2 Apr. 1910, 16 Sept. 1911, in CFLPS; Steven A. Riess, *Touching Base: Professional Baseball and American Culture in the Progressive Era* (Westport, Conn., 1980), 37, 191.

②Edward A. Ross, *The Old World in the New: The Significance of Past and Present Immigration to the American People* (New York, 1914), 289-290. On German-American attitudes, see Cary Goodman, *Choosing Sides: Playground and Street Life on the Lower East Side* (New York, 1979), 37-40; *Chicago Messenger*, 1 Nov. 1909; Chicago Hebrew Institute, Observer, Nov. 1912, Dec. 1913, Jan. 1918, in CFLPS. On German-Jewish sport participation, *see The Jewish Encyclopedia*, s. v. “Sports”; Bernard Postel, Jesse Silver, and Roy Silver, *Encyclopedia of Jews in Sports* (New York, 1965); Riess, *Touching Base*, 87. In his classic *The Ghetto* (Chicago, 1928), 170, sociologist Louis Wirth argues that the gap between German and Russian Jews was better demonstrated by their social clubs than by different religious institutions. On one elite Jewish club, The American Hebrew 84 (20Nov. 1908): 75; and for a list of its members, see *City Athletic Club Constitution, By-Laws and House Rules*, 1913 (n. p., n. d.).

时候，德国犹太人社区修建了大量体操馆、游泳馆和其他中产阶级德国犹太人社区中心的建筑。最有名的是位于上东区 92 大街临近约克维尔的多层建筑，后来这座建筑因其体育和文化项目而闻名全国。①

乐于助人的德国犹太人接受了帮助新犹太移民适应新生活的责任，为他们建立住所和其他社会机构，帮助新移民找工作、保护房屋、适应新文化，以及修建市中心贫民区的房子，比如纽约下东区的教育联盟（1893 年）以及位于芝加哥西区贫民区的犹太人学院（1908 年）。这些机构一边在他的客户中维护犹太人身份，一边帮助他们成为新公民。年轻的工人强调运动来吸引犹太年轻人，并以此来鼓励他们养成良好的习惯、改进品质、塑造性格，同时消除那些陈腐的对犹太人男性气概的固执偏见。在世纪之交之后，青年友谊会在布朗威尔和其他犹太人聚居的贫民区成立起来，青年友谊会运动也开始回应俄罗斯犹太人的需求。到 20 世纪最初的十年，俄罗斯犹太人开始搬到哈勒姆等相对较好的街区居住，这里距离 92 大街很近，他们的孩子能够很容易就步行到这里来在专业教练员指导下参加拳击、棒球等城市运动。德国犹太人最初使用的场地很快就成为犹太人社区中心。②

3. 天主教徒

最著名的利用运动来激励市中心年轻人的天主教团体是天主教青年组织（Catholic Youth Organization，CYO），1930 年，这个组织在芝加哥成立，创始人为辅理主教伯纳德 · J. 希尔（ Bernard J. Sheil）。希尔认为年轻的天主教徒，比如斯塔兹 · 朗尼根（Studs Lonigan）以及跟他类似的年轻人因为那些令人兴奋的快感，比如饮酒、打架、沉迷女色等，已经开始离开教堂。除此之外，20 世纪 20 年代和 30 年代，教堂跟家庭还有学校一起，丢失了他们作为社会化机构的历史功能，教堂跟年轻的男性天主教徒的需求毫不相关。因此，

---

①Benjamin Rabinowitz, *The Young Men's Hebrew Association* (1856—1913) (New York, 1948), 11-12, 53, 62, 75, 78.

②Goodman, *Choosing Sides*, 37-40; Morris J. Frank, "Activity of the Jews in Athletics," *The American Hebrew* 83 (18 Sept. 1908): 477; "The Jewish Athlete," ibid. 83 (12 Oct. 1908): 544; "The Jewish Athlete," ibid. 84 (11 Dec. 1908); 171; Nat Osk, Scrapbooks, Special Collections, 92nd Street Y, New York City. The Educational Alliance required gym classes right from the start. For a statement of its goals, see Educational Alliance, *Fifth Annual Report* (1897) (New York, 1898), 43.

希尔想要找到一种能够把这些年轻人带回正轨的方法。①

天主教教堂对其在美国的年轻人的保护传统要追溯到19世纪初期，当时，他们建立了郊区学校来应对公立学校中新教徒的影响。在20世纪初期，当大多数的天主教徒还是没有被同化成城市新移民的时候，主教担心成人指导的男孩子组织，比如基督教青年会和童子军，会通过促进新教的核心文化价值来破坏天主教信仰。20年之后，天主教堂依旧在抵抗，但是芝加哥教会人员芒德莱恩（Mundelein）和其他使他们的圣徒美国化的教堂公职人员除外。②

20世纪30年代，教育和社会化的重要性继续被强调。十一世教皇皮乌斯于1929年发出对年轻人的基督教育（Christian Education of Youth）的通知，迫使人们对天主教教育的各个方面给予完全的监管。经济大萧条使失业率攀升到前所未有的高度，许多年轻人没有工作，但是有大把空闲的时间，这些问题加大了教堂应对所感知的敌对环境的难度。这些忧虑正好击到芝加哥的痛处，因为芝加哥有全国最大的教区学校系统，希尔主教也提出一个关于为这些年长的男孩子提供有监管的娱乐活动的方案，作为教区对一些教堂问题的解决措施。他认为，运动能够帮助第二代移民美国化、提升公民意识，并促使这些年轻人把他们反社会的行为扭转到积极的方向，同时体育也能够填补空闲的时间，促进节欲和道德自制。希尔在非天主教社区宣传天主教青年组织，声明天主教青年组织能够避免青少年犯罪和婚前性行为，还强调这个组织能够使男孩子们更接近他们的宗教遗产并保护这些遗产不会消失，以此来向教堂推广天主教青年组织。③

1931年，伴随着异常声势浩大的拳击巡回赛和有10个队伍参加的篮球联盟，天主教青年组织开始运行。希尔最初依靠教区来训练和指导成员，但是

①John R. Betts, *America's Sporting Heritage*, 1850—1950 (Reading, Mass., 1974), 281-282; Ellen Brewer, "Bishop Bernard Sheil and the Formation of the Catholic Youth Organization" (Seminar paper, University of Chicago, 1979), 1-2; Roger L. Treat, *Bishop Sheil and the CYO* (New York, 1951).

②Brewer, "Bishop Sheil," 2-6. See also James W. Sanders, The EducationOf an Urban Minority: Catholics in Chicago, 1833—1965 (New York, 1977), who focuses on the efforts of the archdiocese to acculturate its youth.

③Brewer, "Bishop Sheil," 6-9. On the success of the CYO and other adult-organized recreational programs in fighting juvenile delinquency in this era, see Betts, *America's Sporting Heritage*, 331; and Chicago *Recreation Commis-sion*, *Recreation and Delinquency: A Study of Five Selected Five Selected Chicago Communi-ties* (Chicago, 1942), 236-244.

因为设施不足，希尔开始建立训练中心。到1938年，五分之三的城市郊区拥有天主教青年组织分支，并能够在娱乐、教育、宗教以及社会项目方面为超过1万名男孩子服务。但是，使天主教青年组织变的出名的是因为它教人们拳击，为人们提供了很多有利的宣传方式。希尔重视拳击是因为它能够吸引贫穷的工人阶级年轻人，这些人是他最想带进天主教青年组织的。拳击正好满足了这个要求，天主教青年组织成为训练优秀拳击手的最重要的训练基地，其中三名参与训练的人还成为参加1936年奥运会拳击比赛的队员。①

天主教青年组织分支很快就在全国建立起来，到1940年的时候有15万名天主教青年人加入天主教青年组织。除了拳击，天主教青年组织还赞助棒球联盟和美国最大的篮球联合会。它的哲学理念与19世纪末期成立的受新教徒启发的运动协会不同。天主教青年组织不担心女性担任教师对年纪较大的男孩子有影响。天主教青年组织用体育的目的不是去建立有男子气概的、健康的、肌肉强有力的教徒，而是拯救灵魂。除此之外，天主教青年组织经常为混杂在社会底层的天主教徒服务，新教男性工人起初则是单一的中产阶级盎格鲁—撒克逊白人新教徒（WASP）。②③

二、城市空间和民族体育

具有运动特长的民族青年对体育的选择不仅深受其社会阶级和民族遗产的影响，而且受他所居住的地方的空间和社会形态影响。居住在郊区的小康社区甚至是新型的收入不菲的区域的第二代和第三代移民比住在贫民区的移民拥有更多的运动选择。住在市中心的人自由时间较少，辍学率很高，参加学校体育的机会就更少。除此之外，他们也没有能够去较远的郊区公园参与棒球等户外运动的机会，甚至到世纪之交的时候，在步行的范围之内连小公园都没有。因此，很多户外运动都不得不转移到街上进行。1870—1935年，新移民中的年轻人很少能在棒球上取得成功，因而他们改为参与室内体育运

①Brewer, "Bishop Sheil," 9; *Chicago Recreation*, 3: 71.

②Brewer, "Bishop Sheil," 11, 12-18; Sanders, Urban Minority, 195-196.

③译注：WASP, White Arglo-Saxon Protestant, 美国白人新人新教徒，现在泛指信奉新教的欧裔美国人，这个群体拥有庞大的经济、政治势力，构成美国上流社会和中上阶层的绝大部分。WASP的精英阶层从19世纪早期就牢牢占据美国上流社会。

动，这与他们生活的城市贫民区的环境相一致。最终，新移民们成功参与的体育项目是篮球、田径、举重、拳击，这些都不需要太大的空间和太贵的器材，而且在附近的运动中心就可以进行。

（一）棒球

正如我们已经了解到的，最好的棒球运动员主要是从下层中的上层中产阶级（upper-middle-dass）和中产阶级下层（lower-middle-class）城市家庭中招募，这些人住在新发展的区域甚至是城市郊区。1920 年之前，联盟球员主要是住在有足够设施打棒球的地方的美国、爱尔兰和德国选手。城市中很早就开始流行棒球运动，因此住在城里的爱尔兰人比别的民族的人先开始参与这项运动。在爱尔兰社区中，每个人都追求这项运动，很多位于芝加哥西南部的社区（詹姆斯·法瑞尔小说中的场景）附近的公园里有空地可以打球。社会和运动俱乐部、政客还有酒馆老板经常赞助附近的球队。球场特定的区域还有别名，比如圣路易的“凯里小地”（Kerry Patch），还有保罗体育场的露天看台被称作“伯克维尔”（Burkeville），这些都在比赛中反映了爱尔兰人的存在。索克斯公园（Sox Park）与芝加哥南区的爱尔兰人交好只是因为公园的负责人是爱尔兰人。公园本身距离爱尔兰聚居的布里奇波特（Bridgeport）只有几个街区，自从科姆斯基公园（Comiskey Park）组织了联盟中最大的地区比赛之后，爱尔兰人的参与就为周日比赛提供了便利，因为很多爱尔兰工人在建筑工地工作或者在城市里工作但周日下午可以休息，而且门票也便宜。这是一项引人注目的体育项目，频繁的失误不仅给观众们提供了一边喝着啤酒看比赛一边聊天的谈资，还能使他们更好地融入爱尔兰人单身男性亚文化。棒球是一项非常男性化的运动项目，也为带着儿子去看比赛的爱尔兰男性提供了和儿子聊天的话题，但是爱尔兰女性很少去观看比赛。①

爱尔兰人与体育的亲密程度以及充足的参与比赛的机会使他们在棒球方面获得了很大的成功。19 世纪 80—90 年代涌现了很多人们崇拜和争相模仿的对象，比如，“国王”凯利（Kelly）、约翰·J. 麦克格罗（John J. McGraw）和艾德·迪里汉提（Ed Delehanty）。父母们也鼓励有天赋的孩子去练习，这

①Steven A. Riess, *Touching Base: Professional Baseball and American Culture in the Progressive Era* (Westport, Conn., 1980), 33-36; James T. Farrell, My Baseball Diary (New York, 1957), 29-30.

样他们就能够成为职业的棒球手，赚很高的工资。到19世纪90年代早期，三分之一的联盟球手都被认为是爱尔兰人，很快，他们又占领了大部分的经理人位置。1915年的时候，16个联盟经理人中有11个是爱尔兰人。①

对比之下，在这段时间里新来的移民群体则很难挤进联盟中。1910年，有一个单独的针对新移民的选秀，一年级的133名学生中只有两名意大利人和一名波西米亚人被选上。在第二代移民中，棒球非常的流行。新来的移民热心的追随着他们的英雄和当地报纸上出名的队伍，但是因为费用问题很少能去观看比赛。孩子们喜欢打棒球，因为有趣，而且还可以证明自己是“真正的美国人”而不是新来的移民。但是，因为在拥挤的城市中缺乏打棒球的场地，所以，二代移民很难确保他们有足够的技术和经历来成为职业棒球手。由于场地的限制，住在贫民区的年轻人不得不到街上打球，不得不改打跟棒球类似的棍子球，还不得不根据他们打球的区域特点来制定空间规则（比如，任意击到左边的球都算出界）。其他因素也为他们打球带来障碍，比如有工作的年轻人只有有限的可自由安排的时间、有些人下午需要去希伯来语学校、学校中学的入学率很低（其实，在这里他们能够参加校队，并在教练员的指导下跟其他有天赋的队员一起打球）、父母的反对以及非常有限的社区支持。到20世纪20年代之前，意第绪语、意大利语和波兰语的报纸几乎从来不报道棒球，而棒球已经成为捷克和法裔加拿大人报道的主题。移民父母，尤其是来自东欧的犹太人，认为棒球是一项愚蠢的、一群穿短裤的男人浪费时间的同时，还向他们的儿子介绍主流社会一些最糟糕的特点的项目。1903年，一位犹太父亲写信给《犹太先锋报》（纽约），信中说到：“这项疯狂运动的目的是什么？教孩子玩多米诺或者是国际象棋能说得通，可是棒球……我希望我的孩子长大是一个受人尊敬的人，而不是一个野蛮的美国跑步者。”犹太父母觉得棒球是一项危险的运动，需要太多体力。②到20世纪20年代，父母们依然反对孩子们打棒球，认为打棒球是浪费时间，是对他们权威的一种威胁，棒球像楔子一样嵌入他们的生活，是对犹太人完全的同化和传统文化的丢失。正如“杰姆”，一个住在洛杉矶的犹太男孩告诉受访者，“我爸爸不允许我们打棒球。他说那是浪费时间，为完全不值得的事情制造噪音是

①Riess, *Touching Base*, 185–186.

②Ibid., 36–37, 184–191; Allon Schoener, ed., *Portal to America: The Lower East Side* (New York, 1967), 67–68; Irving Howe, *World of Our Fathers* (New York, 1976), 182 (quote), 259.

一件很丢脸的事情。我在波兰长大，我讨厌被困在这里，没有朋友，也没有事情做。我妈妈向青少年法庭举报了我，她告诉我要远离奥古斯特大街，有那么几天我确实这么做了，但是我不想一个人孤单，当我想念那些男孩的时候我就逃学去跟他们一起玩。他们确实是一群聪明的家伙，跟他们在一起很有趣”。杰姆觉得他的父母不理解他的需求，“他们希望我老土，希望我去上学”。①

另外一个类似的代际冲突的例子来自一个叫尼克的意大利男孩和他的移民母亲。当孩子因为行为不当被带到芝加哥青少年法庭时，他的妈妈告诉法官：“尼克不去工作，他是个大人了，14 岁了，还整天想打球。”他爸爸说：“他今天去饭馆跟他叔叔一起工作，他做鬼脸、说脏话、不想工作还笑着跑出去打球，非常坏，而且睡到中午才起床，然后就出去打球。这不对，我到球场找他，告诉他，‘尼克，跟我回家，离开这些坏孩子，去工作。’他嘲笑我，还冲我做鬼脸，告诉我回家去管好自己的事情就行。他除了打球什么都不喜欢，他爸爸工作很辛苦，还有心脏病，尼克需要来帮忙。”②

虽然年轻人经常在教堂赞助的队伍中打球，或者在像波兰全国联盟这样的兄弟会组织中，或者在甚至可以追溯到 1913 年芝加哥的波兰裔侨民等全是波兰人的社团中，但是，简单地打棒球并没有从结构上同化这些年轻人。19 世纪 90 年代，当文索基特（Woonsocket）法语区工业小镇的法裔加拿大人成为棒球迷时，他们并没有丢掉他们的民族身份。他们读法语报纸上的比赛成绩，密切关注当地的球星拿破仑·拉茹瓦（Napoleon Lajoie），他当时是排名第二的守垒员。在盎格鲁队伍中打球的法裔加拿大人经常用法语给信号，法语依旧是他们的第一语言。在这种环境下打棒球提升了他们的民族荣耀，并促进了文化多样性。③

一代之后，类似的情况在圣路易的意大利贫民区“希尔”（The Hill）依然存在。这个工人阶级社区中的老居民跟外界几乎没有什么联系（直到 20 世

①P. V. Young, “Jim's Own Story,” *The Survey* 49 (15 March 1928): 777, quoted in William Carlson Smith, *Americans in the Making*: *The Natural History of the Assimilation of Immigrants* (New York, 1939), 312.

②National Commission on Law Observance and Enforcement, *Report on the Causes of Crime*, vol. 2., no. 13 (Washington, D. C., 1931), 4-5, quoted in ibid., 312.

③*Dziennik Chicagoski*, 27 June 1919, in CFLPS; J. B. Wronski, “Early Days of Sport Among Polish Americans of Chicagoland,” in *Poles of Chicago*, 1837—1937 (Chicago, 1937), 146; Richard Sorrell, “Sports and Franco-Americans in Woonsocket, 1870—1930,” *Rhode Island History* 31 (Fall 1972): 117-126.

纪 20 年代希尔才有了公共交通），他们几乎不支持当地的公立学校，因为他们认为公立学校是对父母权威的一种威胁。20 世纪 20 年代，当地教区的一个基督教青年会工作人员策划了一个运动计划，这名工作人员劝说第一代移民，说明体育能够促进卫生的生活环境和良好的道德水平，并使他们的孩子成为“优秀的美国人”。教堂鼓励人们参与棒球，因为棒球在第二代移民中非常流行。意大利人的民族英雄，比如扬基队第二守垒员托尼·拉兹瑞（Tony Lazzeri），效力于民族和工业联盟，在圣路易的德国和爱尔兰移民中非常有名。第一代移民对足球不熟悉，也不想承担足球作为“意大利的体育”这种名号的压力，因此，这个运动计划才能取得巨大的成功，并培养了很多主要的联盟手，比如尤吉·贝拉（Yogi Berra）以及很多的冠军足球队。这些成绩帮助改变了城里人对希尔居民的刻板印象，并开始接受他们成为社区的一员。通过在家附近之外的其他地方打球，当地的年轻人越来越被同化。虽然体育能够促进个人的同化，但历史学家盖瑞·莫米诺（Gary Mormino）认为，“对于作为一个整体来说的社区，体育传递了圣路易过去分离意大利人的力量，而且把这些分离的力量转变为积极地参与。”当地的支持和邻里间运动联盟的荣耀在希尔的意大利人那里传递下来。相比起美国化，莫米诺发现，体育不仅保护了民族亚文化，还鼓励保护了社区自身。①

20 世纪 20 年代，一些主要的联盟队伍齐心协力招募民族球手来吸引球迷的兴趣。比如，1923 年，巨人队（The Giants）签了重击的法师（Rabbi of Swat）摩西·所罗门（Moses Solomon）进行短暂的训练，3 年之后又培养了安迪·科恩（Andy Cohen）。他们都是被广为宣传的在贫民区长大但是变优秀的孩子。科恩身在巴尔的摩，实际上在得克萨斯州的韦克长大，并在阿拉巴马大学读书，几乎不是一个典型的闹市区长大的犹太青年。虽然在 1920 年，全美国一半的犹太人都住在纽约，但是纽约并没有为职业棒球贡献足够比例的联盟球手。1920—1964 年，只有三分之一的犹太职业棒球手是纽约人，而且他们中大部分来自边远地区，那里有足够的场地训练，如布鲁克林的练兵场（Parade Grounds）。职业联盟的球手没有来自最贫穷最拥挤的地方的。例如，犹太人球星汉克·格林伯格（Hank Greenberg）并非是闹市区长大

①Barry Ross Mormino, “The Playing Fields of St. Louis: Italian Immigrants and Sport, 1925—1941,” JSpH 9 (Summer 1982): 5-16.

的，而是在20世纪20年代相对富裕和宽敞的布朗克斯的一个中产阶级家庭长大。[①]

虽然直到1935年斯拉夫人和意大利人加起来也才仅仅占职业联盟球手中的7%，但是这些新的移民团体在棒球方面取得了巨大的成功。在之后的几十年里，受薪资和声望的吸引，第二代移民开始蜂拥进职业联盟。1941年，联盟中有8%是意大利人，9.3%是斯拉夫人，比他们占全国白色人种的比例高出两倍。这些团体在地理上是很分散的，住在城里的或者是集中的民族聚居的地方的不多，来自父母的支持也比犹太男孩子们多。最早的来自纽约和波士顿这样的大城市的意大利人和斯拉夫人不多。相比之下，芝加哥和旧金山这样的小城市，空间大，积极的业余计划对体育的支持也多，而纽约和波士顿这些地方开放的空间有限，规范的棒球场地和设施也不足。[②]

（二）篮球

最有名的室内运动是篮球，是詹姆斯·奈史密斯（James Naismith）博士发明的为足球运动员提供的冬季训练项目。因为篮球不需要太大的地方，器材花费也不多，只要一个破布球和一个废纸桶就足够，因此，跟市中心的环境很契合。空间因素对棒球的影响比对篮球的影响更显著。正如巴尼·萨德仁（Barney Sedran）[③] 记得的，"像我这样的东区少年很难打棒球，因为附近没有棒球场。"但是，可以在学校打篮球，也可以在社会服务所或者教堂前面打，这就是为什么他觉得他的邻居们在篮球方面更精通的原因。这项运动就像野火一样在东部和中西部地区蔓延。到19世纪90年代中期，基督教青年会中的成员也开始打篮球，社会服务所、教堂、学校甚至是户外的场地上都开始出现篮球的身影。1898年，在费城已经拥有一个篮球职业联盟。[④]

---

①Riess, *Touching Base*, 186, 189 - 190; Tilden G. Edelstein, "Cohen at the Bat," *Commentary* 76 (Nov. 1983): 53-56; William M. Simons, "The Athlete as Jewish Standard Bearer: Media Images of Hank Greenberg," *Jewish Social Stud-ies* 44 (Spring 1982): 95-112. Data on Jewish players' birthplaces based on biographical sketches in Postal, *Jews in Sports*.

②Riess, *Touching Base*, 191-192.

③译注：1910—1920年著名的美国早期篮球运动员。

④Quoted in Postal, *Jews in Sports*, 92; see also Frank, "Jews in Athletics," 477. On the early history of basketball, see Larry Fox, *Illustrated History of Basketball* (New York, 1974), 9-57; and Albert Applin, "From Muscular Christianity to the Marketplace: The History of Men's and Boy's Basketball in the United States, 1891—1957" (Ph. D. diss., University of Massachhusetts, 1982).

闹市区的社会服务所成为培养未来校际、大学间以及职业球星的地方。几乎所有的球星都来自这些闹市区的民族团体。在纽约，克拉克会所和大学服务所的犹太选手占据了服务所之间比赛的主要席位。虽然打篮球时会受伤，但是依旧得到了大人的许可。《美国希伯来人》说："篮球需要快速的思考，像闪电般的快速移动，还要有忍耐力，它不提倡动作粗鲁。"这项运动也吸引了由哈德森·吉尔德（Hudson Guild）① 提供服务的住在曼哈顿的爱尔兰人。1912 年，凯尔特人俱乐部成立，并在 20 世纪 20 年代开始成为最著名的职业俱乐部。②

20 世纪 20 到 30 年代之间，城市中的篮球保持了很浓重的民族特征。民族兄弟会团体组织成立了篮球运动俱乐部和其他的体育俱乐部，通过这种方式来支持那些在 WASP 的志愿运动组织中不受欢迎的第二代移民的运动比赛和社交活动。20 世纪 30 年代，塞尔维亚人、拉脱维亚人和波兰人也都有了各自的比赛。芝加哥的民族比赛能够吸引超过 1 万名观众。据称，民族间的比赛提供了更多的机会，但是有人认为，在增进友谊和理解的同时也加深了仇视态度。在芝加哥，最有名的比赛当属每年一度的天主教青年组织和圣约之子会（B' nai Birth）全明星之间的表演赛。③

职业篮球层面的民族印记最深。在第二次世界大战之前，大部分城市的职业篮球很大程度上是民族社团的娱乐活动。最有名的队伍，比如凯尔特人队，经常作为民族俱乐部出现，在招募新人时也保持着这种身份特征。20 世纪 20 年代，凯尔特人队增加了几名犹太运动员，并成为职业篮球中最有名的队伍，其中的球星 1 年能赚 12000 美元。凯尔特人队在国内巡回比赛，跟职业球队和半职业球队比赛，很少会输。1923 年，他们在 211 场比赛中总共赢了 204 场。排在凯尔特人队之后的最好的球队是纽约文艺复兴队（Harlem Renaissance Five）和南费城希伯伦全明星队（South Philadelphia Hebrew All-Stars）。纽约文艺复兴队是一支组建于 1922 年的球队，球员全部为黑人。南

---

①译注：Hudson Guild 是以社区为基础的社会服务组织，植根于纽约曼哈顿的切尔西区，1897 年由约翰·拉夫乔伊·艾略特（John Lovejoy Elliott）成立，目标在于减少纽约切尔西工业区中移民社区存在的问题。

②Frank, "Jews in Athletics," 477; Fox, *Basketball*, 47-48; Ted Vincent, *Mudville's Revenge: The Rise and Fall of American Sport* (New York, 1981), 235-238.

③John H. Mariano, *The Italian Contribution to American Democracy* (Bos-ton, 1921), 144-148; Vincent, Mudville's Revenge, 247-253.

费城希伯伦全明星队最初是由南费城希伯伦协会赞助。这些队伍以及爱尔兰布鲁克林探访队（Irish Brooklyn Visitations）和波兰底特律普瓦斯基队（Polish Detroit Pulaskis），都是重要的社团机构，这些球队把民族的荣誉感深植于他们的球迷心中，并从其他民族团体那里获得尊重。比赛经常在舞厅举行，比赛完之后会有舞会，男女两人加起来共需 55 美分。很多犹太裔费城人在布莱德伍德酒店的南费城希伯伦全明星队周六之夜的“篮球+舞会”上遇到了他们未来的伴侣，这种场合为他们遇到异性提供了很体面的环境。①

1940 年之前活跃的职业篮球运动员中接近 90%是城里人，其中将近三分之一来自纽约。四分之三被选拔的优秀运动员不是德国人、犹太人就是爱尔兰人后裔。据推测，他们来自社会底层，但是很意外的是绝大多数都上过大学，而在 1930 年之前进入职业体育并不需要有大学读书的经历，薪资也比较丰厚。经济大萧条时期，活跃在周末联赛，比如中西部全国篮球联赛中的球员，都有全职工作。篮球提供了社会流动的可能性，能帮助贫困的城市青年获得大学奖学金，因为几乎所有（95.1%）早期的职业篮球运动员最后都得到了白领工作。他们不仅成为教练员，还成为老师、律师以及其他高水平的非体力的专业工作。他们的成功更多取决于他们的教育，而非他们从篮球中得来的名声。②

（三）田径

最适合贫民区和新崛起地方的社会条件的体育项目之一是田径。有名的运动俱乐部排斥民族团体，尤其是新移民的孩子。这些孩子是只要有优秀的教练员指导和精良的私人训练设施就会获得巨大成功的有天赋的运动员。社会服务所、青年友谊会等民族组织以及公共学校运动联盟（Public Schools Athletic League，PSAL）等半政府组织为贫穷的城市青年人提供了很多发展他们天赋的机会。纽约的意第绪新闻极力推崇公共学校运动联盟，因为它给了犹太青年改善健康状况并通过比赛来赢得尊重的机会。20 世纪最初的 10 年，PSAL 的区冠军全部来自下东区的犹太语法学校。犹太青年争相模仿那些知名的偶像，比如跳远世界纪录保持者、1904 年和 1906 年奥运会金牌得主、锡拉

①Vincent, *Mudville's Revenge*, 247-255.

②Computed from biographical data in Ronald L. Mendell, *Who in Basketball* (New Rochelle, 1973). Mendell's focus on the more notable players may have skewed the study sample.

丘兹大学的迈耶·普林斯顿（Meyer Prinstein）以及1912年奥运会1500米银牌得主、世界纪录保持者艾贝尔·基维特（Abel Kiviat）。这两名运动员都在斯塔恩岛长大，是大纽约爱尔兰裔美国运动俱乐部的成员。这个俱乐部不同于纽约运动俱乐部的地方在它接收犹太运动员。成立于1903年的爱尔兰裔美国人运动俱乐部（Irish American Athletic Club）很快就成为美国最成功的田径俱乐部，成立1年之后就赢得了初级和高级业余体育联合会（Amateur Athletic Union）锦标赛的冠军。这个组织有很坚实的坦募尼背景，可以为俱乐部的一些顶级运动员提供政府部门挂名的闲职。①

（四）拳击场

最适合城市贫民区环境的体育也许是拳击，因为来自不同民族背景的男孩子和年轻人时不时就为了保护他们的荣誉、同伴或者是他们自己，而卷入打架斗殴之中，自我防卫就成为最需要学习的最有用的技术。犹太男孩在放学回家的路上或者去游泳馆的路上经常遇到来自附近爱尔兰人的男孩，这些爱尔兰男孩就等着要揍他们一顿来保护自己的领地，或者抢钱，或者只是以此来取乐。犹太男孩学着如何反击，不管是为了打破这个恶性循环的圈子，还是保护那些比自己更弱小的同伴。附近的社会服务所，青年友谊会以及当地的拳击馆都提供非常优秀的教练员来帮助这些男孩子学习如何保护自己以及建立自信。在街上以及体育馆里打好架的能力是这些年轻人证明自己的男子气概，赢得同伴尊重，并在某种程度上为未来有可能的职业获得训练的途径。②

那些在拳击场来规范街头打架行为的市中心的年轻人有可能利用正规的训练而成为职业拳击手。拳击早已成为那些缺乏更传统的进步方式的孩子逃离贫民区的方式。只有最贫穷的年轻人才会选择成为拳击手，因为拳击需要高强度的训练和一定的体罚。初学者积累了一定的经验之后就有可能被招募去哥伦布的骑士③俱乐部比赛，所获得的名声最终会把他们送到当地酒吧或者

①Frank, "Jews in Athletics," 477; "Jewish Athlete," 544, 171; "Abel Kiviat Interview," *JSpH* 13 (Winter 1986): 235-266.

②Riess, Touching Base, 188-189; Daniel Bell, *The End of Ideology* (Glen-coe, Ill., 1960), 127-150; and esp., Steven A. Riess, "The Jewish- American Boxing Experience, 1890—1940," *American Jewish History* 74 (March 1985): 223-254.

③译注：哥伦布的骑士（Knights of Columbus）是世界最大的天主教兄弟会服务组织。

拳击俱乐部中给予报酬的比赛上。1870—1920 年，爱尔兰拳击手完全占据了拳击的主导地位。苏利文（Sullivan）被称为是世界上最坚强的男人，他的画报贴满了每个酒吧。当爱尔兰裔美国人被苏利文的专业和生活方式弄得尴尬的时候，爱尔兰人却把它奉为民族的骄傲。①

当代观察家认为，源于拳击的英雄崇拜和社会稳定性战胜了爱尔兰人个人的优越性。勇敢的拳击手是体育兄弟会中的重要成员，有名、有钱、有女人。在纽约，贫民区长大的爱尔兰男孩们都把这些奉为追求的目标，而他们生活的纽约下西区或者是魔鬼的厨房（Hell's Kitchen）② 为他们成为拳击手提供了环境。从这些拥挤不堪的地方走出来很多曾经吃不饱饭的拳击手和冠军。1900—1920 年，来自爱尔兰裔的拳击手（20 世纪第一个十年的末期为 40%）和冠军（47 个中的 13 个）比来自其他民族的多。但是，爱尔兰人的优势在下降，一部分是因为爱尔兰青年获得成功的机会有所减少，但是主要是因为来自贫穷的二代移民的竞争日趋激烈。③

东欧和南欧移民的孩子很享受拳击带来的成功，这项运动也是最让他们被公众所认知的项目。拳击手是住在纽约下东区、芝加哥近西区以及旧金山的教区的社会底层，他们对人生绝望，被命运驱赶。他们是很坚强的孩子，在成为拳击手之前通常是街头霸王，他们的偶像不是当地的拳击手就是流氓。拳击是唯一一个报酬还不错而且让这些穷小子能看到脱离贫穷希望的职业。犹太、意大利和波兰年轻人非常崇尚打架的能力，他们认为这是男性气概的象征，也是一种非常实用的技术，因为在公园、操场或者民族聚居地的边界地带经常会有不同民族间的斗殴发生。比如，在 20 世纪 20 年代初期的芝加哥，位于西区主要贸易区罗斯福路的犹太人和波兰人社区之间经常有冲突，这一区域内犹太商人和行人经常遭到波兰小混混的袭击。还有道格拉斯公园，这里是分离两个民族社区的"无人之境"（No-Man Land）。犹太流氓还有其他一些厉害的人也组织了团伙，取名"社会和地下室

---

①Computed from the names of champions in Bert R. Sugar, ed., *Ring* 1981 *Record Book and Boxing Encyclopedia* (New York, 1981). O the elite Irish and Sullivan, see Hardy, *How Boston Played*, 174-175.

②译注：魔鬼的厨房，也被称作 Clinton，是纽约曼哈顿西区的一个社区，曾经是贫穷的或者是工人阶级的爱尔兰裔美国人聚居的地方。

③Hardy, *How Boston Played*, 174; Gene Tunney, *A Man Must Fight* (Boston, 1932), 7, 10, 12-16, 23-30, 33-36; Sugar, *Ring Record Book*. For Sullivan's life, see Michael T. Isenberg, *John L. Sullivan and His America*. (Urbana, Ⅲ., 1988).

俱乐部”，来反击波兰人和其他敌人。1921 年的一天，平衡状态被打破。几个犹太男孩打篮球的时候遭到了一群波兰小伙的袭击。消息很快就在附近的桌球室传播开，其他的犹太帮手马上前来准备“痛打这些可恶的波兰人”。这些社区的保卫者，比如米勒兄弟帮，四分之一的人是拳击手，还有像钉子一样的帮派分子。在冲突中，莫顿成为当地的英雄。先离开的街头混混有可能被朋友或者饶有兴致的旁观者说服去体育馆或者社会服务所学习正式的拳击技艺。①

二代移民在拳击上很快就取得了成功。第一个美国犹太裔世界冠军是轻量级拳击手哈瑞·哈里斯（Harry Harris）。他是在英国出生的芝加哥人，1901 年获得冠军。1901—1912 年，来自旧金山的俄罗斯犹太人阿比·安特尔（Abe Attell）获得羽量级冠军。20 世纪最初的 10 年，犹太冠军的数量仅被爱尔兰人超越过。第一个波兰冠军是中量级拳击手史丹利·凯特切尔（Stanley Ketchell）（1908—1911），第一个意大利裔冠军是轻量级选手皮特·赫曼（Pete Herman）（1917—1920）。这一代人无论哪个民族都有一个拳王。20 世纪初，意大利裔的拳击手排在爱尔兰裔和德国裔之后。大部分来自意大利和东欧的拳击手体型多矮小精瘦，他们的体重在较低量级的比赛中拥有优势。20 世纪 20—30 年代，一共出现了 24 个意大利裔美国人冠军和 15 个犹太裔美国人冠军。20 世纪 20 年代末，大部分的拳击手是犹太人，数量多于其他任何民族。在 20 世纪 30 年代，这一状况被意大利人打破，但没有哪个民族在体育上的主导地位超过之前爱尔兰人所创造的。②

民族拳击手在二代移民中成为英雄，甚至那些经常关注拳击的移民也为他们的年轻人拿到冠军而感到自豪。20 世纪 30 年代，芝加哥西区和遍及全国

①Thrasher, Gang, 133-134, 138; Riess, “Jewish-American Boxing,” 225-247; mark Haller, “Organized Crime in Urban Society: Chicago in the Twentieth Century,” *JSH* 5 (Winter 1971-1972): 221-227.

②Champions and their ethnicity drawn from Sugar, *Ring Record Book*. On ethnic succession in prize fighting, see Thomas H. Jenkins, “Changes in Ethnic and Racial Representation among Professional Boxers: A Study in Ethnic Suc-cession” (M. A. thesis, University of Chicago, 1951), esp. 85-89. On Jewish-American prize fighters, see Riess, “Jewish American Boxing,” 223-247; William M. Kramer and Norton B. Stern, “San FranciscO’s Fighting Jew,” *California History* 53 (Winter 1974): 333-345; Postal, *Jews in Sports*, 144-180. The east European Jews were building on a boxing tradition that dated back to London’s West Ed ghetto in the late eighteenth century. See John Ford, *Prize-fighting: The Age of Regency Boximania* (New York, 1972); and Todd Endelman, *The Jews of Georgian England*, 1714-1830: *Tradition and Change in a Liberal Society* (Philadelphia, 1979). On Italian pugilists, see Frederick G. Lieb, “The Italian in Sport,” *Ring* 2 (March 1924): 16-17.

各地的犹太人都为巴尼·罗斯（Barney Ross）感到骄傲，正如意大利人为托尼·坎祖尼瑞（Tony Canzoneri）感到骄傲一样。罗斯，像很多二代移民拳击手一样，强烈地认同自己的民族身份，汽车的后备厢上也贴着大卫之星①。当巴尼还是一个刚崛起的业余拳击手的时候，他的邻居就追随他在芝加哥各地的比赛并为他加油，他们最终没有失望。巴尼成为职业拳击手，并在1932年轻量级和1934年次中量级比赛中获得世界冠军。罗斯和其他犹太拳击手经常会遭遇爱尔兰裔或者意大利裔的对手，因为推广者深知，这种民族间的对决能帮助吸引大量的观众并为他们带来强烈的兴奋感。②

在经济大萧条时期，拳击是非常受欢迎的体育项目。居民区的体育馆和小型的拳击俱乐部经常人满为患，上千名年轻人试着想要成为职业拳击手。他们被巴尼·罗斯等冠军的光环和在拳击台上赚的50万美元所吸引，也被那些以5美元、10美元的价格卖掉奖牌的业余拳击手或者是为了50美元而战的职业拳击手所吸引。在20世纪30年代，有大约8000名职业拳击手，虽然其中仅有一小部分拿到奖牌。拳击是最民主的美国体育运动，不管是什么民族、体质如何，只要有天赋都可以参与。每个人都有能力和优越的社会关系，所以成功往往建立在一个人的价值基础之上。③

退休的拳击手们的薪资比任何其他的职业运动员都低，即使是比其他任何运动员都赚得多的冠军。像巴尼·罗斯、乔·路易斯（Joe Louis）等拳击手，曾经赚了很多钱，最后也因为堕落的生活或者赌博欠下的债务还有管理不善导致破产。从小贫困的拳击手并不理解为未来攒钱的原因，当有钱的时候就一头扎进那些奢侈的消费中。当然，绝大部分的拳击手赚的钱不多。1938—1951年，127名拳击手中只有7.1%获得了全国认知，8.7%登上当地头条新闻，其余的84.2%从来没有进过半决赛或是初赛。拳击手很少在退役之前就准备好要做什么工作。他们积蓄不多、缺乏适应社会生活的技术能力、也没什么教育背景（如果有也只是一点儿），还有人患有轻度头晕（60%）。一项针对154名活跃于1900—1960年的拳击手所做的调查发现，三分之一的

①译注：犹太教的六芒星形。

②See, e. g., Jewish Daily Forward, 25 Feb. 1925, quoted in Louis Wirth, The Ghetto (1928; rep. Chicago, 1956), 252-253; Barney Ross and Martin Abra-hamson, *No Man Stands Alone: The True Story of Barney Ross* (Philadelphia, 1957).

③Ross and Abrahamson, No Man Stands Alone, 141, 159.

拳击手（32%）最终成为蓝领工人，17%的人继续在他们能够发挥专业作用的体育领域工作。社会学家柯森·温伯格（Kirson Weinberg）在他针对95名活跃于20世纪40年代的拳击手和冠军（职业生涯期间至少赢取了10万美元的）的研究中得到了类似的结果，四分之一（25.3%）的拳击手最后成为蓝领工人，五分之一（18.9%）成为教练员或者经理，十分之一（11.6%）在娱乐行业工作，四分之一（27.3%）拥有自己的酒馆或者在酒馆工作。相比其他项目的运动员来说，拳击手们在退役之后的工作中也许更多地依靠他们的名声和性格。很多退役的拳击手，尤其是不太有名的俱乐部的拳击手，最终还是混迹于他们发迹的地方。在20世纪60年代的芝加哥，只有四分之三（77.1%）的前俱乐部拳击手在退役之后拥有稳定的工作，但是报酬很低，主要从事半技术或者对技术没有要求的职业。①

三、城市黑人社区的体育

在城市社区里居住的黑人的运动选择不仅受阶级、文化和空间的影响，还受种族的影响。在世纪之交时，绝大部分的城市黑人住在南部城市中。如查尔斯顿、萨凡纳绝大部分的人口是黑人，孟菲斯一半的人口以及亚特兰大、伯明翰、夏洛特、纳什维尔、里士满这几座城市中五分之二的人口为黑人。不同于欧洲移民，黑人对美国运动文化非常熟悉并积极参与其中。在后重建南部时期（post Re-construction South），他们的运动生活完全被当地法律或者习俗隔离。黑人运动员不能跟白人运动员同场竞技，在赛马或者棒球等商业化的观赏性体育中的座位也跟白人隔离开。黑人的运动生活，如果需要，都是以他们住的地方为中心。当兄弟会组织、教堂和政客在属于黑人的露天市场或者市政公园里的黑人区组织野餐会时，大城市的黑人社区至少支持两个黑人棒球俱乐部。到1876年，在里士满和纳什维尔出现了黑人的YMCA组织。历史学家霍华德·拉比诺维兹（Howard Rabinowitz）将此描述为“为黑人提供机会来为他们犯错的兄弟（喜欢打桌球和‘运动生活的其他乐趣’）

①S. Kirson Weinerg and Henry Around, “Occupational Culture of the Boxer,” *American Journal of Sociology* 57 (Mar. 1952): 460-461, 465, 469; Nathan Hare, “A Study of the Black Fighter,” *Black Scholar* 3 (Nov. 1971): 2-8; study data on 154 ex-fighters. Biographical data was gathered from a variety of sources including Jack Lawrence, “The Antiques of Fistiana,” Ring 8 (June 1930): 31-32; and Bob Burrill, *WhO's in Boxing* (New Rochelle, N. Y., 1974).

寻求改过自新的机会”的中产阶级社会中心。①

南部城市中普遍存在着在体育设施上对黑人实施隔离的现象，唯一的特例是新奥尔良，这里有很特殊的种族传统。戴尔·萨莫斯（Dale Somers）在对德尔塔市体育的研究中发现，虽然绝大部分的体育中都存在隔离现象，但是也有一部分种族间的比赛不会出现被隔离的现象，并且直到80年代中期，不同种族选手混杂参与的比赛中很少出现敌对态度。到1871年，当地的田径场经常允许黑人进入场地，但是那一年，梅泰里田径场（Metairie Course）设置了黑人专用的站台。黑人的经济压力很快改变了这一政策，即便在新奥尔良，各种运动设施中还是存在着种族隔离。自从俱乐部不允许黑人进入之后，黑人就不得不组建他们自己的运动俱乐部。19世纪80年代，种族之间的隔离越来越严重。用来保护野生动物的渔猎法颁布实施，目的在于防止黑人通过砍伐树木来狩猎（或许是为了寻找食物）。与黑人打球的白人棒球队也遭到了抵制的威胁。19世纪90年代，当地的自行车手从美国脚踏车骑手联盟中退出，因为北部城市自行车组织中有黑人运动员。②

新奥尔良最后一个出现种族区别的体育项目是拳击。由于拳击手被观众看作仅仅是取乐的人而不是与其他社会人有平等的地位的人，不同种族之间的比赛在传统上就被接受。直到1892年6月，当黑人羽量级冠军乔治·迪克森（George Dixon）打败对手杰克·斯凯利（Jack Skelly）之后，黑人才被允许观看比赛。当然，他们坐在黑人隔离区。迪克森历经了8个血腥的回合才打败对手，观众们看到的是令人震惊的对白色人种的痛击。在这之后，新奥尔良禁止了不同人种之间的比赛。③

世纪之交之时，北方城市中的黑人数量还很少。例如，在芝加哥的黑人只有15000名。从1915年开始，大量的黑人逃离种族暴力，迁移到北方生活，并在那里获得工作、捍卫公民权利，过上了幸福的生活。在10年中，芝加哥这样的工业城市中的黑人数量增加了3倍。到1920年，纽约有超过15万名黑人居民。在种族隔离的环境下，黑人贫民区很快发展起来，黑人社会和文化

①David Goldfield and Blaine Brownell, Urban America: From Downtown to No Town (Boston, 1979), 260, Howard Rabinowitz, Race Relations in the Urban South, 1865-1890 (Urban, Ⅲ., 1980), 185, 187, 189-190, 389n30, 228-230.

②Dale A. Somers, *The Rise of Sports in New Orleans*, 1850—1900 (Baton Rouge, 1972), 11-12, 29, 87, 96-97, 120-121, 142-144, 199-200, 209, 222-224, 241-242, 286 (quote), 286-290.

③Ibid., 181.

机构也得到扩展。

虽然黑人业余运动员经常能够打败白人，但是北部城市中黑人运动员经常受到一定程度的歧视。因为白人的身份和民族俱乐部不允许他们进入，所以就像爱尔兰人和其他新移民一样，黑人运动员不得不组建起众多他们自己的体育俱乐部，从田径到棒球、自行车，样样俱全。黑人运动协会也根据阶级和出身去划分每个人，就跟白人俱乐部的做法一样。比如，在波士顿，史蒂芬·哈迪（Stephen Hardy）发现长时间的向上层流动的居民组建的网球俱乐部跟白人俱乐部完全相同，比如来自南部的新移民在家附近的体育馆里找到社交网络的共同的纽带，在这里可以讨论最新的拳击新闻。西印度移民组成了板球俱乐部来支持他们的比赛，并维持他们的加勒比遗产。①

黑人进入半公共和公共体育设施受到生活开支、有限的可支配时间和歧视的限制。19 世纪末期，波士顿、布鲁克林、纽约和费城成立了独立的黑人基督教青年会组织。在底特律，只有黑人精英运动员才能够加入白人的基督教青年会。最早在 1889 年，芝加哥的黑人社团领导就开始考虑成立独立的黑人分支，但是这个时候种族融合的话题很敏感，最终提议失败。世纪之交之后，基督教青年会运动中对黑人的歧视越来越尖锐，最终迫使黑人不得不奋起反抗。1910 年在芝加哥，优秀的黑人在自己的居住地成立了基督教青年会运动。3 年之后，基督教青年会运动大楼最终完工，耗资 19 万美元。大楼的建造得到了慈善家朱利叶斯·罗森瓦尔德（Julius Rosenwald）的慷慨解囊，众多当地的肉类加工业者和工业资本家通过进一步为他们的黑人雇员购买会员资格来表达他们对此事的关心。②

在黑人聚居的地方之外旅行并在白人社区跟白人队伍比赛的黑人，或者黑人白人混合的队伍经常在比赛中遭遇不公平的待遇，有时，赛场下的境况更恶劣。20 世纪第一个 10 年里，当混合的芝加哥篮球队去白人区比赛的时

---

①Hardy, *How Boston Played*, 138 (quote), 153; *Brooklyn Eagle*, 5 May 1894; *NYT*, 18 Oct. 1914, 14 Aug. 1917. For a detailed study of sport in one black community, see Rob Ruck, *Sandlot Seasons: Sport in Blank Pittsburgh* (Urbana, Ⅲ., 1987).

②C. Howard Hopkins, *The History of the Y. M. C. A. in North America* (New York, 1951), 213, 472; David M. Katzman, *Before the Ghetto: Black Detroit in the Nineteenth Century* (Urbana, Ⅲ., 1973), 79, 161; W. E. B. Du Bois, *The Phiadelphia Negro: A Social Study* (1899; rep. New York, 1967), 232; Kenneth L. Kusmer, *A Ghetto Takes Shape: Black Cleveland*, 1870—1930 (Urbana, Ⅲ., 1976), 50-58; Spear, Black Chicago, 46-47, 52, 100-101, 162, 174, 227.

候，经常会有麻烦发生，“在来这儿的路上，外面的人会把他们引诱出来，当然，我们的同伴会带我们回家。他们队有3个黑人，这3个人刚才差点儿被揍一顿。我们不跟他们打球，所以就有了这场街头打斗。当他们回家的时候，我们的一些队员就等在大楼外面准备打他们，这些黑人不敢出来，所以不得不叫当地的警察把他们带到停车场。白人不会受任何伤，但是这些黑人就被人扔了砖头”。①

（一）拳击

黑人社区最流行的观赏性体育项目是拳击。虽然相比其他项目的黑人运动员来说，黑人拳击手遭遇了较少的歧视，但是白人拳击迷们依然对他们恶语相加。虽然黑人职业运动员被迫不能参与赛马、自行车、有组织的棒球运动，但是他们在拳击场上取得了相当大的成功。1890—1908年产生了5位黑人世界冠军，很多优秀的拳击手因此从未在比赛中得过任何奖项，因为像约翰·L. 苏利文（John L Sullivan）这样的冠军们为拳击比赛画下了有色人种的界限。②

顶尖的黑人拳击手往往住在北部黑人社区，在这里他们能够得到尊重和更多的比赛机会，能够像杰克·约翰逊（Jack Johnson）一样找到商业投资的机会，也能够享受风月场的乐趣。在工人阶级黑人社区中，黑人拳击手是英雄，他们做事也享受很多特权。黑人历史学家波士顿发现，“黑人观看拳击比赛比周日布道更吸引人”。黑人体育迷更喜欢看到不同种族对手之间的比赛，这样他们的偶像就能赢得种族胜利，但是当地的习俗或者是城市法律和国家法律经常禁止种族间的比赛，以防发生种族对立。1910年6月4日，当杰克·约翰逊在重量级比赛中打败被称为“伟大白人的希望”的前冠军吉姆·杰弗里（Jim Jeffries）夺得胜利之后，全国很多城市中爆发了种族冲突，许多社区随

①Chicago Commission on Race Relations, *Negro in Chicago*, 253.

②See, e. g. , *Touching Base*. 194 - 196, 217n124; Robert Peterson, *Only the Ball Was White* (Englewood Cliffs, N. J. , 1970), chaps. 1, 2; Marshall W. Taylor, *The Fastest Bicycle Rider in the World* (Worcester, Mass. , 1928); David K. Wiggins, "Isaac Murphy: Black Hero in Nineteenth - Century American Sport, 1861—1896," *Canadian Journal of History of Sport and Physical Education* 10 (May 1979): 15-32; idem, "Peter Jackson and the Elusive Heavyweight Championship: A Black Athlete's Struggle against the Late-Nineteenth-Century Color - Line," JSpH 12 (Summer 1985): 143 - 168, Randy Roberts, *Papa Jack: Jack Johnson and the Era of White Hopes* (New York, 1983); Al-Tony Gilmore, *Bad Nigger! The National Impact of Jack Johnson* (Port Washington, N. Y. , 1975).

即禁止播放夺冠比赛的画面以免引起更多冲突事件。①

在之后的几十年里，拳击一直都吸引着黑人的兴趣，因为拳击是唯一一个民主的职业体育。一位专家估计，在20世纪30年代有1800多名黑人拳击手，跟白人一样，黑人拳击手也受成名、谋生、逃离贫民窟甚至变成有钱人等机会的吸引。在那时，当没有任何别的主要的体育项目对黑人开放的时候，非洲裔美国拳击手获得了巨大的成功。20世纪30年代诞生了5位黑人冠军，包括赢得三项冠军的亨利·阿姆斯壮（Henry Armstrong）、杰克·约翰逊之后第一个黑人重量级冠军乔·路易斯。1937—1949年，路易斯向美国白人展示了一个理想的黑人应该是什么样，对于他所属的社区来说，路易斯代表了黑人的力量、种族的骄傲，以及对美国社会接受黑人的一种坚持。对于像迈克尔乔·利特尔（后来成为业余拳击手）一样的贫民窟青年来说，路易斯是他们的偶像。他的胜利为北部黑人社区带来了很多欢乐，上千人聚集到街上庆祝，据莉娜·霍恩（Lena Horne）描述，这是来自这种种族集体的胜利的所有欢乐。②

黑人很快在拳击项目上获得了统治地位。到1948年，几乎一半的拳击手是黑人，这反映了黑人的普遍贫困以及像乔·路易斯一样的榜样的成功。意大利人和墨西哥裔美国人是紧随其后的两个拳击手数量最多的群体。③ 拳击场上种族的更迭反映了市中心日益变换的种族和民族情况，老的民族团体在经济上变得越来越好，然后搬出了闹市区去居住，而新的城市穷人顶替住进了闹市区。这种动态变化以拳击手名单上犹太拳击手的消失为缩影。犹太人曾

①Elizabeth Pleck, "Black Migration to Boston in the Late Nineteenth Cen-tury" (Ph. D. diss., Brandeis University, 1974), 188 (quote). (My thanks to Stephen Hardy for bringing this to my attention.) Roberts, *Papa Jack*, chaps. 5, 7-9; Gilmore, *Bad Nigger*! Chaps. 5-6; NYT, 6-9, 10-12, 14, 17 July 1910; "The Prize Fight Moving Pictures," *Outlook* 95 (16 July 1910): 541-542. Mixed bouts were barred in New York from 1912 to 1916. See, e.g., NYT, 29 Dec. 1911, 7 Jan. 1912, 6 June 1915, 17 Jan., 18 Feb. 1916; *NPG* 103 (6 Sept. 1913): 10, 107 (12 Feb. 1916): 10, 108 (1 Apr. 1916): 10; "Smith-Langford Cancelled," *Boxing and Sporting World* 1 (4 Oct. 1913): 4; *New York World*, 17 Jan., 29 June, 7, 8, 11, 12 July, 8 Aug. 1916.

②On white attitudes toward Louis, see Anthony Edmonds, *Joe Louis* (Grand Rapids, 1972), chaps. 4-6; and Frederick C. Jaher, "White America Views Jack Johnson, Joe Louis and Muhanmmed Ali," in Sport in *America Views Jack Perspectives*, *ed. Donald Spivey* (Westport, Conn., 1985), 158-173, 177-182. For black attitudes, see Lawrence W. Levine, *Black Culture and Black Conscious-ness*: *Afro-American Folk Thought from Slavery to Freedom* (New York, 1977), 433-438. Quote is from Lena Horne and Richard Schickel, Lena (Garden City, L. I., 1965), in ibid., 434.

③In the late 1940s boxers were typically ex-street fighters, often from broken homes, with unemployed fathers. Weinberg and Around, "Occupational Culture," 460.

经统治着这项运动，但是当他们受教育之后或者在商业上获得成功之后，就搬到城郊或者远郊去生活。犹太人不再需要通过打破脑袋来谋生。

（二）篮球：贫民窟的运动

阶级和环境是黑人在拳击上获得种族延续的主要原因，也是目前职业篮球中黑人占主导地位（1980年占NBA球员的75%）的重要原因。职业篮球选手曾经都是来自城市，尤其是大城市的选手居多，这种情况一直维持了很多年。20世纪60年代和70年代，几乎所有的美国职业篮球联赛选手（91.3%）来自城市，这其中几乎一半来自大城市（49.5%），而且往往都是闹市区的孩子们，他们既没钱也没别的活动可以去参与。① 正如名人堂球员以及黑人环球旅行者鲍勃·吉布森（Bob Gibson）对20世纪50年代他年幼时在奥马哈的经历的描述，“对我来说，黑人孩子在体育场花费的时间以及在此类事情上的参与比大部分的白人小孩要多。白人小孩有很多事情可以做，他们能去看电影，但是我们不能，因为我们没钱，所以只能去跑步或者打球，因为除了这些也没有什么可以做，除非我们想出去闯祸。”②在过去的30年里，篮球一直都是贫民区黑人青年的主要运动热情所在，就像曾经的犹太人、德国人和爱尔兰青年一样。正如皮特·阿克斯特黑尔姆（Pete Axthelm）在几年之后指出的，“其他年轻运动员学习篮球，但是对于闹市区的孩子来说，篮球是生活的一部分。”记者理克·特兰德（Rick Telander）这样写，“操场是他们的天堂，城市年轻人在这里学习他们的英雄的篮球动作，加工成适合自己的动作，并尝试以此成名。他们接受来自邻里之间的鼓励所带来的欢乐以及长期目标（高中时成为球队主力-得到大学奖学金-最终进入美国职业篮球联赛）的鼓励，一天练习好几个小时，一年中从不中断。当然，这是白日梦，因为只有4%的高中选手能够优秀到可以以此来进入大学并在大学里打球。跟

①Computed from Ronald L. Mendell, *WhO's Who in Basketball* (New Rochelle, 1973). See also John F. Rooney, Jr., *A Geography of American Sports: From Cabin Creek to Anaheim* (Reading, Mass., 1974), 154-174. Between 1946 and 1983, two-thirds of all College All-Americans (Division I) came from metropolitan areas with over 500, 000 residents at a time when those cities comprised just half (49.5 percent) of the national population. New York produced the most (13.5 percent), followed by Chicago (6.3 percent), Philadelphia, and Los Angeles (3.8 percent each). In 1970 they were the leading procurers of Division I players with ratios approximately equal to their share of the national population. *Chicago Sun-Times*, 13 Dec. 1983.

②Bob Gibson with Phil Pepe, *From Ghetto to Glory: The Story of Bob Gibson* (Englewood Cliffs, N.J., 1968), 6.

早期的闹市区篮球选手不一样，最近的一代选手把他们的全部注意力都投入到比赛中，而很少用脑。结果是，即便他们打篮球很优秀，也取得了一定的名声，但是却极有可能依然停留在贫民窟之中——他们梦开始的地方”。①

（三）城市黑人社区中的棒球

棒球是黑人社区中最重要的体育项目，与来自海外的移民不一样，乡村的黑人移民对这项全国性的体育运动非常熟悉。直到 1898 年，当种族主义的农场主广泛认同在有组织的棒球活动中禁止黑人参与时，至少有 50 位职业黑人棒球手，包括 1884 年职业联盟中的两名运动员。对于禁止黑人参与棒球这一禁令，黑人组织了自己的职业球队进行反击。到 1900 年，有 5 支提供薪资的黑人队伍，包括两支芝加哥球队，虽然芝加哥的黑人社区面积最小。芝加哥的球队在黑人球迷周日休息时间进行比赛，其他时间他们就到中西部去跟当地的球队比赛。那个时候，优秀的黑人球队是芝加哥利兰巨人队（Chicag O's Leland Giants），由当地黑人政客所有。球队俱乐部在黑人聚居区（Black Belt）南部四英里的俱乐部球场上比赛。1907—1909 年，利兰巨人队在全是白人的城市的超级联赛中（当时美国最好的半职业联赛）打球。1909 年，俱乐部与芝加哥小熊队打了季后赛的比赛。利兰巨人队吸引了 15000 名球迷到比赛现场，在门票收入上也获得了巨大成功。1910 年，由于管理上的问题导致球队最终被转让。一年之后，俱乐部被美国巨人队接手，由白人酒馆老板约翰 · M. 斯克林（John M. Schorling）和前球星投手鲁比 · 福斯特（Rube Foster）共同所有。他们在黑人聚居区街对面的老白袜球场（White Sox Park）训练和比赛，这支队伍很快就成为社区的骄傲。一名黑人编辑强烈建议“所有热爱种族和建设种族的男人女人”都应该支持这支球队。美国巨人队非常受欢迎。一次周日的比赛上，巨人队在当地球队主场的情况下吸引到了 11000 名黑人和白人球迷。②

---

①Pete Axthelm, *The City Game* (New York, 1970), ix-x, book iii; Rick Telander, Heaven Is a Playground (New York, 1976).

②The standard history of black baseball is Peterson, *Only the Ball Was White*, *esp.* chaps. 2 - 3. On black baseball in Chicago, see ibid., 62-66; *Spear*, *Black Chicago*, 117-118; Spalding's Official Baseball Guide of Chicago, 1906…1910 (*New York*, 1906—1910); *Chicago Defender*, 12 *Dec*, 1908, 23 *Apr*. 1910, 20 Feb. 19, 15; CDN, 10 Jan. 1910; New York Age, 14 Apr., 5 May, 21 July 1910, 5 Jan. 1911. Quote is in Peterson, Only the Ball Was White, 66.

黑人在棒球运动上取得的成功极大地受到了 1910 年中期移民北迁的影响，这一迁移持续了数年。1920—1950 年，芝加哥、克利夫兰、底特律和纽约的黑人数量翻了 4 倍，其他北部城市黑人数量也在持续地增长。这些新来的人只能得到报酬很低的工作。由于工资低，再加上被歧视，这些人对住宿条件几乎没有选择，结果导致北方的黑人贫民区居住条件非常糟糕，犯罪率升高，市政服务极差。但同时这种状况又提供了为黑人顾客服务的商业机会，尤其是在娱乐领域，比如棒球。

1920 年之前，大部分的黑人球队都属于白人企业家所有，这些人制定比赛日程表，租用球场。黑人记者谴责这一状况，呼吁“利益应该由比赛归属的赞助方所在的那个种族所有”。第一次世界大战之后，鲁比·福斯特（Rube Foster）（1916 年之后芝加哥美国巨人队的唯一所有者）发起了一项运动，通过与白人赞助商斗争来获得黑人棒球运动的控制权，并让黑人棒球回归到黑人企业家手中。福斯特相信，日益增长的黑人城市社区为顶级的黑人联赛提供了潜在的市场。他也主张因为所有的球员和三分之二的观众都是黑人，因此收益也应该属于黑人。①

1920 年，福斯特组织了黑人全国联赛（Negro National League，简称 NNL）。联赛有 8 家主要来自中西部的赞助商，其中只有一家赞助商由黑人所有并管理。NNL 的比赛从 40 场增加到 80 场，后来达到一年 200 场，包括表演赛。门票价格是 25 美分。黑人联赛的首席专家估计，周末的观众会超过 5000 人，但是平均到场率只有 5000 的三分之一。虽然黑人媒体和城市球迷高度评价这一联赛，但是由于资金不足，联赛仅仅勉强维持了 12 个赛季。联赛创立时的八支球队只有美国巨人队坚持到最后，关键的问题在于缺乏比赛场地。只有美国巨人队有自己的场地，其余的队伍都在租用当地的公园，而他们常常没办法在第一时间就租到场地，也没法选择使用时间。1926 年，福斯特身体欠佳，之后的领导位置出现空缺，再加上经济大萧条，最后导致黑人全国联赛在 1931 年宣告结束。②

1933 年，数字银行家（numbers bankers，经济大萧条时期黑人社区少有的有利可图的非法职业之一）组织了一个全新的黑人全国联赛，其中最有名

---

①Reiss, *Touching Base*, 38, 196-197; Peterson, *Only the Ball Was White*, 257.

②Foster's team averaged $85, 000 in each of its first six years in the NNL, but other clubs took in as little as $10, 000 at the gate. Peterson, *Only the Ball Was White*, 86, 86, 89, 90, 114-115.

的所有者是古斯·葛林里（Gus Greenlee）。他是匹兹堡数字游戏之王，是黑人和有色人种常去之地的所有者，是20世纪30年代中期轻-重量级拳击冠军约翰·亨利·刘易斯（John Henry Lewis）的经理。他赞助了克劳福德队，这是一支有名的独立的黑人棒球队。两年之后他花费10万美元修建了第一座黑人建造的棒球场。葛林里和他的伙伴都被黑人媒体认为是非常厉害的人，他们的公司提供了上百份工作，也提供了人们最需要的廉价娱乐活动。①

黑人全国联赛的比赛一般在旧的次级联赛场地上进行，或者是前联盟联赛公园，或者是二等的半职业场地，这使黑人全国联赛的开始并不太顺利。在第一个赛季，葛林里赔了5万美元，但是他认为这是对未来的一次投资。之后的一些年里，商业活动开始变得活跃起来，黑人全国联赛和它的对手——成立于1937年的美国黑人联盟（Negro American League）的经济状况都良好。大部分的队伍都没有破产，除了拥有众多球星且薪资高昂的克罗夫德队。当NNL变得越来越成功的时候，其中的队伍开始租赁大联盟球场，这里氛围好，场地能够容纳更多的观众来现场观看令人兴奋的高质量比赛。白人地主能够从大幅度的门票提价（提高10%~20%）收入中获利。20世纪40年代，扬基队从他的黑人租客那里赚了大约10万美元。第二次世界大战期间，因为跟战争有关的工作机会增多，城市里的黑人数量急剧增加，黑人联赛也达到了顶峰。②

在两次世界大战期间，黑人联赛队伍是重要的社区机构。如果一座城市中没有NNL的赞助商就会被认为是二等城市。比赛开幕的当天成为重要的公共典礼，比赛前有游行等仪式，或者由明星（比如莉娜·霍恩）、国会议员等政客扔出第一个球，球迷们也为此穿上盛装。历史学家W. 唐·罗革辛（W. Donn Rogosin）说，"黑人报纸的社会新闻那一页铺满了有关棒球的报道，说明开幕式当天是一个重要的文化节日，但是却只有有限的机会来分享这一美国传统文化"。赛季中的比赛被用于社区活动，这些社区活动花样纷繁，从选美比赛到停止私刑的游行，一应俱全。③

---

①Donn Rogosin, *Invisible men*: *Life in Baseball's Negro Leagues* (New York, 1983), 14-17, 103-108, 213. On the early Crawfords, see Ruck, Sandlot Seasons, 46-62.

②Rogosin, *Invisible Men*, 18-19, 23-24, 105, 107, 110, 209; Peterson, Only the Ball Was White, 93, 94, 135-136.

③Rogosin, Invisible Men, 22-23, 93-94.

除了乔·刘易斯的拳击比赛之外，黑人棒球中最重大的赛事，也是黑人社区唯一的最重要的体育赛事是每年一度的东西部全明星赛。1933 年，葛林里发起了全明星赛。到 1943 年，全明星赛变得非常流行，能够吸引 50000 名观众，并且绝大部分的比赛都在科姆斯基公园举行。这个公园位于全美国最重要的黑人社区之一的对面。来自社会各种背景的球迷，包括城外的游客都蜂拥至球场。比赛成为黑人精英社交日历上的亮点之一。这些人坐在高达 1.5 美元的门票的位置上，所有人都能够看到他们。①

讽刺的是，当黑人联赛达到顶峰的时候，一个针对有组织的棒球的融合运动兴起，最终，黑人联赛被终止。黑人体育评论员、民权组织、左翼政治团体把棒球的融合这件事弄成一个政治问题。1945 年，一名波士顿的议员以取消周日比赛的许可来威胁波士顿的球队，除非他们选拔黑人。纽约的费欧雷罗·拉瓜迪亚（Fiorello LaGuardia）成立了关于棒球的市长委员会来鼓励当地的球队签约黑人棒球手。一个共产党国会议员在竞选连任的时候在纽约分发传单，标题是“好到可以为他的祖国而死，但是还没好到为有组织的棒球而死”。②

杰基·罗宾森（Jackie Robinson）因他的勇气、耐力、出色的球技还有“阶级”成为黑人社区的英雄，也雄踞黑人媒体的首页。正如布兰切·里奇（Branch Rickey）所希望的，罗宾森在布鲁克林道奇队的出现对黑人到场率有很积极地影响，在这之前，黑人到场率很有限。1947 年，罗宾森的新秀赛季，堪萨斯城的黑人在《吉姆·克劳法》(Jim Crow)③ 的限制下，乘坐 5 小时的长途火车到圣路易斯，在被隔离开的体育人公园观看他的比赛。当罗宾森第一次出现在瑞格利球场（Wrigley Field，位于芝加哥北部）时创纪录地吸引了 46000 名观众到场观看比赛。上千名黑人穿着他们最好的周日礼服来到现场，那个时候黑人几乎从来没有在芝加哥北部看过球。正如记者迈克·罗伊科（Mike Royko）记录的，“这也许是第一次数量如此多的黑人和白人彼此相距

①Ibid.，25–26.

②Jules Tygiel, *Baseball's Great Experiment: Jackie Robinson and His Legacy* (New York, 1983), 40–41, 69 (1uote).

③译注：under Jim Crow conditions，在 Jim Crow 的约束下。Jim Crow 全称 Jim Crow Law，吉姆·克劳法，1870—1965 年在美国南部实行的国家级和地方级种族隔离法律，要求公共设施必须依照种族不同而隔离使用。

这么近。”①

棒球的融合是一个缓慢且受折磨的过程，一直到1959年，职业联盟级的波士顿红袜队签了第一个黑人运动员之后才宣告完成。这一过程对黑人城市生活发挥了显著的作用，促进了种族自豪感，保护了黑人球迷的尊严，也体现了种族关系在未来的收获方面所具备的潜力。20世纪50年代，南部的训练营依旧实行种族隔离，很多队伍为了躲避《吉姆·克劳法》而搬到亚利桑那。在南部确实也发生了一些改变，例如，道奇队在亚特兰大、梅肯和迈阿密这些种族间体育被禁止的城市里安排了表演赛。到1953年，除了南部联盟之外，每个职业联盟都已经实现种族融合。虽然观众是被隔离的，但在杰克森威尔、蒙哥马利、新奥尔良和萨瓦那等南部城市的队伍中依然有黑人参加比赛。②

一直到20世纪60年代，民权游行、抵制经济以及禁止在市政公园、游泳馆、高尔夫球场、饭店、酒店及公共交通设施等地方歧视黑人的联邦民权立法才得以施行，对黑人运动员和观众的最恶劣的待遇才得以结束，虽然卡西·斯腾格尔（Casy Stengel）确实坚持芝加哥和堪萨斯城的酒店终止对其黑人运动员的歧视，但是有组织的职业棒球没有任何办法来减少《吉姆·克劳法》对他们的影响，历史学家朱尔斯·泰吉尔（Jules Tygiel）认为，职业棒球是美国第一个接受黑人并真正实现黑人平等的机构，也因为棒球是全国性的休闲活动，因此，这是非常重要的标志性的成功。③

小结：美国城市中的体育、种族和民族

城市民族团体的运动文化是民族团体文化的遗产，是社会阶级和种族歧视的产物。虽然这些变量影响着所有的团体，但是不同的变量对不同的团体有不同的影响：欧洲移民受旧世界遗产的影响；第二代白人移民受经济状况的影响；黑人受种族主义的影响。

---

①Rogosin, *Invisible Men*, 218. Quote is from CDN, 26 Oct. 1972, cited in Tygiel, *Baseball's Great Experiment*, 196.

②Tygiel, *Baseball's Great Experiment*, 265-284.

③Ibid., 305, 311-319, 343-344. On the civil rights movement and recreational facilities in the South, see James F. Murphy, “Egalitarianism and Separatism: A History of Approaches in the Provision of Public Recreation and Leisure Services for Blacks, 1906—1972” (Ph. D. diss., Ohio State University, 1972).

住在城市里的欧洲移民通过发展尽可能像原生国的民族亚社团来削减他们的疏离感，并帮助他们适应陌生和敌对的环境。在新崛起的地区和贫民区，新来的移民修建民族村来保护他们的语言、习俗、宗教及民族意识。这些社区为教堂等旧式机构和互助社团以及外文报社等新式社团提供帮助。这些机构都帮助新来的移民适应美国城市生活。老移民带来的运动遗产继续成为他们新世界文化生活的一部分。德国人的体操馆和社团中心在德国人居住的社区发挥了核心作用。爱尔兰体育俱乐部推动了民族主义，对体育传统的热爱使他们迅速融入男性单身亚文化，并在其中寻找到朋友及社会流动的路径。运动传统在新来的移民中非常薄弱，除了斯拉夫团体（在欧洲东部发展革命性的运动亚文化的发起人）之外，体育对新到的移民毫无吸引力。

体育确实在第二代移民中发挥了重要的作用。体育上的成功是走向同化的第一步，通过同化能够证明那些负面的对不同民族的刻板印象是错误的，从而赢得别的团体的尊重，并夯实街头年轻人之间的社交关系。体育上的成功也是民族骄傲和社区归属感的来源，是向社会上层流动的可能性工具。老移民的孩子比新来的移民的孩子更有优势，他们能得到父母的允许，经常在能够进行很多不同体育项目的新地方待很久。意大利、犹太和波兰的年轻人则不得不面对父母的反对和工作的需求，以及居住的贫民区拥挤不堪只有非常有限的运动可供选择的现实。由于缺乏打棒球的场地，而造成闹市区的年轻人难以精通棒球，因此他们主要参与的体育项目也局限在他们的社区之内。由于通达的便利性，活动的花销以及担心在陌生的环境中不安全，所以内城年轻人最喜欢的体育项目是篮球、拳击、桌球和保龄球。这些项目都不需要很大的场地，晚上也可以进行，而且能为优秀的选手提供社会地位。拳击尤其适合居住在窘迫的环境中的年轻人，因为打架是他们日常生活的一部分。公园是青少年违法犯罪的场所，是民族志愿组织尝试通过提供篮球和拳击设施从在美国出生的年轻人中维护民族意识的地方。当白人搬到更优质的社区居住之后，他们的第二代和第三代移民就有了享受任何他们喜欢的体育项目的时间和必需的空间。

住在城市中的黑人完全熟悉美国的运动文化，但是因为阶级和种族主义的影响，他们依旧面临着很严重的现实问题。在美国南部，黑人使用体育设施受社会习俗和法律的严格限制，在美国北部则受歧视和贫民区生活条件的影响。他们的邻居总是入不敷出，也是最后一部分得到公共公园和其他设施使用权利的人。但是，体育在黑人聚居区具有非常重要的娱乐和其他方面的作用。城市黑人在建造自己的社区机构等（先是体育，接着是教堂、媒体、政治等）来发展人们的社区意识方面没有欧洲移民成功。黑人成立了他们自己的体育协会、体育队伍甚至拥有自己的体育英雄。体育上的成功提升了黑人的自信，使他们也通过体会运动英雄们的感受来为体育迷们提供感知自我价值的途径，并在更大的范围内获得尊重。体育也为人们提供了除大学奖学金之外的社会流动的希望。提供给黑人的大学奖学金非常少，但是通过职业体育，不管是受隔离的棒球比赛还是被融合的拳击比赛，都为处于贫困中的贫民区青年提供了自然的流动途径。白人搬离闹市区，在拳击和篮球方面获得成功的黑人则搬入闹市区。这两项职业体育都与闹市区的自然环境和文化特点相一致。但是，和白人团体不同的是，黑人并没能逃离城市贫困和贫民区，由此造成的结果之一是黑人把体育当作获得成功的途径并过度依赖这一途径。

社会融合与城市体育的合理化愿景

在人行道上打球和玩棒打游戏（tip cat）[1]对每一个过往的行人来说既危险又令人觉得讨厌。城市并没有设置充足的公共操场，这一事实并不能成为允许孩子们在人行道或者十字路口玩游戏的借口。这些行为很危险，并会给行人带来困扰。

纽约时报“公民道德”，

1902年6月16日

交通太拥挤导致剥夺了纽约的孩子们玩游戏的机会，因此，他们有向低于正常标准发展的倾向。他们的精力应该通过有益健康的练习和精力充沛的游戏来排解。在团伙帮派的最恶劣的言行中寻找减轻压力和发泄情感的出口给城市生活带来了非常多的负面影响。对于一个男孩来说，没办法参加游戏是非常大的劣势和遗憾。每个男孩都应该知道怎么打棒球或者橄榄球，或者是拳击和摔跤，这些可以使他们成为更好的公民。

纽约时报，乔治·文盖特将军（George Wingate）

1905年11月29日

我们认为，棒球是教给我们的孩子们美国理念和理想的最佳方式之一。

芝加哥西区安置房工人写给休·富勒顿（Hugh Fullerton）[2]的信

亚特兰大宪法

1919年7月18日

①译注：tip cat，也叫 cat，cat and dog。是用一根大一些的木棍（类似于棒球棍或者扫帚把）击打一根短木橛（一般不超过3~6英寸）。短木橛一般两头削尖或者呈锥形，这样当大木棍击打的时候就可以一边翘起飞到空中，同时，游戏者要尝试当短木棍在空中的时候用大木棍击打它。

②译注：休·富勒顿（Hugh Fullerton）20世纪上半叶美国体育专栏的作家，美国棒球作家协会创始人之一，因揭开黑袜丑闻（Black Sox Scandal，1919年世界联赛中，芝加哥白袜队八名球手在对阵辛辛那提红人队时打假球）而闻名。

第四章
体育和公共空间

19世纪末期，城市化的过程对体育产生了有害的影响。美国南北战争之后，当原本用来狩猎的丛林被住房用地日益侵蚀时，城市的发展就超越了步行可达的范围界限。在城市边缘，空地很快被住宅或者商业用途占据，城市中心区的房地产价格上升到了天文数字的高度，对所有有可能的空间的集约化利用蔓延到市中心传统的运动场地以及周围的贫民区。商业的压力也让那些使用旧的码头、拥挤的城市街道和繁忙的人行道来做游戏的人变得艰难且危险。①

城市里的孩子竭尽所能来保护他们对传统游戏场所的控制权。世纪之交的时候，孩子们还依然在公共或者私有的码头游泳，他们根本不顾及水被污染带来的危险，以及有可能会溺水或者被逮捕。绝大部分游泳的人都不穿泳装。一位老纽约游泳者回忆说："倘若游泳的人穿了泳装的话，那么在东河里游泳就是合法的。"年轻运动员主要还是依靠他们家前面的街道来获取他们的运动乐趣，这些地方经常有很多孩子玩耍。正如乔治·伯恩斯（George Burns）所回忆："我们的操场位于文顿街的中间，我们只玩那些需要很小的体育器材的游戏，比如踢罐子、跳房子、捉迷藏、跟我做（follow-the-leader）②。当我们玩棒球的时候，我们就用一个扫帚把和一个橡皮球，井盖当本垒，消防栓是第一个垒，路灯柱是第二个垒，吉特里兹先生曾经带了家里的

①David Nasaw, *Children of the City: At Work and At Play* (New York, 1985), 34-35; quote is from Samuel Chotzinoff, *A Lost Paradise* (New York, 1955), 84, cited in ibid., 34. For a reminiscence of swimming in the mid-1920s by working-class boys in a small city, see Thomas S. Yukic, "Niagara River Playground: The Allen Avenue Gang, 1925-1946 (An Historical Glance at a Boyhood on the Niagara River)," *New York Folklore* 1 (1975): 214-227.

②译注：follow-the-leader，跟随领导者的游戏，要求至少有4个人参加，人越多越有趣。一名游戏者充当领导者，四处移动并做动作，其余的游戏者要跟着模仿。领导者做什么动作，其他人要模仿什么动作，如果没有模仿或者动作延迟，则淘汰成为新的领导者，游戏继续。

椅子来坐着看我们玩耍，他是第三个垒。有一次我滑倒在他身上，他抓住了球，而我触杀出局。”①

这一章将分析都市人应对被用来参与体育的可通达的公共空间减少的问题，强调这些户外设施为人们提供了迫切需要呼吸的空间。在南北战争后期，蔓延全国的市政公园运动旨在保护和延续大型公共公园作为当时以及未来使用的场地。19 世纪末期，郊区公园运动失败，但是城市贫民区的人们又非常需要呼吸和娱乐的空间，因而导致了小型公园和操场运动的上升。这一运动被认为是想要把城市生活变得更美好、提升社会秩序、减少脏乱拥挤的生活环境的社会改良家的工作。历史学家目前承认了包括闹市区居民在内的那些团体在规范空间改革的方向以及发现公园运动倡导者的改革动机的复杂性方面的贡献。②公园发展的第三时期发生在第一次世界大战之后，廉价的交通和周日禁令的废止使城市公园在更广泛的范围内可以被人们接近。城市加紧改造和增加了对已存空间的利用，并通过为观赏性体育建造公共体育场的方式来进一步迎合公众的兴趣。

一、郊区公园时代

弗兰德里克·L. 奥姆斯特德（Frederick L. Olmsted）设计建设的中央公园是一处景致优美的地方，受到城里人的广泛欢迎，是城里人休闲娱乐的好去处。在南北战争之后的几十年里，全国的城市都模仿了奥姆斯特德和贺拉

①George Burns, The Third Time Around (New York, 1980), 9-10.

②Representative positivistic interpretations include John R. Betts, *Amer-ica's Sporting Heritage*, 1850—1950 (Reading, Mass., 1974), 174-176; K. Gerald Marsden, “Philanthropy and the Boston Playground Movement, 1885—1907,” *Social Service Review* 35 (Mar. 1961): 48-58. On the social control perspective, see Michael P. McCarthy, “Politics and the Park: Chicago Businessmen and the Recreation Movement,” *Journal of the Illinois State Historical Society* 65 (Summer 1972): 158-172; Joel Spring, “Mass Culture and School Sports,” *His-tory of Education Quarterly* 14 (Winter 1974): 483; Cary Goodman, *Choosing Sides: Playground and Street Life on the Lower East Side* (New York, 1979); Galen Cranz, *The Politics of Park Design: A History of Urban Parks in America* (Cambridge, 1982), 236-239. For a more temperate view, see Paul Boyer, *Urban Masses and Moral Order in America*, 1820-1920 (Cambridge, 1978), 233-251. These monographs almost exclusively studied the park movement from the top down. For sophisticated studies that recognize the complexity of motivations and the countervailing forces involved in the park movement, see Stephen Hardy, *How Boston Played: Sport, Recreation and Community*, 1865-1915 (Boston, 1981), chaps. 4, 5; Roy Rosenzweig, *Eight Hours for What We Will: Workers and Leisure in an Industrial City*, 1870-1920 (Cambridge, 1983), chap. 5; and Strphen Hardy and Alan G. Ingham, “Games, Structures and Agency: Historians on the American Play Movement,” *JSH* 17 (Winter 1983): 285-302.

斯·克利夫兰（Horace Cleveland）在中央公园的基础之上设计的大型郊区公园的模式。在早期最重要的城市规划项目中，以19世纪50年代的中央公园为代表的理念证明，大量的市政工程还是以改善公共健康、提升道德品质、提高房地产价值、支撑城镇名誉以及为子孙后代保护公共用地为目的。

最早建立在中央公园基础之上的公园体系之一的是芝加哥。这是一座令人惊讶的城市，19世纪60年代，芝加哥的人口翻了3倍，达到了30万人，在之后的10年里人口超过了30万。当地的民间领袖认识到，如果他们在保护土地以备未来所用方面什么都不做的话，城市中所有的空地都将落入私人手中。1869年，整个城市仅有几个小型的公园。当地政府在单独的机构领导下为芝加哥3个不同地区设计了一个雄心勃勃的公园体系，每一个都获得授权通过征税来筹募资金。在短短10年中，芝加哥就开发了美国第二大公园体系，这一体系由1500英亩坐落于城市边缘的地区组成，全部设计为常年可用的休闲娱乐场所。北边的林肯公园和奥姆斯特德设计的南方公园体系都临密歇根湖，结合了湖泊的自然之美以及树林、花园和小山丘的特点。林肯公园距离中央商业区大概2.5英里，西区公园和南区公园距离城市大概4.5~7英里，从最远的公园到中央商业区的距离乘火车仅需要20~30分钟，但是高昂的车票价格打消了贫困的芝加哥人乘火车去那里的念头。奥姆斯特德认为，南方公园用作每天使用的场所的话太远了，应该把它们当作假日出行一天日程的目的地。因为考虑到未来城市发展的速度，所以他设计的设施全都能够满足日常使用。①

19世纪，乘车前往娱乐场所是公共交通最流行的使用方法之一。新的有轨电车路线通常铺设在城市外围，终点站设在郊区公园。费城是最早超出步行范围的城市之一。1850—1880年四分之一乘坐大众交通的乘客是为了娱乐。城市中几乎每一条电车轨道都经过费尔蒙特公园，它是全国最大的公园。虽然十五条电车路线中只有四条提供通往金融区中心的服务，但是有十一条路线经过公园的两个主要入口。在纽约，战后交通线路的建设极大地促进了人

①Graham R. Taylor, "Recent Developments in Chicago Parks," *Annals of the American Academy of Political and Social Sciences* 35 (March 1910): 305-307; Elizabeth Halsey, *The Development of Public Recreation in Metropolitan Chicago* (Chicago, 1940), 10, 19-21, 115; Harold M. Mayer and Richard C. Wade, *Chicago: Growth of a Metropolis* (Chicago, 1969), 100; Glen Holt, "Private Plans for Public Spaces: The Origins of ChicagO's Park System, 1850—1875," *Chicago History* 8 (Fall 1979): 181-183.

们对中央公园的使用。20 世纪初期修建完工的通往范·科特兰（Van Cortlandt Park）公园的地铁线提高了公园的使用率。①

郊区公园设计者们伟大的建设计划和目标全部遭到了反对，财政保守派反对任何用于公园公共支出的理念；运动员们反对可接受的娱乐活动（receptive recreation）②而更钟情于活跃的娱乐活动；工人阶级居民和他们的政治代表要求有更多可通达的公园；各种各样的商业和社会团体希望把公共空间用作热闹的娱乐场所等商业用途；内城的居民不同意拨付适当的公共资金来购买和改善城市郊区的土地，因为通达性不够，内城居民和他们的孩子用不上。市政公园倡导者认为公园系统不管其位置如何特殊，都应该为所有城市人口造福，但反对的人并不认同这一主张。正如史蒂夫·哈代在其关于波士顿公园运动的研究中提到的，在这个问题上，政客和公民游说家的眼光远比公园改革者要狭窄，他们主张能最好地满足他们自己选区的新公园。结果，19 世纪 70 年代中期爆发的一场政治冲突威胁到了波士顿公园系统的发展。1877 年和 1881 年的拨款提案差一点儿被否决，因为反对团体都为他们各自的利益而竞争。哈代认为，从长远来看，地方主义也许会讽刺般地通过对中央公园设计者施压来满足地方利益的方式来确保成功。1881 年，波士顿市政府通过了奥姆斯特德设计的公园系统，因为这个系统让每一个人都能获益。③

紧随公园选址的争论之后是对郊区公园设施使用模式的冲突。造访公园

---

①Theodore Hershberg, Harold E. Cox, Dale B. Light, Jr., and Richard R. Greenfield, "The 'Journey-to-Work': An Empirical Investigation of Work, Res-idence and Transportation, Philadelphia, 1850 and 1880," in *Philadelphia: Work, Space, Family and Group Experience in the 19th Century*, ed. Theodore Hersh-berg (New York, 1981), 142-143, 146-148. See also Clay Mcshane, *Technology and Reform: Street Railways and the Growth of Milwaukee*, 1887—1990 (Madison, 1974), 36. For a brief overview of urban transportation, see Glen E. Holt, "The Changing Perception of Urban Pathology: An Essay on the Development of Mass Transit in the United States," in *Cities in American History*, ed. Kenneth T. Jackson and Stanley K. Schultz (New York, 1972), 324-355; Howard P. Chuda-coff, *The Evolution of American Urban Society*, 2nd ed. (Englewood Cliffs, N.J., 1981), 72-80; David A. Goldfield and Blaine Brownell, *Urban America: From Downtown to No Town* (Boston, 1979), 143-145. [参与作者 Claying Sports，玩牌（Playing cards）和饮酒（drinley）]。

②译注：与奥姆斯特德的"有教育意义的乐趣"相联系的一个术语。与参与者直接参与的积极的娱乐（playing sports, playing cards, drinking）不同的是，在 receptive receration 中，人们并不会在获得乐趣方面肆意花费精力。因此，人们可以去中央公园看花草来享受宁静的时光。这样被认为可以提高道德品质。奥姆斯特德认为这是使公园美好的东西，一个人也许是去划船，但是是从氛围中获益而非体力活动中。

③Hardy, How Boston Played, 73-77.

的人当中对竞技体育感兴趣的人日益增加，公园经理和去公园的人不可避免地对“正确地”使用公园产生了不同意见。城市设计师、精英改革者和其他郊区公园理想主义者对奥姆斯特德美丽休闲的公园定位展开了激烈的讨论，他们反对在公园进行商业化的娱乐活动，要求警察先发制人去制止喧闹的行为（芝加哥的公园配备自己的警察），并且在草地上放置“禁止踩踏草坪”的标志。这些禁令主要针对的是工人阶级，他们相对来说有一些喧闹、活跃、甚至有时候发出的声音会很刺耳。他们在公园运动、饮酒、甚至乱交，这些行为在内城的很多公园里是被允许的，或者被无视。19 世纪 80 年代，来自马萨诸塞州伍斯特的人们利用中产阶级的公共公园和湖景公园，在如何合理使用公园用地以及什么是正确的行为方面制造了相当多的冲突。支持把公园运动作为教会工人体面行为的方式的企业家非常失望地发现，较低阶层的人们在公园里游手好闲、饮酒作乐。正如罗伊·罗森茨魏西（Roy Rosenzweig）认为的，公园恰恰为那些应该禁止的行为提供了场所。①

喜欢公园的人注意到，他们的田园寓所受到的威胁花样繁多。1892 年，政治上往来密切的马术师在坦募尼派市长休·格兰特以及公园理事会的支持下试图在中央公园修建一条两英里长的快速道专供马匹行走。声名狼藉的乔治·华盛顿·普朗科特（George Washington Plunkitt）通过国家立法机构给予了必要的法律指导，使州长通过立法，由纳税人协会、城市改革协会、工会和具有改革精神的报纸（比如《纽约时报》）组成联盟来保护公园不受侵害。联盟在纽约市组织了大型的抗议阵营，并派反对者搭载好几列火车到奥尔巴尼去游说。强烈的民众反应说服了坦募尼协会收回此前关于修建公园快速道的提案，支持经费也很快被取消。令人费解的是，1 年之后，公共资金却用来支持修建哈勒姆快速道。1898 年，这条快速道完工，总共花费三百万美元，从 155 大街一直沿着哈勒姆河向北延伸将近三英里。这条快速道仅限赛马马匹通过，并对 1500 名绅士驾车俱乐部的成员开放。支持者声称，快速道吸引了大量的观众周日来免费观看赛马，人数竟然超过了去中央公园的人。②

①Rosenzweig, *Eight Hours*, 135-137.

②*Spirit* 121 (7 Mar. 1891): 302, 123 (5 March 1892): 273; *NYT*, 21-26, 31 March, 8, 12, 14, 15 Apr. 1892; Robert Muccigrosso, "The City Reform Club," *New York Historical Society Quarterly* 52 (July 1968): 250-251. On Olmsted's opposition to the track, see Frederick Law Olmsted, Jr., and Theodora Kimball, eds., *Frederick Law Olmsted: Landscape Architect*, 1822—1903 (1922-1928; rep. New York, 1970), 276, 277, 526-527. On the Speedway, see *NYT*, 30 Dec. 1990; *New York Sun*, I May 1899.

人们在郊区公园的使用问题上产生了相当大的冲突。实际上，所有的城市公园里运动型的项目都是在草地上进行的。反对者担心这些项目会破坏公园的财产，吸引大量潜在的相对吵闹的人。改变传统的运动方式可能导致社会的混乱和政治危机，正如1869年在波士顿发生的市参议员临时禁止人们在公共用地上打棒球一样。新的郊区公园也被禁止打球，尤其是禁止有组织的团体运动。1884年，波士顿公园的负责人声明，所有运动型的比赛都禁止在公园内进行，除非提前得到允许。唯一例外的是，富兰克林公园为孩子们设置了一个游戏角。在巴尔的摩、布法罗、芝加哥、哈特福德、纽约和费城都存在类似的禁令。最后这一趋势向相反的方向发展。19世纪80年代，大型的公园都建造了网球场和棒球场，其他的硬件设施也相应跟上。到19世纪90年代，甚至波士顿也允许人们在公园里打棒球、板球、橄榄球和网球。富兰克林公园甚至还修建了一个高尔夫球场。到1902年，城市里的公园道路对自行车和汽车开放。波士顿以及国内所有的郊区公园的运动设施都主要面向住在公园附近的中产阶级开放。住在新开发区域的工人阶级要么步行到公园，要么乘坐公共交通。但是，工作的人们发现周日禁令依然限制了他们周日参加运动的机会。即使是像芝加哥这样开放的城市，在19世纪末期依然有类似的法律，而且吸引来大量观众的赛事很可能被警察制止，除非是有政治保护的人安排的赛事。在波士顿，地位较高的体育运动，比如，自行车和划艇都允许在周日进行，但是更多的项目，比如棒球，一直到1920年才得到允许。虽然有禁令，但是哈代在评估特殊利益群体（比如成功运用政治势力激进地改变了公共公园由传统观念里的容受性消遣中心转变为发散性娱乐中心的运动俱乐部和街道组织）方面的判断是正确的。①

二、内城的公园和操场

当来自城市边缘地区的中产阶级年轻人和来自新开发地区的中产阶级居

①Hardy, *How Boston Played*, 75-77, 79-85. Tennis was permitted in Central Park's north meadow in 1884 at a hay field that was difficult to locate. *Spirit* 106 (10 May 1884): 411. The park commissioners forbade children from freely playing on the grass until 1897, although they permitted elite sports like horseback riding and carriage driving on the roadways. *NYT*, 22 Apr. 1886; Richard Knapp, "Parks and Politics: The Rise of Municipal Responsibility for Playgrounds in New York City, 1887—1905" (M. A. thesis, Duke University, 1968), 31. Not until after 1910 did Central Park have permanent tennis courts and baseball diamonds. See Henry Hope Reed and Sophia Duckworth, *Central Park: A History and a Guide* (New York, 1967), 46.

民有机会利用风景优美的郊区公园进行户外运动的时候，贫民区的流浪者却一直难以从中获益。一直到世纪之交时，距离、往返的时间、车票价格等都不方便于内城居民广泛使用郊区公园，除了周日的交友活动。当然，很多体育项目又禁止在周日进行。除此之外，在大公园里，内城的年轻人不受公园所在地的占统治地位的团体的欢迎，尤其是在公园里面或者公园的部分地方。这些地方被居住在新开发地区的年轻人控制着，而新开发的地区社会极不稳定，人们也不友善。犹太人、黑人或者其他侵入爱尔兰人领地的年轻人则在四处寻找麻烦。①

在19世纪末期，大城市在为内城区年轻人提供户外公共空间方面的进展非常缓慢，实际上，由于城市中心区人口的快速增长，户外公共空间的供给是滞后的，因为城市里每一寸土地都需要用来居住。例如，1900年在芝加哥，城市人口达到了200万，最贫穷的街区事实上并没有受到郊区公园运动的影响。3个位于南部的社区［恩格伍德（Englewood）、斯多克亚兹（Stocktards）、卡路美生产区（Calumet Manufacturing region）］人口达到36万。这些人忍受着过度拥挤、健康状况低下、高犯罪率的状况，社区内也没有一块公共休闲区域。这种状况在纽约的一些地区甚至更加糟糕，尤其是下东区，这里是世界上人口密度最高的地区，居住地附近没有公园，人们对中央公园也毫无所知。当记者约克布·里斯（Jacob Riis）对48名市中心的在校男学生采访后发现，其中只有3位男生曾经去过中央公园。②

很多不同的个人和团体为表达贫民区居民的需求而努力，他们同意小型公园应该建在内城区，这样可以使很多人受益。那些从来不会走超过四分之一英里的路到公园的成人、年轻人和孩子将拥有一个能够让他们休闲和呼吸新鲜空气的地方。19世纪80年代，公园运动大部分的原始动力来自像纽约市长阿伯拉姆·休伊特（Abram Hewitt）这样的精英改革者，还有儿童急救社团（Children's Aid Society）这样的老慈善社团、社会安置房的工人、社会福音派的牧师、长期致力于公园运动的记者以及一些园林景观设计者，比如贺拉斯·W.S.克利夫兰（Horace W. S. Cleveland）。最近的研究也证实，有着特殊利益

①McCarthy, "Politics," 159.

②Chicago Recreation Commission, *Chicago Recreation Survey*, vol. 1, *Public Recreation* (Chicago, 1937), 22 (hereafter cited as *Chicago Recreation*); Halsey, *Recreation in Metropolitan Chicago*, 145; Jacob Riis, *How the Other Half Lives: Studies among the Tenements of New York* (1890; rep. New York, 1966), 183.

的内城群体，比如运动俱乐部、社区组织以及政客都为改革的需要做出了贡献。①

社会改革者相信，他们能够通过修建公园、操场和公共浴室来为人们提供一个向上的健康的环境，从而代替赌博房、桌球室、酒吧和妓院，保护城市青年远离他们不健康的生活环境。最“优秀”的人希望通过公园来提升城市青年的道德水平、改进他们的性格并将他们美国化。如果这样不奏效的话，就把操场作为社会控制的起源。第一块操场只是简单地让孩子们能有安全玩耍的地方。少年们起初疏于家长的监督。研究证明，20 世纪初，操场倡导者指导下的游戏在教育孩子方面比没有指导的孩子们独立的玩耍更有效。在成人指导下，孩子们在游戏中将学习到顺从、准时、自我牺牲以及其他传统的美国价值，之后就会成长为把个人的意愿和合作的能力相融合的适应现代商业工业需求的成年人。②

纽约曾经是政治骑墙派，后来，改革者将其视为在小公园运动中发挥了领导作用的城市。但是，来自内城区的坦募尼派的代表们却阻碍了他们选区的人们改善空间需求的努力。改革派市长阿伯拉姆·S. 休伊特（Abram S. Hewit，1886—1887）被贫民区居民对休闲空间的渴望所触动，竭尽全力帮助他们的孩子在压抑的环境中获得解脱。他认为，小公园能够改善贫穷移民的孩子的健康和道德，避免以激进的方式解决问题。1887 年，休伊特的主张得到了市政府赞助的小公园建设项目的支持，这些小公园能够在拥挤的环境中将公园最美的特色和操场设施结合起来。出于相同的原因，市政府也倡导

①Knapp, “Parks and Politics,” chap. 3; and Jerry G. Dickason. “The Development of the Playground Movement in the United States: A Historical Survey” (Ph. D. diss., New York University, 1979), emphasize the role of elites. See also n. 3, above. For the contributions of other social groups an individual, see Hardy. *How Boston Played*, chaps. 4, 5; Rosenzweig, *Eight Hours*, chap. 5; and Daniel M. Bluestone, “Olmsted's Boston and Other Park Places,” *Reviews in American History* 11 (Dec. 1983): 532-533. Contemporaries did not clearly distinguish between the terms *playground and small park*. A playground usually meant a children's playing area, supplied with special equipment, that was fenced off from the surrounding area. Playgrounds could be free standing or located inside a park.

②Hardy, *How Boston Played*, 86-88, 91-102; Rosenzweig, *Eight Hours*, 144-148. See also Dominick Cacallo, *Muscles and Morals: Organized Playgrounds and Urban Reform*, 1880—1920 (Philadelphia, 1981); Organized Playgrounds and Urban Reform, 1880-1920 (Philadelphia, 1981); Bernard Mergen, “The Discovery of Children's Play,” AQ 27 (Oct. 1975): 339-420; Mark Kadzielski, “‘As a Flower Needs Sunshine’: The Origins of Organized Children's Recreation in Philadelphia, 1886—1911,” *JSpH* 4 (Summer 1977): 169-188.

在公园旁边修建图书馆和浴室。休伊特说服了国家立法机构授权纽约可以一年花费 100 万美元修建小型公园。①

除了休伊特在任期间所做的努力之外，在之后的 8 年里，小公园的建设并没有多少进展。坦募尼派的市长对这类提供工作机会不多且利益有限的小型项目并不感兴趣。他们更中意那些大型的昂贵的建设项目，比如修建范·科特兰公园和佩勒姆湾公园（Pelham Bay parks）。这些项目都提供了大量的合同和赞助，但是这些位于纽约市北部的郊区公园对于贫民区的居民来说完全没有通达的可能。考虑到纽约不景气的财政地位，尤其是 1893 年经济大萧条时期，城市领导人言之有理地主张还有比小公园更紧迫的问题需要解决。②

第一个实实在在的成就来自共和党人威廉·L. 斯特朗（William L. Strong）的改革施政（1896—1897）。他主张在贫民区修建小公园。1897 年，经过十年的等待，纽约市终于在声名狼藉的桑本德公寓（Melberry Bend tenement）所在的地方开了一个期望已久的公园，但是公园里依然没有玩耍的地方。斯特朗还开始在位于贫民区附近的水边修建经济型休闲码头。休闲码头是大型的设施（220 米×19 米），但是仅仅花费了在纽约昂贵的房产旁修建小公园所需金额的四分之一。为响应 1894 年对经济公寓（Tenement House）的调查结果（在城市贫民区没有足够的游戏空间），教育委员会要求每所新学校所在的社区都要有一个可以用的室外操场。为了在拥挤的内城空间中找到地方，学校很经济地把游戏区域建在屋顶上。③

当坦募尼派的弗雷德里克·范·沃克赢得选举，成为大纽约区第一任市长之后，在内城区居民的运动需求方面依旧业绩甚微。即使国家已经批准花费 400 万美元建造五个项目，范·沃克在任职期间也只修建完成了一个公园。之后，私营部门开始发挥主动作用。1898 年，一个基础广泛的联盟组织了户外休闲联盟来保护小公园和贫民区操场。这个联盟的领导人包括社会工人玛丽·斯米克维奇（Mary Simkhovitch）和莉莉兰·瓦尔德（Lillian Wald）、社会福音派牧师威廉·S. 里斯福德（William S. Rainsford）和主教亨利·波特（Henry Potter）、慈善家内森·斯图尔斯（Nathan Straus）、哥伦比亚大学校长尼古拉斯·莫里·巴特勒（Nicholas Murray Butler）以及 AFL 主席塞缪尔·冈

①Knapp, "Parks and Politics," 45-49, 53.

②Ibid., 28, 52-53.

③Ibid., 84-100; *NYT*, 17 Nov. 1912, 2 Apr. 1913.

珀斯（Samuel Gompers）。他们为贫穷的城市人的休闲和健康需求寻找社会认可，捐献土地和金钱用来建设休闲中心，并修建了一个别的城市可以模仿的典范式公园。1898 年 6 月，奥兰多开放了哈德逊班克（Hudson Bank），这是一个位于下东区的典范式户外体操馆，对公众昼夜免费开放。作为城市里第一个此类的场所，哈德逊班克的修建体现了公众对沙地园、跑道以及体操设备的需求。1 年之后，奥兰多在一块期待已久但最终未完工的市政公园里修建了操场、体操馆和田径场，最终这里成为苏华德公园（Seward Park）。①

住在贫民区的居民，比如下东区的居民，虽然有可能不同意这些改革者的建议，因为会让他们感觉像被社会控制了一样，但是，他们经常支持盎格鲁-撒克逊白人新教徒②的改革者们为提升身体和道德水平而修建小型公园和操场的目标。1901 年，苏华德公园最终完工。这个公园由奥姆斯特德设计，在请愿的意第绪人赞助的基础上修建，因为请愿的意第绪人希望在新公园里有一个大型操场，当地的居民就写信给媒体，本区的牧师、市议员，还有房地产所有者也向市政府请愿，并参加了街道委员会组织的会议来向当地公园施压。历史学家杰弗里·古洛克（Jeffery Gurock）发现，下东区的俄罗斯-犹太社区并不太支持公园运动，因为相比起令人愉悦的呼吸空间，他们更需要廉价的住房。在拥挤的地方建起来的公园使大量的人移居，随之而来的住房短缺也使房东们提高了房租。③

到 1905 年，纽约市政府才最终完全同意为所有居民提供公共休闲设施。公园的负责人管理城市中大型的郊区公园和 9 个小型公园（包括位于下东区的 3 个小型公园）。教育委员会复查了 100 个操场以及涵盖内容比较丰富的夏季儿童项目。码头委员会管理 9 个休闲码头，其他的一些城市机构管理 15 个市政游泳馆。在小公园运动开始之前，虽然这些已经是很大的改进，但是依然无法满足城市年轻人尤其是住在内城区的年轻人的需求。公园项目仅能满足 6%的曼哈顿儿童。1912 年，下东区提供不到 18 英亩土地作为 23 万 7222 名儿童的游戏空间。④

---

①Knapp, "Parks and Politics," 100-118.

②WASP, White Arglo-Saxon Protestant，泛指信奉新教的欧裔美国人，这个群体拥有庞大的经济、政治势力，构成美国上流社会和中上阶层的绝大部分。WASP 的精英阶层从 19 世纪早期就牢牢占据美国上流社会。

③Ibid., 109-110; Jeffrey Gurock, *When Harlem Was Jewish*, 1870—1930 (New York, 1981), 35, 42, 161.

④Knapp, "Parks and Politics," 131; Goodman, Choosing Sides, 56.

当中产阶级和精英社会改革家在纽约领导小型公园运动的时候，其他地方则是工人阶级在保卫公共游戏空间方面发挥着更积极地角色。哈代和罗森茨魏希认为，在波士顿和伍斯特，来自比较体面的街区的居民与精英和中产阶级改革者组成统一战线，在保卫小型公园和操场的空间方面发挥了显著作用。他们认为，户外练习能够促进健康、杜绝青少年犯罪，并使社区受益。精英志愿者协会（比如马萨诸塞急救和卫生协会）支持下的工人阶级人民在儿童发展以及成人监管下的游戏方面有着很奇特的理论，他们与他们的政治代表一起对公共空间进行管理。①

1870 年，居住在波士顿中心区的居民也许比居住在其他城市的居民能更好地享受公园带来的福利，但是在关于讨论如何才能最好地保护和利用这些资源时出现了反对的意见，并导致发生了较大的冲突。1869 年，当波士顿试图不允许棒球手使用公园时，居民们组成了“红色球”联盟，当年三分之二的市议员来自这一联盟。最终，公园一角得以保留下来用于男孩子参与体育运动，但是这块地方并不能满足需求。四年之后，2000 人代表大约 30000 名需要游戏空间但是没办法负担昂贵的休闲费用或者有时间去郊区参与锻炼的年轻男性签署了一份请愿书，并递交到市政府。但是请愿书被否决。1877 年，市议会和市议员委员会批署了 2000 美元用于操场建设，虽然当时他们并不确定操场到底是什么。②

19 世纪 80 年代，内城的街区团体开始游说议员们为内城的孩子修建操场。多切斯特、东波士顿和布莱顿等新崛起的地区中的中产阶级下层和下层阶级中的上层爱尔兰社区也为保护他们的游戏场地而到处游说。这些场地被快速开发，最终导致没有留给青年们任何空间来进行游戏。这一状况在内城的贫民区更加糟糕。这里的男孩子们不得不在街道上玩耍。公园部迫于公众的压力很久之后才作出回应。1889 年，富兰克林公园里为中产阶级儿童修建了游戏区（playstead）③，同时公园部还在查理斯河堤上修建了体操馆，步行就能到达位于西端区（West End）的贫民区。奥姆斯特德和杜德利·萨金特博士（Dudley Sargent，哈佛的海明威体操馆负责人）设计的查尔斯班克体操

---

①Hardy, *How Boston Played*, 87-88, 99-101; Roenzweig, *Eight Hours*, chap. 5.

②Boston, *Reports of Proceedings of the City Council*, 28 Apr. 1873, quoted in Hardy, *How Boston Played*, 90.

③译注：Playstead 是 1886 年由奥姆斯特德设计的大型的、使用率高的运动区域，主要用于休闲的目的，《波士顿先驱报》曾引证说“这是这个国家有史以来为儿童单独设立的最好的运动场”。

馆是第一个在美国人努力下向贫民区居民提供的游戏空间。这种公园和操场相结合的方式，有景区、有孩子们玩耍的地方，还有单独的供男性和女性运动的体操馆，被证明是一种巨大的成功。女性的体操馆是第一个为女性提供指导的、免费的公共娱乐的地方，因此也显得尤为著名。大部分的客户都是当地身体健康和有意识改善身体条件的居民，而且精良的设施也吸引了中产阶级女性和年轻的女性精英。①

1892—1893 年，波士顿用于操场建设的拨款只有 2780 美元，1 年之后迅速攀升至 41400 美元，1897—1898 年达到 18 万美元。这些开支不仅包含对富人们的公园的投资，也包含对市中心那些土地昂贵又很难保证不被开发的小型公园的资助。到 19 世纪 90 年代早期，内城的街区已经有足够的政治影响力来表达他们的政治诉求并得以满足。内城的政客以郊区小型公园的选票为筹码来交换他们选区的小型公园和操场。北端区的大老板约翰·F. 费茨格雷德（John F. Fitzgerald）力争为他所在的选区保留了一个公园。这个公园建在查尔斯镇。西端区则得以改善查尔斯班克体操馆。世纪之交的时候，波士顿已经拥有了完整的操场体系，且设施覆盖全市。②

在伍斯特，工人阶级的爱尔兰人在小型公园运动中起到了和在波士顿同样的积极作用。到 1879 年，伍斯特唯一的工人报纸——《星晚报》（Evening Star）抱怨，跟通达性欠佳的中产阶级厄尔姆公园相比，普通大众得到的待遇不公正。1882 年，当住房和商业在爱尔兰人集中居住的东区急速发展起来的时候，东区的人们开始要求在他们的社区设立自己的游戏空间。温和的爱尔兰市民领导人理查德·欧弗令（Richard O'Flynn）组织了一场会议来争取人们对公共操场的支持，最终得到大约 140 名邻居向市政府请愿要求为体育划定专门的用地。大约 80%签名的人是蓝领工人，剩下的人一般是当地的小型企业业主。但是请愿的人最终没有得到他们的公园。伍斯特的两名民主党议员加入了保守集团并战胜了一大群倡议给厄尔姆公园增加一个水库的人。③矛盾最终在 1884 年得以解决，州政府通过了在镇上这两个区域均购买公园用地的

---

①Hardy, *How Boston Played*, 93-99; Cynthia Zaitzevsky, *Frederick Law Olmsted and the Boston Park System* (Cambridge, 1981), 95-103.

②Hardy, *How Boston Played*, 88-89, 97-98.

③译注：1884 年，伍斯特市考虑增加一个水库来供应居民饮用水。城里的富人们不想让水库紧邻他们的公园，而工人阶级的人们则希望在他们的社区修建一个真正的公园。

决议。两年之后，公园委员会提供了翔实的计划。这份计划是全美最早的城市范围体系内的计划，通过为西区的中产阶级提供景致公园（scenic parks）以及为东区的普通民众提供两个小型公园的方案解决了当地阶级和不同区域之间的矛盾。接着，其他工人阶级社团也运用他们的政治影响力保卫了他们的游戏空间。①

长期的结果相比预期来讲并不乐观。街区团体并没有成功地把孩子们从街上吸引到公园中。90%的男孩子依旧在大街上玩耍，一小部分原因是因为从贫民区到操场始终不太便利，但是更主要的是男孩子们更享受在大街上游戏的乐趣，他们可以在大街上玩传统的游戏，并能把流行的体育项目（比如棒球）融入有限的空间，在没有家长监管和干涉下躲避有轨电车和汽车来娱乐自己。拥挤的内城街区因此变得比以前更加拥挤。正如一位伍斯特的运动家在1904年所说："如果你想在康普顿公园的棒球场打球，那么你头天晚上就必须睡在那里。"另一个问题是城市提供的资金支持分配不公平。工人领导抱怨大部分用于公园的钱都花在了工人和他们的孩子几乎看不到的地方。到世纪之交时，内城的公园由于得不到足够的资金支持且很少维护，最终成了垃圾场。"阶级公园"的体系建立起来，每个阶级都力争对他们自己街区的公共空间实行自治。②

虽然波士顿和伍斯特是操场和小型公园运动中的先锋，但是芝加哥体系却成为全国效仿的模式。芝加哥曾经一度在郊区公园运动中处于领头位置，但是在1880年，费城的公园总体面积超过了芝加哥。在接下来的20年里，芝加哥的公园面积仅仅增加了36公顷，成为全美人均公园面积最低的城市之一。世纪之交时，几乎一半的城市居民住在离郊区公园至少1英里外的地方，虽然这些地方不再处于居住地的外围。待以改善的公共交通使这些公园甚至比城市中的重要地区还容易到达，因此，中产阶级和经济状况好的工人阶级得以在同样的公园进行运动，但是他们并没有真正融合在一起。贫民区的人并没有从郊区公园中得到好处，他们负担不起20美分乘有轨电车到大公园的来回路费，例如，近西区在走路的范围内只有一个小型公园，对于呼吸空间

①Rosenzweig, *Eight Hours*, 132, 135, 144.

②Hardy, *How Boston Played*, 99–106; Worcester Commission on Shade Trees and Public Grounds, *Annual Report for the year Ending November* 30, 1904 (Worcester, 1905), 14–15; and *Labor News*, 22 June 1907, both quoted in Rosenzweig, *Eight Hours*, 137.

的需求促使简·安德姆斯（Jane Addams）和她在赫尔馆（Hull House）① 的同事参加到政治改革中，后来又参加到操场运动中，目的是为了给街区提供城市未能提供的必要服务。②

社会福利所的工人、女性俱乐部以及社区组织和一系列报纸上的文章对公园问题的宣传和报道最终说服了市长卡特·H. 哈里森（Carter H. Harrison），1899 年，他委派了一个特殊的公园委员会来调查人们的需求并提出解决方案。调查报告反复重申了改革者的抱怨，他们抱怨大型公园通达性不足，尤其是对于在内城生活的人们来说，而且大型公园始终无法满足公众休闲活动的需求。委员会建议建立并维护贫民区中设施良好的游戏区域使之全年可用。尽管有适度的预算，但是在 1900—1904 年，委员会一共运作了 9 个 1~5 公顷大的公园，这些公园位于城市里或者贫民区，有超过一百万儿童使用这些小型公园。③

当时，所有的关注都聚焦在小型公园身上，这鼓励了伊利诺伊的立法机构授权给当地的公园地区通过出售债券来为小公园筹集资金。1901 年，南方公园地区发行了 7700 万美元的债券，建设了 31 个小型公园和操场，每个都有 10~16 公顷面积，并配有娱乐中心，以及户外的体育馆、田径场、游泳池，还有宽敞的室内馆（最终成为社区中心，是枯燥的工业街区的特殊存在）。这些奢华、昂贵、漂亮的公园里有草地、树木、花，造价在 22 万~40 万美元。每年的维护费达到 5 万美元。公园每天都开到傍晚，接待不同年龄，尤其是不去上学而有工作的青少年，他们非常需要常规的娱乐中心来代替桌球室这样的地方。④

建在南区的小型公园全国闻名。总统罗斯福把这里描述为当时伟大的市政成绩。芝加哥人在小型公园身上赋予了很多信念，如同是对未来的美好投

①译注：美国芝加哥的一个福利机构。

②Halsey, *Recreation in Metropolitan Chicago*, 26, 145, 163-164, 166; *Chicago Recreation*, 1: 14-15; Clarence Rainwater, *The Play Movement in the United States* (Chicago, 1922), 18-19; McCarthy, "Politics," 159-160; Humbert Nelli, *The Italians in Chicago*, 1880-1930, *A Study in Social Mobility* (New York, 1970), 96.

③Halsey, *Recreation in Metropolitan Chicago*, 26, 145; Mary Frye, "History of the Development of Municipal Parks in the United States: Concepts and Their Applications" (Ph. D. diss., University of Illinois, 1964), 162-164.

④Rainwater, *Play Movement*, 92-100; McCarthy, "Politics," 161, 163-164; Frye, "Municipal Parks," 162-164.

资。芝加哥大学社会福利所的玛丽·麦克道尔（Mary McDowell）跟商人们保证，“利用沙袋进行肌肉练习，或者在高尔夫俱乐部，或者在游泳俱乐部，都不应该欺负工人，进而导致违反法律和秩序的冲突发生”。公园所期望的在促进社会秩序方面的价值得以确认。卢塞尔·萨吉（Rusell Sage）基金会的研究表明，当一个新公园在牲畜饲养场地区建成，这一地区的犯罪率就会降低44%，相比之下，此时整个城市的违法犯罪率反而增加了11%。当然，因为在街上闲逛而被抓起来的年轻人有可能只是简单的转移到了公园里，他们不太可能因为同样的行为而被捕。①

除了对南区新的小公园的赞赏之外，贫穷的近西区几乎没做什么事情。西区公园委员会由共和党来管理，他们从中弄虚作假，把公园职位当成赞助。20世纪初期的公园委员会负责人反对小公园运动，因为在拥挤的街区征地需要很高的费用，所以也希望能够弄到几个合同和工作岗位。在1905年，新当选的改革派州长委任了无党派人士担任公园委员会的负责人，社区的需求才被给予足够的重视。一百万美元的债券被允许发行，用于建设西区休闲中心。在之后的两年里又修建了3个小型公园，依照南区的模式，每个都不超过8公顷。当然，这依旧无法满足公众对于呼吸空间的需求。②

工人阶级团体支持公园委员会提出的大部分特殊建议，但是他们也反对对市外森林公园地区进行规划。城市设计者认为通过为子孙后代保留原始的区域能够使每个人获益，但是工人领导反对这一概念，因为保护下来的森林只能通过搭乘汽车才能到达，而芝加哥工人阶级的人并没有能力这样做。1905年，当举行全民表决的时候，芝加哥工人联盟敦促成员们反对为富人提供野餐地，虽然大部分的投票支持这一提议，但是最终因为复杂的立法技术而宣告失败。9年之后，在不同的选举规则之下（只简单的要求票数超多数）相同提案得以通过。③

三、20世纪20—30年代的公园运动

公园运动在全国范围内发挥了积极地作用。到20世纪30年代初期，超

①*Special Committee to Investigate the South Park Commissioners* (Chicago, 1905), 17-18, quoted in McCarthy, “Politics,” 166; Allen T. Burns, “Relation of Playgrounds to Juvenile Delinquency,” *Charities and the Commons* 21 (3 Oct. 1908): 29.

②McCarthy, “Politics,” 167-170.

③Ibid., 171-172; Jesse Steiner, *Americans at Play* (1933; rep. New York, 1970), 33.

过5万人口的城市中都拥有一个公共公园。1907—1932年与城市人口成60%比例的全国公园面积得到改善的现象绝大部分发生在人口数量达到10~30万的城市。但是，在主要的城市中所取得的成就则很少，公园面积大概只上升了18%。东部和中西部人口聚集的工业中心城市公园面积增长的空间最小。虽然纽约市的人均面积仅次于洛杉矶，位居第二，但是其人均公园面积很低，平均每公顷485人，在25万以上人口的37个城市中位列第33，芝加哥位列第35，纽沃克排名垫底，平均每公顷11403人。这其中，芝加哥的情况尤为引人关注，因为芝加哥长期以来就在公园规划方面处于领导地位。1930年的时候，芝加哥就把19个独立的公园地区整合在一起来规划和发展，这为理性化的休闲方式提供了重要的样本。所有排名靠前的城市都位于密西西比河以西，比如丹佛、达拉斯还有明尼阿波里斯，这些城市能够在城市外围购买到大量的土地，但是由于地处偏远使得内城的居民不太能够轻松到达，因此，在解决内城居民游戏空间的需求方面并没有发挥多少作用。特大城市中的市政公园由各县的公园做补充，比如33000公顷的库克县森林公园。因为只能搭乘汽车或者公交车才能到达县公园，所以其价值对于内城的居民来说依然有限。除此之外，即使是中产阶级也很少到这么远的公园来，除非遇到家庭出游，否则他们的孩子更喜欢在步行就能到达的地方打球。①

1915—1928年，随着公园面积的增长，公园的人均管理和维护支出也翻了一倍，但是，这依旧无法满足日益增长的公众需求，因为城市人口日益增加，生活得以改善，也使城市人口有了更多的休闲时间。需求量的增加还源于周日禁令的废除。市政府发起了众多项目来更廉价、更有效地利用现有资源，比如采用夏令时以及采用人工照明来延长操场、棒球场和网球场的开放时间。这些创新都广受欢迎，在经济大萧条时期也被证明非常有用，它为上

①Steiner, *Americans at Play*, 25-29. The creation and operation of municipal recreational facilities was a difficult political task that required special state legislation. Only in 1917 did any state pass enabling laws giving its cities the power to facilitate public recreation and raise taxes to pay for it, but such provisions would be fairly common by 1931. A confusing array of governmental agencies administered public recreation, and there were a lot of overlapping responsibilities. Recreation was usually under a park commission (28.9 percent), playground and recreation commission (25.3 percent), or board of education (21.2 percent), with age being a major variable for dividing up responsibilities. See ibid., 167-170.

百万的城市人创造了更多的休闲时间。①

市政公园提供了多种多样的设施，有棒球场、游泳池、高尔夫球场、槌球和推圆盘游戏（shuffleboard）。但是，人们对于空间的需求常常超过供给，尤其是在大城市以及这些城市中最贫穷的街区。纽约有162个棒球场，但是依然满足不了那些寻找有许可的球队的人的需求，因为大部分的球场都被预约保留给了那些有政治背景的俱乐部。市政高尔夫和网球设施取得了具有标志意义的进步，这些场地主要供中产阶级使用。1924—1931年，全国的网球场增加了81%，仅芝加哥就增加了750块场地。纽约也有上百块场地，但是依然不足以满足需求，球手们还需等待几个小时才能得到一块场地。高尔夫运动的发展更加令人印象深刻。高尔夫球场的数量从1910年的24块增加到1931年的543块。但是，即便是这样的增长速度依然赶不上人们的需求。到20世纪20年代末期，企业家们修建了私有的、每日付费的高尔夫球场，很快就超过了公共的高尔夫球场的数量。纽约确实没有为人们提供充分的服务，在这里仅有一块现代公共高尔夫球场，高尔夫球手黎明时就开打，到太阳下山时能结束一轮就很幸运了。②

当地的地理和气候变化也影响着市政公园项目。位于水边的城市有史以来在控制滨水区的发展并用于商业用途方面收效甚微。芝加哥就是其中的典型案例，一直到1909年，丹尼尔·博汉姆（Daniel Burnahm）的芝加哥计划开始实施，情况才得以改善。该计划的实行带来的结果是1905—1930年之间海滨区的游客人数增加了6倍。20世纪20年代，越来越多的城市开始关注滨水区的保护问题，有公共沙滩的城市也增长了70%。公园部通过修建更衣区、更衣室以及雇佣保安人员来保护游泳者等方式改进沙滩区域的管理。③

气候温和的城市倡导利用附近的大海、湖泊、河流或者是建设公共游泳

---

①Per capita expenditures of city recreation departments rose from $0. 60 in 1915 to $1. 44 in 1928, which was slightly above the average increase for all city agencies. Steiner, *Americans at Play*, 173-174, 179-180. On Sabbatarian reform, see above, 69-71; John R. Betts, *America's Sporting Heritage*, 1850-1950 (Reading, Mass. , 1974), 352-355; Steven A. Riess, *Touching Base: Professional Baseball and American Culture in the Progressive Era* (Westport, Conn. , 1980), chap. 5, esp. 137, 140; Blaine A. Brownell, "Birmingham, Alabama: New South City in the 1920s," *Journal of Southern History* 38 (Feb. 1972): 38-39.

②Steiner, *Americans at Play*, 30-31, 62, 65, 70-73; *New York HeraldTribune*, 26 Jan. 1934, quoted in Robert A. Caro, *The Power Borker: Robert Moses and the Fall of New York* (New York, 1975), 335.

③Steiner, *Americans at Play*, 52. On the Burnham Plan, see Mayer and Wade, Chicago, 274, 276-280.

池来进行休闲娱乐或是体育运动。相对寒冷的城市则致力于对冬季体育项目给予更多的关注。冬季，公园的工人淹没了滑冰区，建设了平滑道和滑梯，并封闭街道用于滑行。到20世纪30年代末期，超过60个城市拥有滑雪跳台，超过100个城市拥有雪橇雪道。其中，冬季运动设施最好的是圣保罗市，拥有10个冰球场，18个滑冰场，还赞助每年一度的冬季狂欢节来吸引游客。①

这些项目很多都在新政的工作援助计划下完成，最开始是1933年的民用工程管理局（CWA），一年之后是联邦紧急救助管理局（FERA），最后是1935年的工作项目管理局（WPA）。新政的机构花费了大约7500万美元用于运动设施的建设。1936—1941年，工作项目管理局一次性雇佣了将近全国五分之一的劳动力并负责建设和改进将近3300个体育馆、体育馆看台、露天看台和8333个休闲建筑，5898个运动场和操场以及770个游泳池。三分之一到二分之一的开支由联邦政府承担，以此来鼓励上百个城市提出的新计划和维修旧设施的举措。②

纽约从新政计划中获益最多，首先是因为纽约市有大量的需求，其次是公园负责人罗伯特·摩西（Robert Moses）和他的员工能够为联邦机构提供详细的计划并付诸施行。纽约的公园空间不足，整个工作项目管理局七分之一的预算都用于支持纽约市的项目，但是大部分的工作机会都被坦募尼把控，实际上被合理的用于修建公园所需的材料和设施上的钱寥寥无几。公园亟须的修复要么被推迟，要么被遗忘，草坪上的草几乎不修整，公共浴室也很少开放，操场也没有重新铺设。政治家甚至掌控着空间的使用权，比如允许有政治背景的个人或者团体使用公园运动场，公园的建筑则租赁给跟选举费有关的商业公司。政客们只需要15美元就可以租赁到布朗克斯果园海滩前的空地，并在空地上建设房屋，甚至对公众关闭海滩。③

住在城市最贫穷街区的居民一直迫切需要游戏的空间。拥挤的下东区仅有两个小型公园，哈勒姆区的状况也不太好。这些区加起来总共有6个操场。

---

①Steiner, *Americans at Play*, 76-78.

②Caro, *Power Broker*, 392; Betts, *America's Sporting Heritage*, 286-287; U. S., Federal Works Agency, *Final Report on the WPA Program*, 1935-1943 (1947; rep. Westport, Conn., 1976), 48-50, 51-52. For an extensive study of federal support for urban recreation during the Depression, see Judith Anne Davidson, "The Federal Government and the Democratization of Public Recreational Sport, New York City, 1933-1943" (Ph. D. diss., University of Massachusetts, 1983).

③Caro, *Power Broker*, 144-145, 331-333, 453.

历史学家罗伯特·卡洛（Robert Caro）把这一状况归结为3个因素：重新安置因公园征地导致房屋被拆迁的人的过程中遇到的困难；地方坦募尼领导人对城市政策的否决权，不希望丢失那些不得不搬家来为公园腾出地方的民主党投票；多位市长缺乏决心或者财政上属于保守主义。①

1934年，在大都市地区担任过多年公园建筑师的摩西赴任成为公园负责人。他因在1929年修建琼斯海滩并保证有新的高速公路作为通往海滩的必要条件而闻名。对于纽约人来说，琼斯海滩是科尼岛之外的不二选择，乘车即可到达。早在1934年，摩西就雇佣了百姓工作管理局和联邦紧急救助管理局的工人来重新播种草坪。他们种植了11000棵树，重新粉刷了公园里每一个建筑，重新铺设了网球场，重新打造了高尔夫球场，并给每个操场都重新铺设了沥青。到劳动节的时候，又增加了51块全新的棒球场，10个高尔夫球场和240块网球场。摩西和他的同事还保护了69个公园和操场，这些场地大部分位于贫民区没有任何的公共开支。他们重新发现了被遗忘许久的一些市政空地，并从拖欠税款的人那里获得土地，从教堂、慈善家以及各种各样的慈善组织那里获得捐款。随后，摩西用工作项目管理局的资金雇佣了6000名男性和女性来指导公园、操场以及学校等地方的休闲活动，并管理多个建设项目。②在美国历史上，新政在纽约和其他地方建立起来的项目也许比任何其他事物对普通城市人口参与体育的影响都大。

20世纪20年代和30年代的市政府不但没有在公共海滩、公园、操场上限制开支，而且历史上第一次投资了体育场馆。城市支持者鼓励修建昂贵的体育场地来提升他们所在城镇的名声，给当地露天表演和体育赛事提供设施，以促进旅游的发展。1914—1915年，圣地亚哥公园负责人委员会建设了第一块体育场地。场地能容纳3万人，依靠发行的15万美元债券支付了修建体育馆所需的钱。然而，在这里并没有举行过重要的体育赛事。第一个成为体育比赛固定设施的公共体育馆是位于帕萨迪纳的玫瑰碗。玫瑰碗体育馆建于1922年，花费32.5万美元，可以容纳5.215万名观众（之后座位超过10万个）。玫瑰碗体育场由帕萨迪纳市和玫瑰碗锦标赛协会共同管理，最初用作玫瑰碗足球比赛的场地。1年之后，能容纳5万人的洛杉矶体育场建成。在

---

①Ibid.，336-338，344-345.

②Ibid.，360-378；Barbara Blumberg，*The New Deal and the Unemployed*（Lewisburg，Penn.，1979），177.

1924年，巴尔的摩市花费50万美元建成能容纳8万人的市立体育馆，之后芝加哥的战士球场（Soldier Field）也建成。①

1924年，战士球场开放时还没有彻底完工，一直到5年之后，球场内座位数达到了12.5万，成为美国最大的体育场。战士球场位于芝加哥市格兰特公园内。大概在1909年，伯汉姆对芝加哥城市进行规划时就专门辟出了这块运动场地以及其他重要的博物馆用地。战士球场最初名为格兰特公园球场，其设计为古典风格，与旁边的菲尔德博物馆相互映衬，是最早的现代体育建筑结构之一。该体育场花费6500万美元建成，由发行债券筹得，并由南方公园委员会来管理。战士球场成为北美最大型的群众参与体育赛事的场地，比如1927年邓普思和腾尼的重赛，吸引了10.4万人前来观看，门票共收取265万8660美元，创造了纪录。10年之后，高中橄榄球锦标赛吸引了12万名观众前来观赛。②

最重要的公共体育场是为举办夏季奥运会而修建的洛杉矶体育场。体育场的容量在1932年奥运会之前扩大了1倍，整个建设费用达到1900万美元。项目大部分是由社团发展协会（Community Development Association，简称CDA）构思设计，这个协会由一群自我任命的想要鼓励旅游、资本投资和移民的支持者组成。当通过公共债券发行来募集建设费用失败之后，社团发展协会以市县共同名誉作担保抵押了自己的80万美元银行贷款，并保证在5年之内以房租的方式来偿还贷款，这样才得以秘密地在展览公园的公用土地上修建了体育场。展览公园位于其第一个重要的租户南加州大学对面。③

尽管发生了经济衰退，1921年的夏季奥运会依然取得了成功，并为洛杉矶带来了国际声誉。奥运会促进了旅游，展示了洛杉矶人优秀的管理能力，并获得2.7万美元利润，由市县两级平分。9个月之后，体育馆的管理权转交到当地政府手里，通过体育场委员会来共同管理。洛杉矶是第一个修建了市政体育场的大型城市，不仅是对其远见的赞扬，也是对当地有势力的傲慢精

---

①"Stadiums," *Playground* 20 (July 1926): 198.

②James R. Johnson, "Make No Little Plans: Soldier Field and the Plan of Chicago" (Unpublished seminar paper, Northeastern Illinois University, 1979); Mayer and Wade, *Chicago*, 276, 294, 298; Perry Duis and Glen Holt, "The Classic Problem of soldier Field," *Chicago Magazine* 27 (April 1978): 170-173; NYT, 21 Nov. 1937.

③Steven A. Riess, "Power Without Authority: Los Angeles's Elites and the Construction of the Coliseum," *JSpH* 8 (Spring 1981): 52-56, 58-63.

英的赞扬，因为他们对当地的选民和官员缺乏自信，所以常常选择通过外部不正规的渠道以各种方式来确保达成他们的目标。①

经济大衰退时期，气候温暖的城市中的公共体育馆被用来举办大学橄榄球赛。这一比赛以玫瑰碗比赛为模型，用来促进旅游和外部投资，并给予停滞不前的经济一剂强心针。1935 年，迈阿密举行了橙子碗（Orange Bowl）来帮助城市经济复苏，这一战略很快被其他地方模仿。1936 年，厄尔巴索举行了太阳碗（Sun Bowl）。1 年之后，新奥尔良举办了糖碗（Sugar Bowl），达拉斯举办了棉花碗（Cotton Bowl）。后者是 1930 年由该市花费 350，943.41 万美元建造的，甚至在季后赛被推出之前就已经成为众多球迷的聚集地。②

四、径向化城市中的民族、种族及其对公园空间的管理

尽管盎格鲁–撒克逊白人新教徒的公园改革者期望新的市内公园能够成为方便移民美国化的工具以及优秀公民和道德秩序能够灌输给第二代移民子女的地方，但是实际结果却常常与预期相差甚远。即使在有经验的休闲教练员的指导下，公园和操场也并没有自动成为发挥结构性同化作用的场地，因为公园一直都具有很强烈的民族特征，并且是不同民族间暴力相向的场所。对公园占据主导地位的民族团体通常控制着整块公共空间，并且不欢迎别的民族团体来使用。在多民族的社区中，每个社团会在公园中划出一块专属领地，互相之间几乎不会去挑战别的民族的领地，因为每个人都认识到一个团体的优先声明，因此公园的用处很大程度上受此限制。其他人能够作为客人来使用设施，也能够暂时地被以礼相待，但是对于入侵者，那些对已知的社会关系秩序跨出第一步的人，则没有这些礼遇。当前的团体受到新来者的挑战时，困难通常会在邻近的社区出现，使种族构成发生变化。在敌对的两个民族之间，问题一般都发生在公园，公园充当着冲突界限的角色。在这种情况下，公园不仅未能提升良好的道德，反而成为民族间敌对的战场。③

民族团体在男孩子们用来玩耍、成人组织用来郊游的街区公园里得到了

---

①Ibid.

②Benjamin G. Rader, *American Sports: From the age of Folk Games to the Age of Spectators* (Englewood Cliffs, N. J., 1983), 210–211; Harry Jebsen, Jr., "The Public Acceptance of Sports in Dallas, 1880—1930," *JSpH* 6 (Winter 1979): 16.

③Gerald D. Suttles, *The Social Order of the Slum: Ethnicity and Territory in the Inner City* (Chicago, 1968), 54.

既定利益。例如，在伍斯特，民族团体和教堂在工人阶级的厄尔姆公园从来没有融合过。相反，在20世纪最初的十年，每个团体都将其中一块地方“据为己有”，而占有的这块地方通常都紧邻自己的社区。罗森茨维希发现，相比起促进文化适应，公园提供了一个休闲空间，在这里工人能够表达并保护他们独特的民族文化。四分之三的城市操场被一个特定的民族团体所占有，通常是附近区域内最有名的那个民族。爱尔兰人和另外一个最大的民族团体最常使用公共操场。相对小的民族团体则通常被忽视。罗森茨维希认为相对较大较粗暴的团体吓走了其他团体的小孩，而得以在私有化公共空间方面获得成功。因此，操场就像公园，强化了民族间的壁垒，而非打破壁垒。①

当擅自闯入者开始侵犯一个一直“属于”另外一个团体的公园的时候往往会产生暴力。两个均认为他们对公共空间享有有效占有权的民族团体之间也会发生斗殴。年轻的团伙成员会尝试赢得占有权来提升他们的名气，以及他们民族团体的名气。如果没有任何一个足够强大的民族团体来削弱对手的挑战，那么公园就会成为一个危险的“无人之境”，除非有一大伙团伙成员来保护他们的安全，芝加哥的道格拉斯公园就是这样的例子。这个公园把犹太人和占主导地位的下西区波兰人社区区分开，当在公园里玩耍的犹太年轻人看到大量的波兰男孩子来的时候，他们就会离开。反之亦然。1921年夏天，这两个团体之间的火药味异常浓烈，“一个周六，一群犹太男孩在道格拉斯公园打篮球，被一群波兰小伙子袭击。从烂西红柿到砖头，所有能用的东西都用上了。这次斗殴事件的消息很快就传到了桌球室的小混混那里，也引来了不少援军。人们冲进斗殴现场来复仇，还有大量其他的人，包括高中男生，业余拳击手以及桌球室的跟班，他们都渴望从‘帮助犹太人暴揍波兰人’中找到乐趣。他们的口号是‘Wallop the Polocks’，最终警察驱散了人群。”②

在贫穷的白人社区中，市政休闲设施不足的情况甚至比黑人社区还糟糕。在南部，直到19世纪80年代市政公园的数量都寥寥无几。当地的风俗和去公园需要的开支把黑人挡在了私人所有但由有轨电车公司来管理的公园之外。当新的公共公园在19世纪80年代开放之后，其中很多的场馆不允许黑人使用，比如游泳馆。在其他地方黑人也被隔离，比如公园，有时候就是简单的

①Rosenzweig, *Eight Hours*, 135, 137, 139, 149-150.

②Sutles, *Slum*, 54-56; Fredrick M. Thrasher, *The Gang*: *A Study of* 1, 131 *Gangs in Chicago*, abr. Ed. (Chicago, 1963), 134-135.

被警察挡住不准进入。新奥尔良是南部城市中最具有自由的种族气氛的城市，但是黑人进出新公园（比如装备完善的奥杜邦公园）依然受到交通的限制，而且大多数人周末有空余时间的时候黑人也不能出现。19世纪90年代，吉姆·克劳政策成为法律，有一些不太好的公园被专门划分给黑人使用。南部的城市一般都很吝啬，并不会为白人的公园和操场花什么钱，黑人的就更少了。相对富有的城市，比如伯明翰和阿拉巴马，一直到1908年，在地方压力以及美国公园委员会的工作的影响下才出现受监督（有指导的）的公园项目，并着手了建设操场项目。1914年，在第一个黑人使用的操场建成之前，已经为白人小孩建了17个公园。花在黑人使用的设施上的费用仅为300美元，是城市公园总预算的2%，黑人社区还不得不依赖志愿者来指导他们的孩子。①

北部的黑人则免于权利上的歧视，但是日益壮大的黑人社团几乎得不到有效的市政服务，因为他们住在拥挤的或者距离大型郊区公园很远的贫民区，开放的空间相对较少，因此公共休闲设施很缺乏。除此之外，相比其他民族团体来说，黑人的政治背景势力也很弱，因此他们在市政资源的分配方面也受到歧视。黑人社区是全市最后一个拥有新公园、操场、游泳池的社区，也是得到维护费用最少的社区。黑人在他们的社区外是不受欢迎的，在新崛起的白人社区里，他们想尽各种办法来阻止黑人进入他们的领地。最终，在1920年，黑人小孩被允许进入全美3%的操场进行玩耍，加上他们平时经常玩耍的街道之外，黑人再无其他游戏场地。②

20世纪最初的十年，芝加哥黑人聚居区的居民数量急速增长，当他们尝试使用社区外的公共空间来进行体育运动时，遇到了很多种族歧视。但在社区内，孩子们能够在操场上很好地玩耍。这时，全市17%的操场毗邻黑人社区。官方的歧视政策并不存在，但是每个公园和操场的负责人的态度受附近社区的严重影响。因此，黑人聚居区附近的休闲中心的负责人几乎不欢迎黑人光顾。盔甲广场公园（Armour Square Park）的负责人承认社区对黑人持有敌视态度，他无法保证黑人游客的安全。黑人也担心去白人的公园，即使是受休闲领导的邀请，因为他们知道有可能会发生什么。到1913年，在大移民

①Howard Rabinowitz, *Race Relations in the Urban South*, 1865—1890 (Urbana, I11., 1980), 187, 189-190; Dale A. Somers, *The Rise of Sports in New Orleans*, 1850—1900 (Baton Rouge, 1972), 282-284; Carl V. Harris, *Political Power in Birmingham*, 1871—1921 (Knoxbille, 1977), 165-167.

②Betts, *America's Sporting Heritage*, 338.

之前，公共休闲中心已经发生了种族冲突，一般是在街上，有成人导师带着的黑人年轻人在去白人公园或者公共沙滩的路上会被挡路。发生在华盛顿公园的冲突很平常，尤其是周日的下午，公园把爱尔兰人和黑人聚居带分为东西两部分。1919 年，当黑人开始用棒球场的时候，被认为是对爱尔兰人领地的挑战，因此，爱尔兰社会运动俱乐部在想要维持地位的白人居民的支持下给予了反击。①

种族冲突后来扩散到使用南区海滩的权利上。城市中 8 块海滩中有 3 块位于黑人居住的区域，但是黑人只能够使用第 26 大街海滩，这是很小的一块沙滩，而且步行也不好进入。其他地方的黑人游泳者则受到警察的言语攻击和当地年轻人的暴力袭击（扔石头）。第 26 大街海滩是被“官方”指定的黑人海滩，有一名黑人负责人，还有黑人救生员。7 月 27 日，尤金·威廉姆斯（Eugene Williams）在沙滩上散步，他走得太远以至于最后在第 29 大街海滩的水域中游了泳。海滩上的白人看到了就朝他扔石头企图赶走他，最后这个年轻人被石头击中了头部，溺水而亡。对威廉姆斯的谋杀引发了芝加哥的种族大暴乱，最终 37 名黑人和 15 名白人在暴乱中死亡。②

在之后的几十年里，城市在减轻日益庞大的黑人贫民区对公共空间的需求方面努力甚微。经济大衰退时期，在黑人社区新建了一些设施，但分配并不平均。20 世纪 30 年代，纽约 255 块操场中只有两块位于黑人社区。工作项目管理局确实在兰德尔岛上建了个美丽的公园，而且距离哈勒姆区不足 1 英里，但是大部分的居民却没办法去，因为公交车不允许在岛上停靠。结果，这个公园几乎荒废，即便是周末也经常没人。罗伯特·摩西（Robert Moses）在哈勒姆建了一个新的游泳池，位于地理位置不太方便的租界公园（146 大街），主要是为了避免黑人使用意大利人哈勒姆区的游泳池。摩西担心一旦黑人和白人混用的话会产生种族间的冲突。③

摩西对于公共空间中组建的关系的担忧是完全正确的。到 20 世纪 30 年

①Allan H. Spear, *Black Chicago*: *The Making of a Negro Ghetto*, 1890-1920 (Chicago, 1967), 205-206; Chicago Commission on Race Relations, *The Negro in Chicago* (Chicago, 1922), 272-280, 288-290, 293, 297.

②Chicago Commission on Race, *Negro in Chicago*, 272-278, 286, 292; Spear, *Black Chicago*, 212-222; William M. Tuttle., *Race Riot*: *Chicago in the Red Summer of* 1919 (New York, 1974), chap. 2; Arthur Waskow, *From Race Riot to Sit-In* (New York, 1965), chap. 4.

③Caro, *Power Broker*, 453, 456-257, 512-514.

代，白人团体之间几乎没有发生过民族间的冲突，大部分白人迁移到或者正在迁移到更好的街区去生活。留下来的白人和黑人之间出现了种族冲突。有一些大型的种族暴乱，比如 1943 年的底特律暴乱，主要是因为公共公园的种族冲突而引起。对于内城来说，不管是形式上还是结构上，对有限资源的控制（比如城市公园）都很重要。从 20 世纪 40 年代开始，公园里发生暴力行为的比例尤其高，以至于最终不得不把黑人贫民与工人阶级的白人区分开。居住在贫民区边上的白人居民担心失去他们的社区，因为他们无力承担搬家的费用，所以只能准备好以任何需要的方式来保护“他们的公园”，以此来反抗黑人的侵袭，并象征性的保护他们的邻居。后来，一旦黑人球手或者是民权工人出现在公园里，结果不是发生暴乱就是种族斗殴。第二次世界大战以后，随着北部黑人贫民区的扩张，黑人们搬到临近白人社区的地方居住，为那些来自南部的新来的黑人腾出空间。一些老的郊区公园，比如位于芝加哥南部的华盛顿公园，实际上就被黑人居民“接管”。①

小结：体育和公共空间

南北战争以后，位于东北部和中西部的城市通过修建大型郊区公共公园来应对因城市发展而导致的日益下降的公共游戏空间的可用性。人们希望这些设施能够提供休闲的空间、改善人们的健康以及促进社会凝聚力。在这之前，由于自我依赖的理念盛行，再加上政府的责任和权力有限，因此兴建公共公园的城市很少。到了 19 世纪 50 年代，这种反对政府的行为被大范围取代。新的郊区公园坐落在临近中产阶级的街区，乘坐昂贵的公共交通即可到达，公园的使用主要取决于中产阶级的价值观。最终，城市设计者开发那里从私人保护下来的空间能够被内城的居民用来参与体育运动，但是一般都会花费至少一代人的时间才能实现。当时内城中居民呼吸空间和游戏空间的需求没有得到满足，因为土地的高昂费用和对居住空间的需求，贫民区居民很难确保可以保留他们社区的户外公共公园。19 世纪末，有组织的小型公园和操场运动得到了地方居民、特定的政客以及激进的改革者的支持，因此社区兴建了许多小公园并投入使用。

---

①Suttles, *Slum*, 54-57, chap. 6; Fredrick W. Cozens and Florence S. Stumpf, *Sports in American Life* (Chicago, 1953), 253-255; Betts, *America's Sporting Heritage*, 338.

到20世纪20年代，大城市已经深深卷入到改善居民生活质量的需求中，公园建设开支和改进费用，还有建设观赏性体育所需的户外体育馆的建设费用都日益提高，所有的这些都有助于提升城市的名气。经济大衰退时期，因为地方政府利用工作项目管理局（WPA）项目来修建新公园、操场和游泳池，并修补被遗忘的旧的设施，因而出现了一大把的建设项目以及其他改进项目。然而，新的篮球场和手球场以及其他的改进则没能及时跟上贫民区居民对游戏空间的巨大需求。依据人们的生活标准所做的适度的改进以及廉价的大众交通给予较贫穷的城市居民通往郊区公园和海滩的便利，但是这些地方始终不如街区内的小公园那么方便，而且，"入侵者"也不受欢迎。新崛起的区域和贫民区的公园在促进社会融合方面的作用不及种族间暴力冲突更能吸引人们的关注。

1870—1950年，公园运动中受益最大的是城市中的黑人。美国北部的黑人不及城市里其他人口在使用公共公园和海滩方面便利，白人种族主义者也不想让黑人享用其社区空间。美国南部的黑人则受风俗和法律的限制，使用的设施要么质量不好，要么完全没有任何设施供他们使用。为了终止歧视，法院做了一些努力。1954年，在开创性的布朗决议（Brown Decision）公布之后的一周内，最高法院裁定路易斯维尔"只限白人使用"的公园不能够拒绝黑人，休斯顿的公共高尔夫球场也必须接受黑人游客。到20世纪50年代末，虽然一些城市相继选择关闭海滩而非接受黑人。但全国有色人种协进会依然确保在巴尔的摩和圣匹兹堡等城市中的黑人能够享有平等的进入海滩的权利。除此之外，20世纪60年代早期通过示威游行和经济抵制以及20世纪60年代中期通过联邦民权立法等使黑人享有平等的进入公共休闲设施的权利得到保障。①

①Edward F. Haas, *DeLesseps S. Morrison and the Image of Reform*: *New Orleans Politics*, 1946—1961 (Baton Rouge, 1974), 75-76, 305, 77; idem, "The Southern Metropolis, 1940—1976," in *The City in Southern History*: *The Growth of Urban Civilization in the South*, ed. Blaine Brownell and David Goldfield (Port Washington, N. Y., 1977), 163; William H. Chafe, *Civilities and Civil Rights*: *Greensboro*, *North Carolina*, *and the Black Struggle for Freedom* (New York, 1980), 111; Darryl Paulson, "Stay Out, the Water's Fine: Desegregating Municipal Swimming Facilities in St. Peterburg, Florda," *Tampa Bay History* 4 (Fall-Winter 1982): 6-17.

第五章
有组织的青年体育

城市和志愿者改革协会通过组织成人指导的体育计划来应对内城青年的城市病。正式的教育机构和私立的社会机构相信他们能够运用体育运动来促进健康、提升良好的道德和品质，给予参与者成就感并促进他们的社区意识。初中、高中等公共机构、公共学校运动联盟等半公共机构、基督教青年会等私立机构、社会服务所以及美国操场协会都尝试引导男孩子们和青少年具有被认可的社会行为，并且帮助他们成为对社会有贡献的人。19 世纪末的社会改革者对于城市中有着不同价值观念的新移民感到很恐惧，担心盎格鲁-撒克逊和其传统价值的未来。他们把体育看成小城镇社会生活的补充，在这里，家庭是社会和经济的单位，社区纽带非常强壮，宗教在教育道德价值观念方面发挥着主导作用。当小城镇被大城市取代的时候，人们认为，体育能够为城市青年（尤其是新移民的孩子）提供相同的训练，就像日常的乡村生活教给上一代美国人一样。

改革者对于重塑移民成为高尚的公民并不抱任何希望，但是他们确信能够在教室里和体育场上同化第二代移民。参与团体性体育能够在理论上教给第二代移民诸如辛苦劳作、合作意识、尊重权威等基本的美国价值。年轻的工人们也相信理性的休闲活动能够为在贫民区流行的变质的街区娱乐（比如玩火、掷骰子赌博或者是单纯在街角或桌球房闲逛，教给他们的是不良的价值观、鼓励青年人加入街头团伙、导致犯罪）提供具有吸引力的替代品。他们还希望有组织的、有成人监督的体育能够成为那些喜欢棒球和其他竞技类体育项目的街头顽童的运动本能。①

一、高中体育

高中是19世纪中叶在商业化的城市发展起来的培训年轻人成为白领职业者或者为大学做准备的机构，同时又是规范年轻人的社会行为以适应传统标准的中产阶级机构。最初，人们读中学的需求发展很缓慢。到1890年，在整个美国仅有20万中学生，但是在之后的30年里，中学发展迅速，入学率增长了71%。到第一次世界大战结束时，在校生达到1600万。因为有三分之一的初中生能够进入高中，而其中仅有三分之一能够毕业，所以中学始终还是一个中产阶级机构。较为贫困的男孩子和女孩子不得不去工作。在之后的20年里，中学变得越来越民主。到1930年，二分之一的美国适龄学生就读中学，一般是综合性中学。10年之后，入学率上升了75%。内城的年轻人（尤其是第二代天主教徒）比起中产阶级年轻人来说依然是最不可能去读高中的群体。在20世纪20年代，这些人的入学率得到增长，同时也反映了受教育程度越高越能使他们得到更体面工作的传统智慧。在经济大衰退时期，学生们待在学校里，因为这时期全职工作太少，即使他们逃学也不可能有好工作。②

①The literature on youth sports and related topics has become quite substantial. See Benjamin G. Rader, *American Sports: From the Age of Folk Games to the Age of Spectators* (Englewood Cliffs, N. J., 1983), chap. 8; Stephen Hardy. *How Boston Played: Sport, Recreation and Community*, 1865—1915 (Boston, 1982), chaps. 5, 6; C. Howard Hopkins, *History of the YMCA in America*, (New York, 1951); Paul S. Boyer, *Urban Masses and Moral Order in America*, 1820—1920 (Cambridge, 1978), chap. 7; David I. Macleod, *Building Character in the American Boy: The Boy Scouts, YMCA and Their Forerunners*, 1870—1920 (Madison, 1983); Cary Goodman, *Choosing Sides: Playground and Street Life on the Lower East Side* (New York, 1979); Dominick Cavallo, *Muscles and Morals; Organized Playgrounds and Urban Reform*, 1880—1920 (Philadelphia, 1981); David Nasaw, *Children of the City: At work and At Play* (New York, 1986); and Lawrence A. Finfer, "Leisure and Social Work in the Urban Community: The Progressive Recreation Movement, 1890—1920" (Ph. D. diss., Michigan State University, 1974). For a summary of the activities of street youth as reported by contemporary recreational survey of the Progressive era, see Alan Hyvig, "The Commercial Amusement Audience in 20th-Century American Cities," *Journal of American Culture* 5 (Spring 1982): 1-19.

②Joseph Kett, *Rites of Passage: Adolescence in America*, 1790 *to the Present* (New York, 1977), 138, 183-189; Jeffrey Miral, "From State Control to Institutional Control of High School Athletics: Three Michigan Cities, 1883—1905," *JSH* 16 (Winter 1982): 84; David Track, *The One Best System* (Cambridge, 1981), 183.

虽然在南北战争时期健康改革者（比如迪奥·路易斯博士）提倡把高中体育课作为艰苦的乡村生活的有益补充，但是一直到19世纪80年代末期才提出规范的体育课体系。早期的计划强调体操，很大程度上是因为要努力改变人们的宗教信仰。很快，体操就成为都市学校中普遍的课程。1871年，在芝加哥，西区高中（West Side High School）的男生和女生在德国教练员的指导下学习体操。13年之后，西区中学才采用了规范的体育计划，并由德裔美国体操学校的毕业生来具体指导。德国人的练习体系强调使用体育器械，这在中西部变得流行起来。在新英格兰，大多数的学校都采用瑞典体系，强调健美体操。布鲁克林、纽约和华盛顿的教育者则采用混合体系。①

管理人员更倾向于选择团体性体育项目，因为价格低廉、花费时间少，而且更容易融入中学课程。学生们更喜欢有趣的竞技性团体体育项目。中学学生以当时的大学体育组织为模型，独立组织并管理他们的运动协会。到1876年，普罗维登斯（罗德岛）市中心成立了一个运动协会。1883—1886年，安阿伯市、底特律市以及弗林特市的中学里都成立了类似的组织。学生领袖们募集资金、制定比赛日程、确保找到场地。在大城市里，他们建立联盟，如1888年在波士顿成立的校际橄榄球协会，这些联盟促进了比赛甚至是一些城市大型体育项目的锦标赛的发展。②

运动计划日益成为中学课程外学生生活的重要组成部分。学生们喜欢校际的体育，因为其运行独立于成人之外，能够提供娱乐和对话的机会，还能培养团队合作的精神，释放多余的精力，并促进新生、上层阶级和校友的社团意识。对学校的忠诚成为为家乡荣耀发展的过程中至关重要的一步。史蒂夫·哈代已经指出，把体育作为社区建设对旧学校（比如波士顿拉丁学校，面向全市招生）和新学校（比如1901年成立的南波士顿学校，缺乏旧学校的遗产，但是能够运用体育来展示其先进的品质，提升荣誉感，并成为整个社区的核心）都很重要。③

19世纪90年代，当大学的职员和教员开始接受学校的体育计划时，中学

---

①Hardy, *How Boston Played*, 109-112; *Illinois Staats-Zeitung*, 21 Mar. 1871, in CFLOS; Wilma Pesavento, "A Historical Study of the Development of Physical Education in the Chicago Public School, 1860 to 1965" (Ph. D. diss., Northwestern University, 1966), 21-27; John R. Betts, *America's Sporting Heritage*, 1850-1950 (Reading, Mass., 1974), 107.

②Hardy, *How Boston Played*, 111-112; Mirel, "High School Athletics," 84-92.

③Hardy, *How Boston Played*, 113-116.

的行政人员也开始采取行动控制校际的体育。教育者担心，一旦运动队卷入不道德的运动行为中，他们的机构在社区中的地位就会受到损害，而且，太多运动员对他们的学习关注不够。学生领袖欢迎成人来管理运动，因为他们并不能缓解规则和获胜之间的紧张关系。由行政机构控制的联盟的成立看起来是为了保证公平的竞赛，并杜绝各种陋习，比如“使用枪手”（use ringers）。但是学生们并不会因为丢失了自主权而害怕，因为整个学校社区拥有相同的基本的中产阶级价值观，对体育在社会中扮演的角色有着相同的理念，尤其是“规范的运动所固有的发展个性的潜力”。①

管理权由学生变为行政人员并没有改变城市、地区以及国家锦标赛凸显出的对优秀的竞技体育男性运动员的重视。在20世纪初期，体育课老师就对所有学生的健康和幸福给予了更多的关注，并在课堂上运用体育发展校内项目。这些指导员用体育来促进健康并帮助学生为适应工业城市社会而做好准备，这需要学生具有团队意识、自我牺牲精神、准时自律。他们希望，在教室里教的体育课能够很轻易地被学生们应用到他们未来有可能进入的商业和工业化领域。直到20世纪20年代，工人阶级的少年依然没有上学，因此也就没办法从这些计划中获益。②

第一次世界大战之后，应征入伍的士兵体质记录很糟糕，再加上人们对第二代移民的羸弱体质的一成不变的印象，公众对体育课的支持度开始上升。到1934年，一半以上的中学学生参加体育课。由于对体育课的资金支持不够，设施的质量也不是最好，所以只有一半的城市中学有体育场或者操场，而那些位于最拥挤的街区的学校则没有这些设施。令人感到讽刺的是，经济大衰退帮助减少了很多不完美的地方。在公共工作委员会和工作项目管理局的支持下，7500万美元被用来建设新体育馆、游泳馆、网球场和运动场以及修缮旧的场馆和场地。③

---

①Ibid.，117-122；Rader，*American Sports*，161；Mirel，“High School Athletics，”90-93，95（quotes）.

②Hardy，*How Boston Played*，113-114，120-121，123；Mirel，“High School Athletics，”95；Rader，*American Sports*，162-166. For an argument that emphasizes the need to limit adolescent sexuality through sport as part of a program of imposed social control，see Joel Spring，“Mass Culture and School Sports，”*History of Education Quarterly* 14（Winter 1974）：483-495.

③Timothy O'Hanlon，“School Sports as Social Training：The Case of Athletics and the Crisis of World War I，”*JSpH*（Spring 1982）：1-14；Fredrick W. Cozens and Florence S. Stumpf，*Sports in American Life*（Chicago，1953），83.

高水平的校际比赛一直都受到重视。教育者们始终认为参与和观看竞技体育能够帮助学生社会化，并使他们融入需要合作和自律的体系中。在培养学生适应未来职业和社会角色的过程中，运动教给他们需要尊重辛勤劳作的成果，并认识到生活就是一场战斗。每个人并不是生来就平等，社会声望和财富等回报都属于那些不仅有才华而且工作认真的人。自从学校面向更广泛的社会来招收青年人入学之后，这些课程就变得比以前更重要。①

竞技体育项目也鼓励那些并不以学术为目标的年轻人，尤其是在内城的学校上学的年轻人，通过为他们提供有意思的课外活动来使他们赢得自我满足感和尊严，并使他们继续待在学校里。中学棒球手则因为被许诺有一份职业或者有机会得到大学奖学金才有动力来学校，篮球运动员和橄榄球运动员也同样。最近的研究发现，来自传统家庭的不以上大学为目标的运动员比那些不参与体育的但想要读大学的同伴愿望高4倍。②

在第一次世界大战后期，竞技体育一直为人们提供娱乐和社区认同的机会，尤其是在中小型城市和郊区。中学的校队宣传了家乡的荣耀，提升了学校的精神、改善了学生之间的有序关系，并宣传了自己所在的镇。③这些原因在大城市的市中心则不太重要。这里的人们有各种各样的娱乐方式。社区的忠诚度被许多城市学校分解，能够用于奢侈体育的资金也不足。

最流行的校际体育项目是橄榄球和篮球。在东北部和中西部，篮球是最成功的观赏性体育项目。在大城市中举行的比赛激发了当地的热情，尤其当队伍代表不同的民族街区的学校时。但是，在大城市中举行的比赛不及在小城市中的比赛那么重要。在小城市，人们在周五晚上没有什么可做。在20世纪20年代末期，曼西、印第安纳等地的冬季，中央高中熊狸队（Central High

---

①O'Hanlon, "School Sports," 10-14.

②The sociological literature on academic attainment and sport is summarized in Email Bend and Brain M. Petrie, "Sports Participation, Scholastic Success and Social Mobility," *Exercise and Sport Sciences Review* 5 (1977): 1-44. See also Eldon E. Snyder and Elmer A. Spreitzer, *Social Aspects of Sport*, 2nd ed. (Englewood Cliffs, N. J., 1981), chap. 8.

③See, e. g., W. Lloyd Warner, *The Social System of American Ethnic Groups* (New Haven, 1945), 142; Philip Earl Frohlich, "Sport and the Community: A study of Social Change in Athens, Ohio" (Ph. D. diss., University of Wisconsin, 1952), 137; Robert S. Lynd and Helen Merrell Lynd, *Middletown: A Study of Modern American Culture* (New York, 1929), 284-485. On sport and community building after World War II, see Herbert J. Gans, *The Levittowners: Ways of Life and Politics in a New Suburbia* (New York, 1967), 90, 92, 120-123.

Bearcats）会彻底垄断整个城市的体育迷。熊狸队成为非常重要的社区身份的来源，这一身份跨阶级、跨民族、跨宗教。在经济大衰退时期，城市处于财政低迷时期，市政府同意拨付10万美元来为球队修建全新的室内运动场。州政府对这项决议持反对意见，但是当地的一群支持者带头修建了一个耗资34.7万美元、能容纳9000个座位的体育场。①

橄榄球在全国范围内也很流行，尤其在西南部的工业城市和位于俄亥俄峡谷的煤炭城市。这些地方的城镇提供大量的资金来支持并举办花费高昂的比赛，同时招聘著名的教练员，并给予运动员一定的社会声望。和篮球一样，橄榄球控制着小型城市区域中（周五晚上没有什么别的可做）人们的生活节奏。在坎顿、马西伦等城市中的公民把橄榄球看作是社区中最具有代表性的东西，当地的年轻人也强烈支持这些队伍。橄榄球在两个地区的大城市中也非常流行，但并不占据主要地位。在20世纪60年代，产生大学橄榄球运动员人均比最高的大城市是匹兹堡、休斯顿和达拉斯。这些城市都坐落在橄榄球地带。在纽约、巴尔的摩，费城和圣路易斯等城市的代表性运动员却很少，因为学校缺乏资金，缺乏打球的空间，也缺乏必要的社区支持。在那些城市中，居民有很多休闲选择，但是得克萨斯小镇中的居民却没有这么多选择。在经济大衰退时期，橄榄球吸引了很多大城市中的观众，也为球迷提供了一种持续性的、廉价的大众娱乐活动。例如，芝加哥坐落在橄榄球带的边缘地带，这里有很浓厚的橄榄球传统，尤其是在天主教的学校中，这项运动在20世纪30年代末期非常流行。1937年，在战士球场上演的普通大众和天主教联盟之间的城市锦标赛就吸引了12万名观众，成为美国历史上观众人数最多的一次团体性体育赛事。②

在大城市中，观赏性体育项目的比赛被认为促进了运动员和来自不同街区学校的学生组织之间的互相理解和尊重。考虑到此类比赛的象征意义，这

①Lynd and Lynd, *Middletown*, 212-214, 284, 485; idem, *Middletoen in Transition: A Study in Cultural Conflicts* (New York, 1937), 218n, 291-292.

②In 1971-1972 Pittsburgh had the highest rate of any major city—2.56 times its share of the national population. Los Angeles was the single most productive county, although its index (1.02) was just above average; Cook County (Chicago and its environs) was second, with an even lower index (0.86). Baltimore, Philadelphia, and St. Louis all had indexes below 0.60. New York's was a dismal 0.13 compared to the surrounding Nassau, Westchester, and Bergen counties, whose ratios ranged from 1.0 to 1.75. See John F. Rooney, Jr., *A Geography of American Sport: From Cabin Creek to Anaheim* (Reading, Mass., 1974), 117-131, 142-145. On the Chicago game, see *Chicago Tribune*, 21 Nov. 1937; *NYT*, 21 Nov. 1937.

或许有些过分乐观。在第二次世界大战之后的美国，随着比赛更多地以种族来划分而不是以民族来划分，失败就变得很平常。正如社会学家哈里·艾德沃兹（Harry Edwards）写到，“不仅不会生成一种友好的团队之间或者不同文化关系之间的精神，运动冲突也许会为促成暴力的产生而服务”。不同阵营中黑人和白人观众之间发生的赛后斗殴事件在种族冲突时期是非常严重的问题。1962 年，橄榄球城市锦标赛在华盛顿举行。来自较低阶层公共学校的黑人和来自中产阶层白人私立学校的白人之间最终爆发了冲突，上千名观众牵涉其中，500 多人受伤。城市里学校之间的体育比赛中的暴力往往超出种族对抗的范围，暴力一般发生在黑人学校之间的篮球比赛中，由团伙成员或者流氓引起。纽约城市锦标赛的比赛从麦德逊广场花园体育场转移到很小的地方举行，在其他城市，比赛事实上通常在黑人和白人被完全隔离的中立的球场举行。①

二、基督教青年会运动

基督教青年会（YMCA）运动最初组织起来的目标是给那些蜂拥到大城市的乡村青年提供援助和精神抚慰。南北战争之后，基督教青年会增加了项目内容。基督教青年会不仅组织身体文化方面的课程，来培养有男性气概的基督教徒（这些人原本在身体上和精神上都很强壮），而且吸引想要利用体操馆而对运动的精神变得感兴趣的新成员。到 19 世纪 90 年代，基督教青年会成为男子气概基督教徒的主要的结构化的支持者，在广泛意义上，它被认为是民族主义和爱国主义的极具价值的补充，也是“艰苦生活”的重要组成部分。通过在基督教青年会中的宗教奉献和练习，一个个体能够变成一个基督教的绅士，能够戒色（尤其是自慰）、练习自我控制、避免感情用事屈服于痛苦，能够像弗兰克·莫瑞威尔（Frank Merriwell，青少年文学作品中一个理想化了的英雄）一样坚持正义和荣誉，能够运用自己的能力来保护那些比自己弱小的民众的权利。正如本杰明·瑞德（Benjamin Rader）提出的，“基督教绅士的精神因乡下以及运动场上令人焕然一新的活力而在户外找到了其最本

①Harry Edwards, *Sociology of Sport* (Homewood, I11., 1973), 272; Jack Scott, *The Athletic Revolution* (New York, 1970), 174; Pete Axthelm, *The City Game* (New York, 1970), 125-126.

真的表达”。①

男子气概的基督教教义的哲理暗含了基督耶稣是运动员或者勇士这样一种新的观点。在美国历史上，新教徒领导者们发现，当文化被迅速女性化的时候，就会成为一个令人兴奋的概念，并能够用来帮助他们教育男孩子拒绝诸如谦卑、羸弱、和顺从等女性化的品质。有男子气概的基督教教义也把年轻的男性带到主要由妇女和女孩为主的教堂长凳上。这个问题在内城的教区尤其重要，因为在这里，新教徒通过提供必要的社会服务，比如修建体育馆，为当地居民组织体育活动等，把基督社会福音带给被疏远的工人阶级城市居民。②

基督教青年会的建筑通常坐落在比较好的社区，他们把努力的重点放在年轻的干事身上。许多男孩子随便到体育馆里来进行身体练习，因此，YMCA 的一些领导人决定签约雇佣那些能够承担高达 5 美元会员费的工人阶级的男孩子。因此，19 世纪 80 年代，青少年男子俱乐部成立起来。小伙子们被允许能够在下午使用体育馆，这是防止好孩子因四处闲逛而被商业性活动带坏的途径。在纽约，基督教青年会由专业的秘书来管理，比如罗伯特·麦克伯尼（Robert McBurney），他能够运用商业手段来保证有效地组织活动。南北战争时期，在拯救街头淘气包的任务上 YMCA 并没有投入太多的努力。10~16 岁的青少年符合成人部门的要求。10 岁的时候，男孩子们开始在街上闲逛，在运动和体育的事情上组成热心的辩手，并受到不良语言及其他恶行的诱惑。在男性模范的指导下，年轻的工人们想要让他们的薪资流动起来，来应对母亲和学校老师的控制，除此之外，他们还想尽可能地延长自己的童年时代来克服对日益增加的女性化的恐惧。因为，一旦他们成为成年人，性和易动感

①On the nineteenth-century YMCA, see Boyer, *Urban Masses*, 112-113, 115-116; Hardy, *How Boston Played*, 55, 57; Elmer L. Johnson, *The History of YMCA Physical Education* (Chicago, 1979); Hopkins, *YMCA*; Macleod, *Building Character*, chap. 4; Betts, *America's Sporting Heritage*, 107-108; Aaron Abell, *The Urban Impact of American Protestantism*, 1865—1890 (Cambridge, 1943), 204-206. On sexuality and the muscular Christian, see Melvin L. Adelman, *A Sporting Time: New York City and the Rise of Modern Athletics*, 1820—1870 (Urbana, I11., 1986), 283-284; Charles E. Rosenberg, “Sexuality, Class, and Role in Nineteenth-Century America,” *AQ* 25 (May 1973): 129, 133-134, 139; Rader, *American Sports*, 151.

②Rader, *American Sports*, 151; Hardy, *How Boston Played*, 55-57. Despite the rhetorical support of the ideology of sport, a poll of 751 Chicago clergymen found that just a hanful of churches provided gymnasiums and sports programs. Boyer, *Urban Masses*, 137-140.

情就会削弱他们的自我控制。①

到1892年，有大约25万名基督教青年会成员能够使用348个体育馆，这些体育馆有144个全职体育文化领导者作为员工。最有影响的负责人是小卢森·H. 古立克（Luther H. Gulick，Jr.）博士。他是一名传教士的儿子，也笃信男子气概的基督教教义，因此成为成人管理的男子体育运动方面的一个著名人物。古立克是马萨诸塞州春天基督教青年会训练学校的指导员，设计了基督教青年会的标志（一个上下颠倒的三角形），代表精神受思想和身体支持。与早期的基督教青年会领导人不同，古立克倡导在基督教青年会计划内参与体育，虽然他反对高强度、专业化和职业化的比赛，但在用体育取代体操作为基督教青年会运动项目的基石方面发挥了关键作用。他的学生发明了类似篮球（1891）和排球（1895）等可以在小型室内空间进行的新体育项目。②

基督教青年会的体育项目变得非常流行，且高度竞技化。1895年，基督教青年会组织了北美运动联赛，在业余运动联合会的规则下对比赛进行规范。基督教青年会队伍互相之间比赛，或者与别的运动俱乐部以及大学进行篮球、游泳和田径等方面的比赛。1905年，基督教青年会的队伍与外部队伍打了超过2000场的比赛。最有名的基督教青年会队伍是布法罗的德国基督教会青年会篮球队，这支队伍曾经赢得1901年布法罗展览会锦标赛冠军。3年之后，在成为职业队伍之前，它又赢得圣路易斯奥林匹克篮球赛金牌。当地基督教青年会组织给予最好的运动员免费的会员身份、住宿以及旅行费用。对竞技体育的重视一直持续到1911年，新指派的体质负责人亨利·F. 卡伦伯格（Henry F. Kallenberg）重新领导了项目发展的重点，比如运动联赛退出AAU，通过比赛的大小和重要程度来约束比赛，并组织了当地的业余运动联合会。与重视比赛和胜利结果不同，新的基督教青年会鼓励针对最大数量参与者的全面运动计划。③

年轻女性基督教徒协会（YWCA）在改善运动设施方面落后于男性社团。

---

①David I. Macleod, "A Live Vaccine: The YMCA and Male Adolescents in the United States and Canada, 1870—1920," *Histoire Sociale/Social History* 11 (May 1978): 7-11; Betts, *America's Sporting Heritage*, 107-110. Quote is from I. E. Brown, "Association Work among Boys," *Watchman* 11 (1885): 185, in Macleod, "Live Vaccine," 9.

②*DAB*, s. v. "Gulick, Luther"; Rader, *American Sports*, 152-153.

③Rader, *American Sports*, 153-154.

基督教青年会最初的目的是通过保护、住房以及教育等方式，防止自力更生的体面的中产阶级女性被现代城市里的邪恶力量所影响。南北战争之后，女性运动的兴趣逐渐提高。1882 年，波士顿基督教青年会组织了第一次运动会。两年以后，波士顿新建了体育馆，其中包含一个设施完备的体操馆。到 1890 年，根据一位体育历史学家所说，体育课已经成为基督教青年会运动中极为重要的一部分，虽然其自身并没有基督教青年会运动那么重要。①

20 世纪初期，对基督教青年会运动的评价经历了从基督教义到古立克的游戏的生物学理论的巨大转变。他认为，在人类进化的过程中，人们已经获得了游戏的基本欲望。每一个个体的发展总结了人类进化的所有阶段。随着原始动力的驱使，成长的儿童重复着许多各种各样对人类心理进化起到关键作用的特性。因此，7~12 岁的孩子玩捉人游戏以及各种田径游戏，而这些游戏全部都来自野蛮时期的狩猎本性。成年男子参与结合了旧时的狩猎本能和在野蛮时期萌芽的合作的本能的集体体育项目。年轻人为了他们的身体、精神以及道德的进步而参与体育。②

古立克认为盎格鲁-撒克逊的团体体育为成年人提供了一种极具价值的方法，来鼓励青少年保持平稳的道德状态和宗教反应，尤其是内城中正处于要么变好要么变坏这一重要转折点的青少年。贫民区的少年经常加入帮派，这是他们释放道德本能，表达其部落狩猎的特征以及通过偷盗、破坏公物和暴力等冲突的载体。贫民区男孩深受那些看起来与城市背景相融合的邪恶势力之害。他们缺乏乡村社会的保护性的影响，比如家庭纽带、社区归属感，虔诚的宗教信仰以及对勤劳工作等传统价值的信奉。古立克为重新塑造城市青年所提供的治疗方法是受成人监督的体育，它从合作的本能衍生而来，需要高度的道德标准。内城的儿童可以学到团队合作、服从、自我控制、忠诚以及对权力的尊重等。③

瑞德认为古立克游戏的生物理论是证明男性工人努力的关键因素。古立克的观点对著名心理学家 G. 史丹利·霍尔（G. Stanley Hall）以及公园运动中的领导者，比如约瑟夫·李（Joseph Lee）和亨利·S. 柯蒂斯（Henry

①Hardy, *How Boston Played*, 143; Abell, *Urban Impact*, 45 – 46. Quote is from *Harper's Weekly* 13 (11 Dec. 1869): 786, in Betts, *America's Sporting Heritage*, 108.

②Rader, *American Sports*, 155; Cavallo, *Muscles and Morals*, 55.

③Rader, *American Sports*, 155.

S. Curtis），具有重要的影响，并经由雷夫·威廉姆斯·福布希（Rev. William Forbush）的《男孩问题》（The Boy Problem，1901）等建议手册得以宣传。霍尔的研究《青春期》（Adolescence，1904）对新教男性工人产生了巨大的影响。这些工人认为他们的酬劳应该得到保护，并能够从城市的负面，比如犯罪和性等中把他们解救出来。从学校退学的青春期男孩有大量的空余时间，即便是有工作，也只是一些陷入僵局的工作，这使他们成为最适合的具有不道德行为的人。霍尔的想法鼓励工人、农民以及教育者通过公共学校、基督教青年会以及童子军等机构来延长青春期并保证青少年经济上、情感上以及心理上的独立。①

瑞德指出，游戏的生物学理论对把体育作为社会化的机构有四个重要的启示。第一，这一理论证明特殊机构的产生是由成人来紧密监管的。自发的、无监管的、非结构化的儿童游戏，得分或者赢得比赛并不是关键，将会被在成人指导下的高度组织化的团队体育而代替。第二，哲学鼓励男性工人不再重视虔诚。基督教青年会变得日益世俗化，而且非基督教青年会的会员也可以融入进来，这是因为领导人认识到少数男孩子被福音派项目影响严重，但是雷德并没有认识到，同时有很多机构性的教堂正视图利用体育和其他社会项目来吸引年轻人并获得他们的信赖。1904 年，布鲁克林组织了周日学校运动联赛，成为会员资格的要求是定期参加周日学校的运动联赛。第三，年轻的男性工人被鼓励弱化和他们的顾客之间的民族文化差异。所有的孩子都应该被重新塑造成优秀公民的想法支持着那些儿童拯救者投入巨大的努力来运用体育重新塑造贫民区青年。游戏的生物学理论提供了根据性别分别进行运动的依据，因为在进化过程中所需要的本能，导致男孩子和女孩子有不同的运动偏好。原始人类需要拥有战争、奔跑和狩猎方面的技术，而史前女性则需要有照料家庭的知识和技能。正如古立克所主张的，“运动并不能像它测试男子气概一样测试女性气质”。他认为女孩子的游戏应该是向引导帮助她们学习如何操持一个家的方向发展，而不是向竞技性运动的方向发展。②

---

①Ibid.，154-157；Benjamin G. Rader，“Muscular Christianity，the Biological Theory of Play，and the Adult-Managed Boys’ Sport Movement，1890—1920”（paper read at the annual meeting of the North American Society for Sport History，30 May 1979，Austin，Texas），13.

②Rader，*American Sports*，155；idem，“Muscular Christianity，” 14-16. Quote is from Luther Gulick，*A Philosophy of Play*（New York，1920），92，in ibid.，26. For church-sponsored athletics in the early 1900s，see e. g.，*NYT*，18 Feb.，13 June，11 Dec. 1904，5 May 1905，7 Feb. 1913.

三、公立学校运动联赛和有组织的儿童体育

1900年，古立克离开基督教青年会培训学校，就任布鲁克林普瑞特学院的校长。3年之后，他被任命为纽约市公立学校系统身体训练的负责人。这一新的职位给他提供了极好的机会来把他的游戏理论付诸实践。由于对传统的健身体操和体操项目不满，古立克寻找到一种全新的有趣的系统来吸引最广泛的人群，因为所有城市中的男孩子需要适合开展的游戏和体育提供的道德和社会课程，并在身体健康方面获益。1903年秋天，在与学校负责人威廉·H. 马克斯韦尔（William H. Maxwell）、以及AAU秘书詹姆斯·E. 苏利文（James E. Sullivan）的合作中，古立克组织了公共学校运动联赛。已经参加了校际棒球、橄榄球和田径比赛的当地学校以及一些初级学校组织了比赛。古立克的主张推广得很好，并成为针对美国中学男生提出的最细致的运动计划。①

公共学校运动联盟被认为是对纽约糟糕的贫民区状况的一种回应。古丽克的游戏生物学理论推测出糟糕的环境所导致的负面影响有可能通过被改善的体育的功能来得到改善。来自激进的教育运动的支持促进了以儿童为中心的课程的建立，并推测游戏能够辅助学习。古立克还想要一个能够使所有城市男孩（尤其是无法参与夏季课程或者夜校课程的那些青少年）都受益的项目。古立克的公共学校运动联盟强调团体体育能够教给孩子们各种各样缺席了现代工业城市的传统价值，把不齿的帮派行为引导向建设性的行为，鼓励原始关系的发展，为大公无私的人（把团队放在个人之前）提供机会，并促进学校精神的发扬。②

文盖特将军（General Wingate）强烈支持为城市青年提供大规模的体育运动，这样他们才能够成长为健康的、看起来要去主导商业和职业世界的乡村男孩，“乡村男孩锻炼坚实的身体，因为农场上不时就有农活。这也是为什么大多数商业性和职业性的岗位被那些孩童时期经历过艰苦岁月洗礼

①Luther Gulick, “Athletics for School-Children,” *Lippincott's Monthly Magazine* 88 (Aug. 1911): 201, in Rader, *American Sports*, 157; J. Thomas Jable, “The Public Schools Athletic League of New York City: Organized Athletics for City School Children, 1903—1914,” in *The American Sporting Experience: A Historical Anthology of Sport in America*, ed. Steven A. Riess (West Point, 1984), 221-222.

②*NYT*, 29 Nov., 13 Dec. 1903, 14 Apr. 1907; Jable, “Public Schools,” 218-219.

的男性所占据的原因。城市男孩就没有生活的能力吗？我认为不是，但是一直以来的问题是如何使城市里的男孩子具有生活的能力，以及如何使公共学校里的男孩子能够得到一些练习，来帮助他们锻炼自己的身体并具有坚强的男子气概。"①文盖特着重于教育者威廉·麦克斯维尔所移情的支持乡村（或者说反对城市）的观点。麦克斯维尔同意古立克的关于大众体育的哲学，而且相信运动能够促进学校精神。就像年轻的男性工人观点一样，他也认为成人引导的体育是社会控制的工具，能够用来处理城市街区中发生的问题：

> 受约束的运动是不受约束的运动的替代物。不稳定的比赛只是在比赛纯洁程度、干净程度、比赛的价值和不良娱乐方面的程度不同而已。城市中的孩童跟促进健康年幼的动物的生长没有多大关系。由于环境拥挤、缺乏便利的游戏场所，以及在街道上进行运动会给行人和公共财产带来危险，导致大量运动被压制。这些都使得一些非正常的消遣时间的方式，甚至是浪费时间的方式更诱人。教一个男孩子吸雪茄也许很有用，但是我怀疑这很快就会不起作用，如果他吸雪茄，就不能跑得快、跳得高，也不能像他的同伴一样自如的打球，因为他的肺没有呼吸新鲜的空气，而是有毒的东西。在街头游戏中经常会看到作弊或者吵架。无论在什么地方，孩子们聚集在街上也许从道德的观点来讲是正确的，但是一个反应迅敏的老师会教给学生尝试别的东西，通过透明、干净的身体和头脑来公平正当的赢得比赛，而联赛鼓励的正是这些事情。②

教育委员会支持公共学校运动联盟的构成，同意在纽约630所学校中执行其项目。但是，因为公共学校运动联盟是一家私立机构，无法募集公共资金，因此不得不寻找自己的资金来源。古立克和他的同事求助于纽约市的金融社团，希望给予财政支持，同时还求助于媒体来获得公众的道德支持。受慈善家安德鲁·卡尼吉（Andrew Carnegie）、约翰·D. 洛克菲勒（John D. Rockefeller）和所罗门·古根海姆（Solomon Guggenheim）等人的触动，人

①*NYT*, 29 Nov. 1903.

②*NYT*, 13 Dec. 1903.

们对成人管理的放学后的运动是否能够改善体质的发展，是否能教会孩子们公平竞争以及是否能为男孩子们提供消耗潜在的精力的地方进行讨论。这些人很大方地赞助了公共学校运动联盟。通过 1903 年 12 月 26 日在麦迪逊花园广场所做的体育推广，公共学校运动联盟获得了持续的认可和关注。据报道，这是世界上最大规模的运动集会，吸引了 1040 名运动员，主要是初级中学的学生，当地的报纸争相报道，这些都为公共学校运动联盟的发展提供了强有力的帮助。①

古立克针对公共学校运动联盟所定的主要目标之一是推广“体育为人人”的理念，消减比赛仅仅是为最有运动天赋的学生而准备的观念。公共学校运动联盟有两个重要的创新来促进大众体育的发展——班级体育和运动奖牌测试。班级体育鼓励拥有有限运动能力的优秀学生参与体育，因为整个班级都在一起比赛，他们的分数则建立在整个小组总分平均分的基础上。古立克建立了严格的合格标准：80%的人必须参与，他们每个人都必须守纪律，平均分需要达到 B。这些规定不仅促进了大量的人参与并自律，而且鼓励了相对贫困的学生更加刻苦学习。从五年级到八年级的学生都参与到引体向上、短跑、跳远以及类似的比赛中。比如，1914 年，有 63901 名男生参与了跳远比赛。②

运动奖牌测试也激励了运动的发展和学校工作。合格的标准要求初级学校学生平均拿到 B，要求高中学生有“令人满意的进步”。跑步、跳高和引体向上都设定了标准，达到他们年龄组要求的男孩子会得到一枚铜制或者金制的奖牌。在测试的第一年（1904 年），仅有 1162 名学生或者说 2%的竞赛者达到了标准，但是到了 1915 年，将近 25000 人得到了奖牌。③

公共学校运动联盟项目为最有运动天赋的男生组织了校际运动比赛。全市范围内组织起了高中联赛，针对初级中学有 22 个地区联赛。对参与者依然要求举止礼貌，且能获得优秀的成绩。最开始的比赛项目有棒球、篮球、田径和射击。到 1907 年，全国范围内的比赛增加了跑步、游泳、长曲棍球、网球、滑冰以及划船。根据体重，参赛者被分为不同的组别来确保安全。除此之外，还有区、镇和市的锦标赛。棒球尤其流行，1907 年有 106 支队伍参加

①Ibid.; Jable, “Public School,” 223-226.

②Jable, “Public Schools,” 227.

③Ibid., 227-228.

了市棒球比赛，这成为当时全国范围内最大规模的棒球比赛。决赛在保罗体育场上演，吸引了15000名观众到场观看。①

公共学校运动联盟还安排特殊的比赛，这些比赛通常由《世界》以及其他报纸赞助。1906年，《世界》最先开始为初级中学男生举行体育日比赛。8年之后《世界》在176所学校组织了181个体育日，共有10万名男生参与其中。公共学校运动联盟自己也赞助了公共的展览来宣传他们的成功案例以及广受支持的类似于市长威廉·盖那的"安全理智的7月4日运动会"（"Safe and Sane" July 4 Games）之类的项目。这些比赛最初在1913年举行，用来促进对内城青年的社会控制，并给予这些年轻人鞭炮和纵火之外可供选择的替代品。"安全理智运动会"主要在全市的公共公园或者游泳馆举行。1917年举办的运动会吸引了2万名参与者和10万名成人观众，第二代移民在比赛中获得了主导性的胜利，这看起来是对他们的文化以及体育的民主特征的一种证明。②

虽然公共学校运动联盟组织起来的最原始的动机是练习对城市男孩子的社会控制，但是从1905年开始，公共学校运动联盟也赞助了女子组的比赛。比赛由想为女孩子提供练习和活动项目的富有的纽约女性赞助。运动教育者伊丽莎白·柏契诺是女子组的有影响力的负责人。她的理念和古立克的运动理论以及女生的生物学劣势的观点一致。柏契诺认为，当体育为具有斗争天性的男孩子提供了一种必需的出气口时，女孩子也需要运动来保持因为习俗和长裙以及由此所引发的不自然的习惯被剥夺的健康和快乐。柏契诺认为，女性身体教育者应该决定哪些练习是建立在提升趣味性、灵敏度和智慧基础上的最适合女孩子们的项目。团体参与得以重视，而个人和学校间的比赛则被禁止。女子组的比赛以"为所有女孩的体育"以及"看在体育的份儿上的体育"的理念为指引，强调民间舞蹈、篮球和田径项目这样的活动。③

公共学校运动联盟的工作人员确信他们的项目在改善健康、道德以及城

---

①Ibid., 228-230.

②Ibid., 230-231; *New York World*, 11 Mar. 1916; *NYT*, 5 July 1913, 7 July 1919.

③*NYT*, 8 Feb., 13 Apr. 1907; PSAL, Girls' Branch, *Official Handbook*, 1917—1918 (New York, 1917), 20-24; quotes are from idem, *Official Handbook*, 1915—1916 (New York, 1915), 66, 19; Jable, "Public Schools," 231-233.

市青年的性格方面获得了成功。大量积极的参与者以及持续增加的奖牌获得者被认为是运动成就的有力证据。老师们反映，学生们变得更加规矩了，“不仅是因为他们想要变得崇高，也因为他们想要竞争”而且需要从指导者那里得到一份证明信来证明他们的行为良好。公共学校运动联盟的支持者认为，因为学生们认识到抽烟有损他们的竞技成绩，因此他们改掉了不良的生活习惯（比如抽烟）。户外运动成为保护肺和防止肺结核（长期盘踞城市贫民窟的疾病）的方法。倡导者们推测，第二代移民的孩子通过参与公共学校运动联盟而得到文化重塑。公共学校运动联盟的活动看起来能够充实上千名城市青年的业余时间，使他们变得繁忙，还能提供欢乐和自我成就感，但是一旦没办法吸引大部分的不上学、在街上闲逛或者工作的城市青年，这个项目则意味着失败。这些城市青年是最经不起街头低廉娱乐的诱惑的。①

公共学校运动联盟组织了世界上最大规模的运动，为大约 10 万名儿童提供了运动项目。它领导创新了运动项目的发展，并建立了学术和行为标准。在许多年里，像巴尔的摩和芝加哥都组织了类似的项目。到 1910 年，17 个城市拥有公共学校运动联盟模式的运动联赛，致力于在内城青年当中提高社会控制、提升健康体质、促进传统价值的传播。②

四、社会服务所工人和操场运动

居住在最糟糕的城市贫民区的善良的社会服务所工人了解一手的贫民区的凄凉状况，因此寻求帮助这些身陷贫困的人的方法，使他们的生活能过得下去。社会服务所的工人，比如简·亚当斯（Jane Addams）和莉莉安·瓦德（Lilian Wald）热心支持运动作为吸引当地青年进入他们的机构的方法，因为社会服务所能够拯救青年们的城市病。他们还相信，成人指导的体育是“灵丹妙药”，能够引导年轻人们远离帮派、桌球室、酒馆、妓院，而走向更积极正面的由社会服务所、公园和操场组成的年轻小伙们能够得到指导的建设性的团队体育项目。与流氓无赖相反，通过干净的体育能够训练男孩

①Jable, “Public Schools,” 233–235; Rader, *American Sports*, 159; quote from Albert B. Reeve, “The World's Greatest Athletic Organization,” *Outing* 57 (Oct. 1910): 110.

②Jable, “Public Schools,” 235.

子们成为良好公民，通过改善健康、合作和学习守时来使它们成为可信赖的工人。①

社会服务所在其发展的早期促进了运动的发展。到19世纪90年代，位于芝加哥近西区的哈尔服务所（Hull House）已经组织了体操和健美体操来减轻邻里的不良影响。体操馆吸引了当地的年轻人，这些人闲逛进来，有可能待的时间会很久。哈尔服务所的负责人简·亚当斯因其对运动的支持而闻名。亚当斯认为，"户外运动也许能够让持续不断地由剧院提供的富有想象力的物质来充实思想，使城市流浪者有机会放松身心"。亚当斯还认为，从有组织的体育中学习到的团队合作能够促进不同背景男孩子们的社区意识，团队合作也可以运用到他们的工作中。团队中的选手学着如何去合作，这样当他们获得高度专业化的工作时就不会感到被排挤，相反还会由于他们为整个项目的贡献被认同而获得成就感。②

街区青年主要依赖社会服务所来满足娱乐需求。例如，哈尔服务所为年轻男性赞助了男子俱乐部，为年纪稍长的男性赞助了桌球和保龄球比赛。运动会经常取代周六晚上的舞会。体操馆是最受欢迎的设施。一位观察者声称，哈尔服务所因女子篮球俱乐部而闻名。身披哈尔服务所战袍的年轻男性与各种各样的运动组织比赛。服务所以其希腊摔跤手而出名，他们赢得了无数的当地或者全国性的锦标赛。这么多的奖牌和奖杯使亚当斯担心，太多的成功会导致获胜者进入与赌博相联系的或与拳击极其相近的职业领域，但是她又认为，好处多于危险，"久坐的、在工厂或者办公室工作的年轻人也许比任何人都更需要自由，更需要从对称的肌肉练习中获得放松，也比任何人在奖学金上的反应都快，因为相比别的东西，运动奖学金显而易见更容易获取"。除了和平主义之外，亚当斯甚至允许准军事的希腊社团在哈尔服务所组织起来和训练，因为"每个年轻小伙都相信他们随时都有可能被召唤回家去和土耳其人打仗，由于这样的动机，显得我们体操馆用来组织训练的用途就有

①Jane Addams, *The Spirit of Youth and the City Streets* (New York, 1909), 95-96; Lillian D. Wald, "The House on Henry Street, Ch. II: Children and Play," *Atlantic Monthly* 115 (Apr. 1915): 473; Boyer, *Urban Masses*, 222-224; Hardy, How Boston Played, 56-57. The standard history of the movement is Allen F. Davis, *Spearheads for Reform: The Social Settlements and the Progressive Movement*, 1890—1914 (New York, 1967).

②Addams, *Spirit of Youth*, 95-96, 127.

些做作。”①

竞技性体育在服务所客户中很流行，因此，在1903年，纽约的社会服务所组织了运动联合会（Inter-Settlement Athletic Association，ISAA）。运动联合会获得了大量关于社会服务所运动的报道。每个参与者都有一位有经验的身体文化指导员来培训指导。在运动联合会中最成功的项目是位于亨利街和下东区的大学服务所。在这里，他们的犹太成员在篮球、拳击和摔跤等室内项目上颇有建树。大部分的运动联合会集会在晚上举行，这样参与者和观众的数量会增多。运动联合会声称，有足够的理由相信，运动联合会比其他任何男子运动为导向的项目更接近工作青年。②

除了提供体操房和组织运动队之外，社会服务所的工人还致力于改善公共娱乐。简·亚当斯和其他的改革者争取市政项目来满足内城居民对于操场、公园和洗澡房的需求，以及雇佣有经验的指导者来组织和规范公共项目。亚当斯也卷入到基层选举区的政治利益和政治活动中，目的是为了打败当地议员大老板约翰尼·鲍尔斯，鲍尔斯对保护呼吸空间和保护安全的儿童游戏场所毫无兴趣。亚当斯希望选举出更多具有服务精神的议员。内城的政客经常受到被娱乐改革者以及其他任何从邻里的年轻人那里受到影响的人的威胁，因为他们是未来的投票者。波士顿的一家社会服务所试图“通过邀请政客来担任比赛裁判或者在比赛中发表演说（这样政客们就能够以当地年轻人的朋友的身份出现）”来缓解紧张的气氛。③

1906年，简·亚当斯通过帮助成立美国操场协会（Playground Association of America，PAA）把她的改革运动带到全国，美国操场协会致力于改善全美操场。美国操场协会由无所不在的古立克博士和名誉主席希尔多·罗斯福领导，简·亚当斯为副主席，亨利·柯迪斯博士担任秘书。美国操场协会致力

①Davis, *Spearheads for Reform*, 61-62, 88-89; Allen F. Davis, *American Heroine: The Life and Legend of Jane Addams* (New York, 1973), 68-73; *Chicago Chronicle*, 25 May 1902, in Allen F. Davis and Mary Lynn McCree, *Eighty Years at Hull House* (Chicago, 1969), 77; Jane Addams, *Twenty Years at Hull House* (1910; rep. New York, 1954), 443-444.

②*NYT*, 22 Mar. 1903; 12 May 1907; Inter-Settlement Athletic Association, *Official Handbook*, 1911 (New York, 1911), 3.

③Humbert S. Nelli, *The Italians in Chicago: A Study in Social Mobility*, 1880—1930 (New York, 1970), 96; Thomas C. Campbell, "Sport for Neglected Boys," *The Church Militant* (Dec. 1900): 13, quoted in Jerry G. Dickason, "The Development of the Playground Movement in the United States: A Historical Study" (Ph. D. diss., New York University, 1979), 212.

于建设小型社区公园，训练有素的成人可以指导儿童进行游戏。美国操场协会的短期目标是驯服街头顽劣的儿童，长期目标是塑造和谐的城市道德秩序，使操场成为社区荣誉和身份的核心。PAA 在游戏的生物学理论基础上证明了其活动以及对环境保护论的功效的信赖。与社会服务所的工人一样，操场领导者相信他们能够通过给予参与竞技体育以及有指导的能够吸引他们原始本能的游戏来触及内城的年轻人（包括街头帮派成员）。成人指导的游戏能够通过教给内城儿童成长以及工作所需要的适应与合作原则来为他们提供安全阀。①

在世纪之交之前，不到 10 个城市中有受人监督的休闲项目，但是到美国操场协会被组织的时候，已有 41 个城市中有休闲项目。美国操场协会不仅在教育公众获得额外的市政休闲设施的方面功勋卓著，而且还为已有的改革的势头做出了贡献。到 1917 年，504 个城市拥有受监督的休闲项目，这些项目主要建立在芝加哥模式上。大城市中建立了休闲委员会来调查可供使用的公共和私人资源、了解人们的需求并推荐新项目。20 世纪的第一个 10 年，纽约休闲委员会最成功的努力之一是获得另外的休闲码头并使之终年可用。有一些委员会甚至配备了游泳馆来为男孩和年轻的男性提供在污染的河流中游泳之外的选择。除此之外的进步之处是工人夜晚活动中心的快速扩张，数量从 1900 年的 8 个增长到 1914 年的 62 个。这些活动中心在 1914 年变得非常流行，以至于 152 个城市中活动中心达到 629 个。②

小结：成人指导的游戏的局限性

非正式的教育环境下（比如操场和社会服务所）的职业教育者和指导者通过辅助和引导运动项目、确保公共和半公共空间的运动设施以及宣传他们的休闲兴趣为世纪之交的城市年轻人提供了重要的服务。热情的男性工人经常夸大成人指导的休闲的可能性，低估在成人监管之外的青少年游戏的自我导向性成长的潜力。对严格监督的强调使游戏脱离了一些创造性。体育运动

---

①Clarence Rainwater, *The Play Movement in the United States: A Study in Community Recreation* (Chicago, 1922); Cavallo, *Muscles and Morals*; Boyer, *Urban Masses*, chap. 16; Rader, *American Sports*, 159-160.

②Rainwater, *Play Movement*, 196; Rader, *American Sports*, 159; Goodman, *Choosing Sides*, 56, 97-98; Gunther Barth, *City People: The Rise of Modern City Culture in Nineteenth-Century America* (New York, 1980), 177; *NYT*, 17 Nov. 1912, 2 Apr. 1913, 12 Jan. 1914.

是游戏的重要组成部分，城市儿童能够在成人控制之外自由的享受。他们不定期地组织运动比赛，利用任何可以利用的空间，比如公园、后花园、大街上、小巷里。鉴于传统和共识，参与者决定制定他们自己的规则，无论何时，都需要适应特殊的游戏场地，因为狭窄的街道或者场地面积不够或者地面不平整都会导致坏球，在游戏中允许有例外发生。当然，不是所有的争议都能和平解决。社会学家和社会心理学家已经认识到，非结构化的儿童游戏所需要的智慧和合作是提供给参与者有价值的，优于并且独立于成人监管之外的学习机会的一种方式。①

关于基督教青年会、公共学校运动联盟以及操场运动的最新研究使改革者面对未能规范贫民区民族青年的活动的任务，而这些人恰恰最需要帮助。操场领导者热衷于引用一目了然的统计数据来说明在监督下的休闲活动对不良行为发挥的重要的作用。现实的情况是低于10%的城市儿童曾经使用过操场，而他们主要是住在操场附近的儿童或者是他们的家庭价值观与游戏领导者一致的中产阶级盎格鲁-撒克逊白人新教徒儿童。内城的操场很少在距离儿童的家四分之一英里或者儿童能够步行到达游戏场所的地方。中产阶级对操场运动的游说也延伸到其他的比如基督教青年会和童子军之类的组织。贫民区儿童崇尚打架的能力、自发性以及对权威的蔑视，与激进的改革者所倡导的价值之间存在冲突。正如雷德指出的，如果游戏领导者想要吸引这些年轻人，那么他们就不得不让步，而且不能目空一切。最后的结果是，有时候，最顽劣的男孩子和他们的团伙成员占据了操场。②年轻的工人几乎不希望操场成为未来帮派冲突的地方，因此寻求对中立地带的控制。

雷德敏锐地总结出，到20世纪20年代，成人管理的体育运动将陷入僵局。基督教青年会已经摒弃了高水平的体育，有组织的运动幻想因此破灭。公共学校运动联盟对不上学的年纪较大的不同民族的成年人完全没有起到任何的影响。美国操场协会未能像它许诺的那样规范贫民区青少年的休闲时间。针对有工作的成人的夜晚休闲项目也只收到微薄的市政支持。社会服务所促使社区运用其运动设施，但是常常是以客户提出的条件来使用。这种现象在

①Goodman, *Choosing Sides*, 6-7, 13-18; *NYT*, 5 July 1913; Edward C. Devereux, "Backyard Versus Little League Baseball: The Impoverishment of Children's Games," in *Social Problems in Athletics*: *Essays in the Sociology of Sport*, ed. Daniel M. Landers (Urbana, I11., 1976), 37-56.

②Rader, *American Sports*, 160.

教派机构中尤其明显，因为天主教和犹太教的男孩中一旦开始传教就会离开。高中层次的运动领导者主要应对跟他们有着相同价值观的本土美国白人，这样体育就不需要学生自身去适应文化。①

第一次世界大战之后，职业教育者在体育对儿童性格塑造的问题上变得没把握，虽然管理者、教练员和父母依旧维护体育对青少年的改善作用。心理学家和体育老师不再对关于儿童行为的解释的本能理论有自信。体育老师甚至开始思考男子体育的负面作用是否已经超过了其益处。到 20 世纪 30 年代，他们反对针对未成年人的竞技体育，但是正如杰克·巴瑞曼（Jack Berryman）指出的，体育的修辞已经完全被核心社会吸收，在核心社会中，家长和志愿者组织［比如美国少年棒球联合会和肥皂箱车比赛（Soap Box Derby）］一起推动了针对儿童的有组织的比赛。②

“一个纽约弹子房”——赛场外非法下注的地方。W. A. 罗杰斯（W. A. Rogers）画作。哈珀周刊 36（1892 年 4 月 2 日）：324.

①Rader, “Muscular Christianity,” 25-26.

②Jack Berryman, “From the Cradle to the Playing Field: America's Emphasis on Highly Organized Competitive Sports for Preadolescent Boys,” *JSpH* 2 (Fall 1975): 112-131.

曼哈顿运动俱乐部总部，霍博森·霍利（Hobson Hawley）画作。这一设施完善的场地位于纽约市第45大街和麦迪逊街区，1890年12月开业。哈珀周刊34（1890年11月3日）：864.

芝加哥体操班，1885年Schollz摄，由芝加哥历史协会提供（ICHi-14858）。

“一个网球场”纽约市公园部，年度报告，1911年（纽约：Martin B. Brown，1912），109.

“备受欢迎的展望公园300块网球场地” L. H. 韦尔（L. H. Weir）编《公园：市县级公园手册》，vol. 2（纽约：A. S. Barnes，1928）卷首插画。

为期六天的阿斯特力带跑步比赛的起点，麦迪逊广场花园，1879年9月22日周一凌晨一点。约翰·卡明（John Cumming）提供。

在建的新麦迪逊广场花园，Hawley & Snyder。哈珀周刊 34（1890 年 4 月 12 日）：281.

“周日的一个芝加哥桌球室”T. De Thulstrup 画作。哈珀周刊 36（1892 年 9 月 10 日）：880.

桌球室内部，圣路易斯，1910年。路易斯·海恩（Lewis Hine）摄，纽约罗切斯特乔治伊士曼中心的国际摄影博物馆提供。

码放保龄球瓶的人，1909年，纽约。Lewis Hine摄，纽约罗切斯特乔治伊士曼中心的国际摄影博物馆提供。

男孩子们在纽约东河游泳。这些街头顽童都是赤身游泳，一般用狗刨式。位于科尼岛公共浴场的人大部分是穿着衣服的。国会图书馆贝恩典藏部（Bain Collection）提供的照片。

纽约东河公共浴场，1898年。公共浴场是改善城市健康问题的改革措施。由纽约市立博物馆提供。

纽约，屋顶操场，1898 年纽约，拥挤的曼哈顿仅有少数的空地可以玩耍，屋顶操场就成为极具价值的补充。纽约市立博物馆提供。

1911 年 8 月，孩子们在纽约第五大街的卡内基操场上打篮球。在成人的监督下，他们看起来玩得很高兴。国会图书馆贝恩典藏部提供的照片。

权力掮客和城市体育贸易

我不明白为什么坦募尼赢不了。据我观察，坦募尼几乎把所有事情都揽入手中，所以我找不到任何理由来解释为什么坦募尼不能摘得赛马大会最丰硕的果实。

纽约市长休·格兰特对坦募尼的胜利给予评论
得分 40∶1，莫里斯公园 Eclipse Stakes 赛马会
纽约时报，1891 年 6 月 7 日

博诺米先生：你想起来你跟杰西·弗洛雷斯打架了吗……在 1948 年 9 月 23 日……世界轻量级比赛，是不是？

艾克·威廉姆斯先生：是的。

博诺米：你当时钱包里有多少钱？

威廉姆斯：32500 美元。

博诺米：你的经理……是……弗兰克·帕勒莫，对吧？

威廉姆斯：对。

博诺米：你看见那 32500 美元了吗？

威廉姆斯：没有……

博诺米：32500 美元全都消失了？

威廉姆斯：整个钱包都不见了。

美国国会，参议院，司法委员会，
职业拳击，反垄断委员会听证会前，
国会第 86 号，第二次开庭，根据美国参议院决议（案）238，
1960 年 12 月 5—14 日（1961. 华盛顿），667.

第六章
城市政治、有组织的犯罪及职业团体体育的商业化

商业化职业观赏性体育的崛起是南北战争后美国运动发展特征最显著的。在南北战争时期，大量的观众时不时地聚集在河岸或者湖岸边观赏划船比赛，或者旅行到很远的地方去一睹跨区赛马大会的风采。少数的企业家已经开始尝试预估体育吸引观众的魅力的价值。当体育成为受人欢迎的城市休闲活动时，有远见的商人就意识到，城市里有大量为娱乐付费的潜在观众，在他们当中推广运动赛事有可能带来利润。现代化和高度专业化的职业体育的发展能够吸引大量的群众支持商业化的进程。企业家们组织棒球赛和赛马比赛，建设或者租赁棒球场以及封闭式场地，这样他们推广的赛事就只能被付费的观众看到。棒球、拳击、赛马这三大主要的职业体育从一开始就在职业政客（一般而言是政治老板以及他们亲密的同盟，包括有吸引力的大富豪或者是投机商人）中占据重要地位，对城市政治文化有着极为重要的衍生作用，也是城市政治和有组织的犯罪有关联的核心因素。本章将审视为什么政客和黑社会大佬都参与到商业化体育中，他们如何利用他们的权力来保证对职业体育的控制，如果一旦受审他们会做什么。本章还会分析政客们最终如何失去对棒球的控制，以及如何被投机商和酿私酒商取代了其在非法的赛马和拳击比赛中的地位。

一、拳击

城市政客和拳击手之间的亲密关系在南北战争时期政治阵营的激烈竞争中就已经出现。当时，拳击手们成为打手，在战后依旧如此。即便政客们通

过更理性的方式（比如赞助、服务等）把他们的支持者分组，但是政客们依旧时不时地依赖于这些“敲打肩膀的人”来告诉人们该怎么投票。执业许可和其他体育兄弟会的成员继续在拳击中找乐，但是想要安排比赛就很困难，因为当时普遍禁止了拳击这项运动，一直到19世纪90年代才重新开放。之后，拳击在一些地方变得合法化，但是也只是暂时性的。这种状况一直持续到20世纪20年代。1870—1920年，政客们成为体育的主要参与者。他们要么拥有主要的室内场地，要么保护这些场地的所有者。他们有实力赢得不具合法性的比赛，并运用他们的影响力来确保拳击比赛的合法性。

19世纪70年代和80年代的拳击比赛要么是即兴的在酒馆里打架，要么是由拳击手自己或者他们的经理在运动酒吧里组织的比赛。每一个拳击手的支持者都会下赌注，酒吧老板或者当地的政客会组织一些主要的比赛，比赛通过运动媒体来安排，以福克斯的《国家警察报》为代表，比赛被印在报纸上来激励选手。福克斯自己安排了世界锦标赛，并且提供非常具有价值的腰带。①

比赛的推广者不得不顾一切代价来筹划比赛。19世纪最著名的几场比赛的地点经常不会被公开报道，以防当局会中断比赛。拳击迷们口头传播哪里可以买票，然后自行到隐秘的地方观看比赛。比赛的地方一般不是酒店的密室就是地处偏僻的平底驳船、仓库或者是铁路岔线旁。观看锦标赛的拳击迷需要先到火车站，在那里购买比赛门票，然后再搭乘火车抵达一个秘密的终点，在这里将上演拳击比赛。1889年7月7日，体育兄弟会聚集在新奥尔良参加苏利文和基尔雷恩之间的拳王争霸赛。当晚些时候，拳击迷们花10~15美分购买比赛门票，然后搭乘火车抵达密西西比州里奇堡，这里已经为第二天的比赛搭建好了拳击台。比赛的裁判员后来成了新奥尔良市的市长。75个回合之后，他宣布苏利文获得比赛冠军。②

纽约大都市区是19世纪80年代早期拳击比赛的中心。坦募尼的影响和警察的回报使得比赛能够进行四个回合。直到1885年，改革者成功地把警察

①Benjamin G. Rader, *American Sports: From the Age of Folk Games to the Age of Spectators* (Englewood Cliffs, N. J., 1983), 99-100; Dale A. Somers, *The Rise of Sports in New Orleans*, 1850—1900 (Baton Rouge, 1971), 170.

②Somers, *Sports in New Orleans*, 159-173; Elliott J. Gorn, *The Manly Art; Bare-Knuckle Prize Fighting in America* (Ithaca, N. Y., 1986), 230-235.

引来反复干预重要的比赛，当地的推广者因此放弃了这门生意。这项运动的中心转移到新奥尔良这里，推广者和政客使用多种方法来规避当地法律的禁令。1882 年，路易斯安那反对拳击的法律仅仅禁止“个人以拳来斗”。因此，很多年之后，当戴手套的拳击比赛被引入之后，法院依旧支持不戴手套的拳击的合法性。在一项新的禁止戴手套的拳击比赛的法律通过之后，德尔塔市长还继续允许不戴手套的拳击比赛，作为对城市“50 美元捐助”的回报。①

拳击很快成为新奥尔良精英们中流行的参与性体育。当地运动俱乐部的成员盼望着参加职业拳击比赛的机会，这样他们就能够在粗暴无序的环境里目睹比赛的精彩。1889 年，年轻男性体操俱乐部（YMGC）和南方运动俱乐部（SAC）都为其会员娱乐安排了职业的拳击比赛。一年之后，市议会和州立法机构都通过了禁止职业运动俱乐部赞助拳击比赛的法律，这预示了此类比赛与非法拳击的不同之处。这些法律最终导致拳击推广中出现了关键的创新。与旧体制不同，由经理人或者中间人（比如福克斯）安排的比赛的赌金来自附加赌，这样新的体系被建立起来，运动俱乐部能够跟经理人谈判、给比赛做广告、确保场地，提供比赛奖金以及从门票收入中平衡支出。②

戴手套的拳击比赛的合法性以及新奥尔良的运动俱乐部对顶级拳击手提供的巨额奖金促进了职业赛事的推广。例如，1891 年 1 月 4 日，接近 5000 名拳击迷在奥运俱乐部里观看了鲍勃·费茨西蒙（Bob Fitzsimmons）从杰克·邓普希手里夺走世界中量级比赛冠军的那场比赛，比赛的奖金高达 1.2 万美元。20 个月之后，奥林匹克俱乐部又组织了历史上最精彩的拳击比赛之一。当晚，轻量级、羽量级、重量级比赛轮番上演。1892 年 9 月 7 日，重量级比赛冠军赛上，约翰·苏利文打败詹姆斯·J. 康波特（James J. Corbett），夺得第一次戴手套的拳击比赛的冠军，并获得 2.5 万美元奖金和 1 万美元附加赌金。3 天的嘉年华比赛获得了巨大的成功，奥林匹克俱乐部因此净赚 5 万多美元。在 1894 年 12 月 14 日当地一名著名拳击手的死亡之前，拳击一直都是新奥尔良的流行运动项目，几个月之后，美国首席检察官的一份起诉书递交到路易斯安那高级法院。起诉书证明当地的拳击比赛很显然是带有赌博性质的

---

①Somers, *Sports in New Orleans*, 167-170, 174-175.

②Ibid., 174-176.

非法比赛，这标志着新奥尔良作为全国拳击运动中心的结束。①

19 世纪 90 年代早期，拳击在纽约大都市区得到复兴。许多政治上有影响力的企业家不顾法律的制裁为拳击比赛站台。比赛通常在位于国王县格雷福森德的科尼岛举行，这里很快就成为赛马和拳击比赛的主要场地。当地政客约翰·Y. 麦克凯恩（原县民主党主席）同时担任格雷福森德镇委员会的主席、警察总长以及税务和健康委员会负责人。正是在他的科尼岛运动俱乐部（Coney Island Athletic Club，简称 CIAC）大楼里，国王县的多位政客于 1892 年 5 月组织了拳击比赛。这些政客提供了必要的保护来帮助科尼岛运动俱乐部成为美国领先的拳击俱乐部，并避免区域内别的俱乐部举办盈利性的比赛，除非他们也能从中分得一些利润。在科尼岛运动俱乐部运行的头 15 个月里，一共销售了 16 场比赛的门票，净赚 15 万美元。但是，即使科尼岛运动俱乐部无所不能，在 1893 年，迫于公众的压力，吉姆·康比特和查理·米切尔之间的世界重量级锦标赛还是被取消了。②

纽约-布鲁克林大都市区在 19 世纪 90 年代中期成为拳击比赛的领导中心，尤其是 1896 年霍顿法案通过之后，在运动协会所属的建筑物中举行比赛得到许可。霍顿法案由参议员提姆· 苏利文通过国家立法来引导，他是鲍厘街的老板，也是坦募尼派的第二号人物。他提供的服务广受欢迎，但是他允许在他的区域犯罪，还和帮派头目芒克·伊斯特玛（Monk Eastman）、基德·特维斯特（Kid Twist）、保罗·凯利（Paul Kelly）相勾结。1896 年之前，苏利文还涉足拳击，并最终独霸曼哈顿拳击界很多年。在布鲁克林，新的科尼岛运动俱乐部在国王县民主党魁修·麦克拉林（Hugh McLaughlin）的领导下主导了体育的发展。霍顿法案实际上并没有允许拳击比赛，但是警察几乎不执行法律的规定，因为麦克拉林拥有强大的政治背景。坦募尼派警察头目威廉·迪恩（William Devery）的配合以及警察总长西尔多·罗斯福（Theodore Roosevelt）的判断，最终使麦克拉林参加了在百老汇大街举行的残酷的拳击

①Ibid.，177-191.

②On the start of the New York boxing revival, see *Brooklyn Eagle*, 1 July, 14 Aug. 1892; *NYT*, 21-28 Sept., 1, 2 Oct. 1893; "Arthur Lumley, Veteran Sportswriter, Manager, and Promoter," *Ring* 6 (May 1972): 23; Steven A. Riess, "In the Ring and Out; Professional Boxing in New York, 1896—1920," in *Sport in America*, ed. Donald Spivey (Westport, Conn., 1985), 96-99.

比赛不违背法律。①

职业拳击比赛推广者所获利益主要来自门票收入。在运动俱乐部进行的比赛门票最少也要55美分，是在酒馆密室里举行的一些廉价比赛的门票的两倍。顶级比赛的门票一般会涨到1~3美元，但是在世纪之交时，冠军赛的门票可能要达到5~25美元。霍顿法案时期价格最贵的一场比赛是1900年5月11日在新科尼岛运动俱乐部举行的杰弗瑞和康比特之间的比赛，门票总收入达到6万美元。除了门票收入之外，另外一个获利的途径是销售冠军赛影片版权。②

1900年，霍顿法案被反对野蛮体育、赌博威胁、坦募尼的影响以及无序聚集的城市人群的共和党议员废止了。但是，对霍顿法案的废止并非是职业拳击的终点，拳击比赛在酒馆的密室、驳船或者club smokers③等地秘密进行，并通过“会员俱乐部”的形式作伪装。“会员俱乐部”的“成员”组织3个回合的比赛来娱乐他的朋友，这些朋友付1美元“会费”加入俱乐部。俱乐部由“拳击特拉斯”控制，成员包括坦募尼头目提姆·苏利文（其全国运动俱乐部拥有3000名“会员”）。到1908年，有15个俱乐部每周都举行比赛，只要他们不公开宣传比赛来吸引太多的公众关注，警察就不会来干涉。④

①Theodore A. Bingham, "The Organized Criminals of New York," *McClure's* 34 (Nov. 1909): 62-63; George K. Turner, "Tammany's Control of New York by Professional Criminals," ibid. 33 (June 1909): 117-134; Roy Crandall, "Tim Sullivan's Power," *Harper's Weekly* 58 (18 Oct. 1913): 14-15; M. R. Werner, *Tammany Hall* (Garden City, N. Y., 1927), 344, 438-440; Thomas M. Henderson, *Tammany Hall and the New Immigrants: The Progressive Years* (New York, 1976), 1-15; *NPG* 66 (18 May 1895): 11, 66 (1 June 1895): 10, 67 (8 Feb. 1896): 11, 69 (5 Dec. 1896): 11, 76 (9 Sept. 1900): 7; *Brooklyn Eagle*, 24 Oct. 1896; NYT, 11 June 1899. On Devery, see Steven A. Riess, *Touching Base: Professional Baseball and American Culture in the Progressive Era* (Westport, Conn., 1980), 87-91. For a Detailed discussion of the fight to legalize boxing in New York see Riess, "In the Ring and Out," 95-128.

②*NPG* 69 (19 Sept., 7, 14 Nov. 1896): 10, 76 (12 May 1900): 10. The first publicly wxhibited fight film was made in 1894, and three years later the heavyweight title bout between Corbett and Fitzsimmons grossed $75, 000. Robert Cantwell, *The Real McCoy: The Life and Times of Norman Selby* (Princeton, N. J., 1971), 97-100.

③译注：smokers是指只有男性参加的聚会，之所以称为smokers是因为参加聚会的男性通常会抽雪茄（以及喝白兰地）。Club smoker是为这些俱乐部成员举行的社交活动，通常会安排拳击比赛来为他们提供娱乐。

④*NPG* 73 (18 Feb. 1899): 11, 95 (17 Feb. 1910): 10, 96 (21, 28 Apr. 1910): 10, 76 (5, 12, 19 May 1900): 11, 78 (16 March 1901): 10, 86 (13 May 1905): 10, 87 (3, 10 Feb. 1906): 10, 88 (28 Apr., 19, 26 May 1906): 10; *NYT*, 20 June 1899, 19, 25 Jan. 1900, 16 Nov. 1905, 1 June 1906, 2 Apr. 1907, 2 Nov., 18 Dec. 1908; Boxing Scrapbooks, vol. 1, pp. 87, 93, Chicago Historical Society, Chicago, I11.; *New York Call*, 26 Oct. 1908.

其他地方的拳击比赛都在严格的控制之下进行。到 1905 年，像芝加哥这样的前拳击中心已经没有拳击比赛，费城仅有 6 轮比赛。20 世纪初期的一些主要比赛都在一些不知名的偏僻的煤炭小镇举行，比如戈尔德菲尔德和内华达，无聊寂寞的煤炭矿工们大量的钱流向坦克思·理查德（Tex Richard）的第一次推广活动，这次活动是乔·甘斯（Joe Gans）和班特林·尼尔森（Battling Nelson）之间的轻量级冠军锦标赛。这场精疲力尽的比赛最终在 52 个回合之后由于一次犯规而结束。旧金山是那十年中的拳击中心，在这里产生了比在其他任何城市中都多的冠军。国家法律允许比赛的上限是 20 回合。当地的推广者在 1907 年之前需要通过民主党首领阿比·卢一夫（Abe Ruef）来得到比赛的执照，之后这个人因为腐败（其中包括从拳击推广者那里受贿）被送进监狱。但是即便在旧金山也是有容忍限度的，比如，由于负面的公共反应影响到全国，1910 年，旧金山丢掉了杰弗里和约翰逊之间冠军锦标赛的举办权。理查德将比赛移至内华达州的雷诺举行。这里有 2 万名观众，共花费 20 万美元观看了这场“白人最伟大的希望”为他的种族重夺名号的比赛。这场比赛门票的销售额创造了纪录。①

1911 年，纽约的民主党第一次控制了州长官邸以及上下两院，这使坦募尼政客通过了弗洛里法案（Frawley Act）。这一法案同意，只要比赛在州运动委员会监督下进行并打满 10 回合，不管有无胜负则依旧合法。这一委员会并无报酬，是一个具有高度政治化的委员会，被授权颁发执照、保护拳击手的安全、确保观众有合适的座位，但是州运动委员会没能够制止欺骗和赌博。拳击推广者依旧不是政客就是和政客有密切联系的人，他们继续担任经理职务，在利益问题上也存在冲突。他们并不经常为拳击手支付薪酬，还迫使拳击手在附近的俱乐部中寻找比赛机会和销售门票。其中最糟糕的是，非法的拳击比赛依然发生。②

---

①*NPG* 85（21 Jan. 1905）：10，89（15 Sept. 1906）：3，89（22 Sept. 1906）：10；James Chinello，“The Great Goldfield Foul，” *Westways* 68（Sept. 1976）：27-30，88；Walton Bean，*Boss Reuf's San Francisco*（Berkeley，1952），85-88；*NYT*，28 Nov.，8 Dec. 1909，17 Apr.，6，9，10，12 July 1910；Randy Roberts，*Papa Jack：Jack Johnson and the Era of White Hopes*（New York，1983），chap. 6.

②*NYT*，13 Apr.，8，9，22 June，29 Sept.，27 Oct. 1911，15，29 Feb.，3 Mar. 1912，26 Apr. 1913，4 Jan. 1915；“Prize-Fighting in New York，” *Outlook* 99（9 Sept. 1911）：56-57；William Inglis，“The State and the Boxing Business，” *Harper's Weekly* 54（16 Sept. 1911）：19；E. B. Osborn，“The Revival of Boxing，” *Nineteenth Century* 70（Oct. 1911）：771-781.

到1917年，拳击在23个州合法，但是在大都市市场中依然受到严格限制。1914年，旧金山通过了严格限制的州法律，仅允许拳击比赛打4个回合。在纽约，城市改革者和偏僻地区的农民则联合起来反对拳击。1915年，纽约州政坛发生变化，民主党重掌州政治和法律大权，州长查尔斯·惠特曼任命了以民主党为主的运动委员会。这些工作都是领取薪酬的，但是工作的质量几乎没有什么改进。1917年，运动委员会的主席因向拳击运动推广者和经理敲诈金钱而被驱逐。此时，社会运动俱乐部的名声则因为两名运动委员会委员参加的比赛中有一名拳击运动员死亡而被进一步玷污。这些事件足以说服惠特曼来禁止拳击，政治上的这个敏锐行动向小城镇里反城市的偏远地区的投票者展示了他所在的党派与共和党不同的一面，即支持传统和高度的道德价值，而共和党则长期支持不道德的、血腥的、与政客以及黑社会有千丝万缕联系的体育。惠特曼禁止拳击的提议在立法过程中遇到麻烦，因为在立法院有很多人支持拳击，尤其是共和党人。第一次，他的提议被否决，但是他把法案作为党派措施之后，马上就获得成功。法案的通过呈现出很明显的党派分化特征，国会中的民主党没有一个人投票支持。①

虽然一些拳击比赛依然在旧的会员制度下进行，但是纽约的拳击犯罪已经是对这项运动最严重的打击。在第一次世界大战期间，拳击被用来训练士兵。随之这项运动的形象被改变，甚至以改革思想著称的《时代》也提倡拳击运动。到1920年共和党一直都避免把拳击运动合法化。参议院少数派领导人詹姆斯·J. 沃克（James J. Walker）是坦募尼的忠实成员，他成功领导法院通过了立法并让民主党州长艾尔·史密斯（Al Smith）在上面签字。沃克法案允许比赛打12个回合。如果比赛打满12回合仍无胜负则赋予裁判决定胜负的权力。该法案还建立了无薪酬运动委员会来监督这项运动。新的法案帮助纽约市重新获得了拳击在全国中心的地位，但是在接下来的那些年，暴徒则主导着这项运动。②

①*NYT*, 5, 9 Oct. 1915, 30 Dec. 1916, 30, 31 Jan., 1-3, 5, 6 Feb., 24, 26 Apr., 8, 11 May 1917; *New York Herald*, 30 Nov. 1915.

②Guy Lewis, "World War I and the Emergence of Sport for the Masses," *The Maryland Historian* 4 (Fall 1973): 109-122; *NYT*, 14, 27 Mar., 11, 12 Apr. 1908, 4, 18, 27 Feb., 13, 20, 27 Mar., 10, 11, 17 Apr. 1919, 23 Feb., 25 Mar., 2, 25 Apr., 25 May 1920; Gene Fowler, *Beau James: The Life and Times of Jimmy Walker* (New York, 1949), 100-101.

有组织的犯罪和职业拳击

20世纪20年代，随着沃克法案的执行，麦迪逊广场花园发展成为职业赛事的重要场所，一些著名的拳击明星应运而生，拳击取得了前所未有的地位。在麦迪逊花园以及其他重要场地举行的冠军赛成为吸引众多从未看过拳击比赛的名流的重要社交场合。其他州政府纷纷效仿纽约，为了从门票收入中获得丰厚的税收而使拳击合法化。例如，伊利诺伊从1905年起体育就被禁止，但是到了20世纪20年代中期，为了举办合法的世界拳击冠军锦标赛，拳击又变得合法化。1927年，在芝加哥，邓普希和途尼在战士球场的重赛吸引了有史以来最多的观众。①

讽刺的是，正当拳击变得体面时，黑手党成员（暴徒）取代当地政客成为拳击比赛的经理人和推广者。帮派团伙很久以来就是拳击亚文化的组成部分，他们在恶劣的环境中孕育着这项运动。帮派团伙出入体育馆，购买球场边的位置，在比赛现场与老朋友们社交。20世纪20年代，像纽约的万克希·戈登（Waxey Gordon）这样的走私者经常不是担任新拳击手的经理人，就是在幕后操控比赛。拳击手们有时候欢迎这样的幕后操控，因为他们能够运用其影响力帮助拳击手拿到好的比赛成绩，但是帮派成员会时不时地用暴力威胁拳击手。20世纪20年代，流氓们开始涉足拳击。20世纪30年代，纽约的舒尔兹（Dutch Schultz）和奥尼·梅登（Owney Madden）、费城的霍夫（Boo Hoo Hoff）② 以及芝加哥的艾尔·卡蓬（Al Capone）都牵涉其中。到经济大萧条时期，体育和有组织的犯罪之间的联系已经成为公开的秘密。比如，梅登、卢西亚诺、托马斯·卢凯塞和菲尔·加利亚诺都在暗中支持意大利中重量级选手普利莫·卡尔内拉（Primo Carnera）。他身形庞大，但拳击技术有限。这些人运用自身的影响力为卡尔内拉创造名声，选择胆子小的人跟他比赛，还贿赂对手。卡尔内拉在这些人的帮助下成为1933—1934年的世界冠军，这一

---

①*NYT*, 9, 14, 15, 29 Mar. 1916, 13, 16 Aug., 18 Sept. 1920; *New York World*, 9, 10, 13, 26, 29 Mar. 1916; Richard J. Butler and Joseph Driscoll, *Dock Walloper: The Story of "Big Dick" Butler* (New York, 1928), 264; Mrs. Tex Rickard, *Everything Happened to Him: The Story of Tex Rickard* (New York, 1936), 274–275; Don S. Kirschner, *City and Country: Rural Responses to Urbanization in the 1920s* (Westport, Conn., 1970), 141–143; Randy Roberts, *Jack Dempsey: The Manassa Mauler* (Baton Rouge, 1979), 95–99.

②译注：Max Hoff，绰号 Boo Hoo，1892年出生于南费城，曾经是一名拳击手，后成为造私酒的商人和投机商。

成功为他的幕后老板们带来大额利润，但他自己并没有得到什么。这些暴徒支持拳击手是因为他们享受跟职业运动员有关联的名人地位，尤其是世界冠军，就好像他们喜欢在夜店勾引漂亮的女性一样。帮派成员还从他们的比赛中分到了许多份子钱，并运用他们的影响力来操纵比赛。①

在20世纪30年代中期到50年代，职业拳击最伟大的拳击手是弗兰克·卡蓬（Frankie Carbo）。卡蓬是一个危险的帮派分子，他的拘捕记录中包含五项谋杀指控罪名。在其中的一个案件中，他被控跟毕斯·西里尔（Bugsy Siegel）和利普克·布切尔特（Lepke Buchalter）一起因为帮派土地纠纷而谋杀了莫·斯凯特（Mo Schecter）。1942年，一名关键证人落窗而亡之后，他们被无罪释放。卡蓬在20世纪30年代开始参与拳击，在中量级比赛中一直处于垄断地位。在之后的20年里，其影响力遍及所有组别，因为他与经理人、安排比赛的人以及推广者关系密切。卡蓬能够安排或者避免不想参加的比赛，他还运用各种必要的方法来获得对拳击手的控制，包括为经理人开顺风车并给予他们无法拒绝的报酬。②

因为卡蓬被证明有罪，所以不能获得执照，也不能担任运动员经理。他利用挂名负责人的方式，其中有一些是犹太商人，还有一些，比如加比·吉诺维斯（Gabe Genovese）、费城赌王帕勒莫等，都是背景很可疑的人。帕勒莫以轻量级冠军威廉和索尼·离斯顿（Sonny Liston）的经理人而出名。20世纪40年代，威廉尝试做自己的经理，但是被全季经理人协会列入黑名单，后来他几乎找不到合适的经理人，更别说比赛。当帕勒莫成为威廉的经理人时，威廉马上就得到了比赛机会。在一年内他就成了冠军，但是威廉的冠军收入

①On underworld influence in prize fighting in the 1920s, see Nat Fleischer, *50 Years at Ringside* (New York, 1958), 5, 49-50, 193-194, 208-210; Ruby Goldstein and Frank Graham, *Third Man in the Ring* (New York, 1959), 31, 34-35; Mickey Walker with Joe Reichler, *Mickey Walker, The Toy Bulldog, and His Times* (New York, 1961), 52-53, 58-59, 66-68, 71-73, 188-192; Jack "Doc" Kearns and Oscar Fraley, *The Million Dollar Gate* (New York, 1963), 225-227; Leo Katcher, *The Big Bankroll: The Life and Times of Arnold Rothstein* (New York, 1958), 117-118.

②U. S. Cong., Senate, *Professional Boxing: Hearings before Subcommittee on Anti-Trust and Monopoly*, 86th Cong., 2nd sess., Pursuant to S. Res. 238, Dec. 5-14, 1960 (Washington, D. C., 1961), 105-106, 425-447, 547-558 (hereafter cited as *Professional Boxing*); Barney Nagler, *James Norris and the Decline of Boxing* (Indianapolis, 1964), 19-20, 26-32, 90-99; Jeffrey T. Sammons, *Beyond the Ring: The Role of Boxing in American Society* (Urbana, I11., 1988), chap. 6; Steven A. Riess, "Only the Ring Was Square: Frankie Carbo and the Underworld Control of American Boxing," *IJHS* 5 (May 1988): 29-52.

总是直接进了帕勒莫的腰包，至少有3场比赛，威廉一分钱都没有得到。①

卡蓬控制了许多安排比赛的人，比如比利·布朗，因为这些人是通过卡蓬得到的工作。布朗一直跟卡蓬通过电话进行联络，虽然如此，他一直都谨慎地使用公共电话而不是办公室电话。布朗在安排赛事等方面是值得卡蓬信任的幕前人物。斯凯特的影响则从东部一直蔓延到西部，尤其是洛杉矶奥林匹克俱乐部。他手下安排比赛的人和推广者经常要求拳击手的经理人将比赛所得分一杯羹。②

有一位拳击手的发展深受这种体制的阻碍，这个人就是杰克·拉莫塔（Jake LaMotta），1943—1947年间的中量级选手。拉莫塔固执地坚持自己担任自己的经理，虽然缺少必要的影响力来获得比赛机会，但他也不接受卡蓬的帮助。最后由于进步太小，拉莫塔不得不接受卡蓬的“善意”，与轻量级选手比利·福克斯（Billy Fox）打了一场事先安排好的比赛，这场比赛由帕勒莫担任经理。作为回报，拉莫塔获得10万美元和新闻报道的封面。这场比赛完全是一场骗局，拉莫塔在比赛过程中拒绝攻击，福克斯则没办法做出任何有力量的攻击。裁判员在比赛第四回合宣布拉莫塔技术性胜利，每一位在场的观众都认为这场比赛肯定有猫腻。后来的调查洗清了拉莫塔的嫌疑，但是这个污点依旧对他影响很深，以至于他一直到1949年才走到他的冠军之战。为赢得比赛，他不得不付给冠军（Marcel Cerdan）2万美元，比付给挑战者的份额还要多1000美元。③

拳击看起来是不受约束的，因此，这种欺骗性的行为肆虐，尤其在纽约等地方。纽约有着最负责的州运动委员会。委员们通常都是政治仆从，几乎不执行被批准的规则，他们的下属员工也缺少时间或者金钱来彻底调查申请者的执照。因为州与州之间没有合作关系，所以纽约被拒绝的人经常会在别的地方得到许可。强力监管的缺失使比赛作弊易如反掌，不管是支持赌博还是毁灭一个年轻拳击手的名声都很容易。聪明的教练员会高强度训练拳击手，

---

①*Professional Boxing*, 664-731.

②Ibid., 60-63, 71-77, 1433, 1454; Nagler, *Decline of Boxing*, 100-103; Robert Coughlan, "How the IBC Runs Boxing," *Sports Illustrated* 1 (17 Jan. 1955): 47; *NYT*, 23, 31 Mar. 1956; Governor's Committee on the Study of Boxing and Wrestling in California, *Report* (Sacramento, 1956), 83-84, 111, 115, 117 (hereafter cited as Governor's Committee, *Report*).

③*Professional Boxing*, 7-34; Jake LaMotta, Raging Bull: *My Story* (Englewood Cliffs, N.J., 1970), 156-163; Nagler, *Decline of Boxing*, 19-20, 28-29, 32-33, 90-92, 228-330.

这样他就能够留在体育馆里比赛。过快地改变拳击手的重量会使他变得虚弱，把手缠得太紧移动就会有困难，教练员甚至还会给他的橘子涂药（dope one's orange①）。除此之外，还有没那么复杂但更直接的方法——贿赂拳击手、经理人和裁判员（兼职的雇员即便不配合也不会被开除），或者使用暴力威胁，这样的警告永远不会被置之不理。②

除了与经理人和安排比赛的人之间有紧密的联系，卡蓬还与当时拳击运动的主要推广者有紧密的联系，比如波士顿的山姆·斯里夫曼（Sam Silverman）、新奥尔良的本尼·季格曼（Benny Geigerman），克利夫兰的拉里·阿金斯（Larry Atkins）以及纽约的麦克·约克布（Mike Jacobs）。他们都是向上层流动的犹太企业家。1937—1949 年，约克布在麦得逊广场花园任职期间安排了全国 37.5%的冠军锦标赛。1947 年，卡蓬吹嘘他替约克布做了所有的事，就差签署合约。1949 年，约克布由于健康原因而退休，一个新的组织，一国际拳击俱乐部成立并推广主要的拳击比赛。这个组织的负责人是两个非常有钱的人——山姆斯· 诺里斯（James Norris，麦迪逊广场花园的主席）和亚瑟· 沃兹（Arthur Wirtz，芝加哥的房地产商人、诺里斯在底特律奥林匹亚体育场时期以及芝加哥体育馆时期的伙伴）。他们的伙伴是乔·路易斯（Joe Louis，曾经的重量级冠军，同意筹划冠军巡回赛来挑选继任者），他退役之后开始从商。1949—1953 年，国际拳击委员会承办了全美国所有冠军赛中 80%的比赛。除此之外，国家拳击委员会还控制了很多重要的场地，并占据着电视转播市场。周二、周五和周六晚上会转播比赛。电视转播主要的赞助商是吉利特，他为周五晚上的拳击比赛提供 10 万美元的赞助费。因为电视上有太多拳击比赛，拳击推广者们需要提供优秀的拳手来满足需要，卡蓬是这些人能指望得上的人。国际拳击俱乐部（International Boxing Club，IBC）则与卡蓬建立了良好的关系，甚至还以每年 1.1 万美元的薪金雇佣他的妻子做顾问。③

①译注：dope orange 原是用来使狗或者马跑慢的方法之一，即给它们吃的食物里面放药，比如给橘子里注射药物。

②Governor's Committee，*Report*，29，42-43，49，60-61.

③Robert Coughlan，"Nationwide Look at Boxing's Straw Bosses，" *Sports Illustrated* 1（31 Jan. 1955）：18-19，48-53；Coughlan，"How the IBC Runs Boxing，" 11-13，47-50；Martin Kane and James Shepley，"The Case against the IBC，" *Sports Illustrated* 3（23 Apr. 1956）：26-29，59；*NYT*，6 Dec. 1960；*Professional Boxing*，308-309，550-551，875-892；Nagler，*Decline of Boxing*，17-19，44-49；interview with Ben Bentley，7 April 1984，Chicago，I11.

1953 年，司法部组成反垄断机构调查国际拳击俱乐部在主要的拳击比赛中的垄断行为。两年之后，法院裁定国际拳击俱乐部串谋垄断冠军赛。因为国际拳击俱乐部与每一个参赛选手签订额外合同，控制关键的体育馆和球场，并与哥伦比亚广播公司谈判签订了优惠合约。这个案例最终上诉到最高法院，并最终导致国际拳击俱乐部在 1959 年倒闭。①

日益增加的公众对拳击比赛的关注一方面是因为国际拳击俱乐部的案例，另一方面是因为参议院虽然调查了有组织的犯罪，但并没有使卡蓬和其他黑帮分子停止暴力手段。这些人的目标包括出版人纳特·弗莱舍（Nat Fleischer）。有一次，弗莱舍没有把一名特殊的属于卡蓬的拳击手列入“最佳拳手前十名”的名单中，他就受到威胁说他的杂志会从纽约的每一个杂志摊下架。很显然，这种威胁从来没有真正发生过，但是并不能不理会。1952 年，当伟大的训练师雷·阿赛洛（Ray Arcel）推广电视拳击比赛时，他拒绝与国际拳击经理人吉尔德合作。结果，阿赛洛被一个流氓狠狠地揍了一顿。1959 年，卡蓬和他的副手企图尝试干涉次中量级拳击手东·乔丹（Don Jordan）。当乔丹的经理人内瑟斯拒绝把其一半的份额分给帕勒莫之后，内瑟斯被明确告知他这样做会让很多人不高兴。他的同事杰克·里昂那多［Jack Leonard，好莱坞军团体育场（Legion Stadium）的推广人］很快就接到电话警告他除非与内瑟斯合作，否则他就会成为“榜样”。帕勒莫带着一群打手去拜访了里昂那多很多次，有一次劝告他说“我们平分”，之后又劝告他说“不要自陷绝境”，最后里昂那多被帕勒莫的手下揍了一顿，里昂那多随即报了警。卡蓬、帕勒莫和他的手下都被拘留并受到控告。经调查发现，他们涉嫌敲诈，最后，他们被判处在牢狱内呆满足够的年限。②虽然，帮派团伙还继续在体育中发挥着不良的影响，但是对有组织的拳击犯罪活动的打击一直在进行。

二、鞍马赛

政治不仅在草根体育中占据重要地位，在上层人的生活中也一样。且不

①*Professional Boxing*, 875–892; Norris, *Decline in Boxing*, 44–99; Kane and Shepley, “Case against IBC,” 26–29, 59; Martin Kane, “IBC Guilty as Charged,” *Sports Illustrated* 5 (18 March 1957): 16–17; idem, “James D. Norris Must Get Out,” ibid. 6 (1 July 1957): 10–11.

②*Professional Boxing*, 1075–1082, 1450, 1512–1528, 1519 (quotes); Nagler, *Decline of Boxing*, 113; *NYT*, 4, 15 Mar., 21 May, 3 Dec. 1961.

论赛马的贵族气质，教堂神职人员和其他道德改革者都严厉地批判赛马，因为这项运动几乎完全依赖赌博来获取关注并生存。道德异议、虐待动物以及与政治机器和城市犯罪之间的紧密联系导致在世纪之交时对赛马实行全面禁止，包括一段时间内在芝加哥、新奥尔良和纽约禁止该运动。赛马运动之所以能幸存下来，很大程度上依靠的是领头的赛马者和职业赌徒的政治影响力。在那些赛马运动最成功的城市，包括布鲁克林、芝加哥、新奥尔良、纽约和圣路易，赛马运动都是由政治上活跃的精英以及政客把持着。纽约的富人，比如威廉·C. 惠特尼、托马斯·雷恩、奥古斯特·贝尔蒙特二世经常利用他们参与赛马的机会与民主党内部不同阶级联合，以此来帮助他们保护自身利益。这些富有的运动者（跟坦募尼派老板理查德·克洛克以及提姆·苏利文这样的政客一样）拥有并培育纯种马，下大赌注赛马，其中有些人甚至拥有赛马场。苏利文和其他政客跟组织者、赌马业者以及场外赌博室一起在赌博生意中占据着重要地位。在诸如场上赌博合法性等双方都关心的问题上，体育兄弟会的精英和普通人会通力合作，但是当场外的赌博行为侵犯了赛场上座率并影响赛马场声誉的时候，双方又有可能成为敌人。①

19 世纪 70 年代，美国所有的赛马场都依靠重要的政治方面的联系来维持赛场内赌博的合法性。1870 年，美国赛马俱乐部的会员不仅包括俱乐部主席奥古斯丁·贝尔蒙特（民主党全国主席），还包括坦募尼派彼特·思威尼和威廉·特威德。特威德也是蒙茅斯公园赛马场的投资人之一 。这一赛马场由赌徒约瑟芬·张伯伦（Joseph Chamberlain）修建于 1870 年，他尝试想把新泽西的郎布里奇打造成第二个萨拉托加。其他感兴趣的人包括实际上控制着立法院的杰·古德（Jay Gould）和小吉姆·菲斯克（Jim Fisk，Jr.）。在新奥尔良，想把赛马运动提升到以商业为基础的梅特里赛马俱乐部的年轻成员成立了新的组织——路易斯安那赛马俱乐部（Louisiana Jockey Club，LJC）。路易斯安

①Somers, *Sports in New Orleans*, 108; David C. Hammack, *Power and Society: Greater New York at the Turn of the Century* (New York, 1982), 101, 103, 111, 342n109, discusses the sporting style of elite politicians. ON racing and urban machines see Herman Kogan and Lloyd Wendt, *Lords of the Levee: The Story of Bathhouse John and Hinky Dink* (Indianapolis, 1943), 21, 28–29, 50–54, 109–110; Mark Haller, "Organized Crime in Urban Society: Chicago in the Twentieth Century," *JSH* 5 (Winter 1971–72); 214–216, 218–219; and Steven A. Riess, "The Politics of House Racing in Chicago, New York, and New Jersey, 1891- 1895" (paper presented at the annual convention of the North American Society for Sport History, Manhattan, Kan., 24 May 1982); *DAB*, s. v., "Croker, Richard" "Sullivan, Timothy."

娜赛马俱乐部的比赛场地在老联盟赛马场（后以露天广场而闻名），由富有影响力的共和党政客、臭名昭著的路易斯安那州立彩票中心的负责人查尔斯·T. 霍沃德（Charles T. Howard）管理。路易斯安娜赛马俱乐部尝试通过引入廉价票以及依赖同注分彩的方式来提高比赛到场率。1871 年，这一措施最先在杰罗姆公园执行，赋予了比赛场地在赌博中的直接积极的角色。关于路易斯安娜赛马俱乐部的利润的信息很少，1875 年春天大约达到 9000 美元，但是 3 年之后，由于购买和改善露天场地，路易斯安娜赛马俱乐部被迫关闭。①

成功的场地管理者不仅需要懂得如何平衡预算，同时需要懂得如何规避各种法律壁垒来赌博，赌博是赛马运动的支柱。1877 年，作为对全国范围内的提尔登-海耶斯选举（Tilden-Hayes Election）② 对赌的回应，纽约州立法院通过了一项禁止旧拍卖场赌博体系的法律。此举目的在于减少赛马场的到场率，但是赛马场依旧人流如潮，这主要取决于外围下注的引入。与拍卖体系不同的是，外围下注使赌博者能够公开选择任何他希望获胜的马匹。最小的赌注一般是 2 美元，这一赌注不仅小于同注分彩体系下的 5 美元，还使这项运动民主化。③

19 世纪 80 年代和 90 年代，政治关系变得比以往更重要，尤其是各种私人拥有的、以利润为导向但是又缺少社会声望的赛马俱乐部。这些赛马场涵盖了那些有完好设施的赛场到公然腐败的被宣布为不合法的面向底层人民的场地。19 世纪 80 年代，柯尼岛成为纽约大都市区最重要的面向精英和所有其他人的赛马中心。人们希望当地老板约翰·Y. 麦克凯恩（John Y. McKane）能够从执行反赌博刑法典中保护赛马会场。他的建筑公司收到了很多有利可图的项目。1879 年 6 月，一个政治社会关系很稳固的酒店主威廉·A. 恩格曼（William A. Engeman）修建了布莱顿沙滩赛马场（Brighton Beach Racetrack）。到 1882 年，这个赛马场平均每年净赚 20 万美元。一年之后，由里昂那多·

---

①*NYT*, 5 Nov. 1893; Somers, *Sports in New Orleans*, 94-99.

②译注：美国历史上最受争议的总统选举，在 Rutherford B. Hayes 和 Samuel j. Tilden 之间展开。

③*Spirit* 102 (31 Dec. 1881): 607, 115 (4 Feb. 1888): 53, 115 (19 May 1888): 620-621, 115 (9 June 1888): 738; William H. P. Robertson, *The History of Thoroughbred Racing in America* (New York, 1964), 90-92; C. B. Parmer, *For Gold and Glory: The History of Thoroughbred Racing in America* (New York, 1939), 128; Henry Chayfetz, *Play the Devil: A History of Gambling in the United States from 1492 to 1955* (New York, 1960), 267.

杰罗姆，奥古斯丁·贝尔蒙特、威廉·K. 范德比尔特以及小皮埃尔·洛瑞兰德（Pierre Lorillard, Jr.）领导的柯尼岛赛马俱乐部筹划了重要的红鲈湾赛马场（Sheepshead Bay Racetrack）比赛。在1885年，政治上狡猾的德罗尔兄弟建设了格雷福森德赛马场（Gravesend Track）。国王郡的一个共和党的地区检察官试图废止赛马赌博，但是57个起诉书中没有一个确切的证据证明赛马赌博有罪，而其民主党继任者在赛马季前没有干涉过一次比赛并故意等到赛季结束、在做遵守法律的表现之前才开始禁止。①

1887年，纽约赛马业的代表确保通过了艾维斯反赌博室法。这一法律禁止赛场外的赌博，但是允许在赛场内下注。这一法律的通过导致了赛马和赌博业的兴起，并为一年之后大都市区跑马场联盟（Metropolitan Turf Alliance, MTA）的成立提供了契机。MTA是一个由超过60名社会关系稳固的赌马业者组成的协会，目的是寻求获得纽约赛马圈中垄断性的赌马特权。一旦成功，他们每人每天顶多需要花费100美元。这一协会的秘书是一个名叫提姆西·D. 苏利文（Timothy D. Sullivan）的年轻政客。1889年，赛马业的兴盛也促使约翰·A. 莫瑞斯（John A. Morris）在维斯切斯特建设了豪华的莫瑞斯公园赛马场来取代杰罗姆赛马场（被城市购买后用作蓄水池）。莫瑞斯来自纽约的一个旧家族，政治社会关系稳固，父亲是坦募尼派议员的人，他通过管理路易斯安那彩票中心发了大财。②

最声名狼藉的被禁止私营的赛马场位于新泽西，临近纽约和费城。1885年，古滕伯格赛马场在哈德逊县古滕伯格镇开张，乘船从纽约出发只需要很短的时间就能到达。这一赛场的主要所有者是职业赌博业者以及政客，包括利用其幕僚来保证赌博不受干涉（即使在所在州属于非法行为）的民主党县长。新泽西南部是同样臭名昭著的格洛斯特赛马场，1890年开张，由当地民主党党首、议员威廉·A. 汤姆森（William A. Thompson）所有。1893年，他

①*Spirit* 102 (31 Dec. 1881): 607; *NYT*, 12 Jan. 1884; *Chicago Times*, 23 July 1887; Anthony Comstock, "Pool Rooms and Pool Selling," *The North American Review* 157 (Nov. 1893): 601-610; Parmer, *Gold and Glory*, 124-125; Robertson, *Thoroughbred Racing*, 148-151; Harold C. Syrett, *The City of Brooklyn*, 1865-1898 (New York, 1944), 182-186; Oliver R. Pilat, *Sodom by the Sea: An Affectionate History of Coney Island* (Garden City, N. Y., 1941), 66-70.

②*Spirit* 114 (21 Jan. 1888): 872, 115 (28 Jan. 1888): 16; *Chicago Times*, 8 Feb. 1887, 22 Jan. 1888, 21 Aug. 1889; *NYT*, 1 Oct. 1892, 1 Oct. 1893; *New York World*, 25 Mar. 1916; Robertson, *Thoroughbred Racing*, 90-92; Parmer, *Gold and Glory*, 128; Chayfetz, *Play the Devil*, 267.

成为州议员发言人。这两个赛马会场每天能够赚2500美元。他们之所以出名是因为缺少任何诚信的标准，比如允许二等马匹参赛、允许全年进行比赛（即使是风雪天或者有浓重大雾的时候），以及对大量存在疑点的比赛没有进行调查。1893年，民主党控制的立法机构通过了赛场内赌博合法化的议案，因为私人运营的赛马场不理会法律禁令依旧在营业，因此这一法案最终收回的主要是蒙马特公园赛马场和在克里夫顿和伊丽莎白这两个靠近纽约的私人赛马场。帕克法案（Parker Act）的通过导致了公众对赛马的极度反对，反对的声音在1893年大选时达到顶峰，民主党因此丢掉了立法控制权。1894年，共和党中反对赌博的人废止了帕克法案，并在之后的将近50年里成功地在新泽西终止了纯种马比赛。①

在全国范围内，如果没有强大的与当地政客之间的关系，要管理一个私人的赛马场就会困难重重，但是那些在政治上有靠山的人也不能保证成功。例如，在芝加哥这个中西部赛马中心，以商业为目标的赛马场与芝加哥主要的政客之间都有联系。19世纪80年代，由赌博业者经营的西区赛马场在1887年出售给爱德华·克洛根（有一定政治影响力的优秀赛马手）。克洛根遭遇了很多有强大社会关系的、与当地民主党要员（传说中当地有组织犯罪的头子）麦克·麦克唐纳德（Mike McDonald）有关联的赌博业者的强烈反对。1891年，克洛根离开芝加哥，去更西部的西塞罗的新赛马场，在这里他希望能够从芝加哥错综复杂的政治关联中解脱出来。他的西区赛马场的租金被芝加哥最有影响力的赌博财团侵占，包括哈利·维纳尔（Harry Varnell）、约翰·肯顿（John Condon）、乔治·汉金斯（George Hankins）和麦克·麦克唐纳。郊区霍桑赛马场和新命名的加菲尔德公园（Garfield Park）赛马场之间的竞争非常激烈，两个赛马场都只是偶尔对观众免费开放。赌博业者把加菲尔德公园作为非法的赛马场来经营，且经营时间一直延续到冬天来临前。赌博业者希望他们政治上的同盟，比如市议员约翰·库林（John Coughlin）和约翰尼·鲍尔（John Powers）能够保护他们，使他们不体面地运作能够免于改

①*NYT*, 22 Oct., 5, 26, 29 Nov., 26 Dec. 1893; *Spirit* 127 (10 Feb. 1894): 127, 127 (24 Mar. 1894): 346; William E. Sackett, *Modern Battles of Trenton, Being a History of New Jersey's Politics and Legislation from the Yeas* 1868 *to the Year* 1894 (Trenton, 1895), 385-388, 440-441, 444-449, 454-461; Samuel T. McSeveney, *The Politics of Depression: Political Behavior in the Northeast*, 1893-1896 (New York, 1972), 45-48, 55-56, 62.

革，并使被吸引到赛马场的妓女、小偷和打手免受社区居民的憎恶。1892 年，两个市中心选区的政治名流都没能阻止民主党市长汉姆斯特德·沃希波尼(Hempstead Washburne) 关闭赛马场的决定。两年之后，出于对公众意见的尊重，华盛顿公园赛马场也被关闭。1895 年，通过市政联盟和其他城市改革者的努力，霍桑赛马场也被关闭。①

此时，在纽约，赛马已经几乎被禁止。社会改革者、志愿者、坦募尼派的反对者、被贪婪的赛马场经营人员孤立的赛马迷们以及不断出现的比赛作弊的留言使 1894 年 9 月召开的州立法会议采纳了一篇完全禁止赛马赌博的文章。会议上这篇文章的草稿通过之后，很快就终止了赛马比赛。但是对于赛马的兴趣使各个团体的人都希望来拯救这项体育运动。1895 年年初，阿尔巴尼市有权势的人通过立法成立了一个州赛马委员会，跟赛马俱乐部一起监督这项运动的发展。赛马俱乐部比州赛马委员会早一年成立，是一个精英组织。它试图通过全国性的行为规范来迫使赛马手抵制那些不达标准的赛马场，并以一己之力来拯救赛马运动。TJC 主席奥古斯特·贝尔蒙特二世被任命为新的赛马委员会的负责人。②

与政治关系同样重要的是保证赛马场在面对赌博的道德批判的时候依然能够保持开放，并且在遇到赛场外赌博时也依然能够保持赛马场开放。去赛马场赌博的人至少能被看作是对改良赛马品种感兴趣的运动家，但是赛场外的赌徒则仅仅是赚快钱而已。无法负担去赛马场的或者无法从工作中抽取一定时间来赌博的人要么跟附近的赌马业者买赌注（这些赌马业者一般在报摊、理发店、酒馆能找到），要么跟赛场外的赌博厅买。这些弹子房与普通的桌球室不一样，它们坐落在类似纽约的田德隆区（Tenderloin），相对闹市区的街区，甚至是 CBD 区，并接受最少为 1 美元的赌资，而赛场内下赌注的人不会接受这个价格。报纸和社会改革者都批评弹子房毁了年轻的文员和手工匠人的生活，使他们把辛苦挣来的钱浪费在赌博上，有时候甚至还迫使这些人侵

①Bessie Louise Pierce, *A History of Chicago*, 3 vols. (Chicago, 1937-1957), 3: 477; *CDN*, 11 Oct., 8 Dec. 1884, 28 Jan. 1885; *Chicago Times*, 18, 29 July 1888, 31 Mar. 1889, 4, 8, 13-15, 19, 20 July, 7, 23 Aug. 1891; *NYT*, 21 July, 19 Dec. 1891; *Spirit* 120 (27 July 1890): 381, 121 (24 Jan. 1891): 1, 122 (25 July 1891): 2, 122 (19 Sept. 1891): 329-30, 122 (5 Dec. 1891): 717; Kogan and Wendt, *Lords of the Levee*, 27-30, 49-57, 109-110.

②*NYT*, 24 Sept., 21 Oct., 9 Nov., 9 Dec. 1894, 12, 15, 22 Feb., 1, 22 Mar., 1, 3 Apr., 3, 10 May 1895.

占资金或者以其他的犯罪方式来还债。①

全国各地都存在赛场外的赌博，在芝加哥和纽约这些全国最大的城市中则尤其突出。这些城市有巨大的市场权力及强大的政客来保护职业赌徒。弹子房从西联公司得到比赛的结果，其赛马部每周能赚 2 万美元，是整个公司最赚钱的部门。1890 年，西联公司每天要为每个纽约的赛马场支付 1600 美元用于追踪赛马比赛结果的独家特权。当赛马场意识到长期下去会因为弹子房的竞争而受到损失时，纽约主要的赛马场都决定禁止西联公司进入他们的场地。电讯服务雇员被迫潜入赛马场，并利用他们的绝妙技术来向等候在赛场外的同伙发送比赛结果。②

尽管有艾维斯反弹子房法（Ives Anti-Poolroom Law）和 1893 年的萨克斯顿法案（这些法案认定保留弹子房是重罪），但是纽约的弹子房依然在运营、且不受处罚。在纽约，像抑制罪恶社团③的安东尼·科姆斯基这样的改革者或者警察会煽动对弹子房进行突袭检查，但是坦募尼派市长（如修·格兰特）或者坦募尼委派的法官以及有名的政客或者警察会保护这些弹子房。大多数的突袭检查或者关闭不给贿赂的弹子房都是做给公众看的。弹子房的工作人员会提前得到警告，然后在当局到来之前会清理弹子房。极少有弹子房的经营者或者雇员被逮捕的情况出现，但是一旦发生，他们通常都会被法官无罪释放，或者象征性地交一些罚金。到 19 世纪 90 年代中期，弹子房的生意由提姆·苏利文策划。他成立的弹子房托拉斯包括了主要的投机商人，如艾伦和弗兰克·法瑞尔，这些人都是纽约市最有钱的赌场老板。这个弹子房托拉斯控制了 400 多家弹子房，每个弹子房每周需要支付 60~300 美元不等来维持生意。虽然一些弹子房隐藏在酒吧、雪茄店后面，或者以其他商店作伪装，但是绝大部分的弹子房都公开营业。1902 年，当苏利文成为华盛顿国会议员

---

①*CDN*, 18 June 1885; *Chicago Times*, 11 May 1888, 20 Apr. 1889; *Spirit* 115 (21 Jan. 1888): 872; *NYT*, 4, 5 Jan. 1890, 15 Sept. 1891; Flavel Scott Mines, "The Study of a Pool-Room," *Harper's Weekly* 36 (17 Dec. 1892): 1210; Comstock, "Pool Rooms," 606-700.

②John R. Betts, *America's Sporting Heritage*, 1850—1950 (Reading, Mass., 1974), 72-74; Alvin Harlow, *Old Wires and New Waves: A History of the Telegraph, Telephone and Wireless* (New York, 1926), 280; *NYT*, 10 Mar. 1900. In one method of reporting results a wire service employee wrote down the race results, placed it into a hollowed-out ball, and threw it over the fence to a waiting confederate. Another technique was to send a female agent to the track with carrier pigeons hidden underneath her dress. After each race she would release a bird with the results pinned to its legs. *NYT*, 29, 30 May 1891.

③译注：Society for the Suppression of Vice，成立于 1873 年，是致力于监督公众道德的机构。

时，他的企业利润已经达到大约3600万美元。苏利文的三个主要合伙人法瑞尔、彼得·德拉西（Peter DeLacey）和杰拉·马赫尼（Jere Mahoney）都相继成立了他们自己的公司，但也都与苏利文的公司保持紧密的联系。记者约西亚·弗林特（Josiah Flynt）这样描述苏利文，称他为“美国弹子房巨头中最可耻的人”。①

芝加哥并没有像纽约那样覆盖全市的赌博公司，这反映了强大的城市政治机器的缺失。但是，在世纪之交时，城市中3个主要的地理分区再加上鲁珀区（CBD）都拥有各自的负责人，这些人通常是街区中跟当地警察总长一起统治弹子房生意的大老板。詹姆斯·欧利瑞（James O'Leary）控制着南区，市议员约翰尼·罗吉思（Johnnie Rogers）控制西区，蒙特·滕尼斯（Mont Tennes）控制北区，市议员迈克尔·肯纳（hinky dink Kena）和公共浴室老板约翰·库格林（John Coughlin）② 以及其他几个人一起控制着闹市区。最初，他们从西联公司接收赛马比赛结果，但是在1904年，西联公司的一名主要的股东海伦·古尔德（Helen Gould）以道德的名义迫使西联公司停业。之后，他在佩恩电报公司继任。1907年，田纳西以300美元的价格购买了芝加哥赛马电讯的专属权利，并在两年之内雇佣了垄断赌博业的人，获得了全市电讯业务（handbook business）的控制权。这一成就非常显著，因为田纳西是一个政治独立人士，而且不得不面对反对者的恶意攻击。同时，佩恩公司也在跟那些试图抢夺这一利润丰厚的生意的团伙作斗争。最终，在1911年，佩恩公司的主要竞争对手田纳西通用新闻局取代了佩恩。田纳西几乎垄断了全国的赛马电讯，并在全国范围内提供赛马比赛的结果，其中最盈利的分支位于芝加哥和纽约。在芝加哥，田纳西每周要为90家分店提供信息，收费3600美元。在纽约，田纳西为70家弹子房服务，每周的服务费用为4000美元。芝加哥的弹子房如果跟田纳西的对手来购买服务，就会被扔燃烧弹，或者被代

①See n. 32 above; *NYT*, Mar. -May, 24-25, 30 June, 2 Oct. 1891, 4 Feb., 14, 15, 18, 25 Mar., 18 Dec. 1893, 25 Dec. 1899, 23 Dec. 1900, 13 Oct., 13, 27 Dec. 1901, 31 Aug., 2 Dec. 1902, 5 Jan. 1907, 11 Feb. 1926; *Brooklyn Eagle*, 1, 22 Mar. 1893, 9 Nov. 1894; Josiah Flynt, "The Men behind the Pool-Rooms," *Cosmopolitan Magazine* 42 (Apr. 1907): 39-48, 46-47 (quote); John P. Quinn, *Gambling and Gambling Devices* (Canton, Ohio, 1912), 275-277, 281; Herbert Asbury, *Sucker's Progress: An Informal History of Gambling in America from the Colonies to Canfield* (New York, 1938), 451-457.

②译注：二者均为芝加哥市声名狼藉的议员，http://www.myalcaponemuseum.com/id147.htm.

表田纳西的警察关闭。①

赛马比赛的最大危机发生在1908年春天。激进的纽约州州长查尔斯·伊文思·修斯（Charles Evans Hughs）准备了一个大型的集会来消除赛场内的赌博。他认为这是道德的堕落，也是对纽约州法律的公然违背。当时，赛马是高度盈利的产业，纽约的赛马场利润超过了上一个赛季。科尼岛赛马俱乐部花费了大约100万美元用于两个30天的赛马会，并从中获得了大约40万美元的利润。布鲁克林赛马俱乐部的情况也差不多。纽约州州长把他的名誉和反赌博联系在一起，但是最开始的时候只有极少数的人希望他能够成功，因为这项运动名气太大，政治经济背景强求（包括用于贿赂和宣传的50万美元战争基金）。修斯支持的禁止赛场内赌博的阿格纽-哈特法案（Agnew-Hart）通过了议会决议，但是在国会却以平局投票而失败。修斯不屈不挠，最终赢得了遗失的一票。这一票来自国会中传统的纽约西部共和党席位。6月，修斯召集了特别立法会，通过了阿格纽-哈特法案。修斯的一位传记作者把这一胜利称为“道德领域改革最惊心动魄的冒险”。②

城市激进主义者和保守的美国白人新教徒在城市年轻人身上练习社会控制的努力并没有马上奏效，主要的城市赛马场依然在营业，并采纳了英国的口头赌博体系，但是牺牲很大，到场率下降了三分之二。因为赌博业者在这一体系下并不保留手写的记录，因此，警察没办法搜集到足以在法庭上做支撑的证据。1910年，新的旨在停止口头赌博的法律——阿格纽-铂金斯法案（Agnew-Perkins Act）通过。这一法案认定赛马场经营者要对所有的在其赛马场上发生的赌博行为负责，即使他们对此类犯罪行为一无所知。这一法案迫使当地的赛马场关闭，一直到1913年，纽约都没有赛马比赛，但是这一年，法庭规定赛马场经理只在他们故意允许赌博业者活动的时候，才需要负责任。这带来的后果是，扬克斯和其他两家位于长岛的赛马场（包括著名的贝尔蒙

---

①*NYT*, 18, 19 May, 20 July 1904; Flynt, “Men behind the Pool Rooms,” 45-47; John Landesco, *Organized Crime in Chicago*, part 3 of the *Illinois Crime Survey*, 1929 (1929; rep. Chicago, 1968), 46-48, 50-61.

②*NYT*, 2, 4, 5 Jan., 9 Apr. 1908; “The Breed of Horses and the Breed of Men,” *Independent* 64 (20 Feb. 1908): 428-429; “The Governor's Crusade,” ibid. 64 (12 Mar. 1908): 592-593; “Repulsed But Not Beaten,” *Outlook* 88 (18 Apr. 1908): 845-856; “The End of Race-Track Gambling,” ibid. 89 (20 June 1908): 354-355; Daniel W. McGuire, “Governor Hughes and the Race Track Gambling Issue: The Special Election of 1908,” *Niagara Frontier* 18 (Winter 1971): 66-72; Robert F. Wessner, *Charles Evans Hughes: Politics and Reform in New York*, 1905- 1910 (Ithaca, 1967), 189-208.

特公园）重新开业，并采用口头赌博的体系，但是其他的设施依旧处于永久性关闭的状态，包括红鲈湾赛马场。①

政治、有组织的犯罪和赛马场的复兴

美国赛马场在第一次世界大战之后经历了伟大的复兴。1918—1920年，赛马场的利润翻了两倍，达到7700万美元，到1926年的时候几乎又翻了一倍，达到13900万美元。20世纪20年代，赛马的数量翻了1倍，赛马比赛的数量也增加了60%，达到11477场。赛马的快速发展很大程度上归功于新移民日益增长的政治影响力，这些新移民跟爱尔兰人一起使赛马赌博合法化。这些民族团体享受赌博，反对乡村盎格鲁-撒克逊白人新教徒针对他们的行为来实施社会控制的努力。在这一时期，由于城市民主党的影响、城市投票对赌博的支持、日益增长的赛马利益方面的压力，以及对合法化的赌博能够为税收提供有价值的来源的认知，使州政府接受了对赛马和赛马场上赌博进行立法的想法。这些因素都对20世纪20年代末期芝加哥赛马的完全复兴做出了贡献。芝加哥赛马场作为前中西部赛马的中心在1905年之后因为公众对赌博的恐惧而近于停业。1922年，位于斯蒂克尼和西塞罗边界地区的霍桑开始营业，采用了口头赌博的体系。1927年，州立法院对同注分彩赌博法进行了合法化，同年，郊区的阿灵顿赛马场和1932年西塞罗的体育人公园开张营业。这两个赛马场都采用同注分彩体系，因为这个体系在当时被认为是最公平、最诚实的体系。而外围下注，因为和当地政客以及有组织的犯罪之间有紧密联系，损坏了赛马的名誉。到20世纪20年代末期，美国共有34家赛马场营业，其中70%是战后才开张。②

赛马跟其他流行的娱乐活动一样受到经济大萧条的影响。营业额开始下降，像普利科内斯这样的赛马场营业额也下降了一半，观众到场率也降低了。但是，从长远来看，经济萧条促进了赛马的发展，因为州政府急需资金来鼓励立法院为赛马的合法化投票，地下贿赂也对此做出了贡献。对赛马最强有力的支持依旧来自大城市，在这里，三分之二的投票人赞成赛场内赌博。

①*NYT*, 3 July, 8, 21 Nov. 198, 10 Nov. 1909, 14, 21, 22 Apr., 5 May, 4, 16 June 1910, 22 Mar. 1911, 14 Oct. 1912, 22 Feb. 1913; Robertson, *Thoroughbred Racing*, 151.

②Betts, *America's Sporting Heritage*, 266-267; Kirschner, *City and Country*, 109-111; Robertson, *Thoroughbred Racing*, 275.

1933年，加利福尼亚全民投票使赛马重新开始营业。76.3%的旧金山人也支持赛马合法化。甚至，在更虔诚的像盎格鲁-撒克逊白人新教徒的城市洛杉矶也有60.1%的人参与了全民公决。在伊利诺伊，芝加哥民主党及其黑社会的同伙试图进一步使赛场外赌马合法化。1935年，立法院通过了为教师工资募集资金的提案。尽管有来自传统家庭和政治联盟的政治压力，但是州长亨利·霍纳还是否决了提案。作为惩罚，1936年，民主党提名了另外一个人作为候选人，而霍纳（由于他的勇气，在伊利诺伊外已然成为英雄）则被重新提名和重新选举。到经济大萧条时期结束的时候，18个州允许赛马，包括被经济大萧条严重打击的北部工业州（如密歇根和俄亥俄）和南部阳光地带（如加利福尼亚、得克萨斯、弗洛里达）。这些地方都希望通过赛马合法化来促进旅游的发展，并进一步改善经济状况。①

赛马运动的政治化并没有以其合法化而终结。想经营赛马场的赛马俱乐部和推广者需要借助政治力量来获得必要的执照，从他们所在的州取得赛马日期的选择权，因此，他们需要跟主管部门保持良好的关系。因为强烈的政治反对可能会导致关闭赛马场，所以赛马俱乐部和推广者不得不经常把股票卖给有名的公职人员，为赞助者提供工作和合同、给予政治大佬保险业务，或者就是简单地贿赂他们，来维持其政治力量。例如，在经济大萧条时期，新罕布什尔州塞勒姆的罗经汉姆公园（Rockingham Park）雇佣了32个立法委员，包括当地的政治领袖、领导当地赌博合法化的政治大佬、州长的兄弟。这样做的理由是所有的赛马场都雇佣政治工人，立法委员们便可从中赚取少量的聘用定金。在附近的罗德岛，出版人沃特·E. 欧哈拉（Walter E. O'Hara）在20世纪30年代末期曾经历了一段艰难的时期来保证那拉干西特公园（Narragansett Park）能正常营业。他所在的政治联盟反对州长罗伯特·E. 奎恩（Robert E. Quinn），因此他利用金钱和新闻论坛报（New Tribune）②把州长拉下马。州赛马委员会试图吊销他的执照，但是被法院阻止。奎恩随

---

①Betts, *America's Sporting Heritage*, 267; Humbert S. Nelli, *The Business of Crime: Italians in American Syndicate Crime* (New York, 1976), 228–230; Edward C. Devereux, Jr., *Gambling and the Social Structure: A Sociological Study of Lotteries and Horse Racing in Contemporary America* (Salem, N. Y., 1980), 298, 344–345; Thomas B. Littlewood, *Horner of Illinois* (Evanston, 1969), 151–154; Hank Messick, *The Politics of Prosecution: James Thompson, Richard Nixon, Marge Everett, and the Trial of Otto Kerner* (Ottawa, I11., 1978), 20–21.

②译注：*News Tribune* 是美国华盛顿塔科马港市一份日报。

即宣布赛马场戒严，并暂时性的关闭了那拉干西特公园（Narragansett）。政治关系在赛马属于非法运动的州里显得更重要，如密苏里州。堪萨斯城外的河畔公园（Riverside Park）之所以能够开放就是因为跟彭德加斯特（Pendergast）[①]关系较好。[②]

20 世纪 30 年代和 40 年代，赛马场通常和股票公司一起运营，其中一些是私人所有的，还有一些（如新奥尔良的露天市场）则是由非营利组织来运营。最著名的赛马场由精英赛马俱乐部控制。这些俱乐部的所有者是范德比尔特家族、韦德纳家族和惠特尼家族。这些家族更重视改良马种，对盈利则不如那些具有企业家精神的赛马场主人那么关心。对于赛马运动的热爱以及对未来利润的关心毫无疑问影响了韦德纳家族和惠特尼家族来投资两家佛罗里达的赛马场——湾流赛马场（Gulfstream）和海厄利亚（Hialeah）赛马场。这两家赛马场都在经济大萧条时期开张。很多重要的赛马场由新的权贵所有，如本杰明·林德海默（Benjamin Lindheimer）。1940—1960 年，林德海默经营阿灵顿公园。他是一名为了赚钱和提高其社会地位而与政治有联系的房地产商人。林德海默是一名机会主义者，他跟州长霍纳一起长大，并在其政府服务，直到最终抛弃霍纳转而支持芝加哥市长爱德华·凯利（Edward Kelley）。凯利一直致力于使赛场外赌博合法化。林德海默得到的回报是阿里能够拥有一个赛马场。在洛杉矶，20 世纪 30 年代，新的赛马场都是由好莱坞明星所有，比如哈尔·洛奇（Hal Roach）、平·克劳斯比（Bing Crosby）还有哈里·M. 华纳（Harry M. Warner）。[③]

位于大城市附近的赛马场的投资一般都很奢侈，这里的居民都很享受赌博，而且交通便利，管理上也有强大的势力来确保赛马比赛的日期。即使是在经济大萧条时期，依然有很多赛马场盈利，其中最有名的是罗金汉姆公园。罗金汉姆公园购于 1931 年，花费 10 万美元，但是直到 1933 年才开业。在之

---

①译注：彭德加斯特，全名 Tom Pendergast，1925—1939 年之间，控制堪萨斯城和杰克逊县的美国政治大佬。

②"Yankee Putsch," *Newsweek* 10（1 Nov. 1937）: 12; Devereux, *Gambling*, 333-337, 345, 346; Lyle W. Dorsett, *The Pendergast Machine*（New York, 1968）, 23. For a first-hand account of the political problems of a track operator in the 1960s, see Bill Veeck with Ed Linn, *Thirty Tons a Day*（New York, 1972）, esp. chaps. 7, 8, 10.

③Devereux, *Gambling*, 340-343; Bernard Postal, Jesse Silver, and Roy Silver, *Encyclopedia of Jews in Sports*（New York, 1965）, 305-322; Littlewood, *Horner*, 51, 62, 67, 78, 93, 156, 206, 245; Messick, *Politics of Prosecution*, 20-29.

后的六年里，罗金汉姆公园一共赚了 1500 万美元。塞勒姆赛马场发展得也很繁荣，因为交通便利，从这里很容易到达波士顿以及禁止赛马赌博的马萨诸塞。虽然通过卖股票可以获得巨大的利润，但是所有的地方股息都是适度的。好莱坞公园由电影大亨哈里·华纳建于 1938 年，开始的两年股息为 20%，第三年股息为 10%。附近的圣塔安妮塔赛马场于 1934 年开业，仅仅 1 年之后就收回投资。持股人已经习惯了每年 25%～30%的分红。到 1947 年，股票的价值已经上涨了 1300%。赛马场甚至在战争期间仍能盈利，虽然政府对交通等方面增加了很多限制。1944 年，纽约的赛马场获得了 15%的利润，虽然早在 1940 年这些赛马场就已经引入了同注分彩，而非外围下注。①

在经济大萧条时期之后，公众对赛马和赌博的乐趣引发了赛马作为城市体育的复兴。多个世纪以来，赛马一直被局限在州集会和乡村赛马场上。1940 年，随着同注分彩赌博的通过，赛马委员会组织起来签发执照、设定比赛日期和指导比赛等工作的开展，赛马开始在纽约得到重生。最重要的赛马场地是罗斯福赛马场（Roosevelt Racetrack）。这是一处被废弃的场地，位于长岛，场地长度为半英里。1940 年，由律师乔治·莫顿·利维租赁下来。这个赛马场发起了短途竞速赛来取代当时火热的比赛，这样做可以增加赌博的机会，并增加夜间比赛的次数，为工人阶级的赛马迷提供机会。赌博的人搭乘私人汽车或者公共交通抵达罗斯福赛马场。战后，这里的模式成为像梅武德公园等其他主要场地的模板。②

新的轻步马协会和轻驾车赛马场从一开始就跟主要的政治大佬及犯罪人物联系紧密，并很快取得了非凡的利润。利维和其合作伙伴对旧乡村轻步马协会的原始投资（2.5 万美元）到 1954 年的时候已价值 1400 万美元。利维自己在法务费和股票收入中就赚了 300 万美元。利维和其他赛马业大亨把股票廉价卖给帮助同注分彩法通过的律师们，并高价把股票卖给政客或者赛马场的运营者。这些秘密的资金转移经常以朋友或者亲属的名义进行。1954 年，《每日新闻报》（Newsday）揭露了这一现象。1953 年，纽约州所有赛马场 35%的股票都属于职业政客，包括布法罗轻步马协会的所有股票、纳苏轻步马协会 30%的股票及扬科斯轻步马协会 40%的股票。其中，获利最多的是纳苏县县长

---

①Devereux, *Gambling*, 331-333.

②*NYT*, 15 Mar. 1954; Dwight Akers, *Drivers Up! The Story of American Harness Racing* (New York, 1947), 347-354.

J. 路萨尔·斯普瑞格（J. Russel Sprague）。1945 年，这位民主党领袖花费 2000 美元购得杉点轻步马协会 40%的股票。杉点轻步马协会（Cedar Point Trotting Association）成为美国第七个也是最后一个取得允许赌马的州执照的协会。10 个月之后，斯普瑞格以 19.5 万美元的价格出售了他的股票。1947 年，杉点轻步马协会破产。斯普瑞格从其继任者纳苏轻步马协会那里获得价值 1000 美元的股票，并于 1953 年以 6.4 万美元的价格售出。1950 年，他购买了新扬科斯轻步马协会 8 万美元的股票。在之后的 3 年里，他共获得 8.8 万美元分红。①

大量的利润、赛马的乐趣以及与赌博的联系吸引了黑社会的兴趣。根据历史学家亨伯特·内利（Humbert Nelli）所述，20 世纪 30 年代，绝大多数的或者大量的纯种马赛马场处于犯罪集团的控制之下，轻驾车赛马的情况也大同小异。帮派成员以投资赛马场来在同伙中获得地位，在更广阔的社会中获得认同，借此来标志金融上的成功。他们从门票、赌博、停车和票价优惠中获得合法的利润，在这个现金充裕的行业中捞钱，支持非法赌博和比赛造假、洗黑钱，并为其成员提供工作机会（如分包商、售票员、敲诈雇员的人）。敲诈雇员的人（labor racketeers）通过勒索高收入的赛马场雇员来获得大量的资金，或者向工会以及管理人员收取“保护费”，或者向赛马场运营者索要“保护费”来避免斗殴和保证回收垃圾。为了保证和平，赛马场雇佣一定的腐败的工会官员作为劳工咨询师。帮派团伙的威胁一直很严重，1953 年，扬科斯工会的一位领导在关于赃物的一次争斗中被谋杀。②

走私者、前走私者和投机商人经常在不太光彩的赛狗项目中得到最初的经验。1909 年，奥利弗·P. 史密斯（Oliver P. Smith）发明了机械兔（mechanical rabbit）③。史密斯和圣路易斯的政客爱德华·欧哈里一起使赛狗在 20

---

①*NYT*, 4–6, 14, 15 Mar., 4, 5 May, 12, 22 Oct. 1954. State Senator Dunnigan played a leading role in organizing the Buffalo Trotting Association, and between 1944 and 1954 his family earned $700, 000 from stock deals. NYT, 6 Mar. 1954.

②Nelli, *Business of Crime*, 229; U. S. Cong., House Select Committee on Crime, *Organized Crime in Sports* (*Racing*), Hearings, 92 Cong., 2 sess. (Washington, D. C., 1973), 7 (hereafter cited as *Organized Crime in Sports*); Merrick, *Politics of Prosecution*, 71. On the underworld and the harness tracks, see *NYT*, 3, 18, 19, 23, 30 Sept., 2, 3, 5 Oct. 1953; 6 Jan., 2, 13 Mar., 2, 10 Apr., 14 May, 21 Aug., 25 Sept., 13, 14 Oct. 1954, 5 Apr., 14 Aug. 1957.

③译注：奥利弗·P·史密斯（Oliver P. Smith）是圣路易的一个发明家和爱狗人士，在 1909 年发明了名为机械兔（mechanical rabbit）的机器，用在赛狗比赛中。在结识了爱德华·欧哈里之后，此发明获得了专利。

世纪20年代获得了成功。欧哈里与当地的走私者还有政客合作，在堪萨斯城外修建了赛道。之后他又搬到迈阿密海滩，与菲尔·保尔一起继续做同样的事情。1923年，欧哈里被认定参与了走私。1928年，保尔被招募来管理卡彭和他的同伙位于西塞罗的霍桑·肯纳尔俱乐部。在西塞罗，赛狗是非法的，但是因为有强大的政治帮派做后盾，再加上适当的贿赂，这项运动并没有被禁止。赛狗场的主要问题是跟来自南区的流氓莫伦拥有的美景镇（Fairview）赛狗场之间的竞争，但是，这个问题在情人节谋杀案①之后得到了很大的缓解。卡彭成为主要的人物掌控了国际灰狗协会。这一协会在20世纪30年代控制着迈阿密、坦帕、杰克森维尔以及新奥尔良的赛狗比赛。在新奥尔良，赛狗并不非法，但是在其他三个地方是非法的。1934年，艾迪·欧哈里在马萨诸塞州州长、波士顿市长詹姆斯·M. 库勒以及热衷于为当地政府创造更多的就业机会、增加税收机会的立法领导人的支持下，精心策划了马萨诸塞州赛狗的合法化。20世纪30年代，马萨诸塞州开了3个赛狗场，有1个赛狗场的大股东是前帮派成员。②

帮派成员在赛狗上的影响力比在赛马上更普遍，因为赛马相对较老、发展较好也更体面。1931年，佛罗里达州赛马比赛合法化之后，加拿大的帮派分子资助把比尔·德怀尔管理的热带公园从赛狗场改造成赛马场。德怀尔是主要的帮派分子，也是臭名昭著的弗兰克·卡斯特罗的合伙人，同时还拥有纽约的美国人冰球队以及很多其他的夜店，包括史托克俱乐部（Stork Club）。3年之后，赛马场被一家辛迪加购买，这家辛迪加的合伙人包括梅尔·兰思基（Meyer Lansky）。1932年，芝加哥的欧哈里把赛狗场扩建成赛马场（体育人公园）。1939年，欧哈里被谋杀之前他一直管理着这个赛马场。第二次世界大战之后，黑社会涉足赛马，并扩大了赛马利益。卡斯特罗和埃里克森的儿子及女婿拥有纽约赛马场的股份。在20世纪50年代和60年代早期，底特律的流氓皮特·利卡沃利（Pete Licavoli）和约瑟夫·泽赖尔（Joseph Zerelli）以及朋友一起经营榛子公园。在马萨诸塞州，雷蒙德·帕特西亚和托尼·卢切

---

①译注：St' Valentine Day Massacre，1929年2月14日，芝加哥北区爱尔兰人团伙的7个人在禁酒令时期被谋杀。这一事件直接导致了美籍爱尔兰裔帮派和由卡蓬领导的芝加哥南区的意大利帮派之间的冲突。

②Dan Parker, "Massachusetts Goes to the Dogs," *Saturday Evening Post* 212 (6 Jan. 1940): 16-17, 56-58; Devereux, *Gambling*, 290, 344-345; Richard L. Neuberger, "Oregon Goes to the Dogs," *Nation* 173 (8 Sept. 1951): 189-191.

斯控制着伯克希尔丘陵地带，帕特西亚还控制着斯卡布罗丘陵地带。这些帮派分子经常和拥有权力的人一起来影响赛马执照的申请、拟定赛马日期，和管理州赛马监督机构的州政客有密切的联系，还和当地控制着各种市政服务设施的人有联系，这些联系由贿赂、赞助机会以及低价销售股票来维系。①

赛马业的繁荣导致了非法的场外赌博的迅速增长，尤其是在经济大萧条时期，电讯手册公司、马厩、电话亭、情报贩子和赛马新闻社开始做比以往更大的生意，因为成千上百万的人梦想着靠赛马来赢钱。客户基本上是工人阶级的城市人，以爱尔兰人、犹太人、意大利人或者闹市区的黑人居民为主。他们把赌博看作高度理性的行为，能够为他们提供利用其“专业技能”的机会，就好像股市为富人提供机会一样。这些赌博者更钟情于街区内以赛马赌博为生的人，因为他们可以经常与这些人一起活动以节省时间、旅行开支和税收。除此之外，这些以赛马赌博为生的人还放贷。②

非法的赛场外地盘被职业赌博业者和前帮派分子掌控。正如马克·霍勒（Mark Haller）指出的，“以赛马赌博为生的人了解赛马，认为统计技术对平衡赌资是很有必要的。在不同的以赛马赌博为生的人和赛马通信社、当地赛马场还有政客之间都建立了良好的关系”。赌博的人不仅具有专业的赌博知识，还有经验对付参赌客户。帮派分子也涉足其中，因为他们自己就是赌博迷或者赌博者，会参加每一个大型的运动赛事，其中很多人之前都是前职业赌博者，能认识到其中的巨大利益。霍尔认为，这些帮派分子赌博的优势在于拥有跟警察和城市政客之间的良好工作关系，在暴力方面有经验，熟悉地方和全国的组织机构。③

20世纪20年代，外围下注经历了巨大的变化。广泛使用的电话和电报下

①Robertson, *Thoroughbred Racing*, 300; Bryan Field, “Horse Racing,” in *Sport's Golden Age: A Close-Up of the Fabulous Twenties*, ed. Allison Danzig and Peter Brandwein (New York, 1948), 94-95; Mark Haller, “Bootleggers and American Gambling, 1920—1950,” in *Gambling in America*, App. 1, Commission on the Review of the National Policy towards Gambling (Washington, D.C., 1976), 129-30 (hereafter cited as *Gambling in America*); *Organized Crime in Sports*, 2-3, 5, 7, 16-17, 319, 571, 750, 824, 840-842, 851-852, 857-858, 865-866, 1413, 1461, 1563-1565, 1568.

②Mark Haller, “The Changing Structure of American Gambling in the Twentieth Century,” *Journal of Social Issues* 35, no. 3 (1979): 88, 91-92 (quote), 111. On gambling as a rational activity for working-class bettors, see Maureen Kallick et al., “Survey of American Gambling Attitudes and Behavior,” in *Gambling in America*, 178-182; and Ross McKibbin, “Working-Class Gambling in Britain, 1880—1939,” *Past and Present* 82 (Feb. 1979): 163-166.

③Haller, “American Gambling,” 91-92.

注方式取代了原来的高度依靠个人交易（赌注经纪人和客户之间在酒馆或者理发店进行的交易）来下注的方式。除此之外，旧式受保护的街区的下赌注的公司在世纪之交时开始消失，并逐渐被临时解雇制（layoff system）取代。在这种制度下，对特定的马匹投注了大量资金的赌注经纪人甚至会尝试跟别的更大的赌注一起投注那匹马来减少潜在的损失。临时解雇制以阿诺德·罗斯坦为先驱，1928年，罗斯坦被谋杀之后由弗兰克·埃里克森（Frank Erickson）继续推行。埃里克森的合伙人、前帮派分子弗兰克·卡斯特罗利用政府保护在新泽西的伯根先推行这一制度超过20年。他自己在热带公园赛马场拥有大量股份，并通过电话来下注。在禁酒令之后，前帮派分子合作赞助了大城市中的投注商，比如在纽约、芝加哥和迈阿密，他们通常与资助过的并提供过政治保护的老投机商人合作。虽然他认为在维持老旧地区赌博中心并发展新的中心的过程中这些人发挥了关键作用，但是霍勒发现，老帮派分子在20世纪30年代和40年代把他们的影响力扩展到了南部和西部。①

一直到1927年，投注者依然从蒙特·田纳西（Mont Tennes）那里获得基本的比赛数据，但是在1927年之后，田纳西就把业务卖给了穆尔·安纳伯格（Moe Annenberg），此人很快就在赛马通信服务方面获得了垄断地位。19世纪70年代，从东普鲁士移民到芝加哥的第二代犹太人安纳伯格和他的兄弟们一起成为世纪之交时赫斯特新闻社的营业经理。他们招募年轻的混混来“说服”报摊主只卖赫斯特新闻报，而把别的报纸藏起来。20世纪20年代，安纳伯格还通过获得两份主要的赛马报纸（每日赛马和电讯晨报）以及逐渐加入各种小型赛马通信社的方式建立了新闻帝国。1940年，因为逃税问题，安纳伯格被送进监狱，并因此放弃了赛马通信。两家对手公司（安纳伯格的门徒詹姆斯·雷根拥有的大陆新闻服务社和卡蓬的主要随从之一杰克·古兹克拥有的泛美新闻社）随即成立起来填补空缺。1946年，雷根被刺杀，他的公司被古兹克的亲信接管，这两家报社之间的竞争随即中止。②

三、职业棒球

城市政客在早期职业棒球发展过程中扮演了非常有影响力的角色。棒球

---

①Ibid., 98-99; Katcher, *Big Bankroll*, 100-103.

②Haller, "American Gambling," 101-103; East Kstes Kefauver, *Crime in America*, ed. Sidney Shalott (Garden City, N.Y., 1951), chap. 3.

跟拳击和赛马这些在高度法律限制和社会反对声中经营的项目不一样，它并不需要反赌博法或者刑法典来管理。这一全国性的休闲活动——城市中最主要的商业化观赏性体育项目，被认为是最干净也最令人兴奋的体育项目。被广泛接受的棒球理念把棒球俱乐部所有者刻画为最无私、最具有公众思维的商人，他们出于对公共福祉的关心来赞助球队。事实上，俱乐部所有者通常都是以利润为导向的商人，是典型的职业政客、政客的商业同盟或朋友或者是商业大亨，跟其他体育企业家一样涉足在城市政治中。虽然不是所有的管理者都是城市政客或跟政客有关系的人，但是在有重量级的老板的城市中，球队一般都依附于他们的组织。政治关系在很多方面帮助俱乐部所有者（如提供保护）来应对干涉营业的人、获得内部信息以及从城市获得优惠待遇。这些服务大大促进了企业家在投资棒球时的安全和收益性。①

在职业棒球发展的前 30 年，球队来来去去都很有规律。几乎所有的职业联盟和次级联盟的俱乐部都和城市政治有直接或者间接关系。泰德·文森特（Ted Vincent）审查了 1263 名官员和股票持有者后发现，几乎一半是政客，包括 50 名市长、102 名立法委员和数不尽的法官、议员、警察。这些人主要是试图从新商业领域谋取利益，并同时从那些感谢他们赞助这项流行性娱乐项目的球迷那里获得选票的职业政客。许多政客，尤其是那些成立新球队的政客同时也是城市助推器。②最早的全新球队——辛辛那提红袜队（Cincinnati Red Stockings），由当地的市民支持者成立于 1869 年，受商人和政客艾伦·钱皮恩的领导。他的目标是要把体育作为宣传家乡的工具。1869 年，这支球队在球场上获得了巨大的成功，取得了战无不胜的战绩，一年之后，红袜队又创造了首个连续 25 场比赛不输球的纪录。俱乐部在宣传方面做了很多工作，

---

①Very little muckracking was done on the national pastime. See Hugh C. Weir, "Baseball: The Men and the Dollars Behind It," *World Today* 17 (July 1909): 752-761; Edward Mott Woolley, "The Business of Baseball," *McClure's* 39 (July 1912): 241-256. For a review of the baseball ideology and a laudatory press in the Progressive era, see Riess, *Touching Base*, 17-26. Baseball was not immune to the problem of gambling, and certain seating areas were well known as betting sections, but after the Louisville scandal of 1877, most fans believed that the game was honest, at least until the Black Sox scandal in 1920 severely shook American sensibilities and confidence. See ibid., 62-63; Harold Seymour, *Baseball*, vol. 1, *The Early Years*, vol. 2, *The Golden Years* (New York, 1960-1971), 1: 87-88, 295, 2: chap. 14; David Q. Voigt, American Baseball, vol. 1, *From Gentlemen's Sport to the Commissioner System* (Norman, Okla., 1966), 38-39, 71-73, 82-83.

②Ted Vincent, *Mudville's Revenge: The Rise and Fall of American Sport* (New York, 1981), 98-110, 125-128, 173-174, 176-177, 206-207, 210-214; Riess, *Touching Base*, 50-54, 66-68, 70-71.

但是票房始终不赔不赚。红袜队的例子至少触动了另外 4 个全新俱乐部，包括芝加哥白袜队（Chicago White Stockings），这支俱乐部的后台是占据领导地位并想利用棒球来宣传他们所在城市商业的政治领导。①

1 年之后，第一个棒球职业联盟成立，包括 10 个俱乐部所在的城市。全国职业棒球手协会（National Association of Professional Base Ball Players，简称 NA）的财政支持主要来自政客、商人和其他处于领导地位的支持者。以球员为导向的联盟的拥有者并不谋求巨大的利润，但是希望至少能不赔不赚。然而，大多数的全国职业棒球手协会俱乐部（前 5 年中有 28 家俱乐部）都赔了钱。加入联盟只需要花 10 美元，但是一些俱乐部所在的城市太小，无力支撑职业棒球队，因此，处于困境中的球队只能破产。②

1876 年，全国棒球手协会被新的全国棒球联盟（National League，简称 NL）取代。全国棒球联盟的 8 个所有者很自信地认为，只要管理合理，棒球就能够成为高度盈利的城市娱乐运动。全国棒球联盟计划在平稳的商业原则上来运行，包括使俱乐部远离人口不足的城市（成立俱乐部所需的最小居民人数为 75000 人）、收取高昂的年费（100 美元），同时他们还希望能避免类似赌博、操控比赛以及由于明星球员跳槽而导致的不公平竞争等问题。全国棒球联盟的最初几年也很困难，遭遇了跟全国棒球手协会类似的困境。1876 年，只有冠军白袜队盈利，其余球队 1 年之后都以赤字告终。全国棒球联盟备受不稳定的俱乐部所困扰，比如纽约和费城的俱乐部在 1876 年退出，圣路易斯和路易斯维尔的俱乐部在 1 年之后退出。1878 年，全国棒球联盟仅有 6 支球队，包括特洛伊，其人口数量远低于成立俱乐部的最低人数要求。全国棒球联盟重新调整了其 8 支俱乐部的结构，在 1879 年加入了布法罗和锡拉丘兹。③

①Voigt, *American Baseball*, 1: chap. 3; Seymour, *Baseball*, 1: 56-57; Adelman, *Sporting Time*, 170-72; Vincent, *Mudville's Revenge*, 127-129; Federal Writers Project, Illinois, *Baseball in Old Chicago* (Chicago, 1938), 11; Stephen Freedman, "The Baseball Fad in Chicago, 1865—1870: An Exploration of the Role of Sport in the Nineteenth Century," *JSpH* 5 (Summer 1978): 5-24. ChicagO's success encouraged its commercial rival, St. Louis, to also promote baseball to prove its progressive and forward-looking character. See Gregg Lee Carter, "Baseball in Saint Louis, 1867—1875: An Historical Study of Civic Pride," *Missouri Historical Bulletin* 31 (July 1975): 253-263.

②Seymour, *Baseball*, 1: 59-60, 75-79; Voigt, *American Baseball*, 1: 35-39; Vincent, *Mudville's Revenge*, 130-132.

③Seymour, *Baseball*, 1: chap. 7, 86-89; Voigt, *American Baseball*, 1: chap. 5.

全国棒球联盟最初几年经历了苦苦的挣扎，但是到 1882 年，职业棒球已经流行到足够支持成立大联盟——美国联合会（American Association，简称AA），美国联合会以啤酒联盟著称，因为俱乐部所有者不是酒馆老板就是啤酒或者威士忌酒生产商。美国联合会成立初期仅有 6 支球队，其所在的城市总人口超过全国棒球联盟 50 万人。美国联合会很有目的地使球队迎合大量公众的需求。所有的球队中只有 1 支球队的观众没有超过白袜队（白袜队的观众到场率是任一全国棒球联盟俱乐部中其他球队的 3 倍）。1883 年，美国联合会增加了哥伦布市、俄亥俄以及纽约城俱乐部。全国棒球联盟也从过往经历中汲取了教训，去除了特洛伊和伍斯特的俱乐部，转而支持纽约和费城的俱乐部。①

19 世纪 80 年代对于职业棒球来说是繁荣发展的时代。1882—1889 年，全国棒球联盟的到场率和利润都得到了增长。1885—1889 年，全国棒球联盟的球队赚了大约 75 万美元。其中以纽约为首，5 年中的利润平均每年增长 20%。到 1887 年，纽约俱乐部的银行资产已经达到 10 万美元。19 世纪 80 年代，俱乐部的入场率和球队的质量、城市大小以及门票的价格都有紧密的关系。1889 年，单一年度入场率最高的是美国联合会俱乐部布里克林（Brooklyn）。俱乐部所有者还从球员买卖、让步特权、租赁费（把场地租给其他娱乐项目）中获利。俱乐部的主要开支是球员工资（59%）。俱乐部所有者利用各种方式使工资维持在低水平（最高不超过 2000 美元），尤其是依据保留条款和君子协定，但是这些互谅条款经常有例外，球星们会收到高达 6000 美元的工资。在这 10 年中，新人的平均工资从 1500 美元增加到 2500 美元。由于球员联盟（Player's League）的竞争，1890 年，球员工资进一步得到提高。但是球员联盟仅维持了一个赛季。之后，随着其余联盟的合并，1892 年，一个拥有 12 支球队的全国棒球联盟成立。棒球手处于弱势地位，工资急剧降低，最多能拿到 2400 美元。到 1893 年，全国棒球联盟再一次盈利，但是 1899 年有 4 支俱乐部不得不退出。②

世纪之交之后，棒球的盈利性随着体育的快速流行得到极大地增长。职

①Seymour, *Baseball*, 1: 139-147; Voigt, *American Baseball*, 1: 121-130.

②U. S. Congress, House Judiciary Committee, *Organized Baseball: Hearings before Subcommittee on Study of Monopoly Power*, 82nd Cong., 1st sess., 1951, ser. 1, pt. 6 (Washington, D. C., 1952), 1934, 1436-1437, 1591; Seymour, Baseball, 1: 104-120, 221-239, 269, 274; Voigt, *American Baseball*, 1: 57-58, 232-233, 259, chap. 9; Lee Lowenfish and Tony Lupien, *The Imperfect Diamond: The Story of Baseball's Reserve System and the Men Who Fought to Change It* (New York, 1980), pt. 1; Riess, *Touching Base*, 54.

业联盟的数量从 1899 年的 13 个增加到 1912 年的 44 个。球队遍及全国各种类型的城市中。1901 年成立了新的大联盟（美国联合会）。1901—1908 年，观众入场率也翻了两倍。大联盟的所有者获得了大量的利润。1901—1911 年，芝加哥白袜队赚取的金额超过 70 万美元。这期间，白袜队由前运动员和经理人查尔斯·科姆斯基（Charles Comiskey）所有，他的父亲是前芝加哥市议会主席。芝加哥的另一支球队小熊队也获得了巨额的利润。1905 年年底，体育用品大亨、前运动员阿尔伯特·G. 斯伯丁以 10.5 万美元的价格把球队卖给了查尔斯·W. 墨菲（Charles P. Murphy）。在这一交易过程中，墨菲得到了查尔斯·P. 塔夫特（Charles P. Taft）的经济支持。在接下来的赛季中，他们获得了 16.5 万美元。1907—1913 年，他们的所得达到 81 万美元，大约是原始投资的 800%。1906—1910 年，获利最多的球队是纽约巨人队，平均每年获利 10 万美元，1913 年获利超过 15 万美元。1919 年，纽约巨人队以 100 万美元出售。1 年之后，纽约的周日棒球赛得以合法化，巨人队俱乐部赚取了 29.6803 万美元，创造了新的联盟纪录。巨人队的租客扬基队获得了 37.3862 万美元，重新更新了联盟纪录，巨人队对此很嫉妒。扬基队吸引观众的主要球员是鲁斯，他刚从红袜队转会过来，获得了 54 个全垒打，几乎是他上一年纪录的两倍。①

棒球队的盈利性、贪污的机会、对支持者的惠顾（小到提供门票销售的工作、大到给予建设合约）、受人欢迎的宣传以及自身对棒球的兴趣，使政客们在这项全国性的休闲活动中发挥了主要的作用。例如在费城，市民主党的成员从 1860 年开始一直到 1892 年都管理着棒球运动队。纽约的坦募尼在 19 世纪 50 年代开始发挥巨大的影响力，当时他们赞助了业余棒球队，尤其是著名的互助队（the Mutuals），并一直赞助到其成为职业球队。互助队是 19 世纪 60 年代领先的业余球队之一，由威廉·M. 推德（William M. Tweed）赞助，他为球队获得多项市政拨款，并为球员们觅得了市政工作岗位。这支球队是 3 支打满 5 年美国棒球手协会联赛的球队中的一支。互助队的董事会成员包括县长和两名法官、一些议员以及 6 个州立法委员。互助队还是全国棒球联盟成立时的成员之一，但是之后被踢出联盟，因为没能在赛季末进行一次昂贵

①Riess, *Touching Base*, 54-55, 69-70, 76, 82n61, 84n78; Seymour, *Baseball*, 2: 68-72; David Quentin Voigt, *American Baseball*, vol. 2, *From the Commissioners to Continental Expansion* (Norman, Okla., 1970), 108-109; U. S. Cong., *Organized Baseball*, 1599—1600, 1615; Wooley, "Business of Baseball," 241-256.

的西部客场之旅。1883 年，在坦募尼派约翰·B. 德（John B. Day）和约瑟夫·戈登（Joseph Gordon）得到全国棒球联盟和美国联合会的特许权之后，纽约才拥有职业联盟棒球队。他们对巨人队投入了大部分的精力，因为巨人队的门票要高两倍。1885 年，他们想把大都会队卖给斯塔顿岛的一个希望通过棒球队来增加其渡运乘客的交通公司大亨，但是计划失败，球队在两年之后被解散。德和他的合伙人被球员联盟的战争耗尽了资产，最终在 1891 年把巨人队卖给了曾经资助纽约 PL 球队的民主党政客。4 年之后，曾为坦募尼财政委员会成员之一，后来的民主党全国财务总管安德鲁·弗里德曼（Andrew Freedman）以 4.8 万美元购得巨人队大部分的股份，坦募尼派因此重获巨人队的控制权。①

弗里德曼把巨人队当作附属物，欺负其他合伙人接受各种各样的特殊条款，和球员、裁判员还有记者们打架。因为不满意自己所得利益及球队的表现，同时受到了球迷们、媒体以及其他合伙人对棒球的管理不善的辱骂，弗里德曼决定出售巨人队，把自己投身到资助和建设纽约地下交通系统中。1902 年，他把大部分的股份以 12.5 万美元卖给了前辛辛那提红袜队老板约翰·T. 布罗西（John T. Brush）。布罗西把红袜队卖给了当地民主党老板乔治·B. 柯克思（George B. Cox）、水利工程负责人奥古斯特·赫曼（August Herrmann）和市长朱利安斯·弗莱施曼（Julius Fleischmann）（表面上曾威胁要修一条穿过球场的路）。但是，巨人队依然被看作是坦募尼的球队。1919 年，布罗西的继承人把俱乐部卖给了坦募尼派大佬查尔斯·斯德汉姆（Charles Stoneham）。买卖的中间人是臭名昭著的投机商人阿诺德·罗斯坦（Arnold Rothstein），他是斯德汉姆在朗姆酒销售合约及哈瓦那赛道的合伙人，也被认为是 1919 年世界职业棒球大赛的掮客。②

---

①Vincent, *Mudville's Revenge*, 99-104, 106-107; Riess, *Touching Base*, 66-68; Seymour, *Baseball*, 1: 214, 296-298; *DAB*, s. v., "Freedman, Andrew."

②Riess, *Touching Base*, 67-73; Seymour, *Baseball*, 2: 140. The Black Sox scandal erupted at a time when old-stock Americans were frightened about the future of "their" country and the maintenance of traditional values and beliefs in a modern urbanized society. If the sport which epitomized the finest American qualities had been corrupted by Jewish gangsters (like Meyer Wolfsheim of F. Scott Fitzgerald's *Great Gatsby*), then the future looked bleak, particularly in the light of red scares, industrial unrest, and police strikes. On the Black Sox, see Eliot Asinof, *Eight Men Out: The Black Sox and the* 1919 *World Series* (New York, 1963), and Seymour, *Baseball*, 2: 294-339; and on their symbolic importance, see Roderick Nash, *The Nervous Generation: American Thought*, 1917—1930 (Chicago, 1970), 130-132.

当美国联合会试图进入纽约市场的时候，受到弗里德曼的阻拦，因为弗里德曼不希望有竞争，所以动用他的政治门徒和房地产市场的影响力阻止所有外来者进入市场。弗里德曼在所有公园都有租约，并且有能力在那些不受他控制的球场上修建公路。1902 年 12 月，当美国联盟准备从修建地铁的公司得到帮助的时候，弗里德曼利用他在交通委员会的负责人的权利否决了这一计划。结果是，AL 获得了一个跟弗里德曼势均力敌的坦募尼财团特许俱乐部之后才得以进入纽约市场。俱乐部的所有者是桌球室王弗兰克·法约尔和前警察总长威廉·迪福瑞（William Devery）（提姆·苏利文和博斯·克洛克的门徒），耗资 1.8 万美元。1915 年，他们把俱乐部以 46 万美元的价格卖给了酿酒商小约克布·鲁伯特和他的合伙人、建筑工程师 C. 帝林哈斯特·休斯顿。鲁伯特是著名的赛马骑手和社会精英，也是坦募尼派成员之一，在坦募尼财政委员会任职，并担任过四届国会议员。①

1900—1920 年之间，每一个美国联盟和全国联盟的球队的所有者都有重要的政治关系，这并非偶然事件。这一情况毫无疑问在次级职业联盟中得以复制。球队所有者和地方政客之间的诚恳的合作关系对于俱乐部获得经济上的成功价值不可估量。政客们组织外来者，获得房地产价值、土地使用和交通的最佳信息。这些都是球队选择场地时的基本条件。政客们还帮助球队在周日获得比赛的机会或者使周日比赛合法化。政治的影响力保证了球队在市政服务、经费和评估等方面得到优惠。例如，在辛辛那提，红人队在 1912 年之前仅支付了 100 美元执照费用。当政治势力失势之后，新任改革派市长把执照费增加到了 750 美元。没有政治保护的俱乐部所有人在政治的压迫和骚扰面前感到束手无策，球场可能会被要求进行无数次的防火检查或者被收取高额的费用。这些都迫使俱乐部所有者寻求政治保护。②

在更世俗，然而又是必要的服务中，城市能提供的是警察保护。警察被派遣到球场外保证交通通畅、维持购票球迷的秩序、禁止黄牛票。甚至那些不在警察监管范围内的私人球场，其有影响力的球队依然可以得到警察的场内保护以避免出现赌博等行为并维持秩序的服务。世纪之交时，芝加哥和纽约的球队由于有警察的保护，节省了一大笔钱。1907 年，一个纽约改革派警

---

①Riess, *Touching Base*, 69, 71-73.

②Ibid., 52, 58-63, 73-75, and 125-136 for the Sunday ball movement in New York.

察总长终止对球场的保护，但是在芝加哥，警察保护球场这一措施维持了很多年。①

20世纪20年代之后，随着较老的球队所有者退休并把俱乐部卖给新的独立的有钱人之后，棒球大亨的政治关系衰退。对于新老板来说，棒球更是一种消遣，而非生意。到此时，俱乐部几乎不需要政治关系，因为这项运动已经牢牢植根。大型的城市中都有豪华的现代球场。随着周日比赛获得通过，球队几乎没有紧迫的政治问题需要解决。对于城市政客来说，棒球这一全国性的休闲项目已经非常流行，以至于他们不敢去威胁主队的安全。另外，随着最高法院大法官小奥利弗·温代尔·福尔摩斯（Oliver Wendell Holmes, Jr.）裁定有组织的棒球不违背反垄断法，所有俱乐部遭遇的国家层面的政府干预在1922年都得到消除。

小结：体育、犯罪和城市政治

工业化径向城市中，商业化的职业观赏性体育主要被城市政客以及各种各样需要拥有权力和影响力的亲密伙伴来帮助他们的体育商业运营的人控制。由爱尔兰裔美国人及其他白人民族团体的企业成员主导的体育，在很大程度上就好像电影产业一样，避开老牌的财团，但是对有能力的人开放，不论这些人的社会背景是什么。一直到20世纪20年代，棒球产业才被职业政客和在各自领域有政治权力的贸易大亨来经营。赛马和拳击比赛通常是非法的，仅允许按照当地有权力的人的喜好来运营，而且经常受到政客的影响，尤其是在涉及赌马业者和其他有组织的犯罪头目的时候。然而，社会精英，尤其是交通运输公司经理，在赛马上的表现也很卓越。

涉足体育的政客主要是不同民族的政治机器，他们是单身男性亚文化中的代表性人物，在年轻时代曾经是很积极的参与者和球迷。他们涉足体育的商业领域，因为这里有赚钱的机会，能够获得赞助，可以提升在体育兄弟会成员中的地位，能够为喜欢商业化体育的选民提供有价值的服务，或者通过体育来谋求名声和财富。通过经营棒球俱乐部、拳击俱乐部、赛马场和桌球室以及通过赛马比赛来管理拳击手、支持赌马业者，政治机器们能有很多的机会来利用他们的影响力去保护投资人并伤害竞争者。19世纪末20世纪初

①Ibid., 60-61, 73-75.

期，那些以能够成事著称的政治大佬很成功的利用各种变化的社会力量来促进他们体育事业的成功。他们利用内部信息，在最便利的由新的电车和地铁提供服务的地理位置建设球场和赛马场，利用政治影响力保护室外设施或者拳击俱乐部免于竞争，并毫不顾忌警察的干预来经营受保护的桌球室。当与个人的自由相关的问题摆在面前的时候，地方法官也转而支持他们依附的政客所支持的运动生活。州政府的同僚也保护城市运动利益，反对法律禁令，并致力于确保当时被禁止的活动合法化。政客和运动家为城市居民提供有趣的娱乐活动，这些城市居民或者通过购买门票来观看职业拳击或棒球比赛，或者对运动赛事进行赌博。

像提姆·苏利文这样的运动家，从体育中赚钱，获取工作，并为政客取得合约，成为名人，但是他可能并不是体面的人，尽管他们与贫民窟的精英们交往而这些精英也需要政治援助来巩固他们过去的美好时光。像约翰·莫里斯、理查德·克洛克等职业政客，他们苛求被社会精英接受并认同，尝试模仿他们的行为。但是，当贝尔蒙特、罗瑞拉的和杰洛米可能跟克洛克竞争，并和莫里斯等赌博的时候，克洛克和莫里斯可能永远都不会邀请他们与家人共进晚餐。棒球队的所属权能够提供人们对大佬的公共认知，就像弗兰克·法瑞尔一样，虽然拥有棒球队但不能确保被精英接受。20 世纪 20 年代之前，俱乐部所有者几乎没有普通人，都是有一定地位的、寻求经济利益和社会认同的、被旧的经济体系排斥在外，然后在棒球中发现生财之道的人。

有组织的犯罪和政治之间的紧密关系在赛马和拳击上体现得更突出。这两项运动在很长一段时间内都属于非法运动，根本原因在于比赛与赌博相关且残忍。这种共生的关系持续到 20 世纪 20 年代，其中，政客是高级合伙人。之后，有组织的犯罪团伙取而代之成为其中的主要角色。内城政客来自相同的社会背景，甚至是街区的犯罪集团头目，他们在儿童时代有可能是朋友。随着他们的成长，他们依旧相互依赖，并互相给予好处和服务。政客们需要犯罪分子的金钱、权力以及有投票权的工人。作为回报，犯罪分子需要政客们对他们的赌博生意和其他非法活动给予保护。这些关系在很多情况下都很紧密，以至于如果没有审查制度则很难把赌博的主要人物和政客区分开。

赛马和拳击与黑社会的关系也有很多不一样的地方。拳击通常是社会底层人民的运动，赛马则从一开始就由积极参与政治的社会和经济精英主导。这些精英控制着昂贵奢华的赛马场，但是在 19 世纪末期，赌马业者修建了更平民化的私人赛马场。合法的赌马业者对19世纪末期赛马比赛来说必不可少——没有赌博，赛马比赛有可能会消失。有组织的犯罪主要对赛场外的赌博感兴趣，虽然非法，但是有巨大的利润。赛场外赌博为黑社会提供了主要的收入来源，其精英几乎不受管理部门的干扰，因为有政客来保护，虽然也会有一些不满意的客户来抱怨。随着赛马运动在20世纪20年代和30年代的广泛合法化，赛马场采用了同注分彩制，由此减少了对赌马业者的需求，但是依然需要政治上的关系来确保赛马比赛的日期，并跟州赛马委员会保持良好关系。这些委员会在有效控制鞍马赛和轻骑车赛马来避免黑社会染指赛马（获得一些赛马场的控制权）方面的努力并不成功，是为了自己的腐败利益操控比赛。

黑社会对拳击的影响更普遍。拳击总是对犯罪行为的侵蚀持开放态度。在拳击合法化之后，流氓分子对软弱的政府机构并没有任何期待，因为拳击经常从相同的社会团体和"培养"犯罪分子的地理区域招募拳击手，因此来自街区（犯罪团伙）的富裕的、有能力的人物就自然而然地影响着当地想通过自己的拳头打拼出一片天地的年轻人。集团犯罪的头目不仅拥有财富和内城青年希冀的成功身份，还影响着拳击手事业的发展。20世纪20年代，随着拳击合法化及政治机器影响力的弱化，投机商人和走私者获得了对拳击运动的完全控制权。拳击亚文化中的男性知道，强大的犯罪分子能够使他们事业成功，也能够让他们一无是处。如果他们不配合，更有可能粉身碎骨。就像在放高利贷和敲诈上所用的方法一样，流氓分子采用相同的技术来获得对其他体育项目的控制权，且结果也类似。他们的成功意味着娱乐、金钱以及社会地位的提升。黑社会的控制隐秘又公开，且很多年来极度腐败，并完全主导着体育。

第七章

观赏性体育和半公共空间

以利润为导向的观赏性体育赛事几乎总是在比赛推广者拥有或者租用的半公共建筑中举行。在南北战争之前，除了酒馆和一些赛马场，人们对于半公共建筑并没有太多需求。在19世纪末期，随着观赏性体育赛事的迅速发展，企业家们尝试通过利用大建筑物或者建设新的专门建筑来满足因观赏性体育赛事的迅速发展而出现的需求。比赛的推广者利用室内设施及有顶棚的场馆来进行拳击、自行车、马拉松跑等运动，或者利用室外设施用于那些需要很大空间的赛事，如棒球和赛马比赛。在开始的时候，新的建筑往往是造价低廉的无防火安全门的设施，但是因为有消防标准和来自其他赛事的竞争以及日益增加的比赛成功率（稳定的客户所需的更多的座位需求），到世纪之交时，体育设施变得更精细也更昂贵，经常花费成百上千甚至上百万美元。本章将审视半公共体育设施的发展，主要集中说明纽约大都市区和芝加哥这两个地方。本章重点将集中在以下方面：半公共体育建筑日益变幻的物质特征、决定这些建筑位置的变量因素、这些半公共空间对周边土地使用和房地产价值的影响以及参与体育赛事的公众的构成和行为。

一、室内体育馆

大量的半公共设施被用于室内观赏性体育赛事，尤其是拳击和棒球这样不需要太多空间的项目。城市中或者附近郊区中非法的拳击比赛有可能会在车库、驳船或者位于城市最混乱不堪的地区的运动酒馆的密室中举行。例如，在19世纪70年代和80年代，纽约开始禁止拳击运动，当时最有名的一个比赛场所是亨利·希尔会馆。这是一个位于下东区的运动酒馆，在体育兄弟会中非常著名。观众们花费25~50美分来观看比赛，这些比赛包括约翰·L. 苏利文在纽约的第一场比赛。为了阻止警察的干涉，当时著名拳击手之间的比赛都被称为“展示”，而不是有奖金的拳击比赛（这个是非法的）。那些能够吸引大批观众的比赛被设在城市中心区或者城市中心区附近的娱乐区的歌剧院、机械车间、剧场或者公共军械库里。19 世纪 80 年代和 90 年代仅有几个城市（如波士顿、布鲁克林、芝加哥、新奥尔良、纽约、费城、圣路易斯和旧金山）拥有充足的体育迷以及大量的体育设施来举行那些需要大量空间的体育比赛（如大型的自行车赛、6 天的随意走比赛）。能够举办专门的室内体育比赛的场地，以纽约、芝加哥、新奥尔良和旧金山居多。①

室内体育的最佳所在地是纽约的麦迪逊广场花园，它的气氛、周围环境、比赛质量、收入、观众人数都超过了其他所有的场馆。麦迪逊广场花园坐落于第 27 大街，就在麦迪逊公园旁边。麦迪逊公园位于风景优美的区域中心，邻里富足、奢侈酒店林立。这些都属于里昂那德·杰罗姆（Leonard Jerome）和他的家族所有。1871 年，这个地区拥有属于纽约的哈勒姆铁路公司的一个小型火车站和小车库。哈勒姆铁路公司由柯尼立厄斯·范德比尔特所有。两年之后，P. T. 巴讷姆（P. T. Barnum）为他的大罗马竞技场（Great Roman Hippodrome）租用了这块场地。之后，乐队指挥帕特里克·S. 吉尔默（Patrick S. Gilmore）也租用了这块场地用于拳击比赛、马拉松和第一届威斯敏斯特宠物狗表演赛（Westminster Kennel Show，1877）、政治大会以及杂技表演。1879 年，威廉·K. 范德比尔特（William K. Vanderbilt）接管了这处家

---

①Ted Vincent, *Mudville's Revenge: The Rise and Fall of American Sport* (New Yoek, 1981), 45-53; John Cumming, *Runners & Walkers: A Nineteenth-Century Sports Chronicle* (Chicago, 1981), 85-94, 100-103; Fred Hawthorne, "Six-Day Bicycle Racing," in *Sport's Golden Age: A Close-Up of the Fabulous Twenties*, ed. Allison Danzig and Peter Brandwein (New York, 1948), 293-296. On boxing, see, e. g., William H. Adams, "New Orleans as the National Center of Boxing," *Louisiana Historical Quarterly* 39 (Jan. 1956): 92-112; Dale A. Somers, *The Rise of Sports in New Orleans*, 1850—1900 (Baton Rouge, 1972), chap. 8; William M. Kramer and Norton B. Stern, "San FranscíscO's Fighting Jew," *California History* 53 (Winter 1974); 333-344; Steven A. Riess, "In the Ring and Out: Professional Boxing in New York, 1896—1920," in *Sport in America: New Historical Perspectives*, ed. Donald Spivey (Westport, Conn., 1985), 95-128; Thomas M. Croak, "The Professionalization of Prize-Fighting: Pittsburgh at the Turn of the Century," *Western Pennsylvania History Magazine* 62 (Oct. 1979): 333-343; Benjamin G. Rader, *American Sports: From the Age of Folk Games to the Age of Spectators* (Englewood Cliffs, N. J., 1983), 100; Jack Curley, "Boxing around Chicago in Those Good Old Days," *Ring* 5 (July 1926): 7; Charles H. Hermann, *Recollections of Life and Days in Chicago* (Chicago, 1945), 30-38; Elliott J. Gorn, *The Manly Art: Bare- Knuckle Prize Fighting in America* (Ithaca, 1986), 183-184.

族房产，并意在加强运动推广活动。①

范德比尔特重新命名了麦迪逊广场花园，并把它打造成为全美国最著名的体育中心之一。在这里举办的第一个重要赛事是1879年7月举行的类似于阿斯特里带系列赛（Astley Belt Series）② 的长距离赛跑。推广者以6天1万美元的租金把场地出租，作为回报，他们收取每人50美分作为门票收入。与其他所有的场地一样，这里充斥着烟草味，但是对于长跑运动员来说，不允许他们在一楼吸烟。到此时，室内的半公共空间依然被各种气体和昏黄的台灯充斥着。托马斯·A. 爱迪生把吉尔默花园的煤气灯描述为“如此的令人不悦、细细的管道作为通气管道，带走躁动”。很难说爱迪生是一个有偏见的观察者，因为他刚发明了白炽灯以及平行电路，这样，电源插座可以独立工作。无独有偶，因为范德比尔特的父亲是爱迪生电器电灯公司的主要投资者，所以他同意安装电灯，这样一来可以改善场地的氛围，同时也能够促进新技术的发展。但是，行人们反对使用电灯，因为这让他们觉得太亮，所以，煤气灯被暂时保留下来。全国所有的体育场馆很快就全部使用了电灯，因为电灯更安全，而且能提供更多亮光。场馆主要使用弧光灯，在发电机发明之后，弧光灯的使用变得更便捷。到1890年，主要的室内体育馆中电的使用已经非常普遍，帮助吸引了观众和参与者到运动俱乐部、体育馆以及基督教青年会中来。③

除了步行，麦迪逊广场花园流行的运动项目还包括拳击、业余田径以及开始于1885年的良马展览会。19世纪80年代早期，范德比尔特依靠拳击比赛使场馆变得忙碌，其中最吸引观众的拳击手当属约翰·L. 苏利文。他在麦迪逊广场花园的第一次比赛是在1882年7月17日，当时门票全部售罄。在1883年5月14日击败查理·威尔森的比赛也吸引了大量的观众，包括当时许多富有的赞助人。1884年11月17日，苏利文和阿尔夫·格林菲尔德（Alf Greenfield）的比赛被警察中断。1885年1月19日，苏利文和前世界冠军帕

①Joseph Durso, *Madison Square Garden*: 100 *Years of History* (New York, 1979), 18-19, 41, 49.

②译注：Astley Belt Series 是由 John Dugdale Astley（1828—1894）男爵创立的长达6天的跑步比赛。他请艺术家设计了一个腰带，赢得这个系列赛的冠军能够获得腰带，并获得“世界耐力冠军”的称号。

③John A. Lucas, “Pedestrianism and the Struggle for the Sir John Astley Belt, 1878—1879,” *Research Quarterly* 39 (Oct. 1968): 587-595; Cumming, *Runners & Walkers*, 104; Daniel Boorstin, *The Americans: The Democratic Experience* (New York, 1974), 532 (quote); John R. Betts, *America's Sporting Heritage*, 1850—1950 (Reading, Mass., 1974), 78.

蒂·雷恩（Paddy Ryan）的比赛也被警察中断。此举的结果导致纽约市拳击运动中断了10年。①

对于范德比尔特来说，麦迪逊广场花园是一个很亏钱的地方。1887年，他决定把这个拼凑起来的落满灰尘但是通风还不错的旧馆彻底拆除。良马展览会协会的成员［弗兰克·斯特吉斯（Frank Sturgis）、威廉·F. 沃顿（William F. Wharton）和J. P. 摩根（J. P. Morgan）］花费300万美元在旧馆原址上修建了一座新馆。新馆由著名的建筑家斯坦福·怀特设计成摩尔风格，观众席高80英尺，配置了8000个座位（以及可以容纳更多座位的大空间），是当时美国最大的体育馆。新馆还包含一个拥有1200个座位的剧院、一个拥有1500个座位的音乐厅、一个全纽约最大的饭店、一个带屋顶的卡巴莱（cabaret），以及一个320英尺高的大楼（全纽约第二高的建筑）。高楼顶部是圣高登（Saint Gauden）塑造的13英尺高的雕塑"戴安娜"。整个新馆很快被称为跟中央公园以及布鲁克林大桥齐名的伟大建筑。②

新馆每年要花费240万美元进行维护，但每天1500美元的租金很难吸引足够数量的赛事。最主要的赛事是长距离自行车赛、全国良马展览会、拳击、摔跤（1900年之后开始）以及身体文化展示（physical culture exhibition）。到世纪之交的时候，因为亏损严重，其所有者想要出售新馆。当地的媒体提出异议，认为作为一个会展中心，麦迪逊广场花园有很多重要的公共和市政功能，其作用是别的地方无法复制代替的。《时代周刊》认为"这是市政所有的财产，因此很多别的城市的公民很嫉妒"。《时代周刊》还认为"对麦迪逊广场花园的公共需求并没有多到需要把它作为一个造钱的企业"。那些捐助者保护它就跟支持动物园、植物园和公共图书馆一样。③

---

①Durso, *Madison Square Garden*, 49-50; P. F. Dibble, *John L. Sullivan: An Intimate Narrative* (Boston, 1925), 38, 40-41, 64-67; Gorn, Manly Art, 218-19. For accounts of Sullivan's fights at the Garden, see John L. Sullivan, *I Can Lick Any Sonofabitch in the House*! (New York, 1980), 75-76, 83-84, 87, 91-93, 120-127, Michael T. Isenberg, *John L. Sullivan and His America* (Urbana, Ⅲ., 1988), 121-123, 134-138, 172-176, 178-182.

②Durso, *Madison Square Garden*, 67-69 (quote is from *Harper's Weekly*), 71-73, 77-81; Charles DeKay, "The Madison Square Garden", *Harper's Weekly* 35 (18 July 1891): 542; Barnet Phillips, "The Construction of Great Buildings", ibid. 34 (12 April 1890): 282-283; "Madison Square Garden", ibid. 34 (13 Sept. 1890): 718; M. G. Van Rennsalaer, "The Madison Square Garden", *Century* 47 (Mar. 1894): 734, 740, 746-747; NYT, 17 June 1890 for the opening day ceremonies.

③Durso, *Madison Square Garden*, 78, 82; DeKay, "Madison Square Garden", 542; *NYT*, 28 Feb., 1 Mar. 1900.

虽然新馆垄断了那些需要很大空间的主要的室内体育赛事，但依然受到来自别的体操馆和小型场馆的竞争来争夺拳击比赛。19 世纪 90 年代初期，拳击在纽约州还未合法化之前，在布鲁克林有一打拳击俱乐部，还有一些俱乐部坐落在整个大都市圈的其他地方。霍顿法案通过之后，绝大部分重要的拳击比赛依然在柯尼岛、麦迪逊广场花园以及提姆·苏利文所有的两个曼哈顿的俱乐部中举行。市里各处还分布着许多小型的体育馆，主要分布在曼哈顿，因为这里是全市的娱乐中心。除此之外，还分布在诸如下东区、哈勒姆区和南布朗科斯这样的地方。这些社区俱乐部的质量水平不一，有像 SHARKEY AC 这样不重要的俱乐部，仅能容纳几百个观众，也有大型的场馆，比如比利·吉布森（Billy Gibson）拥有的能容纳 3000 人的费尔蒙特（Fairmont）馆。1911 年，弗洛里法案通过的时候，大约有 30 家拳击俱乐部在运行。这之后的一些年里，最多有 49 家职业体育馆或者场地在运行。①

在 20 世纪初期，因为来自其他拳击设施的竞争以及其他有限的项目或者活动对观众的吸引，麦迪逊广场花园生存很艰难。1911 年，麦迪逊广场花园以超过 200 万美元的价格卖给了一个希望拳击合法化并能够使情况改变的商人。然而，现实发展并非如此。1916 年，他们的运行宣告破产。在 1920 年沃克法案通过之后，人们对麦迪逊广场花园的兴趣又开始复苏，很多政治关系良好的人联合起来试图赢得控制权。最终，租期 10 年，每年 20 万美元租金的合约给了体育推广者特克斯·理查德（Tex Rickard），他的政治靠山是州长艾尔·史密斯（Al Smith），金主是杂技团大亨约翰·R. 容格林（John R. Ringling）。1916 年，理查德在麦迪逊广场花园推广维拉德和莫兰之间的重量级拳击冠军赛的时候，创纪录地吸引了 15.2 万名观众。据此他看到了麦迪逊广场花园的潜力。通过他充满想象力的领导力，麦迪逊广场花园成为拳击锦标赛的“麦加”、政治会议的中心，以及受有固定收入的纽约人欢迎的娱乐场所。理查德很成功，在 1920—1925 年，单拳击这一项就为他带来 500 百万美元收入。理查德还雇佣了极具魅力和天赋的拳击手本尼·里昂纳德和杰

①Riess, “In the Ring and Out,” 97–112. See also *Brooklyn Eagle*, 24 Oct. 1896; *NYT*, 11, 20 June 1899, 25 Jan. 1900, 16 Nov. 1905, 1 June 1906, 2 Apr. 1907, 2 Nov., 18 Dec. 1908; *NPG* 69 (19 Sept., 7, 14 Nov. 1896): 10, 73 (18 Feb, 1899): 11, 95 (17 Feb, 1910): 10, 96 (28 Apr. 1910): 10; “Prize-Fighting in New York”, *Outlook* 99 (9 Sept. 1911): 56–57; William Inglis, “The State and the Boxing Business”, *Harper's Weekly* 54 (16 Sept. 1911): 19; E. B. Osborn, “The Revival of Boxing”, *Nineteenth Century* 70 (Oct. 1911): 771–781.

克·邓普希来吸引观众。1925 年，他把业务转移到位于第五十大街和第八街区之间的一个 600 万美元的广场。①

室内体育赛事的公共行为经常能够反映出观众的质量以及比赛的水平。所有的事情都是公平的，像麦迪逊广场花园这样的场馆里需要更多的礼仪。在良马展览会这样的活动上就需要观众行为举止得体，但是在拳击比赛和步行的时候依然还是会有粗暴的行为，因为这些场馆在 1920 年以前只吸引男性观众。在较小的体育馆里，拳击的暴力和情感本质影响着距离拳台最近的观众，尤其是当这些观众对比赛结果下了赌注或者跟其他的与他们有相同的集体身份的人群一起为某一个英雄加油的时候。暴乱经常会在观众把他们的民族情绪带进比赛场的时候发生。当不同民族间的拳手进行比赛时，现场观众的情绪很容易就会被点燃。在纽约市，第一次世界大战前的 10 年，爱尔兰和犹太拳击手之间的比赛时不时就会引发野蛮无序的行为。现场的观众会向拳击台上扔椅子，跳入拳台，或者观众之间拳脚相加。警察不得不到现场来维持秩序。暴乱通常发生在警察中断了比赛或者是当裁判的决定影响了下注的人或者拳手非常有名的时候。观看了那些看起来明显有问题的比赛的观众会感觉上当受骗，因此也会产生暴力行为。例如，1904 年，在冠军杰克·鲁特一拳把汤米·雷恩打倒在地之后，费城体育馆的观众就发生了暴乱，警察不得不护送拳手挤过愤怒的人群来到休息室。②

安排不合理也会导致拳击比赛中发生骚乱。对于受欢迎的比赛，推广者会尽可能多卖门票，而完全不担心比赛场地观众太多或者存在安全隐患。他

①*NYT*, 9, 14, 15, 29 Mar. 1916, 13, 16 Aug., 18 Sept. 1920; *New York World*, 9, 10, 13, 26, 29 Mar. 1916; Richard J. Butler and Joseph Driscoll, *Dock Walloper: The Story of "Big Dick" Butler* (New York, 1928), 264; Mrs. Tex Rickard, *Everything Happened to Him: The Story of Tex Rickard* (New York, 1936), 274-275; Randy Roberts, *Jack Dempsey: The Manassa Mauler* (Baton Rouge, 1979), 95-99; Durso, *Madison Square Garden*, 115.

②On the riotous tradition in boxing in mid-century, see, e. g., Gorn, *Manly Art*, 171-177. For examples of subsequent riots, see, e. g., *NPG* 63 (25 Nov. 1893): 10, 85 (10 Dec. 1904): 3; *Brooklyn Eagle*, 11 Mar. 1895; *NYT*, 24 Nov. 1904. Once in a rare while, rival ethnic groups would be won over by the bravery and skills of opponents from competing ethnicities. See, e. g., Steven A. Riess, "A Fighting Chance: The Jewish-American Boxing Experience", *American Jewish History* 74 (Mar. 1895): 230. For riotous behavior at a six-day marathon race, see *New York World*, 4 May 1884. For valuable explanations of riotous sporting crowd behavior, see Allen Guttmann, *Sports Spectators* (New York, 1986), 163-173; and Michael D. Smith, "Sport and Collective Behavior", in *Sport and the Social Order: Contributions to the Sociology of Sport*, ed. Donald W. Ball John W. Loy (Reading, Mass., 1975), 277-330.

们还会在最后1分钟提高价格，因此也会引发很多不满。所有的这些问题都发生在1911年8月30日，在弗洛里法案通过后，麦迪逊广场花园重新开始举行拳击比赛。马特·威尔斯和K.O.布朗的轻量级比赛吸引的观众数量已经超过了球场自身管理能够应付的程度。观众人数实在太多，以至于持票的观众很难进入馆中，而一旦进入就会马上冲向他们的座位。那些花1美元买到门票的人发现他们不得不另外花2美元才能进场，但是这些人的不满远不及那些买不到票的人，而现场只有30个警察被指派到麦迪逊广场花园来维持秩序。之后，200多名警察被紧急调遣来控制球场外事态，球场内的比赛也被中断。①

二、户外体育公园

户外体育建筑物主要用于那些需要大面积公共空间的运动比赛，或者用于吸引庞大的观众数量。有一些是临时建筑，比如为1921年7月2日邓普希和卡朋特之间的重量级比赛所搭建的拥有91000个座位的看台。比赛的票价在5.0美元~5.5美元，总共带来创纪录的1800万美元收益。一些永久性的建筑，比如印第安纳波利斯赛道（早在1911年就吸引了8万名观众）或者是大学橄榄球场地一年中仅有少数几天会用一下。最早的现代大学体育设施哈佛体育场是一个拥有38000个座位的钢筋水泥建筑，建于1903年，耗资25万美元。它的成功不仅依靠学生和校友的支持，还包括中产阶级的波士顿人的身份认同感。10年之后，容纳67000个座位的耶鲁碗（Yale Bowl）以40万美元的价格建造成。类似的项目很快在锡拉丘兹、普林斯顿和芝加哥开始。橄榄球强队都坐落在大都市区或者是大学城，在这里他们能够在提升自身以及所在城市名气的同时把这项运动变成赚钱的产业。在20世纪第一个10年的末期，建设热潮迅速发展到公共机构，比如像密歇根大学，其能容纳46000个座位的木质体育馆在这时被扩建到能够容纳87000个座位。②从此，半公共

①*NYT*, 31 Aug., 1, 2, 7, 16 Sept., 21 Dec. 1911, 13 Sept. 1913. For an early riot at Madison Square Garden, caused by overcrowding, see *New York World*, 6 May 1884.

②Roberts, *Dempsey*, 119–220; Edward S. Jordan, "Buying Football Victories", *Collier's* 36 (2 Dec. 1905): 19; Robin Dale Lester, "The Rise, Decline and Fall of Intercollegiate Football at the University of Chicago, 1892–1939" (Ph. D. diss., University of Chicago, 1974), 32–54, 159, 161–163, 188–190; John A. Lucas and Ronald A. Smith, *Saga of American Sport* (Philadelphia, 1978), 247; Guy M. Lewis, "The American Intercollegiate Football Spectacle, 1875–1917" (Ph. D. diss., University of Maryland, 1963), 30–55.

设施（主要是指田径场和棒球场）的使用更常规化。

户外的半公共体育设施几乎坐落在远离城市中心的地方，通常是城郊。以赛马场为例，通常都坐落在城市边缘。相比之下，大型的室内半公共体育设施一般都很便利，甚至在走路的范围内即可到达，因为这些设施通常都位于中央商务区或者附近。小型的俱乐部位于他们客户住的地方的附近。棒球球迷和赛马迷需要便利的公共交通来抵达那些偏远的场馆。在19世纪末期，人们利用遍及全国城市的大型交通体系。到1890年，电气化的有轨电车以每小时12英里的速度取代了普通的马车。在美国，有轨电车的英里数从1890年的1260英里增加到1902年的22000英里。波士顿和纽约则分别在1897年和1904年引进了更先进的交通工具——地铁。在19世纪，公共交通高昂的车票费用使得只有中产阶级的人才能够负担得起。但是到20世纪早期，除了最贫穷的贫民窟的流浪者之外，其余每个人都能负担得起每次五美分的有轨电车车票费用（包括一次免费换乘）。①

商业化的半公共体育设施的选址直接影响到有轨电车线路的运行。有轨电车的线路从中央商务区向外辐射到新的居民区以及受欢迎的目的地，比如公园或者私人所有的休闲设施。19世纪末期，有超过50家交通公司赞助了位于线路终点的休闲公园，以此来鼓励人们搭乘。城市游乐园拥有令人兴奋的摩天轮、小丑们的穿插表演、过山车、射击馆、自行车馆和用于短跑的专业赛道。19世纪70—80年代，诸如波士顿、布鲁克林、哈特福德、佩特森、费城和普罗维登斯等东部城市的游乐园里都有封闭的跑道。最有名的是位于科尼岛的D. E. 罗斯（D. E. Rose）的罗马竞技场（Roman Amphitheater），但是需花费昂贵的40美分才能够从纽约到达这里。周末的时候，工人阶级运动员整个下午都会在这里参加短跑比赛，最多时能赚100美元。比赛能够吸引2000名观众，其中很多是比赛选手的朋友，他们花25美分就可以为他们的同伴加油。这些观众有可能是没有任何责任感的单身男青年，因为这一趟的花

①Howard P. Chudacoff, *The Evolution of American Urban Society*, 2nd ed. (Englewood Cliffs, N. J., 1981), 81-84; David R. Goldfield and Blaine A. Brownell, *Urban America: From Downtown to No Town* (Boston, 1979), 205-208. For an excellent comparative account of mass transit in three major cities, see Charles W. Cheape, *Moving the Masses: Urban Transportation in New York, Boston and Philadelphia*, 1880—1912 (Cambridge, 1980).

费几乎等同于一个无技术的工人一整天的工资。①

赛马场也处在距离中央商务区合适的范围之内，因为赛马场赛道要求距离0.5~1.5英里，所以需要巨大的空间。然而，大部分的赛马场仅能使用十几个星期或者几个月，因为赛马季不长，但是也有例外，比如古滕伯格赛马场和格罗斯特赛马场是全年营业的。1870年，纽约没有一块赛马场位于市区。萨拉托加和蒙茅斯赛马场都在遥远的度假之地，仅有的一个地处大都市区的主要赛马场是吉罗米公园。19世纪70年代，抵达这个赛马场的主要交通方式不是搭乘昂贵的马车就是从中央车站搭乘火车。在19世纪80年代早期，科尼岛的赛马场开始投入使用之前，赛马迷们不得不忍受花费40美分耗时1小时的火车抵达吉罗米公园。1889年，当莫里斯公园开放之后，从曼哈顿中心出发的乘车时间减少到一半。莫里斯公园位于韦斯特切斯特，临近纽黑文火车站，位于布朗克斯河东部，这个区六年之后被纽约合并。很多纽约人，尤其是底层阶级的赌博的人更倾向于位于新泽西的私人赛马场，因为这里比去科尼岛更便利。从曼哈顿出发去古滕伯格只需要搭乘很短距离的小船，比古藤伯格更远一些的就是克里夫顿和伊丽莎白赛马场，这些赛马场跟科尼岛一样都同属于一家。这些赛马场的主人知道便利的通达性对于他们的客户来说有多重要。1894年，立法禁止赛马赌博之后，新泽西的赛马场关闭。新建的4座位于城市中的赛马场，或者临近皇后区（1898年成为纽约的一个区），或者在纽约北部的扬科斯。这些新建的赛马场中最重要的1个是建于皇后区和纳苏县边界的贝尔蒙特公园，这里距离时代广场仅20英里，乘火车需要1小时。之所以选择这些偏僻的位置是因为廉价的房地产价格以及交通状况的改善。②

其他都市区的赛马场也同样位于远离中央商务区的地方，虽然不像纽约

①W. E. Harrington, "Report of the Committee on Promotion of Traffic", *Street Railway Journal* 30 (26 Oct. 1907): 864; Vincent, *Mudville's Revenge*, 45-49, 177-178; Betts, *America's Sporting Heritage*, 78; Clay McShane, *Technology and Reform: Street Railways and the Growth of Milwaukee*, 1887—1900 (Madison, 1974), 32-33.

②NYT, 10, 11 June 1871, 2 June 1872, 30 May 1903; *Brooklyn Eagle*, 20 Mar. 1892, 3, 5, 10 July 1894; *Spirit* 116 (22 Dec. 1888): 776; Franscis Trevelyan, "The American Turf: The Race-Course of the East", *Outing* 20 (May 1892): 129-131; Stanley I. Fischler, *Moving Millions: An Inside Look at Mass Transit* (New York, 1979), 31-32; John R. Betts, "Organized Sport in Industrial America" (Ph. D. diss., Columbia University, 1951), 140-172.

的赛马场那么远。比如在芝加哥，著名的华盛顿公园一直都在城外，一直到1889年芝加哥合并了河谷镇。赛马场在郊区公园体系南端的边界上，从卢坡（Loop）出发大约6英里。到华盛顿公园可以乘坐缆车、铁路以及联通芝加哥最上流社区的马车。芝加哥市两个私人所有的赛马场都位于中央商务区的西部。加菲尔德公园坐落在城市边缘，从卢坡搭乘有轨电车需要30分钟。在吸引观众数量方面，霍桑是加菲尔德公园的对手，就位于芝加哥城外的西塞罗，但乘火车去霍桑所需的时间是去加菲尔德公园的5倍。①

赛马场的设施有造价低廉的、能容纳2000个座位的普通赛场，也有配备10000个座位的昂贵的度假之地。1866年，吉罗米公园带头配置了豪华的舞厅、餐厅、全年开放的会所以及可以过夜的住宿房间。这些都为富有的纽约人以及他们的家人提供了实实在在的奢侈的酒店和会所。吉罗米公园为其他的奢侈型赛马场（比如，新奥尔良的露天广场、布鲁克林的红鲈湾、芝加哥的华盛顿公园）提供了样本。这些赛马场都拥有为赛马俱乐部成员、女士以及大众分立的看台和场内的廉价站位，这样可以避免不同阶级的人混杂在一起。1884年，华盛顿公园赛场花费了15万美元，包括用于看台的4万美元和用于俱乐部会所的5万美元。莫里斯赛马场的派头更大，其1.375英里长的赛马场是全国最长的赛道，拥有15000个座位的看台也是全国最大的看台。这一宏伟的建筑很快就成为重要的社交场合。从1895年开始，这个赛道由以奥古斯特·贝尔蒙特二世和詹姆斯·基恩（James Keane）领导的威斯切斯特赛马俱乐部来经营，但是各种各样的问题（包括不稳定的租金）使他们转移到长岛，并耗费240万美元在那里建设了更豪华的贝尔蒙特公园。这里赛道长1.5英里，看台高650英尺，是当时美国最好的看台。公园里设有一个奢华的会所，其中有餐厅、卧室以及供会员观看比赛的阳台。②

20世纪20年代之前，即使不管赌博的输赢，去现场观看赛马比赛依然要

---

①Harold M. Meyer and Richard C. Wade, Chicago: *The Making of a Metropolis* (Chicago, 1969), 146; *Chicago Times*, 16 July 1888, 31 Mar. 1889, 13, 15, 20 July 1891; *Spirit* 114 (30 June 1888): 836, 119 (27 Sept. 1890): 381, 121 (23 May 1891): 786, 121 (30 May 1891): 840, 122 (19 Sept. 1891): 330.

②David Black, *The King of Fifth Avenue: The Fortunes of August Belmont* (New York, 1981), 283-284; William H. P. Robertson, *The History of Thoroughbred Racing in America* (Englewood Cliffs, N.J., 1964), 150, 182-183; Charles B. Parmer, *For Gold and Glory: The Story of Thoroughbred Racing in America* (New York, 1939), 133; *Chicago Times*, 21 Aug. 1889, 7 Aug. 1891; *NYT*, 10 June 1871, 2 June 1872, 30 May 1917; *Spirit*, 121 (12 Jan. 1884): 720, 119 (25 Oct. 1890): 542, 121 (23 May 1891): 786, 121 (30 May 1891): 840, 121 (25 July 1891): 2.

比观看其他比赛花费更多的钱，除了拳击锦标赛之外。交通和门票价格都很高，最便宜的普通赛道一般收取 50 美分进场费，外加 50 美分看台费。19 世纪末期，门票费用上涨到 75 美分，座位费用上涨到 1.25 美元。20 世纪初期，门票价格高达 3 美元，而且已然成为贝尔蒙特公园的标准价格。女士们入场的费用一般会打折。有时候，当观众少的时候，一些非法的赛场或者是有名的建筑有可能允许赛马迷免费进入内场。从那以后，门票的价格就没有再上涨。例如，20 世纪 40 年代，大型的赛马场只收取 1.5 美元作为门票，但是在会所里的位置则需要花费 4 美元。①

19 世纪末期，周末赛马比赛的观众平均只有几千人，但是在开幕日、假期以及周六，当昂贵的赛马比赛伴随着人们的盛装出席时，赛场中的观众人数有可能达到 1 万～2 万名。世纪之交之后，观众人数变得更庞大，比如，1913 年贝尔蒙特公园重新开业时观众人数达到 35000 人。到 20 世纪 30 年代，主要的赛马比赛能够吸引超过 5 万名观众，纽约赛马场平时的观众也会超过 15000 名。比赛一般在下午 2 点或者 2 点半开始。早在 19 世纪 80 年代，很多赛马场都安装了电灯来增加潜在的工人阶级观众数量。②

赛马场上观众的行为大体来讲是很得体的，除了那些主要在 19 世纪 80 年代和 90 年代繁荣的普通赛马场，比如古滕伯格和加菲尔德公园。这些赛场吸引的主要是较低阶级的观众，包括犯罪分子、名誉败坏的女子以及各种行为粗暴的人，来往于赛马场的赛马迷们以恐吓附近的居民和有轨电车的乘客而闻名。粗暴的行为时不时地发生在不受法律约束的赛场之内，这被认为是对那些有可能被赌马业者把持的、已经安排好的或者不诚实的比赛的回应。体面的赛马场上的群体管控则完全不是问题，因为这些赛马场是从社区中较高的阶级中吸引观众。人们雇佣私人侦探来防范小偷和其他的犯罪分子，门票定价政策也避免了社会地位低的人去骚扰那些时尚的女士。世纪之交之时，重要的赛马比赛的观众不仅包括名人（政客、娱乐大亨、社会精英），而且还包括那些财务状况良好的人，比如律师、投资商、华尔街的投机商、商人、

---

①*NYT*, 2 June 1891, 25 July 1893; *Chicago Times*, 18 July 1888, 3, 7 Aug. 1891; *New York Clipper* 28 (26 June 1880): 107; *New York Herald*, 7 Jan. 1917.

②On the size of crowd, see e. g., NYT, 6 June, 14 Oct. 1870, 7 June 1891, 24 July 1893, 27 May, 17 June, 9 Sept. 1900, 5 May 1901. On the use of lights, see Somers, *Sports in New Orleans*, 100, who dates experimentation with artificial illumination back to 1881; and also *NPG* 44 (23 June 1884): 10; *Brooklyn Eagle*, 12 Sept. 1894; Parmer, *Gold and Glory*, 138.

销售商、领周薪的年轻的运动办事员、有时间去消磨的休闲阶级成员、小商店的店主或经理（比如杂货店、肉店、饭店和酒馆）。相比之下，金融领域的人员，比如银行雇员，则很少出现在观众群体中。这些人意识到，如果他们频繁地观看比赛，他们就会陷入怀疑，而且很快可能就会被解聘。观众中实际上也没有劳动者，因为赛马比赛需要人们有钱，但是还是有部分薪资不错的、有技术的工人，相比起销售商或者有同样报酬的年轻的职业工作者来说，他们花钱没那么慷慨。①

到20世纪50年代初期，从观众人数来看，赛马一直是美国最受欢迎的观赏性体育。在20世纪70年代，去观看赛马比赛的观众主要是住在郊区临近赛马场且不认为赌博是不道德行为的中等收入天主教徒和犹太人。除此之外，赛马场也吸引了大量的工人阶级城市观众，“二战”之后，这个群体的人对夜间赛马比赛尤其热衷。因为票价低廉，再加上公共交通的改善和包车客运的发展，城市中的工人阶级观众拥有比以前更多的接触赛马比赛的机会。②

三、棒球场

最重要的半公共体育设施是职业棒球场，到20世纪初期，棒球场已经遍及全国，吸引的观众人数也最多。除此之外，棒球场也被用作各种各样的体育和娱乐活动，范围从大学橄榄球比赛到19世纪80年代和90年代的狂野西部电影秀再到20世纪第一个10年的职业拳击。19世纪时，球场围墙几乎全部是木制的，因为除了成本低之外，球队频繁的转场（大多数时候是搬到相对更便宜的处所）也导致不会建设造价昂贵的半永久性的球场。另外，赞助也不会维持很久，尤其在次级联盟中。在20世纪的前10年，当体育变得日益流行，且成为稳定的投资方向时，大型城市就开始在城市边缘建设造价不菲的永久性的防火球场。这些新建筑更安全、更舒适、面积也更大，增加的

①On the perceived composition of crowds, see note 18, above; *Chicago Times*, 23 July 1887, 5 July 1888; *Spirit* 118 (7 June 1890): 865; *Brooklyn Eagle*, 31 Aug. 1892 (quote): *NYT*, 27 May 1900. For instances of disorder among travelers to and from ChicagO's plebeian West Side Park, see *CDN*, 20 June 1885; and on disorder resulting from disgruntled bettors, see *NPG* 56 (16 Aug. 1890): 10; *Brooklyn Eagle*, 5 Sept. 1899.

②Maurine Kallick et al., "Survey of American Gambling Attitudes and Behavior", in Commission on the Review of the National Policy towards Gambling, *Gambling in America*, App. 1 (Washington, D.C., 1976), 300.

座位容量也保证了日后的收益。①

木制球场的位置由购买和租赁场地的成本以及大众交通的通达性来决定。事实上，没有一个职业棒球场与中央商务区的距离在步行范围内，因为这样的建筑成本太昂贵，一年80%的时间不使用就很浪费。当地电车公司（Local traction）的利益和棒球俱乐部之间紧密联系，形成互惠互利的关系。78个城市的交通公司主要是次级联赛的成员，以财力支持参与到这项全国性的休闲活动中。1899年，交通公司甚至还成立了一个名为新英格兰手推车联赛的协会。在很多小型城市，交通公司的人大概是唯一有足够的资本来赞助职业棒球的。有轨电车公司也通过给予补助和好处的方式尝试帮助当地特许经营商（franchise）走出困境，比如给场地定级或者为球队建设球场。棒球场地通常坐落在有轨电车线路沿线，旨在提高乘客搭乘次数的当地交通公司所属，去往棒球场方向的有轨电车会在车头放置标志来通知比赛日程。在亚特兰大市，最大的有轨电车公司在1906年购买了The Crackers，几乎同时就把球队从只拥有2000个座位的市属球场搬到了新的坐落在某条电车线路终点的拥有6800个座位的新球场，球场对面就是游乐场。②

职业联赛球队和当地交通公司之间也存在紧密的联系。19世纪90年代末，克利夫兰蜘蛛队由当地交通公司巨头史丹利·罗宾森（Stanley Robinson）所有。在他的安排下，球迷需要搭乘电车去观看比赛，或者购买一张往返的船票外加一张比赛门票。1891—1898年，布鲁克林全国棒球联盟俱乐部也由交通公司所有，他们把俱乐部从南布鲁克林搬到布朗斯维尔，交通公司的有轨电车线通往这个地方。这支球队随后很快被赋予一个别名“电车道奇队”，因为球迷们不得不小心地避开交通。1898年，俱乐部新主席查尔斯·以比特（Charles Ebbets）把俱乐部搬到其原有的街区，马路对面是球场旧址。俱乐部

---

①Steven A. Riess, *Touching Base: Professional Baseball and American Culture in the Progressive Era* (Westport, Conn., 1980), 101, 112-116, 116-144; Harold Seymour, Baseball, vol. 2, *The Golden Years* (New York, 1971), 68-71; Riess, "In the Ring and Out", 113-114, 127-146. Gunther Barth's essay, "Ball Park", in his *City People: The Rise of Modern City Culture in Nineteenth-Century America* (New York, 1980) provides an engaging view of that institution's role in promoting a homogeneous urban culture, but his conclusions, based on dubious assumptions, erroneous inferences, and factual misstatements, are unreliable. See my review in *JSpH* 8 (Wummer 1981): 104-107.

②Vincent, *Mudville's Revenge*, 175-179, 206-207; Harold Seymour, *Baseball*, vol. 1, *The Early Years* (New York, 1960), 214-215, 225-226; Riess, *Touching Base*, 49-52, 88.

这次搬迁得到了渴望重获之前丢失的生意的当地交通公司的财政支持。①

球队所有者所做的最重要的决定之一是球场的理想位置。他们运用与当地政治和各利益代表的关系来确保得到有关地产价值、交通线路以及未来发展的最佳信息。19 世纪，球队频繁的搬迁，因为他们希望得到更廉价、通达性更便利的位置，并希望能避开社区的反对，或者被当地政客赶走。这些政客威胁他们如果得不到足够的好处就切断到球场的道路。例如，1883—1891 年，纽约巨人队换了 4 个球场，虽然纽约巨人队的政治关系很雄厚，但是依然被强迫搬离临近中央公园的老保罗体育场。②

芝加哥白袜队频繁更换场地，其为了得到最佳的球场位置所付出的努力和遭受的苦难也最具代表性。1870—1894 年，这支队伍一共换过 6 个不同的场地，主要原因是大众交通的改善促使球队所有者把球队搬到距离城市更近的范围内，这样就不需要增加来往于球场的时间。1870 年，芝加哥第一支职业棒球队在德克斯特公园球场比赛，这里位于中央商务区东南部 6 英里，乘坐马车需要一个小时。一年之后，俱乐部加入全国职业棒球手协会，在前湖公园比赛。这是一个临近中央商务区的小型公共公园。在芝加哥燃烧的一场大火（Great Chicago Fire）③ 中，球场被烧毁。之后，芝加哥在两年之内都没有能参加全国联赛的球队。1874 年，芝加哥成立了一支新的球队，球场位于第 23 大街的体育场，距离新中央商务区南部 3 英里处。到 1877 年蒸汽火车开通（时间减少一半）之前只有马车可以抵达这里。一年之后，俱乐部所有者威廉·S. 赫尔巴特（William S. Hurlbut）的政治伙伴把球队安排到比之前更为便利的前湖地区，在这里修建了新的前湖公园（Lake Front Park）。1883 年，赫尔巴特的继任者——前棒球投手阿尔伯特·G. 斯伯丁在这里修建了一

①Seymour, *Baseball*, 1: 203, 225-227; Vincent, *Mudville's Revenge*, 177-178; Riess, *Touching Base*, 70-71, 88-89.

②Riess, *Touching Base*, 85- 89, 91-92, 112-118. In 1886 and 1887, the Metropolitans of the American Association played at a Staten Island amusement park owned by Earstus Wiman, who had purchased the club from the syndicate that had owned both the Mets and the Giants. Wiman, a millionaire who operated the ferry from Manhattan to the island, expected to profit from increased traffic. He was negotiating with the B&O R. R., which was going to make Staten Island its New York terminal, for rates for the use of his ferries and other facilities. The rates would be based on ferry traffic over a period of years, and thus Wiman had a big incentive to bolster the use of his ferries. See Seymour, *Baseball*, 1: 214-216.

③译注：1871 年 10 月 8 日燃烧到 10 日，芝加哥大火中死亡人数高达 300 人，烧毁面积约 3.3 平方英里（9 平方公里），使 10 万名居民无家可归。

个可以当作样板的球场。新的球场造价 1 万美元，可以容纳 1 万名观众，在入场口附近还建了还有一个环形塔，塔的大小和形状严重限制了比赛场地的大小。左外野距离主垒 180 英尺，右外野距离主垒 196 英尺，中外场距离主垒 300 英尺，是职业联赛历史上最小的场地。1884 年，艾德·威廉姆森（Ed Williamson）打出了 27 个全垒跑，这一纪录一直保持到 1919 年。1885 年，由私人使用原属于联邦所属的土地而衍生出来的问题迫使斯伯丁重新选择球场位置。球队进而搬迁到西区，然后又搬到市区人口密集的地带，在这里，斯伯丁花费 3 万美元建造了国会街体育场。这一砖制围栏的木质结构建筑建在一块租金高达一年 7500 美元的土地上，附近是中产阶级居住的街区。当地居民反对建设体育场，认为这是对他们安全和宁静的生活环境的一种威胁，但是这一项目并没有被终止。从中央商务区出发抵达球场可搭乘每小时 4 英里的马车，或者搭乘更贵但是速度更快的蒸汽火车，往返市区的时间仅需 15 分钟。①

1891 年，斯伯丁决定把赛季分为西区和南区，这里正经历着由期待已久的哥伦比亚展览会而带来的繁荣。斯伯丁把第 35 大街的体育场租赁出去，这个场地一年之前用于已经名存实亡的兄弟联盟（Brotherhood League）。场地交通便利，乘坐每小时 15 英里的蒸汽火车即可抵达卢坡（Loop）。斯伯丁为国会大街的场地支付了高额租金，但却又被禁止在南区场地举行周日舞会，所以斯伯丁很快就对自己的安排不满意，并决定在他拥有的国会大街公园西边的一块土地上建一个新场地。新的西区公园造价 3 万美元，周围是在本地出生的中产阶级居民区，从卢坡乘坐新的蒸汽动力火车仅需 7 分钟即可到达。1893 年时，这个场地仅供周日使用，一年之后便成为白袜队的唯一球场。②

木质结构的棒球场是极其危险的结构。1894 年，在职业联盟比赛的球场中至少发生了 5 次火灾，在之后 10 年中仅圣路易斯就发生了 6 次火灾，1900—

①Riess, *Touching Base*, 85-87, 111-124, 6; Federal Writers Project, Illinois *Baseball in Old Chicago* (Chicago, 1938), 11; "The Chicago Base-ball Grounds", *Harper's Weekly* 27 (12 May 1883): 200; *ChiTrib*, 25 June 1884, 25 Feb., 31 May, 7 June 1885; Steven A. Riess, "Professional Baseball and American Culture in the Progressive Era: Myths and Realities, with Special Emphasis on Atlanta, Chicago, and New York" (Ph. D. diss., University of Chicago, 1974), 133-143; Philip J. Lowry, *Green Cathedrals* (Cooperstown, N. Y., 1986), 42. Three of Williamson's teammates also hit twenty or more home runs. One year later, Williamson hit only three homers playing in the more spacious Congress Street Grounds.

②Riess, *Touching Base*, 86.

1911年，在职业联盟比赛的场地发生了至少五次火灾，幸运的是，并没有发生严重的损毁。但是，曾经发生过大风把球场外墙刮倒以及观众过度拥挤而导致看台坍塌的事件。最严重的灾难发生在1903年的费城贝克碗（Baker Bowl）体育场，一根木制围栏倒塌，导致12人死亡，上百人受伤。①

由于贝克碗（Baker Bowl）发生的惨剧，以及导致602人死亡的芝加哥易洛魁剧院大火，进步时代（Progressive Era）的城市居民意识到半公共建筑的重要性。全国各地的城市针对半公共建筑的建设用料以及安全标准重新制定了建设法典。芝加哥修改了1911年的建筑法典，对需要使用防火材料的棒球场进行了专门的说明，每年都要审查，敞开式走廊要有简易出口，根据座位容量对门票数量进行限制。②

19世纪80年代已经拥有了建设具有防火性能的公园需要的专门技术。1887年，费城人在新的拥有18000个座位的球场中使用防火材料，有一些球场随后使用了钢和水泥结构，但是成本很高，潜在的利益很低。到1908年，随着日益增加的全民性休闲活动的流行以及建设成本的降低，使球队大佬们采用了新政策。建设现代防火性球场的决定标志着对棒球生意成熟性和稳定性的认识。新建筑的建设需要花费很多钱，比拥有16000个座位的高地队（扬基队）的主场、也是最后一个木质结构的职业联赛球队主场建筑——山顶公园所花费的75000美元还要多很多倍。除此之外，如果选址不合适，现代球场还不能随意拆除并重建。所以，对于一支球队来说，动用关系来确保得到关于场地的最佳信息就显得非常重要，包括土地价值，有可能的土地用途，目前已有的以及计划好的大众交通设施，社区居民的社会特征等信息，这样球队老板才有可能做出最具智慧的抉择。一旦位置确定，大多数的球队会确保长期租约，这对保证大型投资很必要，可以避免地产所有者把土地辟出一块地用来建公寓或者在租金升高时压榨球队。③

1909年，费城修建了夏伊布球场（Shibe Park），这是第一个完全现代化的棒球场。除了球场外墙，整个建筑完全是钢筋混凝土结构，拥有双层看台，能容纳2万个座位，造价50万美元。当年开放的第二个球迷宫殿是匹兹堡的福布斯球场，位于福布斯市首要的住宅区。福布斯球场拥有三层看台，电梯、

①Ibid.，88，94-95，114n23；Seymour，*Baseball*，2：50-51.

②Riess，*Touching Base*，95-96.

③Ibid.，89-91，97-98，102-105，107-108.

电话以及电灯等现代化设备。球场的一个重要安全特征是采用滑坡而非楼梯来辅助观众移动。1909—1916 年，费城总共建成 10 个全新的职业联赛球场，除了贝克碗（Baker Bowl），其余球场也进行了翻新改造。依然在使用的最古老的球场是泰格球场（Tiger Stadium）、芬威球场（Fenway Park）和里格丽球场（Wrigley Field）。职业棒球次级联盟中的球队所在的城市，比如纽瓦克、旧金山和托莱多，都拥有足够的人口，值得球队进行大型投资，因此在 20 世纪的第一个 10 年这些球队也建设了钢筋水泥结构的球场。①

这些壮观的新建筑是由职业建筑师设计的古罗马帝国风格。设计师的目的在于使球场更实用而非更美观，但是对外观也有一定的考量。新的保罗球场二层看台都装饰着盾牌和花环等尚武雕饰。科姆斯基体育场则配有喷泉，夏伊布球场配有罗马式圆柱。球场内部装饰都特别不寻常。保罗球场的外形也许最奇特，左外野距离主垒 85 米，距离中场 146.3 米，右外野距离主垒 78 米。这些尺寸影响着比赛的战略和战术。这些在钢筋水泥的城市中的球场依然采用绿软泥底，因此为城市美化运动做了一些贡献，但大型的广告牌并没有改变城市的乡土形象。倡导新建筑的所有者能够帮助球场与其他城市娱乐活动竞争，比如那些装修精美的剧院、新电影院以及壮观的游乐园。这也给了球场老板一个理由，如果不提高门票价格，就必须舍弃最廉价的地块。②

几乎所有的新球场都处在城市边缘地带，这里土地相对低廉，居住在这里的居民不是中产阶层就是贫困人口。中央商务区唯一的职业联盟球场是底特律的纳文体育场（Navin Field）。坐落在工人阶级居住区域的体育场是位于

①Seymour, *Baseball*, 2: 49-54; Riess, *Touching Base*, 94-97, 99; David John Kammer, "Take Me Out to the Ballgame: American Cultural Values as Reflected in the Architectural Evolution and Criticism of the Modern Baseball Stadium" (Ph. D. diss., University of New Mexico, 1982), 84; see also Lowry, *Green Cathedrals*, chap. 2.

②Kammer, "Take Me Out to the Ballgame", 87-89, 227; Riess, *Touching Base*, 95; Bill Shannon and George Kaminsky, *The Ballparks* (New York, 1975); Robert F. Bluthardt, "Fenway Park and the Golden Age of the Baseball Park", *Journal of Popular Culture* 21 (Summer 1987): 46; Philip Bess, "A Model for a New Chicago Ball Park" (paper delivered at the annual meeting of the Society of American Baseball Researchers, 12 July 1986, Chicago, I11.). On baseball's competition, see, e. g., Robert Sklar, *Movie-Made America* (New York, 1975), 45-46; Albert F. McLean, *American Vaudeville as Ritual* (Lexington, 1965), 193-210; John F. Kasson, *Amusing the Million: Coney Island at the Turn of the Century* (New York, 1978), 57-86; Lary May, *Screening Out the Past: The Birth of Mass Culture and the Motion Picture Industry* (Chicago, 1980), chaps. 1, 2; Perry Duis, *The Saloon: Public Drinking in Chicago and Boston*, 1880—1920 (Urbana, I11., 1983); Jon M. Kingsdale, "The 'Poor Man's Club': Social Functions of the Urban Working-Class Saloon", AQ 25 (Oct. 1973): 472-489.

华盛顿的科姆斯基球场和联盟球场（位于黑人聚居区）。这些球场所在的区域历来都与棒球有渊源。最具有代表性的是小熊队和纽约队的球场位置。1915年一整年，小熊队都在西区体育场比赛，这个区域居住的是第一代和第二代移民。在引入联邦联赛的那年，芝加哥联盟队①的主人被允许从查尔斯·P.塔夫特那里购买小熊队。小熊队搬迁到新的联盟联赛球场（里格利球场，建于1914年，位于城市北区中产阶级居住的湖畔社区，距离卢坡9656米）。这时候，北区才刚开始拥有良好的大众交通，新厄尔车站正好位于球场对面。②

拥有32000个座位的保罗体育场（最终座位扩充到54000个）建于1911年，是纽约第一个现代化球场，位于华盛顿地区第155大街。旧的保罗球场建于19世纪90年代，但是在21年之后毁于一场大火。19世纪90年代，华盛顿地区刚刚成为受欢迎的中产阶级住宅区，从华尔街到这里需要45分钟。1913年，以比特的球场完工，这个球场建在不发达的弗莱布殊地区（Flatbush），查尔斯·以比特以10万美元的价格秘密购买了这块地。新球场的总造价达到75万美元，几乎使道奇队老板破产，专家们嘲笑他购买这块地的行为，但是这位前布鲁克林议员认识到弗莱布舒的发展潜力。这块地距离布鲁克林大桥6438米，交通也很便利，从华尔街出发乘地铁到达以比特球场仅需20分钟。1913年，纽约第三大球队扬基队失去了山顶球场的租约，转而租赁了保罗球场。山顶球场则被夷为平地，并重新修建了公寓。一年高达10万美元的租金、对自我身份的强烈意识，还有20世纪20年代早期建设成本的降低，都促使美国联盟（美国棒球联赛）的成员们建设自己的球场。耗资2500万美元的扬基体育场修建于1923年，位于布朗科斯。这标志着新现代球场时代的终结。球队老板本来希望在曼哈顿取得一块土地，但是因为地价太贵，且挖掘覆盖在地面上的花岗岩也需要耗费高昂的成本，最终放弃。回溯到1903年，球队已经为修建山顶球场花去20万美元。布朗科斯西部很适合用来做球场，在1917年，东区地铁已经延伸至杰洛米大街（Jerome Avenue），从曼哈顿乘地铁只需16分钟即可到达扬基体育场。这是第一个拥有三层看台的球场，拥有最大的棒球比赛场地，座位容量达到63000个，远高于联赛平均座位数

①译注：Chicago Federals，原文中为ChiFeds，是芝加哥联盟队的绰号之一。

②Riess, *Touching Base*, 56-57, 97-99, 110, 118, 69.

(25000个)。[①]

虽然很多橄榄球场地已经在使用"体育场"这一术语，但是这个"鲁斯建造的房子"[②] 是第一个被称为"体育场"（stadium）的公园（park）。这一术语的使用标志着全国性休闲消遣和城市社会之间微妙但又显著的变化的关系。与把这块场地命名为"公园""场地""操场"不同，这些术语强化了棒球的田园意识，新的称呼也标志着对城市背景的认可。从1920年以来，人口普查显示大多数的美国人是城市居民。"体育场"这个词标志着对建筑结构质量和所使用的高超技术的强调。相比简单的农业社区，这些建筑更适合复杂的城市社会。职业棒球已经成为现代工业城市的一部分，然而，它一直被认为是与美国城市人口需求相关的传统农业符号、信仰和价值的载体。[③]

已建立的社区的居民一般都反对社区引入棒球队，担心这样会带来嘈杂无序的人群，降低社区地产价值，以及吸引有害于土地使用的公司。在有些时候，比如芝加哥北区，社区团体虽抗争棒球公园的修建，但也没办法阻止建设的进行。另外，被选择为球场用址的未开发地段的商人和地产商通常都很欣喜，因为这会带来预期的地产升值，为棒球球迷服务也会为企业带来机会。[④]

对社区的影响结果既不像社区居民担心的那么糟糕，也不像投机者期望的那么利润丰厚。里格利体育场的存在就并没有改变周遭的环境，直到今天球场周边依旧保持着其住宅特征。对土地使用最明显的影响发生在距离球场入口一到两个街区之内，这里的停车场、饭店、纪念品商店、小酒馆相继开张。在这一两个街区之外，球场经济影响力就变得微乎其微，类似的情况也存在于南区靠近科姆斯基球场的地方。在纽约，保罗体育场对华盛顿地区几

---

①Ibid., 99, 100, 102-108; Ebbets to August Herrmann, 12 May 1912, August Herrmann Papers, National Baseball Library, Hall of Fame, Cooperstown, N. Y.; *NYT*, 7 Apr. 1912, 21 Feb. 1913, 19 Apr. 1925, 11 Feb., 15 Mar., 13 May 1915, 7 Feb. 1921, 19 Apr., 17 May 1923; Kammer, "Take Me Out to the Ball Game", 117-128.

②译注：鲁斯建造的房子（The House that Ruth Built），特指扬基体育场，名字来源于同名书名，作者是Robert Weintraub，体育专栏作者。此书内容为扬基队的Ruth和美国1923年棒球赛季的不为人知的故事。

③Riess, *Touching Base*, 108.

④Ibid., 97-100, 110; Robert Heuer, "Neighbors: The Cubs and the Community: Seven Decades of Love and Pain", *Chicago Reader* 14 (12 Apr. 1895): 11, 24, 26; Bluthardt, "Fenway Park", 50.

乎没有任何影响，在过去几十年里，这里依旧是最吸引人的住宅小区，也许因为这里和球场之间存在着天然屏障，比如库根海角（Coogan's Bluff），还有人造屏障，比如高速路。除了对土地使用的影响，对房地产价值的影响也很小，这三处球场附近的房地产价值的变化与别的房地产价值变化速度一样。唯一例外的是科姆斯基球场主入场口东边的角落地带，这里的房地产价值在五年时间内几乎翻了3倍，新开的商店一般都从事与棒球相关的贸易。①

以比特球场和扬基体育场对周边的影响乍看上去表现在经济上，但是事实并非这样。道奇队搬到福莱特布希之后，这里很快就成为受人们欢迎的住宅区，住房也都建在距离以比特球场步行范围之内。场地附近的房地产价值在20世纪最初的10年到20世纪20年代显著增长，同时，福莱特布希以外的地区发展速度在每个年代都增长了3倍。这些区域的扩张速度与郊外住宅区一样，是导致地产价值升高的原因。②

扬基体育场建设的同时，正是有大量的空地的西布朗科斯大兴建设的时期。一些体育撰稿人把这归功于体育场的建设，其实真正的原因在于当时曼哈顿对价格低廉、便利的住宅条件的巨大需求。向上流动的家庭被绿树成荫的大广场街所吸引，这里的建筑都是全新的6层公寓，经由杰洛米街区线很容易便可到达市中心。扬基体育场并没有带来建设热潮，但是它的存在确实为地产开发商以及广告商提供了积极的心理支持。这个区域的小商人获得了极大的自信，球迷们为饭店、酒馆、停车场等地方提供了客源。主要的商业大街上的地产价值增加了4倍，在20世纪20—30年代甚至增长更多，主要原因在于第161大街和杰洛米大道之间建设了全新的配备电梯的车站，新的地

---

①Riess, *Touching Base*, 98-100; Bluthardt, "Fenway Park", 50-51; *Sanborn Insurance Map of Chicago: Lakeview* (1894, 1922) (Chicago, 1894—1922); Rascher Atlas of Chicago (1891), vol. 9 (Chicago, 1891); *Olcott's Land Values Blue Book of Chicago*, 1909—1930 (Chicago, 1909-1930); George W. Bromley and Walter S. Bromley, *Atlas of the City of new York, Borough of Manhattan* (1905) (Philadelphia, 1905); *Atlas of the Borough of Manhattan* (1912) (New York, 1912); Manhattan Land Book. *City of New York* (1934) (New York, 1934); *Manhattan Land Book of the City of New York* (1955, 1971) (New York, 1955—1971); New York City, City Record Office, *Annual Record of Assessed Valuations of Real Estate in the City of New York: Supplement to the City Record*, 1904—1930 (hereafter cited as Assessed Valuations).

②Riess, *Touching Base*, 103-104; *Miniature Atlas of the Borough of Brooklyn* (1912) (New York, 1912); *Desk Atlas of the Borough of Brooklyn, City of New York* (1920) (New York, 1920); Desk Atlas, *Borough of Brooklyn, City of New York* (1929) (New York, 1929); *Assessed Valuations*, 1910—1930.

区机构（比如县政府）也在这里落户。①

棒球迷和球迷行为

虽然当时的人夸大了擦鞋工和法官以及烘焙师和商人混在一起观赛的现实，但相比其他任何大型的观赏性体育，全国性的消遣活动（棒球）确实吸引了最广泛的观众。看台上的观众并不复杂，但是人群中确实包含了来自不同年龄、民族、性别和社会经济水平的人。正如一位记者在1883年所说：

> 任何一个天气晴朗的日子，只要随意扫一眼球场上的观众，就能发现，这些人代表着所有体面的阶层。电报员、整晚工作的印刷工、黄昏时出发的旅行者、休闲的人，有资本的人，下午三点下班的银行员工、挤出下午有限时间的房地产商、通宵工作的酒吧老板、宾馆服务员、剧院的演员和其他工作人员、休假的警察和消防员、城市里消磨时间的陌生人、暂时不上班的秘书和销售员、轮船船长、职员和学徒、给会计员留个条子说当天不会再回到店里的老板、在繁忙的中午时间之后想要休息一下的布告板操作员、手有残疾的工人、肉店老板、烘焙师、做烛台的人、罢工的技术员、成群结队的律师、临时法官、市政府官员以及医生。②

一直到1920年，职业棒球依然是中产阶级观赏性体育，在女性中也很流行。20世纪最初的10年，10%的观众是女性。观众的社会背景在每个城市都不一样，主要取决于花费、是否有时间观看周日的比赛、与其他休闲活动的竞争以及每个城镇不同的社会结构。例如，克利夫兰拥有大量的工业工人。工人阶级观看比赛的到场率要低于预期，因为当地居民的兴趣是业余棒球，

---

①Riess, *Touching Base*, 108–110; *Sporting News*, 7 Feb. 1929; *NYT*, 12 Apr. 1871; *Atlas of the Borough of the Bronx*, *Sections 9 to 13* (1912, 1928) (New York, 1912—1928); *Atlas of the City of New York*, *Borough of the Bronx* (1934) (Philadelphia, 1934); *Bronx Land Book of the City of New York* (1960, 1971) (New York, 1960–1971); Edwin Spengler, *Land Values in New York in Relation to Transit Facilities* (New York, 1930), 90–91, 165; *Assessed Valuations*, 1920–1930.

②*St. Louis Post–Dispatch*, 19 May 1883. See also the elite *Boston Evening Transcript*, 22 Sept. 1887, which identified the baseball crowd as comprised of "the merchant and banker, the salesman, clerk and office boy, the contractors and his men and boys on Saturday half–holidays, [and] even women and girls by the hundreds."

这比去印第安湖畔公园观看比赛更廉价。1904 年 9 月 19 日，大约有 8.3 万名观众观看了特林的流浪者队（Telling's Strollers）与古斯·汉娜的清洁工队（Gus Hanna's Street Cleaners）之间的业余城市锦标赛的比赛。工人阶级的到场率是有选择性的，在印第安那人当周的表现良好的时候才会有大量的工人阶级观众出现在比赛现场。在 20 世纪 20 年代，由于生活成本增加、票价低廉、周日晚会以及在大萧条时期引入了夜间棒球，这些都使得棒球逐渐成为较低社会阶层的体育。①

并没有可信服的记载证明 19 世纪观众的规模，一般都只是说相当客观。例如，1883 年，费城算出了观众人数在 1000 名以下的比赛场次。一年之后，传说中的霍斯·雷德伯尼（“Hoss” Radbourne）带领的普罗维登斯（Provindence）队在几次主场比赛时吸引了不到 1000 名观众，到场率根据比赛门票价格也会浮动。1883 年，费城收取 50 美分门票，票价减半后观众人数上升了 4 倍。1890 年，有 3 个相互竞争的职业比赛。球员联盟的比赛平均每场到场的观众为 1844 名，全国棒球联盟的观众大约是 1500 名。1892 年，美国联合会与全国棒球联盟结合之后，观众平均人数上升到 2000 名。一般来说大城市中的比赛的参赛队伍最多。1889 年，布鲁克林的赞助商一举获得美国联合会比赛冠军，观众人数平均超过 5000 名。1894 年，巨人队赢得坦普尔系列赛季后赛冠军，观众人数为 2500 名，大约是克利夫兰蜘蛛队的 6 倍。1899 年，蜘蛛队所有者把最好的球手送去支持圣路易的球队之后，创纪录地打了 20∶134 的比分，但实际上平均每场观众不足 200 人。周日和假期的比赛能够吸引的观众人数最多。到 19 世纪 80 年代中期，较大的城市中周日和假期的比赛能够吸引 5000~10000 名观众。通常，对于棒球来说，阵亡将士纪念日是最受欢迎的日子。1887 年，3 万名纽约人到场（上午或者下午）观看了在保罗体育场举行的比赛。观众人数最多的一次是 1899 年 27489 名芝加哥人挤满了西区公园的周日比赛。虽然如此，在 19 世纪 90 年代，职业联盟公园几乎没有任何压力即可容纳观众，少数时候多出的观众会被安排到场地上的空余空间。②

---

①The Survey Committee of the Cleveland Foundation, *Cleveland Recreation Survey*, vol. 5, *Commercial Recreation* (Cleveland, 1920), 125-129; *Cleveland Plain-Dealer*, 20, 21 Sept. 1914.

②U. S. Congress, House Judiciary Committee, *Organized Baseball*, *Hearings before Subcommittee on Study of Monopoly Power*, 82nd Cong., 1st sess., 1951, ser. 1, pt. 6 (Washington, D. C., 1952), 1394, 1436-1437, 1591 (hereafter cited as *Organized Baseball*); David Q. Voigt, *American Baseball*, vol. 1, *From Gentleman's Sport to the Commissioner System* (Norman, Okla., 1966), 117, 181, 268-269.

世纪之交之后，日益增加的观众到场率反映了人们对棒球的兴趣的增长。到 1901 年，平均每支全国棒球联盟球队都会吸引大约 3400 名观众，相比 1892 年增长了 50%，但是到场率的分布并不均衡。1901—1910 年，巨人队吸引了总到场人数的 20%，而波士顿队只有 6.2%。1908 年，巨人队主场比赛平均观众人数达到 13000 名。总之，表现好的球队，其门票销量也最好。扬基队虽然地理位置优越，但是比赛成绩糟糕。另一方面，一旦球队拥有鲁斯，并能够在周日比赛，那么球队就会轰动一时。1920 年，扬基队以 1289422 名观众（比上一年的纪录翻了 2 倍）创造了职业棒球联赛的纪录。一旦新鲜感消退，兴建大型体育场就不能保证观众人数。1915 年完工的布拉夫体育场（Braves Field），拥有 40000 个座位，由于球队比赛成绩一般，这里几乎从没被征过税，但是像扬基队、巨人队、小熊队的球场上座率就很高。1923 年，扬基队开赛当天，63000 个座位座无虚席。之后，当年在那里举行的三个世界联合比赛吸引了 55000～62817 名观众。小熊队的体育场最小，但是这个俱乐部在 1929 年创造的观众人数纪录一直保持到 1946 年。总之，1920—1950 年，赢得三分之二比赛的球队都会吸引将近 18%的联赛观众，赢得五分之二比赛的球队仅能得到 9%的观众（平均到场率为 12.5%）。①

在职业棒球比赛的早期，观众行为制造了很多的问题，因此，全国棒球联盟要求主队警察能保护比赛，避免看台上发生反社会行为。棒球以诚实著称，因此不会吸引去观看拳击比赛或者赌博的观众。然而，正如其他任何大型观众聚集在有限空间一样，棒球比赛确实存在问题，等待在球场外购买门票的观众经常会不守规矩，一旦入场就会跟其他观众产生冲突。座位区和比赛区之间的有限空间恶化了小型木制公园的安全问题。裁判员和球员能够听到那些喧闹的球迷们给他们起的绰号。这些问题中极少数能够被完全消除，但是，从 20 世纪初期以来，棒球就摆脱了无序的观众行为。②

球场内骚乱的主要原因是裁判员“抢夺”了主场球队显而易见的胜利这

①*Organized Baseball*, 1394, 1436-1437, 1591, 1593, 1616-1619.

②Voigt, *American Baseball*, 1: 64-65, 295-296; Riess, *Touching Base*, 27-28, 59-60. This is not to imply the sport has been riot free but that croeds rarely get out of control except under the most unusual circumstances, such as the infamous Beer Night at Cleveland's Municipal Stadium (4 June 1974) when beer was sold for five cents a cup. The game was halted in the last of the ninth in a tied game when drunken fans took over the field. The result was a forfeit. There are also the annual riots of joy when teams win pennants or championships, but in this case the problem is usually outside the ballpark in city streets.

一不受欢迎的决定。有许多暴力对抗裁判员的事，尤其是19世纪80年代，裁判员还没赢得观众的尊重。例如，1884年，费城的一群人围攻了主裁判员，原因是他无法继续忍受球迷恶行而对一些观众扔了一根球棒。8月8日，在纽约，当地一家表现良好的球队和波士顿队之间的一场重赛中，没有联赛裁判员。波士顿队的一名球员代替担任了裁判员，并公然作弊使自己的球队在第八局中跑了四垒。在那一局解释的时候，所有纽约队球员都开始罢赛，在自己球队队长的要求下取消了比赛。一些观众随即冲到赛场上袭击了这名裁判员，直到警察将他带离现场。这些无序的行为也导致巴尔的摩俱乐部的所有者将球场四周围上带刺的铁丝网，以防止观众进入场内。袭击裁判员的情况直到1907年才停止，当时，一名裁判员差点被一只投掷到场内的苏打水瓶打死。从此，联赛开始强烈支持裁判员，惩罚有攻击性行为的球员，并驱逐令人讨厌的球迷。当球员和球迷被社会化，开始尊重裁判员、团结裁判员，观众行为才得以改善。观众依旧把裁判员看作恶棍，但是当球迷喊着“杀了裁判员”的时候已经不再真的意味着要杀掉裁判员。①

美国棒球迷学着去接受不受欢迎的决定以及在失败中生活，因为他们不能把他们的世界观完全跟家乡的队伍完全捆绑在一起。对手俱乐部的支持者通常住在不同的城市，但是却面临相同的问题。不同球队的球迷拥有相同的社会价值和信仰，体育比赛不再标志任何由来已久根深蒂固的对立态度。支持者们能够一起坐在看台，评论他们的英雄、指责裁判员，并且在比赛结束的时候握手告别。相比之下，欧洲和拉丁美洲的足球球迷行为总是相当暴力。国外的足球比赛标志着不同信仰的球迷之间的国家、阶级、宗教以及民族之间的对立，所以对于挑剔的观众来说，裁判员的不利决定可能意味着输掉国家尊严或者社区荣誉。因此，有必要使用带刺的铁丝网、壕沟、武装起来的保安人员以及用铁门来保护球员休息室。在球场外以及看台上来自相同社区或者附近社区球队的球迷之间（尤其是这些球迷代表不同的民族和宗教团体时）也存在很多骚乱。格拉斯哥流浪者队（新教）和凯尔特人队（罗马天主教）之间的足球比赛已经随着双方的不信任和仇恨而变得声名狼藉，但是在

①Voigt, *American Baseball*, 1: 286-288; Seymour, *Baseball*, 1: 340-341; *NYT*, 9 Aug. 1884; David Q. Voigt, *American Baseball*, vol. 2, *From the Commissioners to Continental Expansion* (Norman, Okla., 1970), 101.

棒球中从没发生过这样的情况，除了偏激的道奇队和巨人队。①

集体骚乱的另一个主要原因是过度拥挤。木制球场时期，在严格的防火条约执行之前，毫无疑问球队会多卖门票。门票售完的比赛并不多见，但是在那些日子观众有可能站在过道里，这样会阻挡其他球迷的视线，一旦发生火灾就会产生危险，有时候特定的一些看台区域观众人数太多会导致看台坍塌，在逃生过程中更多的人会受伤。观众人数太多的时候通常的解决方案是引导一部分观众到球场上看球。虽然会用一根绳子把观众和比赛场地隔开，但是站在场上的观众还是会影响看台上观众的视线，跑进球场影响比赛的情况也经常发生。在这种情况下，比赛安保通常会害怕以至于在危机发生时不敢负责。1912 年 4 月 12 日，布鲁克林的华盛顿球场开幕的时候，一部分观众侵占了球场干扰了比赛。当私人安全警卫不能维持秩序的时候，市长威廉·盖纳命令城市警察进入球场。混乱结束，在 6 局停止比赛。新的大型现代球场要求有足够的座位容量来满足观众需求，并要求执行严格的防火条令，因此解决了观众过多及观众站在过道等问题。②

小结：体育和半公共空间

半公共体育设施在发展商业化的观赏性体育过程中是必不可少的。这些设施把观众局限于付费的顾客，因此促进了职业体育的发展。南北战争之前，在酒馆密室和赛马场之外很少有这样唯一的或者几乎专属于体育的场所。19 世纪 70 年代，半公共体育设施在数量上和种类上的显著扩张，反映了当时运动的繁荣发展。主要的建设项目是户外棒球场，以及为赛马场配套的奢华酒店。企业家开始建设室内体育设施，这些设施一般位于市中心，取决于客户

---

①Guttmann, *Sports Spectators*, 106-108, chaps. 7, 8; Smith, "Sport and Collective Violence", 305-306; Janet Lever, *Soccer Madness* (Chicago, 1983), 5, 16, 30, 69, 126-128.

②Riess, *Touching Base*, 60; *Brooklyn Eagle*, 13 Apr. 1912. A riot occurred on Opening Day 1907 at the Polo Grounds. He reform police commissioner had refused to assign city police to patrol the park, which was private property, and the Giants failed to hire any private security. At the beginning of the ninth inning, many of the 17, 000 spectators swarmed onto the playing field and refused to leave. Umpire Bill Klem had to declare the game a forfeit. See *NYT*, 13 Apr. 1907; Seymour, *Baseball*, 2: 63; Riess, *Touching Base*, 74. For other instances when special police could not cope with frightening crowds, see newspaper chippings dated 30 May 1907, Henry Chadwick Diaries, Albert G. Spalding Collection, New York Public Library; *Chicago Record-Herald*, 22 May 1907; NYT, 23 Apr. 1908, 28 June, 10, 12 Oct. 1911, 16 Aug. 1920; *New York Tribune*, 17 Apr. 1911; Brooklyn Eagle, 13 Apr, 13 Apr. 1912; *Atlanta Constitution*, 31 Aug. 1919.

是住在贫民区还是住在剧院区。因为建筑高大，这些昂贵的运动设施经常用来举行各种流行的娱乐活动。

这些半公共建筑的所有者或者出租人通常是非常有钱又有政治影响力的人，或者是有势力的政客。政治上的关联为经营者提供了有关交通发展、房地产成本以及土地使用等方面的最佳信息，这些对商业化体育项目的发展需要选择绝佳的地理位置来说很关键。政治影响力同样也用来应对潜在的竞争者、繁见的审查、警察干涉以及一些不可预见的问题，以此来保护投资者。影响力和内部信息对于20世纪初期的棒球俱乐部所有者来说非常重要。这个时期棒球发展迅速，促使政治大佬建筑昂贵的防火看台，为日益增加的观众数量提供安全舒适的环境以及足够的座位容量。球队也不得不在新的经济型用地上建设新场地，不论是租赁还是购买，这些地段都拥有稳定的观众且未来发展会越来越稳定，廉价的大众交通也可以通达。

20世纪20年代和30年代建设在大城市中的现代棒球场、著名赛马场以及大型体育场馆成为市政遗迹和大城市特点的象征。虽然这些设施几乎全都是私人建设和管理的，但当地社区依然把这些场馆视为是代表城市来管理的公共设施（虽然没人希望这样的体育设施建设在他们自己居住的社区）。在追求上等阶级地位的城市社区，在大型的现代体育场馆中比赛的职业联盟球队像乐团或者艺术博物馆一样重要。5个城市有幸拥有各种职业联盟球队，大多数的球队有自己的球场。纽约被视为是其中最成功的城市，到1923年时已拥有3支球队和3个球场。

半公共体育设施不仅为商业化的观赏性体育提供了场地，支持了当地的球迷发展，而且测试了社会民主的美国神话。由于生活条件的改善，周日禁令的衰落、廉价的门票以及大众交通的改善，来自社会各阶级的人们能够越来越多地参加体育比赛。当然，不同社会阶级的观众在看台上并不会有来往，通常他们依据票价坐在不同的座位区内。到20世纪20年代，除了最昂贵的体育比赛，对大多数城市人来说都有机会看到所有的比赛。在大众印象中，半公共建筑属于每个人。正如布鲁克林出租车司机能够在以比特球场享受体育仪式一样，底特律的福特工厂装配线工人可以去感受奥林匹亚体育场或者泰戈尔体育场的气氛，芝加哥的警察能够跟他的朋友还有家人在美丽的里格立球场一起放松。

1887 年，保罗体育场——纽约巨人棒球俱乐部第一个主场。纽约历史协会提供的平板印刷版。

1900 年的纽约保罗体育场。这个场地建于 1890 年，1911 年毁于一场大火。位于第 157 大街和 159 大街之间的第八街区，球迷们可以从库根断崖那里免费观看比赛。注意图中场外的马车。纽约历史协会提供。

1904 年 7 月 23 日，芝加哥西区公园。1893 年到 1915 年，这里是芝加哥国家联盟俱乐部所在地。注意图中场地右边的广告。下图中，当观众人数越来越多的时候，允许球迷进入比赛场地，站在球场边线位置。两张照片都由芝加哥历史协会提供（ICHi-03976）。

夏伊布球场，第一个钢筋混凝土结构的职业联盟球场。1909—1954 年，费城运动队的主场，1938—1970 年，费城人队主场。注意图中这一受古典式启发的建筑的柱子。由纽约全国棒球图书馆提供。

芝加哥里格利球场。建于 1914 年，小熊队两年后迁入。里格利球场被认为是最私密的职业联盟球场，座位容量仅有 35000 个。球场位于人口稠密的住宅区，没有停车位。1988 年 8 月 8 日的晚间棒球比赛的引入引起了当地社区的极力反对。人们担心球迷行为粗暴以及争抢有限的停车位。由芝加哥小熊队提供。

芝加哥科姆斯基球场。建于1910年。白袜队被认为是南部的球队，但是芝加哥人和居住在郊区的人通过高架铁路和州际高速路很容易能够到达，球场提供大量的停车位。由芝加哥白袜队提供。

郊区时代的体育，1945—1980

我从来没有跟任何人谈论过关于道奇队离开布鲁克林的事情，直到我有足够完美的理由相信球队在布鲁克林已经不再有发展的空间，并且欺骗我自己我已经卖了球场，所以我不得不找个地方去打球。

我从来没有要求纽约市为我建设一个球场，或者给我一块土地、或者给我任何的支持和补贴。我也从来没有要求洛杉矶或者任何别的城市做这些。

沃特·欧麦里（Walter O'Malley）的证词，
美国国会、参议院司法委员会，有组织的职业团体体育，
反垄断委员会听证会前，国会第85号，第2次开庭，(华盛顿，1958)，860

[对于我把职业棒球联盟引入洛杉矶的最激烈的争议是关于复杂的利益]
从心理上来说，这对于洛杉矶和西部都是刺激……不过我们还不是职业联盟成员，更有甚者添油加醋地说，我们把这支队伍从纽约鼻子下拿走。

五月下旬，我去布鲁克林看望欧麦里。我解释说，我们没办法筹到建设体育场的资金，但是我也建议我们能够尝试以象征性的价格为他在查韦斯峡谷地带购得土地。他大发雷霆，"我在那儿已经有一个球场了！再要一个球场做什么？"

诺里斯·普尔森回忆录，口述史集录
加州大学洛杉矶分校（UCLA），洛杉矶，加利福尼亚，333-334、341页。

第八章

城市化、郊区化和职业团体体育贸易

第二次世界大战之后，地理维度上美国城市的变化对近代职业团体体育有着巨大的影响。直到20世纪50年代，顶级的职业体育俱乐部几乎无一例外地坐落在美国东北或者中西部城市中，铁路把这些俱乐部连接在一起。随着其他地区大都市中心的崛起，很多城市拥有了飞机场，这鼓励已有的俱乐部重新寻找主场，促进了联盟的繁荣以及新的联合会的成立和组织。对于棒球和曲棍球来说，这是剧变。这两个项目的俱乐部在过去的几十年里非常稳定。对于足球和篮球这两个不那么稳定的项目来说则不是剧变。职业体育俱乐部重要的空间变化是其在主场城市内比赛场地的变化。到20世纪50年代末期，大部分年久失修的场地都需要昂贵的维修费或者彻底重建，球场所有者随即转向当地政府来寻求新的场地。这些新的公共球场和体育馆都是大型的市政开支，被理性地归结为为了提高城市形象、促进商业发展以及鼓励地方发展。俱乐部的地理位置上变化证明不仅在利润方面，而且在土地使用类型、社区心理以及当地政治方面都有重要的影响。

一、职业体育俱乐部的位置

（一）美国职业篮球联赛、全国橄榄球联盟和寻求稳定性

到第二次世界大战结束的时候，职业篮球已经存在了将近50年，但是也只是停留在一定的区域及适度的水平。追溯到1898年的全国篮球联赛，参加联赛的俱乐部都坐落在费城大都市区。美国篮球联赛（American Basketball League，ABL）成立于1926年，其俱乐部遍及美国东部和中西部，所在城市大到纽约、小到罗切斯特和韦恩堡。美国篮球联赛是第一个重要的组织，其

组织模式在美国职业篮球联赛早期的 10 年中依然被采用。由于缺少足够的新闻报道，比赛不平衡，缺失顶尖球队以及经济的萧条，美国篮球联赛挣扎到 1931 年便宣告结束。到处比赛的俱乐部使职业篮球生存下来，比如纽约复兴队和哈勒姆环球队（Harlem Globetrotters），随后又组织了周末联赛：东部成立了新的美国篮球联赛，中西部地区则成立了全国篮球联赛（National Basketball League，简称 NBL）。全国篮球联赛主要是一个工业联盟，是阿克隆（Akron）的固特异（Goodyear）以及泛士通（Firestone）组织起来的。全国篮球联赛的队伍在大到芝加哥小到希波伊恩这样的城市中比赛。在经济大萧条时期，职业篮球是很小众的体育。大城市中地区间高校的比赛在麦迪逊广场花园、芝加哥体育馆以及其他大型室内场馆上演，一天两场。①

1946 年，篮球跨出重要一步，成为大时代职业体育项目。控制着 11 个东部和中西部最好的球场的商人组织成立了美国篮球联合会（Basketball Association of America，简称 BAA）。这些球场座位平均为 12000 个。他们希望通过发展新的吸引观众的方式来充实已有的体育比赛，并在他们拥有的体育设施中进行比赛。虽然这些商人中少数几个是有经验的篮球运动员，但是所有人在比赛推广方面都是新人，他们拥有良好的媒体关系，并习惯于举办大型比赛。美国篮球联合会相对于其他两个区域性的联赛来说有许多实实在在的优势，并最终击败了美国篮球比赛，但是全国篮球联赛比预想的更具有竞争性。即使其体育场馆中举行的比赛上座率仅一半（奥什科什的比赛仅有 2500 名观众），但是全国篮球联赛依然拥有一些优秀的运动员，比如乔治·米肯（George Miken），而且，全国篮球联赛的所有者极具民主精神，并不太以利润为导向。忠实的球迷赞赏管理方法提供高质量比赛方面的努力，这些努力促进了社区荣誉。②

20 世纪 40 年代末期，职业篮球发展并不顺利，仅有少数球队能获得利润。最终，在 1949 年，两个联赛合并，组成了拥有 17 支球队的全美篮球协会（NBA），协会俱乐部遍及纽约、芝加哥和费城等大都市，也包括安德森、印第安纳、滑铁卢、爱荷华以及希波伊根这样的小城市。还有很多俱乐部，

①Larry Fox, *Illustrated History of Basketball* (New York, 1974), 46-57; Ted Vincent, *Mudville's Revenge: The Rise and Fall of American Sport* (New York, 1981), 247-254.

②Glenn Dickey, *The History of Professional Basketball since* 1896 (New York, 1982), 25-31; Fox, *Basketball*, 57; Vincent, *Mudville's Revenge*, 281-282, 289-290.

尤其是坐落在小城镇的俱乐部在初期很弱小。有 6 支球队退出第一年的比赛，其中包含小城镇的球队，还包括芝加哥的球队。到 1954 年，美国职业篮球联赛减少到 8 支俱乐部，但是其艰难前行的旅程并没有结束。较小的城市由于其相对有限的潜在观众群体以及联赛的政策（所有门票收入归主场队伍所有）导致其仅能勉强维持生存。这一政策对纽约尼克斯队（knickerbockers）发挥了很好的作用，但是福特·韦恩的活塞队则不那么如意。最终，活塞队在 1957 年搬到底特律，罗切斯特队搬到辛辛那提。锡拉丘兹成为当时美国职业篮球联赛中仅有的小城市。1963 年，国民队（Nationals）搬到费城，填补了 1 年前骑士队搬到旧金山而留下来的空缺。①

职业橄榄球初期也是区域性体育。1920 年，美国职业橄榄球协会成立（两年以后重新命名为全国橄榄球联盟 NFL）时，只有罗切斯特和布法罗的球队位于中西部之外。全国橄榄球联盟缓慢发展到东部，虽然在洛克岛以及基诺沙市等小城镇中已经有橄榄球队，但是一直到 1925 年纽约才拥有自己的球队。早期的全国橄榄球联盟发展不稳定，1921—1932 年，有 36 家俱乐部，到 1926 年就已经有 22 家。这些俱乐部资金基础薄弱（联盟成立时仅有 100 美元，虽然没人付费），没有一家盈利，因为职业比赛在这时还不流行或者没有得到足够的尊重。芝加哥小熊队是 20 世纪 20 年代最好的球队之一，其代表性的观众到场率只有 5000 人，虽然门票仅需 50 美分。所有的球队都经过了一段艰难的时期（1928 年纽约巨人队亏损 54000 美元），尤其是地处小城镇的球队，潜在的观众人数更少。1925 年，联盟中最小的城市是波茨维尔，仅有 22000 名居民，位于费城西北部的无烟煤区。波茨维尔逃亡的黑人奴隶（The Maroons）队②因为民族和宗教的原因为严重分离的工人阶级居民提供了社区认同感，但是城市人口基础太小，1929 年俱乐部解散。到 1934 年，格林湾成为 NFL 中仅有的小城市。③

---

①Dickey, *Basketball*, 37-42; Vincent, *Mudville's Revenge*, 291-305; James Quick and Mohamed EI Hodiri, "The Economic Theory of a Professional Sports League", in *Government and the Sports Business*, ed. Roger G. Noll (Washington, D. C., 1974), 49-50.

②5 注：The maroons 是波茨维尔的橄榄球队，成立于 1920 年。1925—1929 年间是 NFL 球队之一。

③4 Tom Bennett et al., *The NFL's Official Encyclopedic History of Professional Football* (New York, 1979), 21, 23-25; Quick and Hodiri, "Professional Sports", 48; Harry A. March, *Pro Football: Its Ups and Downs* (New York, 1934), 98, 99; William Gundelunas and Stephen R. Crouch, "The Stolen Championship of the Pottsville Maroons: A Case Study of the Emergence of Modern Professional Football", *JSpH* 9 (Spring 1982): 53-64.

一直到20世纪30年代末期，职业橄榄球依旧是小众的体育项目，其所有者（比如乔治·哈拉斯）不得不依靠自身的智慧或者借助政治上以及其他方面的关系来维持俱乐部。与地方政治关系最密切的两名俱乐部的所有人是赌马业者提姆·马拉（Tim Mara，坦募尼派成员，1925年成立巨人队）以及投机商人亚瑟·鲁尼（Arthur Rooney，匹兹堡政客，1933年在期望解禁周日禁令的背景下成立钢人队）。第三个全国橄榄球联盟元老级俱乐部是具有争议的查尔斯·比德维尔（Charles Biswell）的芝加哥红雀队（Chicago Cardinds），他同时拥有体育人体育场（Sportsman's Park）。比德维尔的合伙人是他的代理人艾迪·欧哈里（Eddie O'Hara），也是红雀队负责人，曾经在霍桑赛狗会为艾尔·卡蓬（Al Capone）① 担任代理。②

第二次世界大战一结束，全国橄榄球联盟的发展就趋于稳定，并开始盈利。这种情况鼓励了对手的形成，全美橄榄球联盟（All－American Football Conference，简称，AAFC）的所有人中很多是之前没能拿到全国橄榄球联盟特许权利的人，他们希望一起发展橄榄球。这些人在3个全国橄榄球联盟城市中成立了球队，而且在之前并不拥有橄榄球俱乐部的城市，比如迈阿密、洛杉矶和旧金山，也成立了俱乐部。这些城市现在由于跨州的航空服务成为俱乐部乐于选择的球队所在地。全国橄榄球联盟的克利夫兰公羊队搬到洛杉矶，即便这里距离最近的联盟城市超过2000英里。公羊队在竞技场的比赛很快便取得成功，观众人数平均每场达到38700人，在全国橄榄球联盟联赛中拔得头筹。全美橄榄球联盟的布朗斯队搬到克利夫兰后发展得更好。观众人数平均每场达到57000人。③

全美橄榄球联盟延续了四个赛季，1949年的比赛结束之后，全美橄榄球联盟中的3支成功的球队（巴尔的摩、克利夫兰和旧金山）被吸收进NFL，这些球队又花了几年才在全国橄榄球联盟中站稳脚跟。1951年，巴尔的摩退出。1年之后，纽约扬基队搬到达拉斯，这里是橄榄球尚未触及的市场。但是，球队表现出现重大下滑，四场比赛之后球队就离开达拉斯去完成剩余的

---

①译注：Al Capone（1899－1947）美国黑社会大佬。

②George Halas with Gwen Moran and Arthur Veysey, *Halas by Halas* (New York, 1979), 94; Bernie Parrish, *They Call It a Game* (New York, 1971), 198; Rob Ruck, "Sandlot Seasons: Sport in Black Pittsburgh" (Ph. D. diss., University of Pittsburgh, 1983), 420－430; Ted Vincent, "Breaking Strikes with Sports Teams" (Unpublished paper in author's possession), 2, 49－50.

③Bennett, *NFL*, 55－57.

赛季比赛。1 年之后，扬基队最终在巴尔的摩落脚。1951 年，当地支持者对失去自己的俱乐部不太满意，并集合了公众集会来力证他们的城市已经为全国橄榄球联盟做好了准备。到这个时候，联赛开始变得稳定，1952 年，联赛总观众人数达到 200 万。10 年之后人数翻了 1 倍，通过电视合约，俱乐部还增加了额外的收入。结果是，在之后的 25 年间，只有芝加哥这一家俱乐部更换了主场城市。作为芝加哥的第“二”支球队，红雀队在 1960 年搬到了圣路易斯。①

（二）棒球和更优质的草坪的需求

美国职业篮球联赛和全国橄榄球联盟俱乐部长期的不稳定比起职业棒球和全国冰球联盟来说相差甚远。1922 年起，国家冰球联盟（National Hockey League，简称 NHL）成立。一直到 1966 年，随着联盟的发展也仅有 12 家俱乐部（7 家在美国）。1966 年时，所有的这些俱乐部都在相同的城市中运营了至少 41 年。当然，冰球是一个相对小型的美国体育项目，国家冰球联盟仅在波士顿、芝加哥、底特律和纽约存在。冰球俱乐部的所有者也掌控着当地体育场，并想利用冰球来填补赛场空缺的时间。1947—1972 年，25 支美国职业篮球联赛和美国篮球联合会俱乐部被抛弃。国家冰球联盟的稳定性反映了美国在体育方面有限的区域性吸引力。用于修建和维护冰球比赛场馆所需的开支以及已有队伍的高昂利润使人们开始改变想法。这一全国性消遣活动变得更加令人印象深刻，也更具有深远意义。在早期，很多俱乐部成立又消失。1903 年扬基队加入美国联盟（American League，简称 AL），到 1952 年，没有一支队伍退出或者搬到新的城市。但是，在次级联盟中，由于球队质量、观众兴趣等内部原因以及经济动荡和“二战”后电视上开始直播职业联盟比赛等外部原因，球队成立和解散都非常频繁。联盟队伍的稳定性反映了体育现代化的高级水平，家乡忠诚度的强大的传统，对球场的额外投资，以及有组织的棒球规则，这些规则需求在专营权被允许更换之前需要全体一致同意。②

比尔·维柯（Bill Veeck）是第一个认真考虑转换特许经营权的职业联盟

①Ibid.，38.

②Quirk and Hodiri，“Professional Sports”，50-51，79-80.

俱乐部所有者。他的圣路易斯布朗斯队一直是最糟糕的、盈利最少的球队，在所在城市属于排在红雀队之后的“第二支”球队，每年仅吸引 25 万名观众，很多次级联盟球队的观众数量都超过它。除此之外，布朗市的广播收入相对比布鲁克林道奇队来说仅有区区 9000 美元。1951 年布鲁克林队的媒体转播权收入是 58 万美元。1952 年，维柯试图把俱乐部搬到密尔沃基（在这里他曾经拥有一个球队俱乐部）或者洛杉矶，这些地方都把自己作为潜在的大联盟所在地而进行宣传。但是，这位特立独行的所有者被其他大佬投票否决了。①

1 年之后，联盟允许波士顿勇士队搬到密尔沃基。勇士队是全国棒球联盟中最弱小的球队，也是唯一一家在 1920—1950 年损失大笔资金的职业联盟俱乐部。因为无法与红袜队竞争，勇士队所有者（Lou Perini）把球队搬到一个为他提供了造价 6600 万美元建设新场馆的城市，这个场馆能保证吸引更多的球迷和媒体合约。勇士队很快就获得成功，第一个赛季取得了创纪录的 1800 万观众。这些结果说服了 AL，使其在 1954 年允许布朗斯队搬到巴尔的摩。这个城市有很好的次级联盟传统，有公共财务支持的体育场。1 年之后，阴郁的费城运动队搬到了堪萨斯城，这里市政府花费 300 万美元升级了当地的次级联盟球场。勇士队、布朗斯队和运动队的搬迁给纽约和芝加哥留下多个特许经营权（multiple franchises）。②

搬迁了的队伍第一年在新的主场都表现良好，球迷们都来享受职业联盟棒球的魅力。因为华盛顿俱乐部就在附近，金莺队仅有一小块区域可以利用。但是勇士队和运动家队却能够利用广泛的地理区域并享有较大的广播覆盖区域可以利用。只有勇士队能够保持成功的态势，并继续创造纪录，因为他们拥有优秀的球队，在 1957 年和 1958 年连续两年获得锦标赛冠军，并在 1957 年获得世界联赛冠军。金莺队和运动家队都不是冠军的争夺者，很快其观众

①Bill Veeck with Ed Linn, The Hustler's Handbook (New York, 1965), 270-285; U. S. Cong., House Judiciary Committee, *Organized Baseball*, *Hearings before Subcommittee on Study of Monopoly Power*, 82nd Cong., 1st sess., 1951, ser. 1, pt. 6 (Washington, D. C., 1952), 1616-1619 (hereafter cited as *Organized Baseball*); Ira Horowitz, "Sports Broadcasting", in Noll, *Government*, 291.

②David Quentin Voigt, *American Baseball*, vol. 3, *From Postwar Expansion to the Electronic Age* (University Park, Penn., 1983), xxiv-xxv.

到场率就下跌了20%。①

20世纪50年代唯一的、最重要的俱乐部搬迁，也是最让人意想不到的是1958年道奇队从布鲁克林搬到洛杉矶。之前，没有任何一家像道奇队这样跟自己的主场紧密联系在一起，除了布鲁克林道奇队。在很大程度上，道奇队是布鲁克林最重要的俱乐部，对所有的美国人来说它象征着布鲁克林的品质、文化以及民族多样性。全国仅有四个城市的人口数量超过布鲁克林。

20世纪50年代早期，道奇队是最盈利的棒球俱乐部，吸引了大量的观众，并享有最赚钱的电视合约，但是，它的所有者沃尔特·欧麦里（Walter O'Malley）是一个贪婪、不理智的商人，他只关心俱乐部未来经济的发展能力。他想要布鲁克林市帮助他重新安置球队位置，从35000个座位的以比特球场（全联盟最小的球场）换到很好的拥有便利的地铁线路和更多停车位的新场地。随着越来越多的中产阶级球迷搬到郊区生活，汽车也成为去观看球类比赛的主要交通工具。②

欧麦里与公园负责人罗伯特·摩西（RobertMoses）关于新球场的谈判没有任何结果，因此，他把注意力投向了洛杉矶。1956年秋天，市长诺里斯·普尔森（Norris Poulson）力劝欧麦里把球队搬到海滨城市，并推荐了查韦斯大峡谷作为可行的地段选择。这是一个面积辽阔几近空白的临近市中心的区域，靠近3条高速公路。欧麦里看到了洛杉矶作为一个巨大的、待开发的区域的潜力，这里住着成千上万名潜在的球迷，都在开车即可到达的范围之内，

①Lee Lowenfish, "A Tale of Many Cities: The Westward Expansion of Major League Baseball in the 1950's", *Journal of the West* 17 (July 1978): 74-75.

②Between 1952 and 1956 the Dodgers averaged $371800 in profits—about $2000 more than the Braves. But if we just count the Milwaukee years, then the Braces averaged $478000 in profits. In 1955 the Braves earned $807395—nearly double the Dodgers' $427195, which was the second greatest profit in the major leagues. But in the next season, after the Dodgers had won the World Series, they surpassed all teams with $487462. Computed from table in U. S. Cong., House Judiciary Committee, *Organized Professional Team Sports*, *Hearings before the Antitrust Subcommittee of the House Committee on the Judiciary*, 95 Cong., 1st sess. (Washington, D. C., 1958), 353. See also Cary S. Henderson, "Los Angeles and the Dodger War, 1957—1962", *Southern California Quarterly* 62 (Fall 1980): 263. For the most detailed analysis of the Dodgers' migration, see Neil J. Sullivan, *The Dodgers Move West* (New York, 1987). This controversial book argues that O'Malley earnestly tried to stay in Brooklyn but was stymied by an uncooperative municipal leadership. Sullivan then goes on to applaud O'Malley's foresight and vision in moving to virgin territory in Los Angeles. I agree with most historians who found O'Malley's actions far less benign than Sullivan represents them.

甚至还有更多有可能为电视转播付费的观众。①

道奇队搬到西海岸坚定了纽约巨人队搬到西海岸旧金山的决定。这意味着对全国棒球联盟球队来说，跨州旅行的开支将会减少。巨人队曾经在球场内外都非常成功，但是在 1954 年夺得世界锦标赛冠军之后，观众上座率急剧减少。巨人队负责人霍里斯·斯德汉姆（Horace Stoneham）认为，大多数的问题是保罗球场周边住户的减少，以及缺少足够的停车位。他担心洛杉矶道奇队不会像布鲁克林道奇队那样成功。当道奇队同意搬到洛杉矶时，对于巨人队来讲，旧金山则是一个不错的选择。这里曾经是老巨人农场队的所在地，以市长为首的推广者以为俱乐部提供新的市政体育馆为保证来恳求巨人队搬迁。②

1957 年 11 月，欧麦里同意用里格利球场来交换 300 公顷的查韦斯峡谷的土地。当时市县两级政府都保证花费 500 万美元（1 美元 = 6.8905 元人民币）用于改善公共设施，包括建设通往高速公路的道路。这笔交易受到大量公众的反对，因为这块土地预估的商业价值是 1 亿 8 千万美元，也是临近市中心唯一的面积合适的公共空间，且法律约束其用于“公共目的”，因此很多人认为这就是公共居住环境。为通过合约而组织的听证会得到了很多地方支持者和纸质媒体的支持，但是电视评论员并不是很支持，因为他们对付费电视的恐惧。最后，由当地名人筹划的长时间的电视联播节目帮助这项决议以 24000 票通过，而当时注册的投票记录为 667000 人。③

欧麦里希望旧金山市能够进一步支持他修建新球场，但是出于传统社区对债券发行的反对以及因查韦斯峡谷交易而带来的尖锐矛盾，旧金山市拒绝了他的请求。欧麦里靠自己修建了耗资 1550 万美元的道奇体育馆。这个能容纳 56000 个座位的建筑在 1962 年完工，是 1923 年以来唯一的依靠私人财力支持修建的体育馆。欧麦里搬迁球队的决定最终为他带来了巨大的利润。20 世纪 80 年代，每年比赛上座率平均都超过 300 万。旧金山市也因此获利良多，棒球成为旧金山重要的新娱乐方式，并因此证明了其一等城市的地位，对查韦斯大峡谷的税收也得到兑现。唯一失败的人是那些没办法得到公共住房的

---

①Lowenfish, “Tale of many Cities”, 73-74; Henderson, “Dodger War”, 263-265; Norris Poulson, “The Untold Story of Chavez Ravine”, *Los Angeles* 3 (Apr. 1962): 15-16; idem, “Memoirs”, Department of Oral History, Research Library, UCLA, Los Angeles, Calif.; U. S. Cong., Team., Team Sports, 1853-1886.

②Lowenfish, “Tale of Many Cities”, 78-79.

③Ibid., 79; Henderson, “Dodger War”, 267-285; Poulson, “Chavaz Ravine”, 16-17, 50; idem, “Memoirs”, 337-350, 367-374.

贫穷居民和两百万布鲁克林居民。①

二、扩张时期（1960—1976）

事实上，1960 年之前，新城市得到职业体育特许经营权的时间是在已有的俱乐部搬到新地点之后。在 20 世纪 60 年代和 70 年代，拥有职业联赛特许经营权的城市数量随着职业联赛的发展而稳步增加。职业棒球联赛的队伍数量从 16 支增加到 26 支，全国橄榄球联盟的队伍从 13 支增加到 28 支，全国冰球联合会的队伍从 13 支增加到 21 支，全国橄榄球联盟从 8 支增加到 23 支。联赛队伍的扩张是来自政治压力和其他项目联赛的竞争以及从特许经营费用和高昂的日常费用中取得期望的利润的结果。到 1970 年，体育企业家们充分意识到，20 个特大型城市中的 9 个城市位于阳光地带②，因此，他们把新公司建立在这些尚未涉足但是发展迅速的城市，比如达拉斯、休斯顿、洛杉矶和凤凰城。

联赛队伍扩张的最主要的政治压力来自华盛顿，企业家们害怕国会会启动针对职业体育联盟的反垄断法来限制俱乐部的数量，进而把很多成功的体育项目拦在城市之外。这种关注从 1961 年华盛顿国会议员为了获得更大的利润而搬到明尼阿波利斯郊区的时候开始。棒球俱乐部的领导人担心，丢失当地的俱乐部有可能会促使国会进一步从反垄断条令中排除体育的特殊性。结果是，AL 很快增加了两家俱乐部，一家在洛杉矶，另外一家在华盛顿，以此来平息国会的意见。

在促进职业联盟扩张方面更重要的是促进新体育联赛的崛起。最著名的新联赛是美国橄榄球联盟（AFL）。这一组织由此前被全国橄榄球联盟断然拒绝的商人组成，全国橄榄球联盟之所以拒绝是因为担心此项运动得不到良好的发展。8 支美国橄榄球联盟队伍中的 6 支坐落在没有橄榄球球队的大都市区，其中有两个城市曾经拥有 NFL 球队。美国橄榄球联盟的战略是尽可能生存下去直到被迫合并。这是随后成立的联赛组织会采纳的程序。全国橄榄球

---

①Henderson, "Dodger War", 285-286; Thomas S. Hines, "Housing, Baseball, and Creeping Socialism: The Battle of Chavez Ravine, Los Angeles, 1949-1959", *Journal of Urban History* 8 (Feb. 1982): 123-43. On the negative impact on Brooklyn, see, e. g., Lowenfish, "Tale of Many Cities", 80; U. S. Cong., *Team Sports*, 1815-1816.

②译注，美国南部地区。

联盟通过扩展到明尼阿波利斯来对此做出回应，并通过进驻达拉斯与当地的美国橄榄球联盟俱乐部竞争来获取潜在的有利地理位置。美国橄榄球联盟早期发展异常艰难，与 ABC 电视台签订了全国电视合约之后才得以幸存下来。在 1964 年，美国橄榄球联盟与 NBC 签订了一个 5 年 4200 万美元的合约。这一合约为全面薪酬体系（fullscale salary）的战争提供了经费，直接导致了 1966 年美国橄榄球联盟与全国橄榄球联盟的合并。

对联赛队伍扩张的沉默是因为害怕向大众展示一个相对较弱的产品和无力的对手，而改变盈利的地位。这一理由在 NHL 上得到证实。全国冰球联合会是一个 20 世纪 60 年代早期上座率达到 94.5%的垄断性联盟。联盟的执行官和球队所有者很快发现他们能够通过收取新进队伍高昂的入门费和补偿费，以及扩大电视受众群体来获取更大的利润。例如，当美国橄榄球联盟与全国橄榄球联盟合并时，据评估，奥克兰突袭者队（RAIDERS）和纽约喷气机队（Jets）在旧金山 49 人队和纽约巨人队的区域范围内比赛的费用是 1800 万美元。除此之外，新球队的入门费从 1960 年的 200 万上涨到 1976 年的 1800 万美元。1961 年，最早的职业联赛扩展俱乐部被征收 1800 万美元，外加每个新秀球员 75000 美元。到 20 世纪 60 年代末，AL 新增俱乐部的入门费已经上升到 525 万美元，全国棒球联盟的入门费为 1000 万美元，外加从已有球队中挑选 40 名队员的 700 万美元。①

冰球和篮球的扩张都与获得网络电视合约有紧密关系。1966 年，全国冰球联合会决定通过增加球队的数量来尽力赶上其他职业体育项目。俱乐部数量翻倍，在亚特兰大、洛杉矶和旧金山等城市中也有球队。这样做的主要目的在于利用他们宝贵的电视市场的优势。这些城市中没有任何传统的冬季体育项目。联盟所有者认为，全国冰球联合会的重要城市分布在全国各地，对观众来说，这将是一个比只有波士顿，底特律、芝加哥和纽约的旧联盟更有吸引力的组合。

---

①Richard Beddoes, Stan Fischler, and Ira Gitler, *Hockey: The Story of the World's Fastest Sport* (New York, 1971), 81-87; Voigt, *American Baseball*, 3: 112, 114; Gary Davidson, *Breaking the Game Wide Open* (New York, 1974), 32, 61, 154. Of course such start-up costs may seem like a bargin compared to recent purchases of the Mets for $40 million (and the repurchase in 1986 for $100 million) or the Cowboys for $80 million.

三、使半公共空间公用化：政府对体育场馆的补助

从20世纪50年代开始，市长和其他社区领导者很积极地寻找通过修建昂贵的市政体育场馆和保证优惠的租金以及其他财政刺激等方式来维护或者吸引职业球队的方式。他们希望确保大都市的城市地位，为商业和旅游缔造积极向上的表现，树立城市形象。在此之前，仅有几家职业体育球队在非私人运营的大型场馆中比赛。比如，棒球中唯一例外的克利夫兰印第安队，1932年时在拥有8万人座位的市属体育馆比赛。到20世纪60年代早期，体育商业快速并理所当然地进入有公共支出的体育馆。到1970—1971年，69.7%的用于职业联赛体育球队的设施是公有，23.7%的是私人所有，剩余6.6%附属于大学。唯一的主要使用私有设施的职业体育项目是冰球（66.7%），有史以来一直在类似于麦迪逊花园广场这样大型的多功能体育场馆内比赛。回溯到20世纪20年代，掌握这些场馆的推广人引入冰球来填补球场空余的开放日，但是少部分棒球场（30.4%）、橄榄球场（22.6%）和篮球场（16.3%）也是私人所有。到1988年，私人控制的棒球场比例下降到20.8%（24个球场中的5个球场），私人所属的橄榄球场比例下降到7.1%（28个球场中的2个球场）。①

20世纪50年代，建筑于1909—1916年的老球场均年久失修，需要昂贵的修补费用，附近街区也持续败落，新的贫穷的民族群体日益增加并居住在这里，他们的出现让很多中产阶级体育迷不安。发展中城市对于体育俱乐部的广泛需求为棒球队寻求更加优良的场地创造了令人羡慕的条件。申报的社区需要击败其他社区才能确保留住俱乐部。城市主要的卖点在于为新的或者修复好的公共球场提供条件：低廉的房租，汽车可通达的地理位置以及安全且富有吸引力的周边环境。

直到最近，关于修建公共体育场馆的讨论呈现一边倒的态势。一些批判的声音认为体育队就是商业，应该为他们自己的设施付费。城市大佬们、地方推广者和体育评论员通常支持使用公共财政来修建新球场或者体育馆。因为所支出的费用是对城市未来的稳定投资，可以振奋人们的精神、提升自信心、提升地方荣誉，促进经济的发展。例如，20世纪70年代早期，纽约人为

①Benjamin A. Okner, “Subsidies of Stadiums and Arenas”, in Noll, *Government*, 325-326.

是否重建扬基体育场辩论的时候，政客们就认为这将吸引游客，使酒店和饭店住满旅客，复苏球场周边和城市中其他区域。正如布朗科斯区领导人罗伯特·阿布拉姆（Robert Abrams）所主张的，“新的场馆能够产生城市发展所需的激情，不仅是真实的美元，还有精神”。阿布拉姆认为，修补球场对当地的商人来说可以解读为一种信号，城市在从经济危机中复苏。①在球队较少的城市，投资当地体育场馆则是获得广泛正面宣传的途径。1977年，圣安东尼奥市的市长调整3700万用于改造会展中心——马刺队的主场。“我们有机会通过体育领域获得全国性的高度，这将帮助我们吸引更多的产业并促进经济的发展。”几乎没有一个城市政客反对修建昂贵的体育场馆，他们不想铤而走险被认定为是一个不思进取地让心爱的球队离开城市或者没能将需要的球队引入的人。②

一旦社区决定建设新的体育设施，地方的搬运公司和搅拌公司就会排成队等着承包这项工程，接下来的问题是寻找到一个合适的地理位置。在过去，球场一般建在郊区中产阶级住宅区附近，体育馆建在娱乐区，或者临近有夜生活的中央商务区，不论上述哪种地理位置，都拥有便利的大众交通。在之前的20年里，很多新的体育场馆都建设在中央商务区，比如亚特兰大的OMNI，底特律的乔·路易斯体育馆。最近，郊区的体育场馆也在增加，这是一项重大的创新。韦洛姆体育馆（加利福尼亚）、布莱登·拜恩体育馆（新泽西）、纳苏县体育馆（纽约）是三个最重要的郊区体育场馆，全部位于富裕的郊区居民（这些人组成了室内体育观众的大多数）方便到达的地方。到1970年，五分之一的新棒球场和橄榄球场多建在类似于布鲁明顿、明尼苏达、阿灵顿、得克萨斯这样的郊区，这一趋势一直向巨人体育场这样的橄榄球场方向发展。建在城市边缘地带的球场通常在中央商务区或者临近中央商务区，比如在亚特兰大、辛辛那提、费城、匹兹堡、圣路易斯和西雅图。城市规划

①NYT, 27 Aug. 1971, 24 Mar., 17 Aug. 1972, 17 July 1975; Robert Lipsyte, “A Diamond in the Ashes”, *Sports Illustrated* 44 (26 Apr. 1976): 43 (quote). For a critical analysis of stadium subsidies, see Robert A. Baade, *Is There an Economic Rationale for Subsidizing Sports Stadiums?* Heartland Policy Study no. 13 (Chicago, 1987).

②Ray Kennedy and Nancy Williamson, “Money in Sports, Part 1”, *Sports Illustrated* 49 (17 July 1978): 71-72 (quote); Okner, “Subsidies of Stadiums”, 328, 344n31, 346; Charles G. Burck, “It's Promoters vs. Taxpayers in the Superstadium Game”, *Fortune* 87 (Mar. 1973): 106, 180, 182; Thomas Karnes, “Promises, Promises: Stadium Politics and the Public” (paper delivered at the annual convention of the North American Society for Sport History, 26 May 1979, Banff, Alb.).

者主张在城市中选址来促进市政发展、拯救中央商务区，为城市未来树立自信心。临近城市主要的酒店的体育场馆用来促进旅游的发展，有一些还用作会展中心。如果新的城市公园位于市中心，那么就不需要有大众交通。如果位于郊区，则一定要有主要的高速立交桥来帮助郊区居民出行，也一定要有优良的停车设施。中央商务区的停车设施通常是稀缺品，因此这一目标就很难达到。例如，原先在匹兹堡的三河体育场 Three Rivers 附近有 4000 个停车位；西雅图的圆顶体育场（Kingdome），建于 1975 年，只有 2500 个停车位。在辛辛那提，建筑家通过提供地下停车场来解决这一问题。①

一旦位置选定，最终也是最重要的问题就是筹集建设资金。许多私人的室内体育馆建于 20 世纪 60 年代，比如 1600 万美元建设的 FORUM、在曼哈顿闹市区前潘恩车站耗资 4300 万美元建设的三层的广场花园。这些设施都是全年使用，因此绝大多数的税收是从非体育赛事中收取。忽然上涨的建筑成本只有国际企业集团才能负担得起，比如海湾公司，曾经计划在曼哈顿的贾维茨会展中心（Javits Convention Center）旁边修建新的麦迪逊花园；或者政府机构，比如新泽西体育和展览局花费 7600 万美元建设了拥有 2 万个座位的布兰登·拜恩体育场（Brendan Byrne）。户外体育场的开支通常更高，最终，从 1962 年开始再没有建设过一个私人所有的职业联赛的棒球场。②

在 20 世纪 60 年代末期和 70 年代早期修建的大多数场馆都耗资在 4000 万（单一目的的开放型建筑）~6000 万美元（多功能穹顶建筑）。公共财政资助的户外设施是造价最低的能容纳 7 万观众的布法罗瑞奇体育场（Rich Stadium），造价 23500 万美元，专门用于橄榄球比赛。这发生在比尔队威胁要离开布法罗之后。更多具有代表性的多功能开放式体育场，比如匹兹堡的三

---

①Burck, "Superstadium Game", 106; Mark S. Rosentraub and Samuel R. Nunn, "Suburban City Investment in Professional Sports; Estimating the Fiscal Returns of the Dallas Cowboys and Texas Rangers to Investor Communities", *American Behavioral Scientist* 21 (Jan. /Feb. 1978): 393. In 1987, one-fifth of the NBA (21.7 percent) and the American cities in the NHL (21.4 percent) played in suburban arenas, but just one-eighth (12.5 percent) of the American major league baseball teams played in suburban ballparks. Only four new major league fields have been built in the last fifteen years, and the two new American sites (Seattle's Kingdome and the Humphrey Metrodome in Minneapolis) were located in cities. A far different pattern occurred in professional football, where nearly one-third of the stadiums (32.1 percent) were located in the suburbs, including seven of the thirteen sites built since 1970 (53.8 percent). These facilities are only used for eight regular season games plus exhibitions and playoffs and consequently don' t have to be centrally located.

②*NYT*, 8, 29 Jan. 1984, 26 Apr. 1986, 24 Jan. 1989; "Houses with Holes", *Sports Illustrated* 28 (4 Mar. 1968): 9.

河体育场，造价 3500 万美元。辛辛那提河边体育场（Riverfront），造价 4100 万美元。不同地区间的建设成本也不一样，但是各地建设成本增加都很迅速。1970 年，三河体育场每个座位耗资 700 美元，但是就在五年前，亚特兰大的富尔顿县体育馆每个座位仅花费 314 美元。计划工程的时候造价相对合理，到完工时往往会严重超出预算，比如扬基体育场的翻修。1971 年，当纽约市接管的时候，声明维修时间需要一年，维修成本需要 2400 万美元。到最后出具账单的时候，维修加上新的多层车库和新的高速路口，总共花费了 1 亿美元。橄榄球俱乐部巨人队则搬出布朗科斯，搬到河对岸的新泽西。①

休斯顿巨蛋体育馆（Astrodome）修建于 1965 年，耗资 4500 万美元，是后来建设的穹顶体育馆的模型。巨蛋体育馆致力于成为公共娱乐活动的中心，并吸引展览会和其他的商业机会。这种想法完全是乐观主义。穹顶体育馆的价格比一般的开放式建筑上升的快，但是底特律北部 25 英里外的庞蒂亚克银顶体育馆（Pontiac Silverdome）除外，这里每个座位只花费 690 美元，实际上低于之前建好的每个座位平均耗费 802 美元的开放式体育馆。这是严格控制和指导开支使用的结果，也是利用最新的创新建设方法的结果。相比之前那种屋顶，这个体育馆由热空气支撑的布来遮盖。银顶体育馆也许是未来发展的趋势，但是 1985 年冬天，屋顶因为积雪太厚而倒塌，从而动摇了公众对其安全性能的信心。②

庞蒂亚克银顶体育馆（Pontiacproject）体现的财务方面的责任并没有在修建新奥尔良超级巨蛋（Superdome）上再现。超级巨蛋最初计划修建 55000 个座位，这将花费 3500 万美元，而且全部资金由自己承担，但是愚蠢的推广者导致计划生变。建筑超级巨蛋的机构，路易斯安那体育馆和展览地区（LSED）收到立法院给的一张空白支票，并建设了一个容纳 97000 个座位耗资 1.63 亿美元的体育场。职业联盟棒球租户的希望并未实现，过度乐观的使

①Kennedy and Williamson, “Money in Sports”, 71–72; Thomas L. Karnes, “Stadiums and Politics”（Paper delivered at the fourth annual Canadian Symposium on the History of Sport and Physical Education, 24 June 1979, Vancouver, B. C.）, 4–9; Voight, *American Baseball* 3: 119.

②Burck, “Superstadium”, 105–106; “Domed Stadium: Sport to City's Economy: Houston's Astrodome”, *U. S. News & World Report* 59（11 October 1965）: 10; David John Kammer, “Take Me Out to the Ballgame: American Cultural Values as Reflected in the Architectual Evolution and Criticism of the Modern Baseball Stadium”（Ph. D. diss., University of New Mexico, 1982）, chap. 5; George Lipsitz, “Sports Stadium and Urban Development: A Table of Three Cities”, *Journal of Sport and Social Issues* 8（Summer/Fall 1984）: 10–13.

用超级巨蛋的咨询报告也未出台，这些都证明了修改后计划的失败。①

对私人俱乐部的公共支持扩展到球场建设之外的领域，包括调低租金和各种费用，给予购买广播权等直接补贴和承办建设高速公路、立交桥等间接补贴以及因为豁免体育馆税费而放弃税收。经济学家本杰明·奥克那（Benjamin Okner）计算，1970—1971 年，体育队伍从市政府收到的间接补贴达到 8800 万美元。他发现对室内场馆的直接补贴相对较小，但是典型的室外体育馆每年收到的补贴大约在 40 万美元。②

最近的研究集中在给予体育俱乐部补贴的事情上。一份 1978 年的《体育观察》的杂志（Sports Illustrated）研究了体育经济，并预测当地政府承诺给予团体体育一年 2500 万美元。20 世纪 70 年代，球队一般能够得到门票收入的 10%。最佳交易者是密尔沃基酿酒人队。1970 年，他们从西雅图来到密尔沃基。在这里，西雅图飞行员队是（特许）扩编运动队。西雅图急于想得到一个职业联盟球队，因此县政府同意对前 100 万门票所得只收取 1 美元，对之后的 50 万门票收入收取 5%。1977 年，酿酒人队吸引了 1100 万球迷，每人平均支付门票 3. 68 美元，但是县政府从中仅得到 21149 美元。费城的协议则相对更加公平。费城人队支付了 100 多万美元租用市政公园。在纽约，扬基队从租赁者那里得到了异常划算的合约。1973 年，乔治·斯德布瑞纳（George Steinbrenner）从哥伦比亚广播公司（CBS）手中购得布朗科斯轰炸机队（Bronx Bombers）。斯德布瑞纳要求重写租赁协议，其中包含允许扬基队从租金中减少场馆维护费的条款。1976 年，当扬基队总共收入 11900 万美元时，依据原始协议，他们应该为此支付给纽约市 85 万 4504 美元，但是根据新的协议，纽约市反而欠扬基队 1 万美元。1 年之后，当扬基队总共收入达到 13400 万美元时，纽约市仅能得到 17 万 681 美元，或者低于总收入的 1. 5%。③

当地政府对职业团体体育的高昂补贴的经济影响远低于推广者夸张的希望。私人咨询师的高度正面的预测与实际结果相距甚远，这是因为他们高估了城市中球迷的数量，并低估了其他娱乐方式对城市居民的吸引力。市政体

①Burck, "Superstadium", 105-7, 178-182; Kennedy and Williamson, "Money in Sports", 72; Kearns, "Stadium and Politics", 8-10.

②Roger G. Noll, "The U. S. Team Sports Industry: An Industry: An Introduction", in Noll, *Government*, 29-32; Okner, "Subsidies", 335-343.

③Kennedy and Williamson, "Money in Sportw", 71-72.

育馆的倡导者过度依赖世界职业棒球大赛和超级碗（据称 1985 年对旧金山来说价值 8000 万美元）的经济影响，即使估计正确，这种情况依然很少见，在过去十年中可能在一个城市中发生过一次或者两次。超级碗比赛并不在参赛者的主场球场比赛，而是在附近拥有穹顶体育场的城镇中举行。不管超级碗在哪里，迈阿密、新奥尔良和旧金山等城市都将在 1 月中旬获得超高的酒店入住率。①

因为开放式体育馆一年中大部分的时间都属于空置状态，因此对于市政府来说几乎不可能给予他们补贴。人们怀疑没有一家开放式体育馆能够盈利，即使是阿斯特罗体育场这样的室内建筑，利用率也不高，不能承担自己的开支。经济学家马克 · S. 罗森特劳布（Mark S. Rosentraub）和塞缪尔 · R. 纳恩（Samuel R. Nunn）在对达拉斯郊区的阿灵顿和埃尔文的研究中详细记载了城市补贴职业团体体育的高额经济开支情况。1972 年，阿灵顿建设了一座 2000 万美元的体育馆并成立公司以 7500 万美元的价格购买比赛传播权，从而成功说服华盛顿国会议员队搬到阿灵顿。埃尔文则通过发行债券的方式为新体育馆支付了 2500 万美元来恳求达拉斯牛仔队搬到埃尔文，这之前，牛仔队试图游说达拉斯市政府修建新橄榄球场但没有成功。郊区领导者招募职业球队，希望以此来获得荣誉、税收，并为当地居民创造娱乐活动。这与他们试图吸引工业和商业公司，并以此来改善社区的税收基础和生活质量的想法如出一辙。1972—1975 年，得克萨斯体育馆所有的利润都被用于场馆运营开支。1 年之后，场馆获得足够的利润，并得以第一次偿还债券费用，但是依然没有一点儿多余的税收能够留给得克萨斯市。除了交通，没有任何一座城市能够从销售税中获利，实际上，不论什么财政利益最终都流向附近的城市。为棒球场支付的费用留给阿灵顿的是所有得克萨斯州同等级的城市中最低的债券利率。②

如果城市无法从补贴职业体育中获得金融利益，那么周边的球场是否会改善已有的球馆的设施？除了城市政客和城市支持者第一次构架长期发展计划的时候做出的允诺，新的体育设施对周边的建筑影响不大。比如，匹兹堡向公众保证随着三河体育馆的完工，相应的道路改良和新的公园、码头、酒

①Okner, "Subsidies", 328, 344n31, 345; Karnes, "Promises", 11-13.

②Rosentraub and Nunn, "Suburban City Investment", 393, 401-12; Donald Chipman, Randolph Campbell, and Robert Cavert, *The Dallas Cowboys and the NFL* (Norman, Okla., 1970), 145-149.

店、饭店等会相继建设，但是这些计划没有一个完成。布朗科斯的社区改造计划是翻修扬基体育场时最初的理由，但是最终对当地居民和商人并没有显而易见的好处。一个商店老板对记者罗伯特·利普斯特（Robert Lipsyte）说："那儿是一片被遗忘的地方，人们只是开车进出一下而已"。如果钱用来修建新的立交桥，就没有资金用于修复体育场馆后面的公园，虽然公园能够改善居民的安全感并支持他们的信念。利普斯特断言，10000万美元的工程不可能让城市复原，在重塑城市公众信心方面没能实现其标志性的目标，也没能阻止白人搬往郊区居住。①

两个没有对社区起到明显改善作用的体育设施是圣路易斯的布施体育馆（Busch）和新泽西州东拉瑟福德的梅多蓝兹综合设施（Meadowlands Complex）。布施体育馆坐落于老贫民区，配备有停车区域和大型宾馆，利用拥有红雀队的啤酒公司的帮助而兴建，第二个大型酒店及办公大楼也很快动工兴建。这只是城市在复兴城区方面努力的一部分，老城区以圣路易斯大拱门为标志，建于1965年，此时体育馆还未完工。梅多蓝兹综合设施距离纽约市仅五英里，包含76500个座位的巨人体育馆和35000个座位的梅多篮兹田径场，建于1976年，与布兰登·拜恩体育馆一起总共耗资30200万美元。之前，这里是一个被遗弃的垃圾场和汽车货运服务区，由于距离最近的城市中的200万人来说驱车仅需1小时，因此具有巨大的潜力。1971年，总体规划最开始由哈肯萨克梅多篮兹发展委员会制定，计划中合理预见了在体育综合设施之外还需要修建办公大楼、工厂、酒店以及住房。虽然委员会并没有声明没有体育综合设施的存在就不可能带来发展，但是他们相信体育综合设施的存在以及对该地区的直接宣传会帮助促进资本投资的增长。②

四、城市化与盈利能力（利润率）的维度

很多因素决定了一支体育队伍的盈利能力。这些因素包括体育的受欢迎程度（对全国性电视转播合约尤其关键）、公共补贴、老板的性格以及商业发展方向、门票、主场变量等。总体来讲，到20世纪60年代末期，棒球一直是最盈利的团体体育项目，其次是职业橄榄球。这很大程度上是由于棒球拥

①ChiTrib, 28 Sept. 1985; Karnes, "Promises", 4-5; Lipsyte, "Diamond in the Ashes", 41.

②Chitrib, 17 Nov. 1985; Lipsitz, "Sports Stadia and Urban Development", 3-7.

有利润可观的电视合约，合约价格从 1970 年的 5000 万美元增加到 1977 年的 16400 万美元。①

影响到场率的主场变量的程度不同，在体育项目上体现的也不同。在之前全国冰球联合会时期或者是新 NFL 扩张之后，由于对座位的需求超过了可承受的数量，所以主场城市的大小并不是关键因素。1966 年之前，全国冰球联合会俱乐部能够卖出几乎 95%的座位。到 20 世纪 70 年代三分之二的全国冰球联合会队伍的门票几乎都可以售罄。格林湾的人口数量很少，但对门票销售并没有影响，因为一般来说 5 万个座位的体育馆门票都可以售完。全国橄榄球联盟队伍中影响到场率的差别因素表现在球场的座位容量。这鼓励了一些球队重新选择拥有更多座位并能够带来更多利润的主场。② 1983 年，突袭者队从奥克兰搬到洛杉矶大体育馆，这里比之前的场地多四万个座位。一年之后，由于受地方政府各种让步的吸引（兴建了一座座位容量超过巴尔迪莫球场的新场馆）小马队搬到印第安纳波利斯。1984 年，喷气机队（The Jets）从谢伊体育场（Shea Stadium）搬到巨人体育馆，主要是因为场馆座位多了 2 万个。

虽然主场城市的大小对橄榄球或者冰球项目并不重要，但是对于棒球和篮球项目却至关重要，因为这两个项目的门票需求弹性很大。在大都市的球队比起在小城市的球队来说更容易赚钱，因为潜在的购买门票的观众会多一些。最吸引观众的棒球队通常在纽约、芝加哥，或者是洛杉矶，这些城市都拥有两支棒球队。经济学家罗杰·诺尔（Roger Noll）预测，20 世纪 70 年代早期，为了达到平均每支队伍吸引 100 万球迷的目标（不赔不赚的基点），球队必须位于拥有 1900 万人口的标准大都市统计区域（SMSA）。随着标准大都市统计区人口成百万的增长，球队就有希望吸引大约 237000 多名观众。城市大小与到场率的关系在篮球上表现得也极为密切。20 世纪 50 年代早期，美国职业篮球联赛纳入了诸如福特韦恩、罗切斯特、和锡拉丘兹等中等城市，这些城市的大小和利润率之间有紧密的关系。③

---

①Noll, "Team Sports Industry", 13, 16–19, 22–29; Roger G. Noll, "Attendance and Price Setting", in Noll, *Government*, 137–138; Benjamin G. Rader, *American Sports: From the Age of Folk Games to the Age of Spectators* (Englewood Cliffs, N. J., 1983), 258.

②Noll, "Attendance", 115–120, 141–146.

③Ibid., 126–128, 133–134. In the period 1951–1957 the Knickerbockers were the only NBA team to show a profit. The most unprofitable teams in ascending order were Fort Wayne, Minneapolis, Rochester, Syracuse, St. Louis, and Boston. Philadelphia's financial records were not reported. U. S. Cong., *Team Sports*, 2938.

棒球队和篮球队利用潜在观众的能力和比赛的质量紧密相关，但是这种情况在橄榄球中并不存在。20世纪70年代中期，普通的球队，比如芝加哥小熊队售空了全部门票，但是那场比赛的质量很糟糕。然而，一般水平的职业联盟球队需要坐落在人口数量达到1900万的标准大都市统计区来吸引100万球迷，水平不高的球队需要坐落在人口数量达到2900万的地方来达到相同水平的观众数量。只有在纽约、芝加哥、洛杉矶、底特律、费城和波士顿这些足够大的城市能够吸引那些一直输球的球队。一方面，比赛胜利持续地影响着观众入场率，尤其是在拿到冠军的第二年，因为赛季的门票和早春的观众将会随着即将到来的赛季而增加，根据标准大都市统计区的大小，对比赛的欣赏程度也不同。纽约的胜利比小城镇的胜利在门票销售上要多出7倍。以篮球为例，诺尔认为，篮球中的胜利比棒球中的胜利要重要两倍，因为大多数的球队参加季后赛，所以美国职业篮球联赛球队之间的比赛相对来说没有意义。因此，20世纪70年代早期，当纽约尼克斯队成为美国职业篮球联赛最优秀球队的时候，高质量的比赛和全国最大城市中的高昂票价，使俱乐部成为所有职业体育球队中最赚钱的，但是另一方面，当尼克斯场上的对手并不是同等级的对手的时候，球迷们不会来看比赛。①

当球队新增一名球星时，球队的质量就会得以改善。入场率也会随着球星的魅力和精彩的比赛表现而上涨，俱乐部的成绩也因此更好。每个城市中到场率的增加值都不一样。诺尔估计，小城市球队中增加一名顶尖棒球运动员可以使观众到场率增加6%。瑞吉·杰克森（Reggie Jackson）加入了纽约的球队，这能够促使门票销售增加50万张，这在当时是创纪录的，因为当时联赛的记录是200万张。因此，对很多职业联赛球队来讲，深度参与自由运动员的竞争是很好的投资，其意义显而易见，但是对西雅图水手队或者是堪萨斯皇家队也许并非如此。②

队伍中增加球星对篮球项目更有价值，因为这是一项只要有球星就会对球队的胜负记录产生直接影响的项目。1970年，在中等城市的职业球队中增加一名新星相当于每场比赛多卖1650张门票，如果他能把俱乐部的比赛纪录提前十位，门票销售将再增多700张。例如，美国篮球联盟的肯塔基上校队

①Noll, "Attendance", 122-123, 127-128, 139-140, 144-145.

②Ibid., 123-124.

在 1971 年引入了阿提斯·吉尔默（Artis Gilmore），相当于每场比赛销售 3000 张门票或者每年净赚 25 万美元，纽约的利润则更高。据诺尔估计，在这里新增球星在整个赛季相当于 32 万张门票。在 20 世纪 80 年代早期，球员平均工资为 18 万 5 千美元，球星则能拿到超过 100 万美元。球馆不太可能通过增加的税收来收回这笔开支，但是在以支付巨额薪资的方式来保留观众方面依旧很被动。相对棒球和橄榄球来说，篮球取悦主场球迷的压力更大，因为主场俱乐部拥有所有的门票收入，与客队完全无关。①

棒球比赛和篮球比赛的到场率还受各种各样的反映城市生活质量的因素影响，比如收入、民族、俱乐部历史、社区特征等。诺尔发现，棒球比赛到场率和收入之间成负相关关系，但是篮球比赛则相反。20 世纪 80 年代早期，棒球门票价格平均为 3.5 美元，这一价格远低于其他项目。比如，橄榄球门票价格是棒球门票价格的 4 倍。在门票价格基础上，球迷们还需要支付食品和停车的费用。光停车的费用就会花掉 5 美元甚至更多。②这些花销使棒球成为相比起橄榄球、篮球和冰球来说更接近工人阶级观众的项目。

新场馆的建设对到场率有非常积极地影响。1971 年，费城队迁往新球场之后，到场率马上翻了 1 倍。诺尔预测，在典型的职业联盟城市中的中等水平球队能够通过搬到新的场馆来获得 37.8 万张额外的门票。新球场的新颖之处成为最吸引观众的地方，也许球迷认为在更安全、更整洁、更舒适的球场中他们能够获得更多乐趣，但是没过多久新颖感就逐渐消失。③

诺尔发现棒球比赛和篮球比赛与黑人人口的到场率呈负相关关系。主观经验认为，黑人不太观看职业体育项目的原因是开支问题。有限的黑人到场率成为美国职业篮球联赛管理者关心的重要问题，这是一项由黑人运动员主导的体育项目，对作为吸引到场率的技艺高超的白人运动员的需求很大。④

诺尔没有说明城市衰退和种族之间构成的直接关系，但是指出，拥有坐

---

①Ibid. , 134–136. In 1981, sixteen of twenty-three teams lost money, yet salaries continued to rise, reaching an average of $300000 in the mid-1980s. But unlike the previous decade, revenues outplaced costs as the sport boomed. Between 1981 and 1984 gross revenues rose from $108 million to $191 million. Consequently, by 1984 fifteen teams made money, and all teams were expected to make money in 1985. On this dramatic turnabout, see Brenton Welling, Jonathan Tasini, and Don Cook, "Basketball: Business Is Booming", *Business Week*, 4 Mar. 1985, 75–76.

②Noll, "Attendance", 120–122, 124–126, 136–137, 140; Voigt, *American Baseball*, 3: 283–284.

③Noll, "Attendance", 124.

④Ibid. , 128–129, 140.

落在不太安全的街区的老城区球馆和坐落在不受欢迎的街区的棒球场的城市主要是以北部和中西部拥有相对较多的黑人人口的城市为主。当然，坐落在安全区域的体育场和球馆通常比那些在危险的区域的球场吸引的观众更多。①20世纪60年代中期，芝加哥白袜队离开这座城市就是因为太多的球迷害怕去科姆斯基体育场，因为需要横穿城市的黑人聚居带才能到达球场。球队老板希望从当地政府那里得到新球场的一个主要原因是离开日益衰落的球场周遭环境。这种衰落不是因为老球场的存在，而是因为闹市区社区的自然衰退。

职业联盟俱乐部所在城市的大小不仅影响到场率，也影响当地广播收入，这是棒球利润最基本的构成。职业联盟俱乐部最初开始销售比赛的广播转播权是在1933年。没有大张旗鼓宣传是因为担心免费的广播会影响现场到场率。到1939年，所有的球队都拥有广播合约，其中最划算的是纽约巨人队，它以一年11万美元的价格销售了广播转播权。从此，电视开始进入千家万户，体育报道则成为早期播放的主要内容。1949年，60%的播放时间被分配给体育。在1950年的洛杉矶，电视第一次直播橄榄球比赛，赞助商保证补足所有票房收入的不足，到场率因此下降了一半，观众人数只有158000人。随之，1951年，主场比赛中断，大体育场的到场率很快重回拥有电视之前的水平。1950年，全国橄榄球联盟球队制定了自己的地方合约，这些条约从巨人橄榄球队的15.8万美元到芝加哥红雀队的1.5万美元不等。20世纪60年代，全国橄榄球联盟开始发展网络数据包（network packaging）。②

20世纪40年代末期，职业棒球联盟比赛用电视播放的方式吸引了新球迷，提高了比赛现场的到场率，但是却打击了次级联盟比赛，致使其到场率从1949年的4200万降到8年之后的1550万美元。1950年，当地广播收入仅有3400万美元，但是10年之后几乎翻了1倍达到9400万美元。到1970年，球队数量从16支增加到24支，总收入也跃升至2185万美元。在这10年间，每支球队的平均收入从58.5万美元增加到91万美元，但实际分配并不均衡。大都市区域的球队往往得到大部分的收入，但是也有例外，比如小熊队和红

①Ibid., 129-130. The fears of white fans attending Comiskey Park, which was adjacent to ChicagO's Black Belt, go back to the 1910s. See, e. g., James T. Farrell, *A World I Never Made* (New York, 1936), 12.

②David Quentin Voigt, *American Baseball*, vol. 2, *From the Commissioners to Continental Expansion* (Norman, Okla., 1971), 230-234; Frederick W. Cozens and Florence S. Stumpf, *Sports in American Life* (Chicago, 1953), 145-146, 151-152; Horowitz, "Sports Broadcasting", 285-286, 290-292, 306-309; Rader, *American Sports*, 254-258.

袜队虽然地处大都市区，拥有主要的媒体市场，但是缺乏激进的、以盈利为目的的管理者来有效地跟媒体打交道。体育转播方面的一位专家估计，20世纪60年代，这两家俱乐部一年内的收入从15.6万美元上升到33.7万美元，但是考虑到它们庞大的观众人数，这个收入不及预期。地方收入也是球队等级的职责，与球队表现紧密相连。1966年，扬基队成绩排名最末，新的球队电视合约比之前的合约少了25万美元。但是1970年，红人队赢得冠军之后，电视合约上涨了40万美元。①

获得电视转播的机会对职业联盟中特许经营权的转变发挥了重要的作用。1961年，国会队离开华盛顿，迁往明尼苏达大学所在的布鲁明顿，主要原因是新的电视合约比之前的合约高出3倍的价格。合约的签署恰逢国会队和巴尔的摩金莺队竞争媒体报道的时候。五年之后，密尔沃基勇士队搬到了亚特兰大，目的就是利用强大的覆盖美国东南部的亚特兰大电视市场。勇士队在密尔沃基拿到的最大的电视合约是50万美元，但是盖特市（Gate City，亚拉巴马州）许诺1200万美元。1967年，堪萨斯城竞技队迁往奥克兰，一个重要的原因是奥克兰提供了一个价值70.5万美元的电视广播组合合约，而堪萨斯城当时的电视合约仅为不足挂齿的9.8万美元。②

到20世纪70年代末期，虽然棒球网络电视合约（1978年，每家俱乐部合约价值970000美元）能够多少抵消一些不平衡，但是在地方媒体收入上依然存在很严重的收支不平衡。1978年，票房最高的俱乐部是红袜队，它通过新英格兰的市场获得2500万美元收入。另外堪萨斯城还处于低谷，仅收获35万美元。原因正如总经理所说，“我们的市场是全国最小且最分散的市场”。收入排名前六位的俱乐部平均收入为1800万美元，他们都位于主要的市场。排名后六位的俱乐部，包括金莺队、酿酒人队、皇家队市场占有率低，平均收入仅为60万美元。决定球队广播收入的是市场的大小而非球队表现。③

小结：城市化与职业团体体育

第二次世界大战之后，职业体育特许经营的空间维度和比赛区域经历了

①Horowitz, “Sports Broadcasting”, 284-285, 287, 296-297; Rader, *American Sports*, 286-287; Voigt, *American Baseball*, 3: 108.

②Horowitz, “Sports Broadcasting”, 298-299.

③Kennedy and Williamson, “Money in Sports”, 76.

重大的变化。表面上来看，所有的俱乐部都位于主要的都市区，拥有大量现场观众或者电视观众。联盟的摇摆也随着淘汰小城市中的俱乐部而变得更加稳固。之前稳固的协会则把市场扩展到西部和南部来利用那里快速增长的人口优势。许多球队从日益衰落的东部城市迁往西部。球队往往受新城的吸引，他们为球迷提供现场娱乐、划算的传媒合约，当地政府也乐于提供资金支持(包括体育馆)。

观赏性运动场地的地理位置、物理特征和所有权也都经历了重大的变化，尤其是在20世纪60年代和70年代。球场和体育馆不得不在城市中修建，这样可以吸引职业联盟球队，并取代那些已有球队所在的旧建筑。在过去，这些建筑由私人建成并经营，但现在，俱乐部所有者无力承担高昂的成本。因此，新体育设施的修建由当地政府来负责。公共领导者认为，如此昂贵的工程促进了社区的经济发展，提升了地方荣誉感，也提升了城市的名声。体育经理人则学着操纵公众担心市区球队的心理，或者希望得到一个球队来保证新球场的使用的心理。位于衰退地带的球队搬到中央商务区或者郊区，当地居民则付费把球队留在当地。新场馆地址的选择基于高速公路能为郊区球迷提供便利的原因，人们也希望球场或球馆成为城市或者郊区发展的焦点。这样的连锁反应很少发生，但是城市设计者、宣传者和体育球迷都慢慢才认识到，资助给属于私营企业的球队的高昂费用最终被用来为他们的社区提供娱乐和精神奖励，人们对此进行了批判。

结 论

城市化和美国体育的崛起

城市化的过程不仅对塑造有组织的体育的崛起发挥了重要作用，而且对娱乐体育的发展产生了重要影响。现代体育的显著特点是起源于城市。这里有已经建成的运动设施和建筑物，体育成为有组织的活动，运动员在有组织的和无组织的比赛中竞争。城市是体育发展的背景或场所或催化剂。城市化的主要社会环境和文化因素（物理结构、社会组织、信仰和行为系统等）一起生产了有机的城市社区，并强烈地影响着美国体育历史的发展方向。同时，美国体育的发展影响了城市建设的过程，并帮助塑造了城市发展的路径。

城市化对体育的影响可以追溯到殖民时期和共和国早期，当时，美国只有5%的人口居住在城市。早期美国体育主要受边境（frontier）状况、旧世界传统以及各种各样流行的意识形态影响，城市社区对体育的重要性远超过纯粹的数字。早期的城市是人口集中生活的小中心，这里有潜在的运动员群体和观众群体，附近还有运动场所。在这里，从正面角度看待体育的世俗的都市文化得到发展。志愿性质的体育组织建立起来，促进了社交性也扩大了社会隔离。酒店老板被称为最早的体育企业家。他们推广运动比赛，以此来吸引男人们光临他们的酒馆。运动休闲受市政许可的约束，当地政府禁止危及生命、造成道路拥挤、阻碍商业发展并破坏道德标准的比赛。

1820—1870年，城市化发展的步伐加快，城市建设的过程对体育也产生了许多重要的影响。虽然大部分步行的城市依旧有很多可以通达的空间，但是城市化导致了更大、更富有、人口更密集的城市中社会混乱状况的增加。来自不同社会背景的、大量有潜力的运动员和潜在的观众促进了分散的运动亚文化的形成，并建立了封闭式的半公共体育设施来满足可随意支配收入的体育迷们观赏精彩的运动比赛的需求。

在这一时期，占主导地位的运动文化是体育兄弟会。人们享受血腥和带赌博性质的体育，因为可以展示和提高他们的男子气概和运动能力。因为居住在大型的、无个性特征的城市，使单身汉从约定俗成的道德中解放出来，并参与到盛行的男性单身亚文化中，这一亚文化强调摆脱近代计时工作的生活方式。到19世纪中期，体育兄弟会和政客之间建立了合作的关系。政客为卷入非法体育的运动员提供保护。作为回馈，政客们获得财政捐款、竞选工作人员和选票。

发展积极的体育信条是对快速发展的城市化和体育兄弟会霸权的一个重要回应。这些体育信条认为很多问题都产生于城市建设的过程中。社会评论者公开谴责人口过度拥挤的、移民众多的、病态的城市中的生活质量和社会价值。他们贬低城市生活的物质主义、人工制造和不道德的行为，并将此与辛勤劳作的、有着使美国变强大的田园生活价值的自耕农的道德和物质生活作比较。在面对显而易见的由于小城镇中紧密关系和亲密的家庭生活的缺失而导致的道德崩塌的情况下，已有的社会道德沦丧的社区中低劣的娱乐活动的便利、日益增长的公共健康问题和新的体育理念就为失落的人以及小城镇生活提供了另外一种选择。这些理念通过使身体文化的社会价值合理化来促进精英阶层和中产阶层志愿性体育协会和民族运动俱乐部的发展。这些组织安排比赛、制定规则、确保有比赛场地和设施。同时他们还为具有相似社会背景的人提供交流的环境，帮助他们与非会员保持社会距离，并保持他们特有的文化。体育信条也促进了城市公园运动的兴起。南北战争时期几乎没有修建公共公园，那个时候城市政府很弱小，才刚刚开始拥有权力来为人们提供基本的市政服务。公园运动最终对城市规划、房地产价值和公共交通路线产生了重要的影响。

城市化对体育的影响在工业化径向城市中最大且最引人注目。大型城市中大量集聚的人为商业化观赏性体育的繁荣发展提供了必要的观众群，甚至，小型和中型城市也开始支持职业棒球次级联盟。人口的增长仅仅是一个变量。城市建设的过程在各个方面都影响着体育的发展，最显著的变化，比如，空间类型、市政管理的扩张、阶级的形成、民族化的街区、公共交通的创新、政治集团的发展、以地位为导向的志愿型体育协会的发展、把整个国家划分为农业的过去和城市的现在的日益变化的价值和信仰体系，以及游戏场上和看台上的个人和集体行为的进化。

城市里的人广泛接受的积极的体育信条强调了运动对他们的重要性，这些信条在世纪之交时成为普世的智慧。运动，尤其是团体体育被认为是民主的象征，是教给城市青年人小城镇传统价值的融合机制。很多机构尝试把这些意识美国化，同化城市年轻人，尤其是贫穷的、住在闹市区的第二代移民。虽然真实的体育远不同于其公众形象，但是体育的信条就像文化小说一样被当作美国人试图运用体育来减少各种社会问题的工具。企业家把体育当作资本主义社会福利项目来跟工会斗争，并通过体育控制员工。年轻的工人严重依赖体育，他们把体育作为以传统价值和行为来教化贫民窟青年的途径。改革者把体育视为低劣的娱乐活动的替代品，并相信通过使贫穷的青年在成人监督下观看或者进行纯洁的体育运动可以弱化低劣的娱乐活动对他们的负面影响。结果则是街头混混转变成遵守纪律的、辛勤劳作的有道德的爱国青年。

因为变化的空间关系，工业化径向城市中城市化对体育的影响尤其重要。户外娱乐区域的通达性在南北战争时已经成为一个重要问题，但是在大型的工业城市还未引起重视。由于内城变得越来越拥挤，中央商务区的发展以及城市的发展开始超越其边界等原因，很多老旧的游戏场所被永久性地改变了土地的用途。旧球场被开发成住宅区或商业区，码头变得太危险不适于游泳，闹市区的大街变得太拥挤，不适合非正式的街头游戏。甚至在城市边缘地带，空地也被划分成不同的开发区域。原有的溪流被工业污染不再适合垂钓。保护市政公园等公共空间成为遍及全国的城市，尤其是较年久的东部和中西部城镇的重要的社会和政治问题。以纽约为例，城市开始在积极建设市政公园、为城市居民提供休闲方面发挥积极作用。最先开始建设的是位于城市外围的郊区公园。人们提高了这里的房地产价值，也为中产阶级住户提供了优美的环境，但是对于最需要这些设施的闹市区居民来说却很难到达这里。在 19 世纪末期，社会改革者、闹市区居民以及他们的政治代表发起了小型公园和操场运动，并最终根据社区需求空间建设了小型的、昂贵的内城公园。但是，公共设施的提供并没有跟上当地居民要求的步伐。市政府投入了大量资金来修建和改善公共娱乐空间，尤其是在经济大萧条时期，通过工作项目管理局等项目来改善公共设施，但是依然无法满足内城居民对安全的游戏空间的巨大需求。公园运动最终没能打破阶级、民族或者种族的孤立状态，也没能促进社会融合，一些公园甚至成为敌对的街区之间斗争的场所。

城市核心地带缺乏游戏和体育的空间限制了当地居民的运动选择，这些人主要依赖于当地的设施，更偏爱与他们有限的空间、隐私和资金完美契合的比赛。居住在贫民区的男孩子不得不在拥挤的街道上、巷子里的空地上、公共学校的室内场地上、准公共社会服务所、半公共的桌球室或者保龄球馆活动。他们钟爱的体育运动反映了所处的环境，这些项目价格低廉且所需空间不大。从20世纪初到20世纪20年代，桌球和保龄球成为工人阶级街区中最受人们欢迎的运动。桌球室和保龄球馆成为街头少年最喜欢光顾的地方。年轻男性经常光顾这些半公共场所，并展示他们的超凡技艺，因为这里提供了社交的场合和私密的环境，这些在家里是没有的。他们在社区打篮球，在社会服务所或者当地的体操馆学习拳击。对于住在艰苦环境中的年轻人，拳击特别适合作为一项功能性的技术。拳击教给他们跟对立的民族群体斗争来保护自己，同时也提供了社会流动的场所。

变化的空间关系对精英阶层运动乐趣的影响很小，实际上促进了中产阶级的休闲选择。富人们很容易就能够逃离城市，藏匿在闹市区的运动俱乐部，或者乘坐马车、火车或者驾驶汽车到位于城市边缘的私人乡村俱乐部或者优雅的赛马俱乐部会所。19世纪90年代，城市边缘地带的中等收入居民和新开发区域的中下层阶级居民骑自行车（后来搭乘汽车）离开城市。更有甚者，住在大型郊区公园附近的居民或者大型交通线路附近的居民到公园参与棒球、网球和其他户外体育项目。

城市化一直促进着志愿性体育协会的发展。在过去，精英们能够通过与精心挑选的体育俱乐部中相类似地位的人交流来证明自己的地位。随着城市变得越来越大，以至于人们没办法在姓名的基础上认识每一个人。乡村俱乐部和运动俱乐部给人们提供了相互联系的场所，同时还能避开暴发户。到19世纪90年代，中产阶级的人开始积极参与志愿性体育俱乐部。在20世纪20年代，向上流动的商人组织了自己的乡村俱乐部之后，中产阶级的俱乐部才进入全盛期。这些俱乐部不仅赞助高尔夫等奢侈型体育项目，还提供社会交往和商业交流的场所来保证成员们的社会声望，并创造社区意识——这在尚处于发展中的美国城市里还是一个稀有品。民族体育组织也在寻找机会来一方面促进社区的发展，另一方面保留他们的欧洲传统，帮助他们适应美国的生活，并向下一代传承其文化。这些民族组织寻找限制或者至少监督结构同化，这与改革者的目的截然相反。改革者希望运用运动来支持文化互渗和结构同化。民族俱乐部坐落在其成员们居住的地方，或者是贫民窟，或者是新开发的地区。这些地方为它们的成员以及整个社区提供了私密的空间，比如体育馆。

最后，城市化在商业化观赏性体育的崛起过程中发挥了重要的作用。南北战争之后，随着体育作为城市娱乐活动的日趋流行，还有城市人口的急剧增长，这些因素都鼓励了企业家修建和租赁室内运动设施，或者封闭室外运动场与收取门票。城市间体育联盟的成立使市际火车变得可行。那些不需要太多空间的体育运动，比如拳击、步行、篮球，坐落在城市贫民区的防火措施缺失的，或者类似于麦迪逊广场花园等位于中央商务区或者非常容易到达的地标性体育馆、礼堂、体操馆。因为需要大量的廉价土地，室外球场和赛马场都位于城市边缘地带，或者是郊区。由于这些场地都在距离中央商务区步行可达的范围之外，非常需要配备公共交通。赛马场的住宿也涵盖了从优雅的价格高昂的赛马场到斯巴达式的赌马业者所有的赛马场。早期的棒球场是木质结构建筑，座位数量有限，且极不安全。但从1909年开始，随着职业棒球联盟越来越盈利，造价不菲的现代防火式看台应运而生。这些建筑都是半公共设施，证明了所在城市的远见。

棒球、拳击和赛马都与城市政治紧密相连。全国的职业棒球队都由当地的政客所有，或者是与政客亲密的伙伴。这一现象一直维持到20世纪20年代甚至更晚。棒球队为家乡带来了荣誉，也是提升社区意识的工具。由于赛马与赌博的关系所导致的不确定的立法地位使赛马与政治的关系更为紧密。顶级赛马场的领导成员通常都是深度涉足政治的人，或者有强大的政治依附关系的人，包括党魁。赛马场的老板通常也是党魁或者是他们的亲信。拳击完全由大城市的老板控制，这些人安排比赛、管理拳手、控制球场。出于很多原因，这些商业化的体育需要政治的影响力。政治影响力帮助推广人确保得到最好的地理位置，为竞争提供保护，并从地方政府那里获得特殊待遇。对于非法体育来说，这尤其重要。非法体育对观众的吸引力主要依赖于赌博。非法的赛场外的赌博被与政治上有关系的赌博公司控制，这些公司又由他们在政治领域的朋友来保护不受法律体系的约束。20世纪20年代以后，商业化体育中政客的影响力下降，棒球的主要政治问题也得以解决。体育得到了充分的尊重，并开始稳固发展。20世纪20年代和30年代，赛马和拳击这两个项目被广泛合法化，政客被帮派分子取代，这些人无情地占据着这些项目的核心位置来提高非法赌博的收益，并挖掘这些项目的商业价值。

第二次世界大战之后，城市化带来的最主要的变化包括在内城实行彻底的集中居住、东部和中西部老旧的工业城市的衰落、阳光地带的崛起和郊区化。这些发展对参与运动有很大的影响，对职业团体体育也有巨大的影响。古老的内城体育在这一时期全部被黑人占据。黑人把体育看作少数的能离开贫民窟的途径之一，他们的运动选择依旧受户外运动空间不足以及资金严重不足的校际运动项目的影响。黑人和西班牙人取代了原来的犹太人、爱尔兰人、意大利人，成为职业拳手的主要力量。令人讽刺的是，作为白人族裔和其他搬到郊区的城里人，因为空间的通达性他们的孩子能够拥有更多的运动选择，有课后的项目，还有资金充足的高校运动项目。他们的孩子虽然拥有很多能够获得成功的潜在路线，但是并不像他们的父辈那样拥有相同的在体育中获得成功的决心。

城市化对体育的最显而易见的影响是新的职业球队和职业联盟的成立、没有被开垦过的土地的开发以及已成立的俱乐部的地理流动性（不管是在他们自己的都市区域还是全新的地方）。新的大都市的发展、航空业的发展以及封闭式体育场馆的建设都极大地拓宽了新职业体育俱乐部的范围。

职业体育联盟在最初成立的时候存在很多不稳定的因素。很多弱队进进出出，其他球队选择留在不赚钱的城镇，目的在于寻找到能得到更多回馈的城市。20 世纪 50 年代之前，体育俱乐部通常从较小的城市搬到较大的城市，原因仅仅是新场地有更多潜在的体育迷。从 20 世纪 50 年代开始，已成立的球队重新把主场选择在更富有的、拥有庞大媒体报道区域、能确保广播和电视合约的地方。除此之外，当地政府和社区的推广还能保证一大笔资金补贴。旧的正在衰退的城市尝试把球队留住。一旦球队离开，则反映了这些城市缺乏积极向上的品质，会伤害经济发展，摧毁公共自信。另外，新发展的大都市积极吸引职业球队来促进当地的商业发展，证明它们的大都市地位。保留和吸引体育俱乐部的过程成为城市政客和其他关心当地荣誉、商业发展和声望的市政领导者的重要任务。城市政客不再是体育企业家，他们得到当地政府对旧俱乐部的资助，或者他们会加强对建设项目的支持来吸引新俱乐部。狡猾的政客让市政府或者县政府修建成百上千万美元的公共体育场馆（这些场馆以远低于市场价值的租金租赁），还让政府提供其他诸如减税或者改善公路立交桥等优惠。

城市化不仅影响那些城市保留的、丢失的或者需要的体育俱乐部，还对每个特定城市中体育设施的位置发挥了重要作用。现代城市中变化的空间直径已经使场馆所有者和城市规划者在选择场馆位置时不同于以往。他们追随中产阶级白人来到郊区，在靠近郊区交通立体交叉道的地方建设引人注目的新设施，而不是在靠近大众交通路线的城市边缘地带建设。市政规划者也在城市中心选择位置，之前没有选是因为当地地产成本太高。当地政府领导在市区（临近主要交通交叉道口）建设体育场馆，鼓励商业和旅游的发展，希望能鼓励中央商务区的自信心，使之成为象征衰落的城市的复兴标志。市政领导和商业领导者力争利用大众对体育的兴趣来引导城市化向更受欢迎的方向发展，而不是已经衰落的小镇。

体育，不仅仅是恰好发生在城市中的休闲活动，也是塑造、重塑并进一步受城市化过程中各种因素相互作用的机构。虽然全国的城市在人口、面积、地理区位、天气、财富和民族构成上有区别，但是大城市中体育和运动机构的发展和影响却相对一致。除此之外，美国的体育机构已经不仅仅是城市化的产物，而且深受城市变化的影响，变得更好、更有特色、更光明。

注 释

缩写列表

AHR：American Historical Review 美国历史评论

AQ：American Quarterly 美国季刊

CDN：Chicago Daily News 芝加哥每日新闻

CFLPS：Works progress Administration，Illinois. Chicago Foreign Language，University of Chicago Library，Special Collections，Chicago，Ill. 芝加哥外国语新闻调查

CHS：Chicago Historical Society，Chicago，Ill. 芝加哥历史协会

ChiTrib：Chicago Tribune 芝加哥论坛报

IJHS：The International Journal of the History of Sport 国际体育史期刊

JAH：Journal of American History 美国历史期刊

JOPUER：Journal of Social Physical History，Health Education，and Recreation 社会身体历史、健康教育和休闲期刊

JSH：Journal of Social History 社会历史期刊

JSpH：Journal of Sport History 体育史期刊

MVHR：Mississippi Valley Historical Review 密西西比河谷历史评论

NPG：National Police Gazette 国家警察公报

NYT：New York Times 纽约时报

Spirit：Spirit of the Times 时代精神

Sp. News：The Sporting News 运动新闻

增加

ABL：American Basketball League 美国篮球联赛

AJC：American Jockey Club 美国赛马俱乐部
BAA：Basketball Association of America 美国篮球联合会
CDA：Community Development Association 社团发展协会
CIAC：Coney Island Athletic Club 科尼岛运动俱乐部
CWA：Civilians Works Administration 百姓工作管理局
CYO：Catholic Youth Organization 天主教青年组织
FERA：Federal Emergency Relief Administration 联邦紧急救助管理局
IBC：International Boxing Club 国际拳击俱乐部
ISAA：Inter-Settlement Athletic Association 社会服务所之间的运动联合会
LJC：Louisiana Jockey Club 路易斯安那赛马俱乐部
MTA：Metropolitan Turf Alliance 大都市区跑马场联盟
NBL：National Basketball League 全国篮球联赛
NHL：National Hockey League 国家冰球联盟
PAA：Playground Association of America 美国操场协会
SAC：Social and Athletic Club 社会和运动俱乐部
YMHA：Young Men's Hebrew Association 年轻男性希伯来协会
WPA：Works Projects Administration 工作项目管理局